面向“十二五”应用型高校国际经贸系列规划教材

涉外企业管理

（第五版）

杨灿英　主　编

王文治　副主编

南开大学出版社

天　津

图书在版编目(CIP)数据

涉外企业管理 / 杨灿英主编. —5 版. —天津:南开大学出版社,2012. 9(2014. 7重印)

面向“十二五”应用型高校国际经贸系列规划教材

ISBN 978-7-310-04002-5

Ⅰ. ①涉…　Ⅱ. ①杨…　Ⅲ. ①外向型经济—企业管理—中国—高等学校—教材　Ⅳ. ①F279. 244. 3

中国版本图书馆 CIP 数据核字(2012)第 207164 号

南开大学出版社出版发行

出版人:孙克强

地址:天津市南开区卫津路 94 号　　邮政编码:300071

营销部电话:(022)23508339　23500755

营销部传真:(022)23508542　　邮购部电话:(022)23502200

*

河北昌黎太阳红彩色印刷有限责任公司印刷

全国各地新华书店经销

*

2012 年 9 月第 5 版　　2014 年 7 月第 18 次印刷

230×170 毫米　16 开本　26. 875 印张　4 插页　492 千字

定价:46. 00 元

如遇图书印装质量问题,请与本社营销部联系调换,电话:(022)23507125

面向"十二五"应用型高校国际经贸系列规划教材

编委会名单

面向“十二五”应用型高校国际经贸系列规划教材

总　序

高校教学质量保障体系建设中的教材建设很重要，对于应用型高校来说尤其重要。这是因为：第一，教学需要教材，教材建设需要与时俱进。加强立体化教材建设，教师编写适应网络共享、满足学生自主学习需要、开放式立体化的教材，是适应先进教学理念的需要。第二，改变应用型高校教材建设相对滞后的局面。现行研究型高校本科教材不能适应应用型高校的教学需要，与应用型高校以社会需求为导向、培养高素质应用型人才的教育定位之间存在较大差距。主要表现为：教学内容应试性较强，选择性较弱，与实际需求不相适应，与科学创新不相适应。

鉴于此，我们在编写本套规划教材时特别注意了这些问题，并与实务部门及有关教育主管部门沟通、交流意见，力争建立起与应用型高校国际经贸专业外向应用型人才目标管理培养相适应的教材模式和品牌教材。在这个基础上，进一步实施应用型高校的质量管理工程和“本科教学工程”。而着力点是学以致知、学以致用，即以知识和技能的传授、创新、应用为重点，以教学过程管理为主要的工作方法，注意实施形成性评估、养成性教育，而非一次性的终结式评估和终结式教育。这样做的终极目标是突出应用型高校办学最美质量特色，不断提升人才培养质量这条高教生命线的认知水平，更好地满足经济社会发展对应用型、复合型、创新型人才的需要。

本套教材规划出版多部书，“十二五”期间将出版10部，它们是：《涉外企业管理》(第五版)、《国际贸易实务操作流程与实训设计》、《创业教育指导教程》、《实用国际经贸地理》、《涉外会计实务》、《国际商务沟通》、《现代商务日语初级教程》(非日语专业教材)、《西方经济学学习指导书》、《企业文化教程》等。此前已出版《中国商务法律》。

本套教材涉及面广，受水平和时间所限，内容上难免存在缺点和错误，恳切期望广大读者批评指正。最后以宋·陆游两句诗作结尾：“纸上得来终觉浅，绝知此事要躬行”。大意是说，书本上得到的知识终究很肤浅，真正弄懂还要在读书之后亲历实践。

编委会

2012年7月于南开大学滨海学院

面向"十二五"应用型高校国际经贸系列规划教材

总 序

第五版前言

《涉外企业管理》(杨灿英编著，初保泰顾问)于1992年初版，1998年再版，2003年第三版，2008年第四版，先后16次印刷，累计印数10余万册已告罄。如今本书问世，已是第五版了。

中国改革开放历经三个阶段，走过三十余年，即探索阶段(1978～1991年)、扩大阶段(1992～2000年)、全方位开放新阶段(2001年加入WTO以来)。

在这个新的起点上，中国以更加积极的姿态走向世界，适应经济全球化发展的新形势，进一步推进全方位、多层次、宽领域的对外开放，积极、合理、有效地利用外资，为新时期和平崛起及经济发展提供新的强大动力。

创新就要与时俱进。伴随中国对外开放形势的新发展，外商在华投资热出现新特点，中国涉外企业增长很快，有关这方面的经济管理实务，为日益增多的读者所关注，为教学所需要。为此，我们以《涉外企业管理》(第四版)为基础，结合变化中的新情况，同时参考《外商直接投资理论与实务》[①]一书，并听取某些职能部门和一些师生的修改意见与建议，对《涉外企业管理》一书进行了全面修订，编著了本书(第五版)。

本书是一本有关国际经济与贸易、国际商务、国际企业管理、工商管理等专业和有关研究班、培训班及招商选资团的应用性教育教学用书。在教学过程中，我们建议根据不同的对象，在各章节内容的取舍上，可以有所区别和不同，一般读者，则可按需选读。我们相信，它有利于读者深入具体了解、掌握国际投资及利用外资的基础知识和国有企业改革的相关问题，坚持“引进来”和“走出去”相结合的原则，推进开放经济又好又快发展，提高利用外资的质量和水平，理清有关涉外企业谈判、设立、申报、审批、经营管理等问题，同时它对促进涉外企业持续、快速和健康发展也是有益的。

特别指出的是，本教材也是南开大学滨海学院在教学质量工程建设中，实施天津市教委重点教学改革项目《独立学院培育特色、提高教育教学质量的研究与

① 杨灿英.外商直接投资理论与实务.天津:南开大学出版社.2000

实践》以及“十二五”《本科教学工程》系列教材之一。因此，本书的编写及出版，为学院所统筹，为师生所期待，也为涉外企业所欢迎。

藉本书（第五版）出版之际，谨向所有支持本书编写、出版的专家、学者、编辑、实务工作者、读者及朋友们，致以衷心的感谢！同样，也希望本书能得到诸位更多的支持和帮助。限于水平和时间，本书有不足甚至错误之处，恳请批评指正，以待补订。

杨灿英

2012 年 7 月于南开大学滨海学院

目　　录

第一章　外向型经济概述(绪论)

第一节　外向型经济的含义

外向型经济的理论渊源,主要是国际分工理论、比较利益理论和开放经济理论。这些理论的共性是,经济的发展,只有依靠国际范围内的资源优化配置和发挥本国(或地区)经济的比较优势才是可行的。与此同时,该理论认为,只有经济的外向型发展才是生产力持续发展的动力。因此,我们应当首先对外向型经济的含义作一扼要分析。

一、外向型经济的定性分析

所谓外向型经济,即面向国际市场的经济运行机制,又称双向型经济。从静态看,它是一种经济模式,参与国际分工,与世界经济发生密切联系,是一种开放型经济。从动态看,它是一种经济发展方式,把对外经济贸易作为导向型的行业,通过对外经济贸易活动引导和带动整个国民经济的发展。

也可以说,外向型经济的运行机制,是一个开放经济系统,是可逆的双向循环,既有输出也有输入。否则,只进不出,则会降低国内的资金运用效率和技术创新能力;只出不进,也会因缺乏借鉴人类创造的一切文明成果,导致出而乏力,直至被挤出国际市场。因此,只有"有出有进,出进结合"的外向型经济才能实现动态平衡,也才能提高资源配置效率。

二、外向型经济的定量分析

对外向型经济进行定量分析,其量化指标主要有三大类:开放率、对进出口的限制程度和外债偿还能力。

(一)开放率

1. 开放率的含义

开放率又称对外开放度，是指一定时期内一国(或地区)商品与劳务的进出口总额与国民生产总值(GNP)的比率。它反映一个国家(或地区)参与国际分工和国际经济技术合作的程度，是衡量外向型经济的重要指标之一。用公式表示为：

开放率＝商品与劳务的进出口总额÷国民生产总值×100%

一般而言，按照国际经济学的一般标准来裁定，开放率11%及以上为外向型经济类型。

2. 中国发展外向型经济历程要点

1978年12月党的十一届三中全会，作出了把党和国家的工作重点转移到现代化建设上来，以及实行改革开放的战略决策。同时，也孕育了新时期从理论到实践的伟大创造，从此开始了建设中国特色社会主义的新探索。自1979年春天后，1980年8月设立了4个经济特区；1984年4月把14个沿海港口城市列为对外开放城市；1985年1月把3个三角洲(长江三角洲，珠江三角洲，闽南厦、漳、泉三角洲)辟为沿海经济开放区；1988年3月又把山东半岛和辽东半岛划为沿海开放区，同年4月决定海南建省办经济特区；1990年决定开发开放上海浦东新区；1992年春天拉开市场经济体制改革的大幕；继而，实施沿海、沿江、沿边、沿交通干线和内陆省会开放战略，1999年提出“西部大开发”跨世纪的战略部署。从而，在上世纪末中国初步形成“全方位、多层次、宽领域”对全世界开放的格局。

进入21世纪，2001年中国入世标志着对外开放进入新阶段；2003年决定实施振兴东北地区等老工业基地战略；2006年提出中部地区崛起战略，同年5月国务院正式批准天津滨海新区为全国综合配套改革试验区，成为中国经济新的增长极；2007年7月中央明确提出要实施自由贸易区战略①，为中国入世后，以开放促改革、促发展提供新的途径和方式；2008年中国保税港区快速发展，从北

---

① 自由贸易区(FTA)，是指一些国家和地区在多边承诺基础上，进一步相互开放市场，实现贸易和投资自由化。它是WTO最惠国待遇的一种例外，是比多边贸易体制更高水平的开放。迄今，向WTO通报、仍然生效的自由贸易区有197个，其中80%是近10年缔结的。中国签署的自由贸易区有12个，涉及5大洲29个国家和地区，如内地与港、澳《关于建立更紧密经贸关系安排》(CEPA)，大陆与台湾两岸经济合作框架协议(ECFA)，中国与东盟、巴基斯坦、智利、新西兰等国的《货物贸易协议》和《自由贸易协定》等，正逐步形成全球自由贸易区合作网络。

向南一线排开升至 7 家①，初步完成在长三角、环渤海、华南、西南沿海、东南沿海等 5 大沿海港口区的布局，成为国家实施自由贸易区战略的先行实验区，是我国目前外向型经济发展程度最高的海关特殊监管区域，并向自由贸易区（自由港）迈出了一大步，享有“境内关外”的优惠。

3. 中国对外开放四类先导区

(1)经济特区（1980 年起建立）。

(2)沿海开放城市（1984 年起建立）。

(3)经济技术开发区（1984 年起在沿海开放城市建立）。

(4)海关特殊监管区域（1990 年起建立第一个保税区）：

根据相关法律，中国海关特殊监管区，实行特殊的贸易管制、税收、营运等政策，是中国对外开放的排头兵，正逐步成为地区资源集约化程度最高、单位面积产出最多、对地区开放型经济贡献最大的特殊经济功能区。迄今，国务院先后批准 8 种类型特殊监管区，分列如下：

①保税区：14 个，重点发展进口贸易。

②出口加工区：57 个，重点发展出口加工贸易。

③保税物流园区：8 个，重点发展出口贸易。

④跨境工业园区：1 个，珠澳工业园。

⑤保税港区：12 个，前港后区（＝港口＋自贸区），包括港口作业区、保税仓储区、出口加工区、外贸区等功能区的合理布局。

⑥综合保税区：4 个，即内陆保税港区，是指以虚拟港口为依托，设立在特定区域内，具有口岸、物流、加工等功能的海关特殊监管区域。

上述⑤和⑥的开放层次更高，其功能相当于①＋②＋③的功能叠加，其管理原则是：一线放开、二线管住、区内自由、入港（区）退税。

⑦珠海横琴新区：2011 年 8 月批准成立，优惠政策比经济特区更特，是率先发展的粤港澳紧密合作示范区，按照“一线”放宽、“二线”管住、人货分离、分类管理的原则实施分线管理，面积为 106.46 平方公里。

⑧平潭综合实验区：2012 年 2 月批准成立，福建省平潭主岛面积 324.13 平方公里，由 126 个群岛组成的实验区总面积约 400 平方公里（中国第 5 大岛），是

---

① 迄今，国务院批准设立的 12 家保税港区是：上海洋山（2005 年 12 月）、大连大窑湾（2006 年 8 月）、天津东疆（2006 年 8 月）、海南洋浦（2007 年 9 月）、宁波梅山（2008 年 2 月）、广西钦州（2008 年 5 月）、厦门海沧（2008 年 6 月）、广州南沙（2008 年 10 月）、深圳前海湾（2008 年 10 月）、青岛前湾（2008 年 9 月）、重庆寸滩（2008 年 11 月）、张家港（2008 年 11 月）等。中国港口发展探索的路径是：保税仓库→保税区→保税物流园区→区港连动→保税港区。保税港区享有“境内关外”优惠措施：进口货物入港保税，出口货物入港退税，还可以在港区内开展货物自由储存、重新包装、整理、加工和制造等业务活动。

台湾海峡两岸经济发展战略的突破口。其管理原则与横琴新区相同。其最大的特点是5个“共同”:共同规划、共同开发、共同经营、共同管理、共同受益。其突破点是“放”,即放地、放权、放利,成为台胞先行先试、创业发展的共同家园和“对台特区”。

(二)对进出口的限制程度

它又称贸易投资壁垒,主要包括关税壁垒和非关税壁垒。

1. 关税壁垒

一般情况下,对进出口采取较高的关税,则开放度小;反之,则开放度大。中国进口关税算术平均水平是:1992年为43.2%,1997年降至17%,2002年降至12%,2007年更降至9.8%。很显然,从进口关税率连年降低来看,中国的对外开放度愈来愈大。但横向比较,WTO成员的总体平均关税水平为6%左右,发展中国家为10%左右,发达国家为3%,中国法定关税率(9.8%)仍然偏高,而按实征进口关税金额除以进口货值的实际关税率,还是比较低的(小于10%)。这主要是因为“进口货值”中包含了国家免税进口物资和走私进口物资。

2. 非关税壁垒

非关税壁垒形式多样,且更为隐蔽。一个国家(或地区)非关税壁垒高,则开放度小;反之,则开放度大。根据WTO成员贸易壁垒调查的实践,非关税壁垒形式主要表现为:进口禁令、进口许可、技术性贸易壁垒、动植物卫生检疫措施等。分述如下:

(1)进口禁令

进口禁令是指超出WTO规则中相关例外条款规定,而实施限制或禁止进口的措施。例如,某国以另一国的捕虾拖网渔船没有安装海龟逃生装置为由,禁止进口来自该国的虾类产品。又如,某国贸易法规定,该国产业可申请以安全为由,对来自别国的进口产品实施限制,该保护措施可以无限期使用。这样的规定,就为该国国内制造商提供了以国家安全为由寻求保护的机会,从而产生抑制外国产品竞争的效果。

(2)进口许可

进口许可主要是指非自动许可,即必须通过审批程序才能获得进口的许可。它又分为含数量限制的许可(即进口配额管理)和不含数量限制的许可(即单一进口许可证管理)。

在进口配额管理中,贸易壁垒主要表现为:配额数量不合理;配额发放标准不合理或分配不公正。例如,为放空进口配额,而将配额分配给根本不从事配额产品的贸易商。

在单一进口许可证管理中,贸易壁垒主要表现为:管理程序不透明;审查及发放许可证的程序过于复杂或要求提供不必要的文件；审批时间过长等。

(3)技术性贸易壁垒(TBT：Technical Barriers to Trade)

技术性贸易壁垒是指 WTO 成员有权制定和实施旨在保护国家或地区安全利益的“技术法规”、“标准”，以及确定进口产品与这些“技术法规”和“标准”相适应的“合格评定程序”。这些措施总称为技术性贸易壁垒措施，简称 TBT 措施，具体分为三种，即技术法规、标准和合格评定程序。分述如下：

其一，“技术法规”。它是指政府或政府授权非政府组织规定强制执行的产品特性或其相关工艺和生产方法的文件。主要包括适用于产品特性、工艺或生产方法的专门术语、符号、包装、标志或标签要求的文件。“技术法规”具有强制性特征，即只有满足“技术法规”要求的产品，才能销售或进出口。例如，某国颁布“技术法规”，要求低于某一价格的打火机，必须安装防止儿童开启的装置。这种将商品价格和技术标准联系起来的做法，构成了贸易壁垒。

其二，“标准”。它是指经公认机构批准、非强制执行、供通用或重复使用的产品工艺和生产方法的文件。主要包括适用于产品、工艺或生产方法的专门术语、符号、包装、标志或标签要求。按照 WTO《技术性贸易壁垒协议》(即《TBT 协议》)的规定，“标准”是自愿性的。但在实践中，有些国家将其分为强制标准和推荐标准两种。强制标准具有技术法规的性质。目前，主要是发达国家将“标准”作为构筑贸易壁垒的重要手段，利用其经济、科技和人才优势，由过去输出“硬件”商品，变为现在输出“标准”，以此更有效地限制其他贸易伙伴，尤其是限制发展中国家产品的进口。例如，有的国家制定了进口产品很难达到的苛刻“标准”，并以此影响消费者偏好，这种措施事实上对进口产品构成了障碍。

其三，“合格评定程序”。它是指任何直接、间接用以确定是否满足“技术法规”或“标准”之中相关要求的程序。主要包括：①抽样、检测和检验程序。②符合性评估、验证和合格保证程序。③注册、认可和批准，以及它们的组合程序。事实上，不透明、歧视性的“合格评定程序”，往往对进口产品构成障碍。例如，有的 WTO 成员在未征求其他成员意见的情况下，即发布和实施有关“技术法规”、“标准”或“合格评定程序”，从而使其他成员在不知情的情况下，因其出口产品不符合进口国相关规定而被退货、扣留、降价处理或销毁。这显然违反了《TBT 协议》的透明度原则，构成了贸易壁垒。又如，有的 WTO 成员在抽样、检测和检验等具体程序中，无故拖延时间，对进口产品构成了实质性限制。再如，某国对进口产品的技术要求高于本国产品，或高于从其他国家进口的同类产品，违反了非歧视原则。

总之，凡是违反《TBT 协议》有关原则而制定和实施的“技术法规”、“标准”和“合格评定程序”等“TBT 措施”，均构成技术性贸易壁垒。

(4)动植物卫生检疫措施(SPS：Sanitary and Phytosanitary Standards)

它是指 WTO 成员有权制定和实施旨在保护成员领土内人类、动植物生命和健康的措施。主要包括：①保护动植物的生命和健康，免受病虫害、带病有机体或致病有机体的传入、传播所产生的风险。②保护人类、动物的生命和健康，免受食品、饮料、饲料添加剂、污染物、毒素或致病有机体所产生的风险。③保护人类的生命和健康，免受动植物或动植物产品携带的病虫害传入、传播所产生的风险。④防止或控制领土内有害生物的传入、传播所产生的其他损害风险。

上述措施总称为"实施卫生与植物卫生措施"，简称"SPS 措施"。根据 WTO《实施卫生和植物卫生措施协议》(简称《SPS 协议》)，WTO 成员制定和实施"SPS 措施"，必须遵循以下七项原则：一是科学性原则；二是等效性原则；三是与国际标准协调一致原则；四是透明度原则；五是"SPS 措施"的一致性原则；六是对贸易影响最小原则；七是动植物疫情区域化原则等。因此，凡是不符合上述七项原则的"SPS 措施"，均构成贸易壁垒。例如，违反了"对贸易影响最小原则"：某国仅以从来自另一国的个别批次产品中，检测出不符合《SPS 协议》的污染物为由，全面禁止从该国进口该类产品。又如，违反了"动植物疫情区域化原则"：某国仅以另一国的个别地区发生动植物疫情为由，全面禁止从该国进口所有的动植物及其产品。再如，违反了"SPS 措施"的一致性原则：某国对进口三文鱼的检疫要求，严于对本国产品的检疫要求，或严于与三文鱼相同疾病的其他进口鱼类的检疫要求。

(三)外债偿还能力

这类指标虽然并不直接反映开放度的大小，但它间接反映已确定的开放度是否合理。按照国际金融界的评判批准，分析一个国家(或地区)是否有安全的偿债能力，通常看下述 5 项指标：

1. 短期负债率≤25%。是指短期外债余额与当年全部外债余额之比。用公式表示为：短期负债率＝短期外债余额÷当年全部外债余额≤25%(25%为警戒线)。如果低于 25%，则表明外债结构合理，反之，则预示着危险。

2. 负债率≤20%。是指全部外债余额与当年国内生产总值(GDP)之比。用公式表示为：负债率＝全部外债余额÷当年国内生产总值≤20%(20%为警戒线)。如果低于 20%，则表明外债结构合理，反之，则预示着危险。

3. 偿债率≤25%。是指当年中长期外债还本付息额与当年经常项目外汇收入额之比。用公式表示为：偿债率＝当年中长期外债还本付息额÷当年经常项目外汇收入额[①]≤25%(25%为警戒线)。如果低于25%,则表明外债结构合理,反之,则预示着危险。

4.债务率≤100%。是指当年全部外债余额与当年经常项目外汇收入额之比。用公式表示为:债务率=当年全部外债余额÷当年经常项目外汇收入额≤100%(100%为警戒线)。如果低于100%,则表明外债结构合理,反之,则预示着危险。

5.外汇储备充足率≥100%。是指该国(或地区)外汇储备额与短期外债余额之比。用公式表示为:外汇储备充足率=外汇储备÷短期外债余额≥100%(100%为警戒线)。如果大于100%,则表明外债结构合理,反之,则预示着危险。外汇储备是一个国家货币当局持有的、可以随时使用的可兑换货币资产。

总之,在量化研究一个国家(或地区)的外向型经济发展程度时,要运用开放率、对进出口限制程度和外债偿还能力等三大类指标进行综合分析,避免单一化和片面性。

第二节　外向型经济的类型

外向型经济的类型(或形式)是多样化的,大致可以划分为以下三种主要类型。

一、出口导向型

出口导向型又称出口替代型,是指一个国家(或地区)以出口为导向,通过发展出口业拉动经济增长的一种经济类型,也是一个国家(或地区)为促进其经济发展所采取的一种经济措施。其形式有两种:一是发展国内进口替代的工业部门;二是产品自给有余或在自给的过程之中发展出口替代型,即建立以国外市场为主的专业化出口生产基地(专业工厂、专业车间或专业产品),实行三个转变:(1)由出口原料性初级产品向出口制成品转变;(2)由出口粗加工制成品向出口精加工制成品转变;(3)由劳动密集型出口产品向资本、技术和知识密集型出口产品转变。实行三个转变的实质在于:经济增长方式从粗放型向集约型转变。这种外向型经济,实际上是一种出口导向和进口替代并存的发展战略,但其出口值在国民生产总值中占有重要的比重。此种外向型经济类型,主要适用于发展

① 经常项目外汇是指国际收支中经常发生的交易项目,包括贸易收支、劳务收支、单方面外汇转移等。资本项目外汇是指国际收支中因资本输出和输入而产生的资产与负债的增减项目资本,包括直接投资、各类贷款、证券投资等项目。资本项目外汇是因资本项目发生收付的外汇。

中国家。

二、资本—贸易型

资本—贸易型是指一个国家(或地区)以生产资本输出结合商品输出为导向,通过生产资本输出带动商品输出,从而拉动经济增长的一种经济类型,也是一个国家(或地区)为促进其经济发展所采取的一种经济措施。这种外向型经济,国外生产总值在国民生产总值中占有重要的比重。此种外向型经济,主要适用于发达国家。

应当指出的是,马克思列宁主义关于资本主义国家对外贸易和投资的理论,揭示了资本主义的本质。今天,虽然资本主义国家对中国仍然进行商品和资本输出,但中国是政治独立的主权国家,实行社会主义市场经济,远远不是半殖民地半封建性质的国家了。因此,如今发达国家对中国的商品输出,已经成为平等贸易;资本输出,已经成为更适应现代化国际竞争需要的外商投资。这是因为,现代国际竞争的焦点,已由国际贸易领域转向国际投资领域,过去是国际贸易推动国际投资的发展,而现在是国际投资带动国际贸易发展。

还要说明的是,经济全球化是一个现实,这个现实可以表述为:贸易的世界化和资本的国际化。它表现为:世界贸易飞快地增长,国际资本大幅度地流动。任何一个国家(或地区)都离不开世界贸易和国际资本。与此同时,经济区域化也是一个现实。目前,世界上有各类区域性经济集团 24 个,参加的国家(或地区)达 140 多个。其中突出的有:1992 年 8 月北美自由贸易区正式建立;1993 年 1 月欧共体统一大市场建成(迄今,欧洲联盟已达 27 个国家,含东欧 8 个前社会主义国家,欧元区 17 个国家);1994 年 11 月亚太经合组织通过了《共同决心宣言》,宣布不迟于 2020 年在亚太地区实现自由、开放的贸易和投资目标。其中,中国东盟“10+1”于 2011 年 1 月 1 日实现了零关税。中日韩自贸区建设在提速。三国建设自贸区,可利用相互间市场需求来平衡欧美需求的不足,还将促进区域内产业整合,给各国企业带来扩大市场和加速发展的机遇。

经济全球化和区域化同时并举,其发展之快是世界瞩目的事实。对此,理论界还来不及对它们进行全面、系统的总结和分析,但它们肯定是既符合现有的国际贸易效益理论和投资资源配置理论,又符合区域经济分工协作及规模效益理论。总而言之,这种经济全球化和区域化的事实,是符合经济发展规律的。它也是资本—贸易型外向型经济的新发展。

三、完全外向型

完全外向型是指一个国家(或地区)的特区、自由港、出口加工区等区域实行特殊的经济政策，以此拉动经济增长的一种经济类型，也是一个国家(或地区)为促进其经济发展所采取的一种经济措施。这种外向型经济，基本上没有贸易保护主义，国际货币自由兑换，资金自由进出，黄金自由买卖。这种贸易、外汇、金融完全国际化的外向型经济即为完全外向型。中国香港特别行政区，就是这种完全外向型经济的区域。

第三节 外向型经济的目标

中国发展外向型经济的目标：比照发达国家，优化产业结构。

一、产业结构的含义

所谓产业结构，又称国民经济部门分类或产业分类，是经济结构的核心，是指产业部门分类形成的各部门之间质的经济联系和量的比例关系，并把从事各种产业活动的部门划分为三类。

在现代经济学中，新西兰的费雪(A. G. B. Fischer)于1935年在分析产业结构时，第一次明确使用了第一产业、第二产业和第三产业的概念。20世纪50年代，英国的科林·克拉克(Colin G. Clark)把三次产业理论从深度和广度上向前推进了一步，对三次产业的内涵作了详细而明确的界定。继而，世界各国均沿用了此种分类法，故称克拉克大分类法。1971年，联合国颁布了“联合国标准产业分类法”，与克拉克大分类法相同。各国在引用这种分类法的同时，又结合本国情况进行了修正。近年来，中国在使用这一概念时，赋予其特定的内涵是：

第一产业：农业(含林业、牧业、渔业等)；

第二产业：工业(含制造业、采掘业、建筑业、自来水、电力、蒸气、热水、煤气等)；

第三产业：除上述一、二产业以外的其他各业。它可以分为流通部门与服务部门两大部分。

二、中美两国产业结构比较

中美两国产业结构迥然不同。这种不同可从如下几个方面的比较中加以说明。

(一)产业人口结构

按照劳动力在三次产业结构中的分布来划分：目前，中国的产业结构图形基本上呈现以农业劳动力为宽底边的正三角形，即第一产业占43%，第二产业占25%，第三产业占32%；美国的产业结构图形则呈现倒三角形，即第一产业占3%，第二产业占28%，第三产业占69%。中国13亿人口，18亿亩耕地，而美国

3亿人口,28亿亩耕地。在美国,平均每个家庭农场2358亩地,配比1.5个劳动力。由此可见美国农业劳动生产率之高,农业现代化程度之高。美国农业现代化,是现代资本主义大农业的典型,表现为“三化”:生产工具机械化(含半自动化、全自动化)、生物技术科学化、组织管理社会化。

(二)产业产值结构

按照国民生产总值在三次产业结构中的分布来划分:中国的产业结构图形呈现枣核形,即第一产业占12%,第二产业占49%,第三产业占39%;美国的产业结构图形则依然呈现倒三角形,即第一产业占2%,第二产业占23%,第三产业占75%。

(三)产业结构优化程度

美国的产业结构为一元化结构,即第三产业就业劳动力大于第一产业和第二产业的就业劳动力总和,第三产业产值大于第一产业和第二产业的产值总和;中国的产业结构为二元化结构,即占就业劳动力最多的第一产业的产值最少,而占就业劳动力较少的第二产业的产值最多。中国产业结构的不合理性在于:手工的农业、机械的工业和缓慢发展的第三产业的不协调结构。

(四)产业结构优化成因

美国产业结构的优化,是生产力发展的结果,经济发展的需要,是社会经济发展规律所决定的,也是各国经济发展的普遍趋势;而不是传统意义上所说的资本主义制度的产物和资本主义寄生性、腐朽性的表现,也不是个别发达国家所特有的。因此,应当比照发达国家,优化中国的产业结构。所谓优化,就是把中国以农业劳动力为宽底边的产业结构正三角形倒转过来,从而使产业人口结构逐步由“一、二、三”向“三、二、一”的方向转变。

三、中国加快发展第三产业的目标和重点

党的十四届五中全会指出,要正确处理第一、二、三产业的关系,“大力加强第一产业,调整提高第二产业,积极发展第三产业”。中国加快发展第三产业的目标和重点是:

(一)发展第三产业的目标

目标是建立三大体系,即逐步建立起适合中国国情的社会主义统一市场体系、城乡社会化综合服务体系和社会保障体系。作为2007年国内十大新闻之一,即农村最低生活保障制度开始在全国普遍建立。目前,全国31个省、区、市建立起农村最低生活保障制度,两千多万农村贫困人口纳入保障范围。统计表明,中国第三产业每增长1%,就业人口就增长140万。

（二）发展第三产业的重点

1. 为生产和生活服务的行业。主要是商业、物流业、对外贸易业、金融业、保险业、旅游业、房地产业、仓储业、居民服务业、饮食业、文化卫生事业等。这些行业的优势在于，投资少、周期短、收效快、效益好、就业容量大、与经济发展和人民生活关系密切。例如：沐浴业，是综合服务新业态，是劳动密集型服务行业，与同等面积的酒店相比，用工量是酒店的 3 倍。2008 年中国足浴企业从业人员 800 万人，并保持 10%的年增幅。该行业作为国民经济中一个新型、独立业态的雏形已经显现，而且随着观念的更新会吸纳更多有文化、有素养的人群就业，前景广阔。

2. 与科技进步相关的行业。主要是咨询业（含科技、法律、会计、审计等）、信息业和各类技术服务业等。

3. 农村的第三产业。主要是为农业产前、产中、产后服务的行业，为提高农民素质和生活质量服务的行业。

4. 对国民经济发展具有全局性、先导性影响的基础行业。主要是交通运输业、邮电通讯业、科学研究事业、教育事业和公用事业等。

总之，第三产业是经济增长的重要推动力。现代市场经济发展表明：第三产业发展越快，对经济增长的支撑、辐射和带动作用就越强。第三产业在国民经济中连接着生产和消费，起着促进一、二产业共同发展的重要作用。中国加入 WTO 所作出的对外开放承诺，最重要的就是第三产业（服务业）的开放。随着世界新一轮产业结构调整，国际产业转移的重心，开始由制造业向服务业转移，研发全球化、服务外包等成为经济全球化新趋势，金融、保险、旅游和咨询等领域，成为国际产业转移重点领域。可以预见，未来几年内，外资进入中国的格局将发生重大变化，服务业利用外资的比重将会逐年增加，从而迅速提升中国服务业的水平。

四、外向型产业结构的特点

为适应外向型经济的发展，应有相应的外向型产业结构，它具有以下三个特点：

（一）对国际市场需求变化具有较强的适应性

外向型经济因其主要面向国际市场，产品要适应国际市场的需求，产业结构要具有较强的转换和调整能力。对主导产业的选择，应依据动态的比较优势，扩大出口，带动本国经济的发展。

（二）生产要素的配置具有国际化特点

由于生产要素（土地、资本、人力、技术、信息等）在国际间的双向流动，国内企业国际化，国际企业国内化，决定了外向型产业结构的空间布局，其生产要素的配置不受国内条件的限制。

（三）与发达的第三产业相联系

由于生产、资本、市场的全球化，国际经济和产业信息变化很快，因此要求与发达的第三产业（尤其是交通运输、邮电通讯、国际经贸、金融保险等）保持紧密联系。

五、中国服务贸易迎来发展机会

（一）中国服务贸易现状

服务贸易，又称无形贸易、劳务贸易。WTO《服务贸易总协定》（GATS）的定义是：各国的服务进出口活动，构成了国际服务贸易。按照提供服务的方式将其划分为四种类型：一是跨境提供（约占35%，如远程通讯服务、国际快递、计算机联网中的视听、金融服务等）；二是境外消费（约占15%，如出国旅游、海外留学等）；三是商业存在（约占50%，如FDI投资涉及资本和专业人士来华、中国企业"走出去"跨国经营等）；四是自然人流动（约占2%，如个人在境外提供餐饮、医疗、讲学、参访、咨询服务等）。中国（北京）国际服务贸易交易会（"京交会"）[①]，自2012年起永久落户北京，并于每年5月在北京举行，会期5天，涵盖服务贸易12大领域。

数据显示，1982年～2005年，中国服务贸易出口额占贸易出口总额的比重一直在10%以下，仅为全球平均水平的50%，服务贸易长期逆差。同时，中国服务业增加值占GDP比重明显偏低，2005年占比为40.2%（即使中低收入国家也达到了43%的平均水平）。中国应当像当年把握制造业国际产业转移的机遇那样，来把握当前国际服务贸易转移的机会。

商务发展"十二五"规划明确指出，大力发展服务贸易和服务外包。把服务贸易作为参与国际合作和竞争的新平台，以货物贸易发展带动服务贸易，以服务贸易发展带动货物贸易提升，实现货物贸易和服务贸易的良性互动。近年来，服务外包已成为国际产业转移的新引擎，要积极承接国际服务贸易转移，促进服务外包持续发展。

与此同时，也要充分借鉴制造业开放经验，科学评估开放风险，稳步推进金融、医疗、教育、旅游、养老等服务业领域对外开放，促进国内竞争，激发服务业发展活力，提升服务业发展水平，增加民生服务业供给。

---

① 京交会定位于国家级、国际性、综合型服务贸易交易会，是全球唯一涵盖服务贸易12大领域的综合型服务贸易交易平台，具体包括：(1)商务服务；(2)通讯服务；(3)建筑及相关工程服务；(4)金融服务；(5)旅游与旅游相关服务；(6)娱乐、文化与体育服务；(7)运输服务；(8)健康与社会服务；(9)教育服务；(10)分销服务；(11)环境服务；(12)其他服务。首届京交会以"服务贸易：新视野、新机遇、新发展"为主题，于2012年5月28日至6月1日在北京国家会议中心举办。

（二）中国发展“服务外包”的意义

“服务外包”成为当今全球化的新潮流，对中国而言，大力承接服务外包业务，其积极意义可以概括为“三个有助于”：有助于加快对外贸易增长方式转变；有助于扩大知识密集型和专业技能密集型服务产品出口；有助于优化外商投资结构，提高利用外资质量和水平等诸多利好。这是因为，服务外包具有信息技术承载度高、附加值大、资源消耗低、环境污染少、吸纳就业能力强等特点。据有关方面估算，服务外包业务在5年内（2009年～2013年），将提供100万大学生就业。另据统计，截至2011年底，中国服务外包企业已达到16939家，从业人员318.2万人，其中大学以上学历占70.1%。2010年中国承接国际（离岸）服务外包金额144.5亿美元，同比增长43.1%。

（三）中国服务外包业态优化、价值链向高端攀升

中国服务外包业，除传统的ITO（信息技术外包）外，BPO（业务流程外包）、KPO（知识管理外包）所占比重也在逐步增加。另外，云计算和物联网等新兴技术的应用，也正在为国内服务外包业催生新的业务领域。

（四）中国服务外包产业发展的环境优势

环境优势体现在政策、人才、市场、基础设施等4个方面：

1.政策环境优化。2009年和2010年，中国国务院办公厅陆续发布文件，批准20个城市为“中国服务外包示范城市”（含京、津、沪、渝、大连、深圳、广州、武汉、哈尔滨、成都、南京、西安、济南、杭州、合肥、南昌、长沙、大庆、苏州、无锡），并从财政、税收、金融、知识产权保护等方面出台30多项政策予以支持。

2.高素质人才供应充沛。中国每年大学毕业生超过600万人，并拥有庞大的高技能人才队伍，能够为服务外包产业提供充足的人力资源。

3.离岸、在岸市场协调发展。中国不仅注重与海外买家合作，提供优惠的离岸服务，而且作为全球第二大经济体，中国也是巨大的服务外包发包市场。

4.日臻完善的基础设施。目前中国互联网用户超过4.5亿，宽带用户超过1亿，以3G为代表的移动互联网技术日益普及，为服务外包提供了便利条件。

（五）中国“十二五”软件与信息服务外包产业发展重点

重点包括4个：完善政策环境；支持重点产品研发和产业化；优化产业组织结构；促进产业集聚发展。

第四节　外向型经济的途径

发展外向型经济的途径是参与国际经济循环。

一、国际经济循环的含义

所谓国际经济循环，是指一个国家(或地区)面向世界，参与国际经济合作和竞争，充分利用国内外两种资源、两个市场，发展开放型经济，运用国际分工、国际交换和本国经济的比较优势，提高竞争能力，更好地与国际经济互接互补。

二、国际经济循环的内容要点

(一)国际经济循环归根到底要以国内循环为基础

国际经济循环需要国内多种多样的投入。目前，中国国内市场的发育还不健全，原材料工业(钢材、化工原料等)发展相对滞后，能源、交通、通信等基础设施相对薄弱，这会给发展外向型经济带来某种不利因素。参与国际交换和竞争，虽然十分重要，但中国参与的速度和规模将受国内经济循环的制约。现在，世界上只有少数较小的国家和地区，其出口占国民生产总值的比重较大，一些大的工业发达国家的出口占国民生产总值的比重并不很高。因此，要求中国出口贸易迅速上升到占国民生产总值30%以上是不切实际的。只有协调好国内产业之间的比例，加强各项基础设施的配套建设，改善投资环境，才能促进外向型经济的发展和国际经济循环，也才能更有力地参与国际竞争。

(二)国内循环与国外循环相互交汇

这个交汇点就是中国的"四沿地带"(沿海、沿江、沿边、沿交通干线)。交汇内容主要有四个方面(如图1-1所示)，现逐一分述如下。

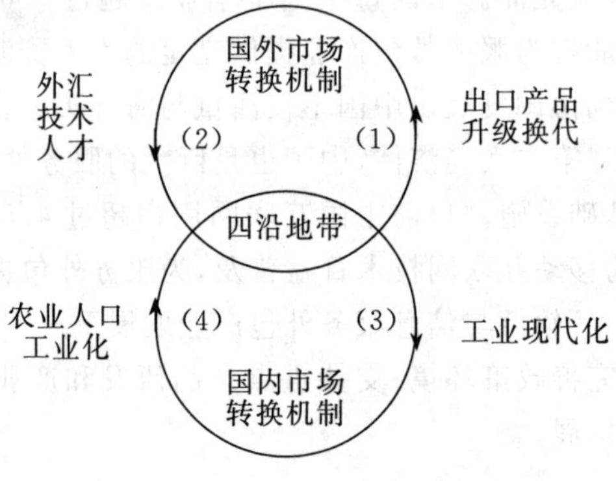

图1-1 国际经济循环示意图

(1)出口产品，升级换代，旨在提升产品竞争力。而竞争力包括价格竞争和非价格竞争。价格竞争是通过"价格便宜→提高生产率→扩大生产规模"来进行的。非价格竞争是指品牌、广告、包装、售后服务等手段。现代营销之父科特勒说过：品牌是价格战的唯一解药。所以，品牌就是效益和未来。当然，注意产品的广告、包装和售后服务等手段，也是必须的。

(2)通过国外市场转换机制，吸收国内市场所需要的设备(硬件)、外汇、技术(软件)和人才("活件")，而吸收"活件"比吸收"硬件"和"软件"更重要。当代美国不仅是世界各国引进外资、技术最多的国家，而且也是引进人才最多、受益最大的国家，其经验和做法值得借鉴。

(3)促进国内工业现代化。现代化，既是历史性概念(纵向)，也是世界性概念(横向)，包括两个阶段：第一次现代化和第二次现代化。第一次现代化，是指农业经济走向工业经济，农业社会走向工业社会，农业文明走向工业文明。有关评估认为，中国在2015年前后将完成第一次现代化。目前，中国东部地区工业现代化综合指数已近90，而中西部约为40。该阶段的国际贸易标志是：出口产品，进口钞票。第二次现代化，是指工业经济走向知识经济，工业社会走向知识社会，工业文明走向知识文明。其特点是：知识化、分散化、个性化、网络化、全球化、生态化、信息化。目前世界上已有美、日、英、德、澳、瑞士、瑞典、丹麦、芬兰等24个发达国家实现了第二次现代化。有关评估认为，按GDP年增幅8%～6%计算，中国需要32年～42年将全面赶上发达国家水平。该阶段的国际贸易标志是：出口智慧，进口产品。

(4)农业人口工业化。中国在工业现代化过程中，通过国内市场转换机制，城市支援乡村，工业反哺农业，发展乡镇经济，重点是县域经济，建设小城镇，使农业人口游离出来，离土不离乡镇，进厂不进大城市，有效实现农业人口工业化。其成功范例如上世纪末被誉为"天下第一村"的天津市静海县大邱庄，作为全国十佳优秀农民企业家的该村村长曾说：大邱庄有"4靠"经验：一靠农业养家，二靠乡镇企业发家，三靠人才兴家，四靠政策当家。当今江苏省华西村也是成功范例，该村花40亿元打造72层400多米高的黄金酒店，并将1吨重金牛置于楼顶上，由此可见一斑。

(三)参与国际经济循环的直接目的

直接目的是学会"三个两"：一是利用两种资源(国内资源和国外资源)；二是开拓两个市场(国内市场和国外市场)；三是学会两套本领(国内经济建设和对外经济关系)。

通过上述"三个两"，引领中国经济转型。"十二五"是中国转变经济发展方式的关键阶段，现正抓住国际金融危机后经济复苏所带来的发展机遇，坚持创新驱动、转型发展，许多区域的规划明确提出，要紧密对接国家战略性新兴产业规划和政策，力争成为国家战略新兴产业的创新引领区。如上海市浦东新区正谋求以创新驱动"经济变轨"，瞄准战略性新兴产业这一引擎，加速转型。

第五节　外向型经济的组织形式

外向型经济的组织形式是涉外企业。

涉外企业是外向型经济的重要组织形式和载体。本书所要阐述的涉外企业包括:三来一补企业、三资企业、对外劳务合作企业和中国海外企业。对此,本书均列入专章、专节阐述,重点是对三资企业的阐述。

鉴于外商在华投资形式有新的发展和变化,故本章特辟一节,将常见的其他形式的涉外企业在本书绪论中作简要介绍,包括:外商投资股份制、合作开发、BOT投资、涉外租赁、并购等。

一、外商投资股份制

外商投资股份制又称外商投资股份有限公司,是指依法设立的,全部资本由等额股份构成,股东以其所认购的股份对公司承担责任,公司以其全部资产对公司的债务承担责任,中外股东共同持有公司股份,外商股东持有的股份占公司注册资本的25%以上的企业法人。它是公司制企业的一种类型,也是近年来中国直接利用外资的一种新型企业形式。

外商投资股份制的发起人一般为5人以上,其中,中方股东不得少于3人。在设立方式上分为两种:发起设立和募集设立。发起设立是指由发起人认购公司应发行的全部股份而设立公司。募集设立是指由发起人认购公司应发行股份的一部分,其余部分向社会公开募集而设立的公司。

外商投资股份制的主要特征列表归纳说明(如表1-1所示)。

表1-1　外商投资股份制的主要特征

比较	外商投资股份制	三资企业	内资股份制
1.投资主体	有外商股东	有外商股东	无外商股东
2.投资性质	认股投资(证券投资)	作价出资(非证券投资)	认股投资(证券投资)
3.股份形式	股票	股单(出资证明)	股票
4.组织形式	股份有限公司(股东大会、董事会、监事会)	有限责任公司(董事会制)	股份有限公司(股东大会、董事会、监事会)
5.经营期限	均不约定期限	可约定、可不约定期限	均不约定期限

由于股份公司实行规范化经营,其经营方式遵循国际惯例,所以有利于中国现代企业制度的建立,也使中外投资者的投资更有法律保障,有利于吸引外商直接投资。对于三资企业、国有企业、集体企业,以及按《公司法》规定设立的没有

涉外因素的股份有限公司等非外商投资股份制的企业(公司),可以申请转变为外商投资股份有限公司。

二、合作开发

合作开发,是指资源国利用国外投资,共同开发本国资源的一种经济合作形式,适用于大型自然资源(如石油、天然气、矿石等)。其特点是:高投入、高风险、高回报、东道国管理严。中国在石油资源开采领域中的对外合作都采用这种方式。

中国海洋石油总公司("中海油")、中国石油天然气集团公司("中石油")、中国石油化工集团公司("中石化"),是具有法人资格的国家公司,享有在对外合作区进行石油勘探、开发、生产和销售的专营权。中外合作开采石油的政府主管部门是国土资源部。国家商务部是石油合同的审批机构。

合作开发带有明显的阶段性,一般而言:(1)外商独资。在地球物理勘探阶段,外商独家投资、独家勘探、独家承担风险;(2)中外合作。开发阶段,外国合作者开始取得报酬;(3)中外合资(中外股比中方占 51%及以上)。生产阶段,双方根据股权比例分享利润,回收投资和费用。例如,中美合资蓬莱 19-3 油田,合资经营期限十年(2001 年～2011 年),中美股权比例为 51% ∶ 49%,美方股东为美国康菲石油公司,中方为中海油。该油田于 2011 年 6 月在 B、C 平台附近的 4.6 平方公里区域内漏油不止,其污染浓度超过了中国政策制定的海产养殖和人体接触安全标准的最大上限。中国国家海洋局对"康菲"依法追究了责任,并吸取教训,加大监管力度。

三、BOT 投资

BOT 是英文 Build Operate Transfer 的缩写,即建设、经营、移交,又称外商投资特许权项目,是通过政府为投资者提供特许权协议,准许投资方开发建设某一项目,项目建成后在一定期限内独自经营获得利润,协议期满后将项目无偿移交政府。BOT 自 1984 年在土耳其首次出现以来,已为世界上越来越多的国家所采用,它是目前国际上流行的项目融资方式,主要用于公路、铁路、桥梁、发电站、隧道和机场等基础设施项目。

利用 BOT 投资的意义:(1)有利于弥补基础设施建设资金的不足,减轻政府公共投资的压力;(2)有利于政府转嫁项目风险,促进产业结构的优化;(3)有利于吸收先进的设计、施工和管理技术。

BOT 不同于传统的三资企业投资,其主体的一方为东道国政府主管部门,另一方为外国私人投资者。它是一种囊括了涉外工程承包、跨国技术转让、项目融资等多种因素的国际投资。

典型的 BOT 投资结构示意图如图 1-2 所示。

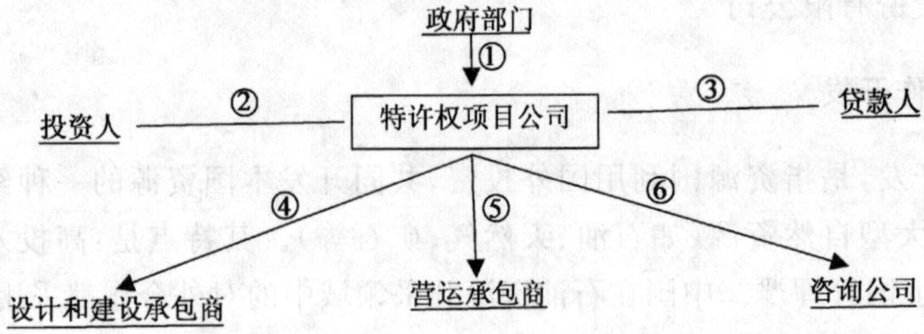

图 1-2　BOT 结构示意图

四、涉外租赁

涉外租赁，是指外商出租人与中方承租人之间订立的租赁合同，在一定期限内将商品交给承租人使用，并收取租金的投资方式，也是中方直接利用外资的一种贸易方式。

涉外租赁的主要特征：一是租赁贸易最多的是动产租赁；二是兼有商品信贷和资金信贷的双重性，类似于商品使用价值和价值的二重性；三是租赁期内设备的使用权与所有权相分离，承租人用营运收入购买设备的使用权，代替了自筹资金购买设备的所有权。

涉外租赁的形式，按租赁性质区分为三种：

1. 融资租赁(Finance Lease)，又称金融租赁。是指一种由三方当事人和两个合同构成的特殊交易方式，即由出租人根据承租人提出的条件，与供货商订立的购买合同，买进承租人所需要的设备，并与承租人订立租赁合同，给予承租人设备使用权，并据此收取租金，以回收购货货款、利息和其他费用。出租人和承租人位于不同国家的融资租赁交易，称为国际融资租赁(或国际金融租赁)。融资租赁示意图画图说明如图 1-3 所示。

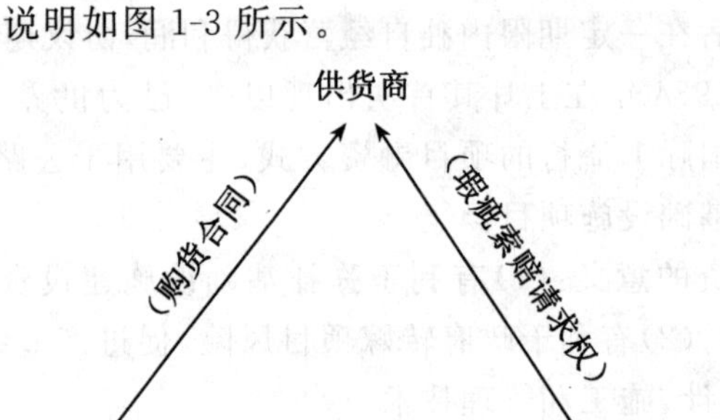

图 1-3　融资租赁示意图

融资租赁的主要特征：一是整个交易过程由“三方当事人”和“两个合同”构成；二是禁止当事人中途解约（尤其是禁止承租人解约）；三是出租人不承担租赁物的瑕疵担保责任，但承租人可从出租人处取得向供货商的索赔请求权；四是由承租人承担租赁物本身的灭失、毁损和因租赁物引起的他人人身伤亡或财产损害的责任；五是融资租赁的资金成本较高，因为出租人购买设备的成本、费用等均摊入租金；六是租赁期内承租人加快资金融通，加大还款能力，租赁期届满时，租赁物的所有权自动转归承租方。这是以融资为目的（明天的钱，今天用）、融资与融物合二为一的租赁形式。

值得说明的是，融资租赁业是仅次于银行业的第二大资金供应渠道。2008年中国融资租赁业70家，全年业务总量约为1550亿元。其中，金融租赁11家为630亿元；外商租赁34家为500亿元；内资租赁25家为320亿元。2009年中国工行、建行、招行、交行和民生行等5家银行新组建的金融租赁公司，经过一年业务实践后正式（开业）投入营运。

2. 减税优惠租赁，又称借贷式租赁。是指先由出租方自筹一部分资金，其余所需资金通过向银行借款解决，然后用筹集到的资金购买设备出租。此种租赁会得到减税的优惠。

3. 综合租赁。是指将租赁与其他贸易方式结合起来的一种租赁方式。例如，承租人与补偿贸易方式相结合，以产品或加工费偿还租金，而不以现汇支付，节省了现汇周转。

五、并购

1. 并购的含义

并购，又称收购或兼并引资国的企业。是指通过购买某一企业的股权，参与该企业经营，按股权比例分享企业利润，并对企业经营方针行使表决权的投资方式。商品和服务的国际流动形成了世界市场，而国际资本流动形成了世界生产，从而使生产方式进入新的发展阶段。

2. 并购的依据

并购的依据有两个：一是中国《国民经济和社会发展第十个五年计划纲要》明确提出：“积极探索采用收购、兼并……等多种方式，促进利用外资和国有企业产权制度改革。”这是“十五”计划纲要的新政策、新思路。随着全球经济一体化的进展，国际资本的流动方式发生了巨大变化，跨国并购（收购和兼并）趋向取代“绿地投资”（Greenfield Investment），成为国际资本流动的重要形式。20世纪90年代以来，中国允许外商投资收购和兼并国有企业、集体企业及其他性质企业的全部或部分股权，以加速企业的“嫁接”改造。二是2010年国务院发布了进一步鼓励利用外资工作20条措施，其中，措施之一就是：为促进利用外资方式多样化，鼓励外商以参股、并购等方式参与国内企业改组改造和兼并重组。

目前，国内两个领域成为外商并购的重点：一是过去政策上限制或禁止外资进入的服务领域；二是过去关税和非关税壁垒程度较高的领域。

3. 并购的积极作用

跨国公司参与国企改革，其积极作用表现为"七个有助于"：(1)有助于为国企改革创造有利的融资条件；(2)有助于保留原来濒于破产企业职工的就业机会，并通过"波浪效应"增加再就业机会；(3)有助于以并购方式引进外资，导入国际经济通行的规则、惯例，从外部促进中国市场的发育和市场机制的生成；(4)有助于中国经济结构的调整、升级和优化，促使资金、技术密集型产业支柱的形成；(5)有助于以先进方法培训中国管理人员、技术人员和熟练工人，开发中国高素质的人力资源；(6)有助于提升中国企业的管理水平；(7)有助于创新利用外资方式，有效利用境外资本市场，鼓励具备条件的境外机构参股国内证券公司和基金管理公司，逐步扩大合格境外机构投资者(QFII)规模。

总之，鼓励外资以并购方式参与国企改革，是推动国企改革的一个非常重要的方式，也是中国适应国际资本流动的新趋势，积极调整利用外资方式的一个战略性转变。世界直接投资的约80%是以跨国并购形式实现的。目前，流入中国的直接投资中虽然仅约5%采用了并购形式(其他多数是新建项目投资)，但随着中国利用外资政策法规的陆续出台，中国也会逐步跟上世界跨国并购的发展趋势，并将进一步展示出中国吸引外资的巨大潜力。

4. 并购的具体做法

跨国公司在华投资并购的具体做法可以概括为六种：(1)直接购买股权，主要针对小企业；(2)现有外企增资扩股，提高占股比例；(3)先设立一个外资企业，然后直接收购资产，这样可以规避政府的审批；(4)两个已设立外资企业之间的合并；(5)外资企业与内资企业之间的合并；(6)通过证券市场收购。例如，2001年以来，在中国内地出现了若干引人瞩目的跨国公司并购案例，如阿尔卡特公司收购并控股上海贝尔，美国艾默生电气公司出资75亿美元收购华为集团的电气业务部门——安圣电气有限公司。自2003年以来，以松下电器、惠普、日立、伊莱克斯、LG、东芝等为代表的新一批外资家电巨头，以并购、增资扩产、建立研发中心等方式向中国市场进发。跨国家电巨头掀起的并购浪潮，无疑是集中资源占有国内市场更大份额的最佳方式。以松下电器为例，松下电器已在中国并购了48家企业，这些企业几乎分散在中国各地。2007年2月，沃尔玛斥资2.64亿美元收购了好又多35%的股权，同时以向其他股东提供3.76亿美元贷款的代价换取了另外30%的投票权，沃尔玛全面掌控好又多的经营，被称为当前中国零售业的最大收购案。

5. 外商在华投资并购审核制度

中国商务部《实施外国投资者并购境内企业安全审查制度的规定》(以下简称《规定》),于 2011 年 9 月 1 日正式实施。该《规定》明确了外商并购境内企业的具体程序及所要提交的文件,并增添了反规避等方面的具体内容。

该《规定》的出台,目的是鼓励,而不是限制。通过规范并购程序,提升透明度和可预见性;与此同时,也符合国际惯例。如在美国也有商务、外交、安全等多部门成立的外资安全审查委员会,在"中石油"并购优尼科、"华为"收购美国三叶公司,以及"联想"并购 IBM 的过程中,都曾受到过此类安全审查。

6. 外商投资并购审核程序及注意事项

(1)审核程序(分为两步):一是提出建议。向商务部提出进行并购安全审查的建议。该建议由国务院有关部门、全国性行业学会、同业企业及上下游企业,认为需要进行并购审查时就可以提出。由这些业内企业提起申请更符合市场化原则。二是审查范围。商务部从交易的实质内容、实际影响来判断并购交易是否属于并购安全审查的范围。

(2)注意事项:一是反规避。即外国投资者不得以任何方式实质规避并购安全审查,包括代持、信托、多层次再投资、租赁、贷款、协议控制、境外交易等方式。弄清楚并购背后的控股方非常关键,这显示了反规避措施的加强。二是"三道槛"。并购境内企业审查的"三道门槛"须相互配合,即:第一道槛,看是否符合外商投资产业指导目录;第二道槛,看是否违犯公平自由竞争与反垄断法;第三道槛,看是否符合并购安全审查制度的规定。

7. 中国主推八大行业并购重组

在"十二五"期间,中国以汽车、钢铁、水泥、机械制造、电解铝、稀土、电子信息、医药等八大行业为重点,推动优势企业强强联合、跨地区兼并重组、境外并购和投资合作,提升企业集中度。

第二章 三来一补企业

第一节 什么是三来一补

所谓三来一补，是指来料加工、来样加工、来件装配和补偿贸易等四种外商直接投资形式的总称。它是国际上通行的利用外资形式，也是中国开展对外贸易的重要组成部分。三来一补企业，是指中国从事三来一补经营活动的、具有法人资格的经济实体或经济组织。在“三来”企业中，外商称为定作方，中方称为承揽方，双方通过签订合同来确定相互权利义务关系，开展加工装配业务。三来一补的规范化称谓表示如下：

- 三来一补
  - 三来（来料加工、来样加工、来件装配）＝加工装配
  - 一补：补偿贸易
    - 直接补偿＝产品返销＝返销＝工业补偿
    - 间接补偿＝产品换购＝换购

一、来料加工

所谓来料加工，是指外商提供原材料、辅料和包装材料，中方企业按照规定条件(如图纸标准和工艺要求)进行加工，成品交给外商，中方收取工缴费。具体方式有：

1. 外商提供全部或部分原材料、辅料和包装材料，成品交给外商，中方只收加工费。

2. 外商“来料”和中方加工后的“成品”分别作价，根据“各作各价”合同，中方只收差价。

3. 外商除提供“来料”以外，还提供加工所需的技术、设备、设施，其价款从中方工缴费中清偿。

4. 中方外贸部门同外商签订合同，承揽来料加工业务，然后组织加工企业生产。外贸部门同加工企业之间按购销业务关系办理(也适用于来样加工和来件装配)。

二、来样加工

所谓来样加工，是指外商提供产品的样式、规格、商标、花色和质量标准等，中方企业按照规定条件，用自己的原材料加工生产，成品交给外商，中方收取加工费和所供原材料的价款。

如果外商提供了加工所需的工具、设备和技术，其价款则从中方工缴费中清偿。

三、来件装配

所谓来件装配，是指外商提供元器件、零部件和装配用的工具设备，中方企业按外商要求的质量、规格、款式，进行加工装配，成品交给外商，中方收取工缴费或装配费。

外商的"来件"又分两种形式：(1)全分解零件，即外商将零件以散装的形式运来，中方企业先将散零件组装成部件，再将部件组装成成品；(2)半分解零件，即外商将部件以散装形式运来，由中方企业把部件组装成成品。

上述"三来"业务，统称加工装配。中方承揽加工装配的企业，有国有企业、集体企业、私营企业和个体企业。从事的行业有机械工业、电子工业(以来件装配为主)、轻纺工业和农牧渔养殖业(以来料加工、来样加工、来料种养为主)等。

四、补偿贸易

所谓补偿贸易，是指中国以信贷方式引进外资、技术、设备和原材料，然后以产品分期偿还价款的一种投资形式。具体方式有：

(一)按产品补偿方式来划分

1. 直接补偿：用引进的技术和物料直接生产的产品叫直接产品，用直接产品偿还的叫直接补偿，又叫产品返销(简称返销)。此种方式一般适用于设备和技术贸易，国外也有人称之为"工业补偿"。

2. 间接补偿：偿还外商的产品，不是用引进的技术和物料直接生产出来的产品，而是双方均能接受的、等值的其他产品，故又称等价商品补偿，也叫商品换购(简称换购)。

(二)按产品补偿所占的比例来划分

1. 全额补偿：合同价款(包括贷款本息)，百分之百用产品偿还。

2. 部分补偿：合同价款用部分产品、部分现汇来偿还。"部分现汇"一般是指用一定百分比的现金支付定金(通常在15%以内)。

(三)按补偿贸易的行为主体来划分

1.双边补偿:补偿贸易的参加者,仅有中外双方,中方向外商补偿。

2.多边补偿:补偿贸易的参加者是多国多方,即提供技术设备的一方不一定就是借贷者,也未必是产品返销的接受者,它可以是三角补偿或四边补偿。这种方式的补偿贸易比较复杂。其特点是由第三国代替首次进口的中国一方承担或提供补偿产品的义务。这种情况一般发生在对外签有支付清算协定的国家。例如,中国与伊朗签有支付协定,进行记账贸易,并经常处于顺差状态,但伊朗没有合适的产品可供中国进口;与此同时,中国需要进口意大利的设备和技术,但苦于外汇短缺,想利用补偿贸易方式进口。经中国同意大利谈判以后,知道意大利需要伊朗可供出口的产品,伊朗也愿意向意大利出口,于是,中国便利用支付协定所赋予的购买第三国产品的权利,用伊朗的产品换意大利的设备和技术。这种贸易就是多边补偿,也叫转手补偿。

(四)综合补偿贸易

所谓综合补偿,是指把上述各种单一简单的补偿贸易进行灵活组合。例如,直接的部分的三角补偿,就是既包括直接用产品补偿,又包括部分现汇补偿(15%定金),还包括三国三方参加的广泛的多边合作补偿。由于综合补偿贸易对参加的各方都有利,故已成为当代国际流行的补偿贸易形式。

总起来看,对一个企业来说,三来一补业务,实际上往往是有所侧重而又互相渗透、融为一体的。

五、三来一补的特点

由于三来一补既具有对外经济合作的性质,又具有一般贸易的某些属性,综合起来看,三来一补可归纳为如下几个特点:

(一)吸收外商"实物"投资

外商提供的设备、原材料、辅料、零部件、元器件等,均应视作直接投资。中方利用外商提供的"实物"外资,加工生产,收取工缴费;或以直接产品、或用间接产品、或以工缴费,来清偿外商预先垫付的"实物"资金。

(二)中方一般无需流动资金

在外商提供"实物"投资的条件下,中方只需提供厂房或加工场所、劳动力和一些简易设备,无需筹措流动资金,就可以开展生产和业务活动,合作方式简便易行。

(三)供产销一体化,中方承担风险较小

三来一补中的料、样、件、技术设备和销售市场在国外,即"两头在外",生产或加工装配环节在国内，供产销是一个统一体。中方既不担心“供”，也不担心“销”，而且结算和支付方式对中方有利。

（四）提供劳务出口

三来一补大都是劳动密集型产品，占用劳动力甚多，一般来说，投入的活劳动越多，出口创汇就越多，完全是不出国门的劳务出口。

由上可见，三来一补是将利用外资、技术引进、劳务合作、商品贸易结合在一起的总称，是既包括对外经济合作，又包括一般对外贸易的供产销综合体。目前，中国的三来一补正向深入发展，前景十分广阔。

第二节　三来一补企业的发展、转型和转移

三来一补企业是改革开放的产物。自从珠海香洲毛纺厂 1978 年 8 月签订第一份毛纺织品“来料加工”协议以来，中国三来一补企业取得长足发展，直到现在大量三来一补企业转型为三资企业，大量三来一补工厂重新注册为外资企业（即外商独资企业），大量三来一补项目由东向西梯度转移。其发展过程主要经历了如下四个阶段。

一、起步阶段（1978 年～1987 年）

该阶段企业总体规模较小，内资企业开展的来料加工占主导地位，以简单加工和劳动密集型加工为主，加工地域相对集中在广东省、福建省。这里说的“来料加工”，是指进口料件由外商提供，既不必付汇进口，也不必用加工费偿还，而是将加工制成品交由外商销售，加工经营企业收取加工费的加工贸易活动。该阶段的加工装配主要是“贴牌加工”（OEM），是指按原单位（品牌单位）委托合同进行产品开发和制造，用原单位商标销售或经营的合作营运方式。OEM 在中国家电等行业得到了广泛应用。

二、快速发展阶段（1988 年～1995 年）

该阶段进料加工和外商投资企业迅速发展，规模迅速扩大，并占居主导地位。这里说的“进料加工”，是指进口料件由经营企业付汇进口，加工制成品由经营企业外销出口的加工贸易活动。该阶段产业结构从劳动密集型向资本密集型和技术密集型过渡，加工地域向东南沿海及内地快速扩散（时称“漫山放羊”），加工贸易进出口额开始占据中国外贸半壁江山。

三、稳步发展阶段(1996 年～2006 年)

随着越来越多的大型跨国公司来华,加工贸易向高新技术产品方向升级取得积极进展,机电产品取代了传统大宗出口商品(如服装、玩具、鞋类、箱包等),占主导地位。

自 1996 年以来,中国加工贸易占比一直保持在 55%左右,特别是 1998 年、1999 年一度高达 56.9%。2006 年加工贸易占中国外贸比重为 52.7%;同时,加工贸易顺差高达 1888.8 亿美元,是中国贸易顺差的主要来源,也是中国对外贸易的主要方式,对中国出口的贡献率达到了 60%以上。多年来加工贸易累计创造就业岗位 3000 余万个,约占中国第二产业就业人数的 20%,而相关配套产业就业人数更约达 5000 万人～6000 万人。因此,源于三来一补,成长为加工贸易的经营企业,其历史功绩无可匹敌,功不可没。

四、转型升级与梯度转移发展阶段(2007 年至今)

(一)转型与转移的背景

1.宏观调控解决困局的需要

中央宏观调控明确要求:继续发展加工贸易,不失时机地引导加工贸易转型升级和梯度转移。

长期以来,中国加工贸易基本为贴牌生产(OEM),后来有了委托设计生产(ODM),继而自主品牌营销(OBM)(如惠州的 TCL,深圳的华为、中兴、康佳,顺德的美的、格兰仕、科龙电器,珠海的格力等)。但总体来看,问题较多:(1)技术含量和增加值较低;(2)土地、能源、资源占用和消耗大;(3)环境污染较重;(4)最关键的是,加工贸易的某些发展趋势,似乎要将中国固定在国际分工产业链低端;(5)还有,通过加工贸易方式猛然增加的贸易出口份额和顺差,已使中国产品更直接地暴露在国际贸易摩擦之中。

2.经济规律驱使

经济规律表明,一般而言,加工制造业转移周期为 20 年。目前,东部加工贸易的边际利润已经从 5 年前的 18%下降为 10%左右,很自然地推动加工贸易向周边"扇状转移"。说到底,加工贸易的经营模式,是成本导向的"游牧型经济",企业"逐水草而居",旨在追逐低廉的生产成本。这无论是从国际产业转移的大趋势看,还是从中国区域经济协调发展的角度看,加工贸易梯度转移都是十分必要的。

(二)转型与转移的两大方略

国家确定了加工贸易转型升级与梯度转移的两大方略。分列如下:

方略之一：梯度转移 3 年工作总体目标（2007 年～2010 年）。2007 年 11 月，商务部与国家开发银行共同公布了《关于支持中西部地区承接加工贸易梯度转移工作的意见》，明确了 3 年工作的总体目标：至 2010 年培育中西部加工贸易重点承接地 50 个，使用政策性银行贷款总规模 300 亿元人民币，使中西部加工贸易年进出口额占中国加工贸易总额比例提高到 5%。

方略之二：梯度转移重点承接地发展的 7 项指导意见。2011 年 12 月 16 日，商务部、人力资源社会保障部、海关总署联合公布了《关于促进加工贸易梯度转移重点承接地发展的指导意见》（以下简称《指导意见》），由两部一署共同认定和培育加工贸易梯度转移重点承接地。现将该《指导意见》7 个方面的内容要点分述如下：

1. 承接地发展目标和基本原则

（1）发展目标

通过市场引导和必要的政策扶持，在中西部地区和东部欠发达地区，培育若干具有比较优势的加工贸易梯度转移重点承接地，提高中西部地区加工贸易在中国的比重，促进区域经济协调发展，更好地扩大就业、改善民生。

（2）基本原则

五项原则：①坚持市场导向和政府推动相结合。促进资源要素合理配置。②坚持承接转移和节能环保相结合。禁止开展“两高一资”（高能耗、高污染、资源消耗性）产品加工贸易业务，防止对环境造成不良影响。③坚持分类指导和重点突破相结合。防止低水平重复建设，实施重点突破，带动周边及上下游产业整体协调推进。④坚持存量调优和增量调强相结合。发挥存量规模优势，推进集群式发展，培育高技术产业与战略性新兴产业，大力发展生产性服务业，推进产业结构优化升级。⑤坚持产业发展和促进就业相结合。鼓励劳动者就地、就近转移就业和自主创业，实现经济发展与扩大就业良性互动。

2. 承接地发展优势特色产业

四种产业：（1）大力承接劳动密集型产业（如纺织、服装、玩具、家电、轻工等）。促进劳动力本地就业，建设劳动密集型产业接替区。（2）承接发展高新技术产业。发展电子信息、生物、航空航天、新材料、新能源等战略性新兴产业，促进高新技术产品出口。（3）积极承接发展配套产业。注重集群配套项目引进，加快产业集群的形成和发展。（4）发展生产性服务业。积极发展与加工贸易相关的运输、仓储、物流、人力资源市场、检测维修等生产性服务业，通过加工贸易带动生产性服务业发展。

3. 改善承接转移环境

五种环境：（1）完善重点承接地基础设施建设（如园区七通一平、环境综合整治工程等)。打造功能完善的承接平台。(2)强化承接转移公共服务支撑(如公共信息、公共试验、公共检测、技术创新等)。规范发展技术评估、检测认证、产权交易、成果转化等中介机构。(3)加快通关便利化服务体系建设。推进分类通关和"属地申报、口岸验放"通关模式,提高通关效果。(4)支持重点承接地建立快速物流通道。开展多式联运,组织集装箱直达运输,增加集装箱分拨站,增加航空、铁路、水路货运线路、班次,满足物资流通需要。(5)改善经营环境。转变政府职能,简化办事程序,提高服务效率,避免出台不符合市场经济要求和世贸组织规划的政策,防止无序竞争,积极营造公平、有序的良好环境。

4.完善承接转移机制

五种机制:(1)加快海关特殊监管区域的发展。含产业配套设施、园区基础设施、保税监管场所、保税物流体系、信息互联互通,以降低企业物流成本。(2)引导转移产业向海关特殊监管区域集中。发挥政策和功能优势,引导大型加工贸易企业入区发展。(3)鼓励合作共建产业转移园区。通过委托管理、投资合作等多种形式,与东部地区或港、澳、台地区合作共建承接产业转移园区,探索承接产业转移新模式。(4)搭建承接平台。提升各类大型投资贸易会展活动的质量和水平,发挥各类行业协会、商会等中介机构的桥梁和纽带作用,有效开展承接转移促进活动。(5)加强资源节约和环境保护。提高土地投资强度和用地密度,发展循环经济,推行清洁生产,完善废水排放、废料处理、废物利用的科学管理制度,严格执行环保标准。

5.强化人力资源支撑和就业保障

三个加强:(1)加强职业培训。含资金投入、培训网络、实训基地建设、开展专项职业培训。组织加工贸易企业与技校、职业培训机构对口合作,形成人才定向培养机制。(2)加强就业、创业服务和用工指导。健全公共就业服务体系。搭建便捷的就业服务平台。落实社保补贴、税收优惠、小额贷款等政策,鼓励加工贸易企业吸纳劳动者就业;对于自主创业的,及时提供创业服务,帮助创业者享受场地安排、小额贷款、税费减免等优惠政策。做好社会保险关系转移接续工作。规范企业用工行为,建立健全企业工资正常增长机制和支付保障机制。(3)加强人才引进机制的建立。创新引进、使用、激励、服务保障机制,制定发布紧缺人才目录,组织引才活动,引进高层次人才。吸引东部沿海地区和海外高层次人才在中西部地区落户。

6.加强政策支持和引导

四个支持:(1)支持加大对重点承接地的资金投入。有条件的地区可设立承接转移专项资金,用于相关促进工作。用足各项扶持政策,支持承接地的公共服务平台建设、员工技能培训、招商引资、就业促进等相关工作。(2)支持为重点承接地提供信贷和保险。国家开发银行发挥优势，为重点承接地提供投、贷、债、租、证等多种金融服务。中国进出口银行发挥优势，为加工贸易企业提供订单融资、应收账款融资，并在固定资产投资、产业整合、自主创新、国际物流等领域提供金融服务。中国出口信用保险公司，通过出口信用保险和国内贸易信用保险，为企业提供信用风险保障和融资便利。(3)支持认定和培育承接加工贸易转移示范地。该示范地在条件相对成熟、发展较好的承接地中认定和培育，并加大政策支持和宣传推介力度，发挥典型示范和幅射带动作用。(4)支持加快出口基地和外贸公共服务平台建设。支持出口产业集群申报国家外贸转型升级示范基地。支持建设公共技术研究平台、产品设计中心、检测中心和公共实验室等公共服务平台。鼓励加贸企业发展已建创新平台的社会化服务功能，提高本地区产业技术水平。

7.加强组织领导

四项组织活动：(1)建立健全组织领导工作机制。完善工作机制，明确责任制和目标考核，积极有效推动承接转移工作。(2)加强承接地发展规划引导。明确发展目标、发展重点、空间布局、产业结构、生态环境、外贸发展等重大问题，全面提升综合竞争力。(3)建立和完善评价体系。包括评价指标体系，实施考核机制，开展检测评价。(4)加强经验推广。加强统计数据承接转移动态等信息的沟通和交流，搭建信息交流平台，建立健全信息共享机制。加强对承接转移工作的指导、跟踪和评价，及时总结经验，并在全国推广。

(三)梯度转移三项差异性促进政策

加工贸易梯度转移，是指优化加工贸易区域布局。即：东部地区要“承外启内”，中部地区要“承东启西”，西部地区要开放促开发，扩大与周边国家的合作。也就是说，加工贸易梯度转移，要采取差异性促进政策：(1)鼓励东部地区“腾笼换鸟”，提升开放型经济发展水平，加快从全球加工装配基地，向研发、先进制造基地转变，并率先推进服务业开放和国际服务贸易先行先试，吸引国际服务业要素聚集。(2)扩大内陆开放，以中心城市和城市群为依托，以开放区为平台，发挥资源和劳动力比较优势，积极承接国际产业和东部产业转移，形成若干国际加工制造基地和外向型产业集群。(3)加快沿边开放，发挥地缘优势，加快重点口岸、边境城市和边境经济合作区、跨境经济合作区的建设，发展面向周边国家的特色外向型产业基地。实施上述三项差异性促进政策，将加快东、中、西地区的产业引导、合作及工业现代化进程，也将改变东部地区对外贸易占中国外贸总规模90%以上的局面。

(四)转型升级“微笑曲线”

加工贸易转型升级，是指加工贸易向产业链的高端发展。即：加工贸易“微笑曲线”,向前延伸到研发、设计、采购,向后延伸到市场销售、售后服务,实现供应链、产业链、价值链有机联接。简言之,“微笑曲线”的两端分别是研发和品牌,代表高附加值;中间最低点是制造,代表低附加值。

(五)转型升级成效范例

实践说明,“技术谋变”成转型升级中心词,且转型成效显著。截至2011年底,世界500强已有480家落户中国,共设立了12.6万家加工贸易企业,分布在102个海关特殊监管区域,包括:25个保税物流中心,720个保税仓库,118个出口监管仓库。这个“世界加工厂”,解决了4000万人直接就业,占中国第二产业就业人数的20%。

与此同时,加工贸易加快“西进”:如全球第二大个人品牌电脑宏碁,于2010年12月落户重庆,加上原有全球最大个人品牌电脑惠普体系的产业集群,重庆迅速形成“2+6+200”,即:2个品牌商、6个代工企业、200家配套厂商的笔记本电脑产业集群。再如,全球最大的电子产业专业制造商——富士康科技集团,于2010年10月在成都投资的第一个生产性项目正式宣布投产,投资总额达21亿美元,成为四川对外开放史上的一件大事。还有,2011年在第十二届中国西部国际博览会上,富士康又与长虹集团签署了投资总额5亿美元的“绵阳智慧手机协定”,使得富士康入川的意义已不只项目本身的引进,更重要的还有投资战略的延伸,以及带来的观念改变与国际化视野。

第三节　三来一补企业的申请和审批程序

一、“三来”项目的申请和审批

“三来”项目,即加工装配项目,其申请和审批程序是:

(一)申请兴办“三来”项目的签约资格

凡是经过商务部(原对外经济贸易部),有关省、自治区、直辖市人民政府或国家授权地方人民政府批准,有对外经营权的外贸(工贸)公司(包括广东、福建两省的县级和县级以上的对外加工装配服务公司),均可对外签约,也可与国内加工单位联合对外签约,承接加工装配业务。没有对外经营权的加工单位在与外商谈判时,需有上述公司参加,并共同对外签约。

目前,许多地区已下放对外签约权,一般已下放到工农业总产值达到亿元的乡镇所成立的来料加工装配公司。

外商委托中国代理人签订合同的,必须提供经国内公证机构或经贸部门认定的委托证明文件。

承接对外加工装配的企业和外商的国内代理人，必须是具有法人资格的经济实体。

中国内地驻港澳地区的企业，可为内地开展来料加工装配等业务牵线搭桥，也可在内地搞来料加工装配等业务，享受外商同等待遇。

凡符合上述条件者，均有资格申请兴办“三来”企业和对外签约。

（二）申报“三来”项目建议书

所谓项目建议书，又称立项报告，是对项目提出具体办法的书面意见。由于“三来”项目的繁简不同，不同国家（或地区）对产品层次及产品结构的要求也不同，因此，项目建议书的具体内容也不同。但其基本内容又是相同的，主要包括：

1. 项目名称；

2. 项目主办单位及负责人；

3. 项目内容及申请理由；

4. 来料（样、件）国别与厂商；

5. 承办企业基本情况，包括与项目有关的能源、厂房、交通、通信等基础设施“硬件”，以及相关人才、职工素质、经营管理、组织机构等“软件”情况；

6. 加工装配中所需原材料、包装物料、元器件等国内配套及电力、燃料、交通运输等协作配套情况；

7. 项目资金的估算与来源；

8. 项目的进度安排；

9. 初步的项目可行性研究工作计划。

承办企业向其主管部门呈报拟与外商兴办“三来”项目的建议书，经审查同意并转报审批机构批准后，承办企业即可编制可行性研究报告，并商签“三来”项目合同书。

（三）编制“三来”项目可行性研究报告

由于“三来”项目繁简不同，在编制可行性研究报告时，其内容也应有所区别。一般来说，“三来”项目的可行性研究报告比较简单，核心是要说明项目在经济上和技术上的可行性。此外，还应说明“三来”项目的加工装配方式是代理式，还是委托式。所谓代理式（又称“代办”），指的是承办企业处于对外洽谈的主要地位，在交易洽谈结束后，企业委托外贸企业代为签约和办理对外履约以及结汇等手续，外贸企业从中收取一定数额的手续费。所谓委托式，指的是外贸单位接受中外客户的委托任务，再把该任务委托给承办企业加工的方式。这种方式在中国运用得比较广泛，可以发挥工贸双方各自的优势，如外贸单位熟悉国外客户和市场的情况，又有商务谈判的丰富经验；而工厂企业可以发挥在厂房、劳动力和生产技术等方面的优势。两者结合，有利于交易的成功。

在进行可行性研究时，值得注意的问题还有：(1)对加工装配的产品品种要把握几条原则：一是中方在原料供应与技术工艺上要确有把握；二是涉及专利权的要申明一旦发生产权纠纷问题，概由对方负责；三是产品一般不宜广为宣传，以免产生法律纠纷；四是产品绝不允许是黄、赌、毒等违禁的。(2)要研究国际金融市场上货币汇率的变化，选择收取工缴费的最佳货币。

(四)签订"三来"项目合同

在可行性研究的基础上，要认真签订好合同。海关对加工装配业务的管理规定指出，签订的合同必须具体列明以下内容：

1.外商提供的全部或部分原材料、辅料、零部件、元器件、配套件和包装物料(简称"料、件")，以及设备；

2.中方加工成品的名称、规格、数量、包装、价格；

3.进口料、件、设备和加工成品的交货日期，以及进出口岸、运输方式、支付方式、用料定额、损耗率、工缴费标准；

4.合同有效期限和违约、撤约、索赔、仲裁办法；

5.外商在中方境内用外汇价所购的料、件，应按规定报商务主管部门或有关外贸进出口总公司批准，并在合同中注明。

承办企业或经营单位对外签订的合同，须经商务部、国务院有关部委或省、自治区、直辖市的商务厅(委)部门，或者它们授权的机关审批。

合同一经批准，即可组织实施。由承办企业或经营单位持批准证书到工商行政部门登记注册，领取营业执照；到税务机关办理登记证；到海关办理登记备案手续。

在海关办理登记备案手续，是指对外签订的合同自批准之日起，在一个月内，由经营单位持下列证件向加工单位所在地海关或分工管理的海关(简称"主管海关")办理登记备案手续：

(1)加工单位或外贸(工贸)公司的营业执照；

(2)税务机关签发的税务登记证；

(3)审批部门的批准文件或合同备案证明书；

(4)对外签订的正式合同副本；

(5)商务部主管部门批准立项的应领取出口货物许可证的出口成品的批件；

(6)海关认为必要时，加工单位应缴纳保证金或者提供担保。

经审核上述证件齐全、正确的，由主管海关发给《对外加工装配进出口货物登记手册》(简称《登记手册》)，其进出口货物凭《登记手册》办理报关手续，对没有办理《登记手册》的单位，其进出口货物，海关不予放行。

二、补偿贸易项目的一般做法

（一）选择补偿贸易项目的一般原则

1. 引进技术、设备的适用性。它不同于专门的引进技术和设备，不必过分强调先进性。有些项目，虽然不很先进，但价格合理，引进后可以发挥中国劳动力、自然资源的优势，其产品能出口创汇，也是值得选择的。

对外开展中小型补偿贸易项目，要以发展出口商品生产、增加外汇收入为主要目的。对于凡必须引进的技术和进口的设备，要进行周密的经济分析和成本核算，不能搞那些偿还期过长、收汇少、没有盈利甚至亏损的项目。

2. 引进的项目，在技术上能够控制污染，防止公害；否则，就是不可取的。

3. 以原料换技术、设备的补偿项目，其原料资源必须是中国蕴藏丰富、自用有余的。由于工业原料不可再生，如果某种资源通过补偿贸易进口外国设备来开采，在设备价款偿清以后所剩资源不多，这种补偿项目也是不可取的。

4. 出口的补偿产品，不要与中国的出口产品相竞争。补偿贸易项目，应重点选择中国传统出口产品以外的新产品。如果传统出口产品生产能力不足，也可以选择非传统出口产品，但应销往新的市场。

5. 确定偿还期限要量力而行。我方偿还能力强，偿还期可短些；能力弱，偿还期就长些。偿还能力的强弱是由下列因素决定的：信贷额度大小；利息率高低；项目生产周期长短；直接产品的成本、产量、质量和价格高低等。确定偿还期的公式是：

$$偿还期(年)=\frac{贷款还本付息总额}{年外汇收入-年生产成本和其他费用}$$

（二）补偿贸易项目的申请与中介

1. 由中方承办企业或经营单位向其主管部门提出书面申请，并在申请书中开列出需要从国外购买的资本货物清单（如机器设备、生产线、检测仪器、运输工具等），主要内容包括：资本货物名称、规格、型号、数量、交货日期和交货地点等。与此同时，明确申明，这种“购买”不是现汇贸易，只能以引进的资本货物生产的产品（或外商可接受的其他产品）来偿还资本货物的价款。

在申请书中，还要说明该项目在经济和技术上的可行性程度。

2. 承办企业或经营单位，通过中介人或中介人机构（如对外经济贸易机构、中国国际信托投资公司、中国银行信托部、各国企业驻华代表机构等），将中方承办者这一“购买”意向介绍给国外供应商。

（三）签订补偿贸易项目合同书

中外双方根据双方洽谈的结果，详细拟定协议或合同草案。补偿项目合同一般由两部分组成，即一个基本合同和若干专项合同。基本合同也称补偿项目协议或协定。专项合同通常有下列三种：(1)设备(技术或劳务)进口合同；(2)补偿项目产品出口合同；(3)如果使用银行信贷，还要签订银行贷款合同。简单的补偿项目也可只签一个协议或协定，而不再另签进出口专项合同。

合同中应对相关问题作出明确的规定。例如，原料、材料、辅料、包装物料等由谁供应；消耗定额、质量标准如何规定；技术人员和工人的培训、进料和产品运输等费用如何解决；工缴费、来料(件、设备)和交货时间、派遣人员、事故处理、争议仲裁、货币使用、利息计算、结算方式、保险和索赔等，都要写清楚，使双方责权分明，有据可查。

生产企业、外贸公司、银行均应对协议或合同条款进行认真研究和审查，然后报审批机关审批。

(四)补偿贸易项目审批权限的原则规定

中国政府主管部门对补偿项目的审批权限规定为：沿海省、市、自治区 1 000 万美元以上的补偿项目(含 1 000 万美元)，由商务部批准；1 000 万美元以下的补偿项目，由商务部授权各省、直辖市、自治区商务委(厅)或国务院各部、委的机关批准。

合同一经批准，即可组织实施。由承办企业或经营单位持批准证书，到工商行政管理部门登记注册，领取营业执照；到税务机关办理登记证；到海关办理登记备案手续(其做法与“三来”项目相同)。

第四节　“三来”企业的管理

这里所说的管理，是指对“三来”项目主要环节的管理。了解了对这些主要环节的管理，也就了解了“三来”项目经营管理的主要内容。

一、对经营主体的管理

“三来”项目即加工装配项目。加工贸易发端于“三来“项目，但比“三来”项目的内涵更丰富(如目前在珠三角投资的香港厂家有 5.75 万家，其中 34%属于进料加工，47.4%属于来料加工)。本节所言对“三来”企业的管理，也就是对加工贸易企业的管理，首先是对经营主体的管理。

“三来”企业经营主体包括两类：经营企业和加工企业。所谓经营企业，是指负责对外签订加工贸易进出口合同的各类进出口企业和外商投资企业，以及经批准获得来料加工经营许可的对外加工装配服务公司。所谓加工企业，是指接受经营企业委托，负责对进口料件进行加工或装配，且具有法人资格的生产企业，以及由经营企业设立的虽不具有法人资格，但实行相对独立核算并已办理工商营业证(执照)的工厂。

经营企业开展加工贸易，必须报国家商务部批准。商务部负责管理全国的加工贸易业务审批工作。省级商务主管部门负责管理、审批本地区的加工贸易业务，并可以根据实际需要，授予部分地(市)和县(市)级商务主管部门加工贸易审批权，但需事先报商务部备案。各级加工贸易审批机关，应具备使用计算机审批管理系统审批加工贸易的条件。开展进口原料业务属于国家对加工贸易进口实行总量平衡管理的棉花、食糖、植物油、羊毛、天然橡胶、原油和成品油等商品的加工贸易业务，由经营企业注册地省级加工贸易审批机关审批，省级审批机关不得将审批权下放。其他加工贸易业务由经营企业注册地的加工贸易审批机关审批。

国家将加工贸易进口商品分为禁止类、限制类和允许类；将加工贸易企业分为A类、B类、C类和D类。海关对企业分类管理，即A类给予海关便利措施，B类施行常规管理措施，C类和D类施加严密监管措施。

A类企业开展加工贸易，不实行银行保证金台账制度，但其加工贸易合同事先仍需报加工贸易审批机关审批。

国家对开展限制类商品的加工贸易和C类企业开展的加工贸易实行银行保证金台账“实转”管理，即在《加工贸易业务批准证》备注栏内加注“实转”字样。

各级加工贸易审批机关，均不得批准D类加工贸易企业(包括“经营企业”和“加工企业”)开展加工贸易业务，不得批准任何经营企业开展进口料件属于禁止类商品的加工贸易。

需要说明的是，目前中国加工贸易管理实行保税监管制度。从1995年开始，海关对加工贸易实行银行保证金台账制度，有效地保障了国家税收。2000年修改的《海关法》规定，加工贸易货物区分为保税货物和先征后退货物。

在银行保证金台账制度下，加工贸易企业在从境外进口原材料时，不征收进口关税和进口环节税，最终产品出口也不享受出口退税，即不征不退，这叫“空账”管理，又称“空转”。但是如果原材料被列入“禁止类”，必须按照一般贸易规则进出口；而“限制类”商品则实行银行保证金台账“实转”，即加工贸易企业在取得合同时，要向海关部门缴纳保证金，金额相当于原材料进口关税和进口环节增值税的50%至100%。台账保证金形式可以是现金、保付保函等。企业在规定时间内加工出口并办理核销后，再将保证金及利息予以退还。

在开展“限制类”商品加工贸易业务时，2007年商务部、海关总署公布的44号文中规定，对东部和中西部地区实行差别政策：中西部地区A类和B类企业仍将实行银行保证金台账“空转”管理，而对东部地区则实行“实转”管理。由此可见，国家政策鼓励加工贸易企业向中西部地区转移。

在国际金融危机背景下，2009 年国家曾暂停保证金台账“实转”，由此带来总体测算减少加工贸易企业年资金占压约 200 亿元，减少利息支出 15 亿元，缓解企业资金压力，提振了企业经营信心。仅东莞加工贸易企业就减少资金占用 25 亿元，约 2400 家企业受益。

二、工缴费管理

(一)工缴费核算的内容

所谓工缴费，是指外商给中国承揽加工方所支付的费用。费用不仅包括职工的工资，还包括奖金、劳保福利费、管理费、水电费、辅料费、厂房和设备折旧费、维修费、工商税、保险费、运杂费、银行和外贸手续费、合理的利润等。使用中方商标的，要计算商标登记注册费，新成立的企业还要计算企业登记费等。

(二)工缴费核定的方式

核定工缴费的方式，一般有下列五种：

1.采用加工装配的合理支出费用与合理利润之和作为工缴费。

2.采用定作方所在国家(或地区)同类产品的工缴费。

3.采用承揽方所在地区类似产品的工缴费。

4.从实际出发，在试加工的实际费用基础上，中外双方再商定工缴费。

5.采用滑动工缴费方式，即随着加工装配成品质量逐步提高而增加工缴费。

在核定工缴费水平时，须注意工缴费不能低于中国自己正常出口产品的工缴费，以免影响中国正常出口。同时，要注意所使用的货币币种(是硬币，还是软币)、汇率变化的趋势、加工装配批量的大小，以及国际市场工缴费水平的变化等因素。

(三)工缴费盈亏率

所谓工缴费盈亏率，指的是工缴费盈亏额与工缴费的比率。用公式表示：

$$\text{工缴费盈亏率}=\frac{(\text{净创汇额}-\text{工缴费})\times\text{外汇牌价}}{\text{工缴费}\times\text{外汇牌价}}\times 100\%$$

公式中的净创汇额，即净利润外汇收入。

$$\text{净利润外汇收入}=\text{成品出口外汇净收入}-\text{境外来料(件)外汇总额}-\text{成品中使用的国产原料(件)的外汇价款}-\text{设备偿还总额}$$

$$\text{成品出口外汇净收入}=\text{成品出口外汇总额}-\text{运保费}-\text{外贸手续费}-\text{银行业务费}-\text{其他外汇支出}$$

项目经过核算，如果出现负数，证明该项目没有盈利；如是正数，证明该项目有盈利，数值越大，盈利越高。当然，承揽的加工装配项目，经过核算，工缴费盈亏率应该是正数,而且正数越大越好;否则,应当改善经营管理,以求高盈利,如果出现负数,应重新考虑整个项目的布局。

三、进出口物资管理

"三来"项目的进出口物资是大量的,这方面的管理不仅工作量大,而且要求特别严格,稍有疏忽或管理不善,就可能将"三来"物资引入歧途。如利用境外来料(件)的境内外差价,内外串通,在来料(件)的运输中,进行走私活动,牟取暴利。因此,加强对"三来"物资的进出口管理,就显得格外重要。

现将海关总署及政府有关部门对"三来"项目的进出口物资管理规定,扼要分述如下:

1.对外加工装配项下进口的料、件和经批准进口直接用于生产的必要的机器设备、生产用车辆(不包括小轿车、面包车)、工具、原辅材料(包括厂房装修)、自用燃料等物资,免领进口货物许可证,凭合同验放。加工装配后的成品属于应领取出口许可证的商品,海关凭证验放。

外商及其派驻加工企业的工程技术人员带进自用的规定数量以内的国家限制进口的生活用品,用后复出的,可由企业出具保函,海关登记放行,免收押金。

2.加工装配进口的料、件,必须全部加工成成品出口,海关按有关规定免征关税和进口环节增值税。有关料、件和加工成品不准擅自内销,因故需要转为内销或因外商单方面中止合同,加工单位要求以所存料、件或加工成品内销以抵偿工缴费时,必须经原审批机关批准和海关核准,并按一般进口货物的规定办理进口手续,按章纳税。属于国家限制进口的商品,还应申领进口货物许可证。

加工完毕后剩余的边角余料,可免领进口货物许可证,根据其实际使用价值,由海关确定征税或减免税。

3.加工装配合同项下用工缴费偿还的(包括外商免费提供的)下列进口设备和材料准予免征关税和进口环节增值税:

(1)进口属于加工装配生产项目所直接必需的机器设备、品质检验仪器、安全和防治污染设备,以及厂内使用的装卸设备(如铲车);

(2)进口合理数量的用于安装、加固机器设备的材料。

超出上述范围的,按一般进口货物的规定办理。

4.加工装配进口的料、件和设备,均属海关保税货物。上述料、件自进口之日起至加工成品出口之日止,有关设备自进口之日起至全部用工缴费偿还并按海关规定期限解除监管止,均应接受海关监管。未经海关许可,任何单位或个人(包括外商),均不得将其出售、转让、调换、抵押或移作他用。

有关加工单位,必须按合同将进口料、件和有关设备的使用以及加工成品出口等情况，列入海关认可的专门账册。对上述账册和有关来往函电资料以及保税仓库、加工车间等，海关有权随时进行检查，有关加工单位应提供方便。

5.加工装配合同按规定对外履约后，由于改进生产工艺和改善经营管理而剩余的料、件或增产的成品，在核发批准文件（或合同备案证明书）的审批机关核准转为内销时，经海关审核情况属实，其价值在进口料、件总值2%以内并且总价值在人民币3 000元以下的，可免领进口货物许可证并免税，其超过部分，免领进口货物许可证，按料、件征税。

6.加工装配料、件、设备的进口以及加工成品的出口，海关认为必要时，可指定进出口岸。因故需要改换口岸进出的，必须经主管海关同意，并在《登记手册》上注明。

7.进口的料、件在加工成品后如不直接出口，而是转让给另一承接进口料、件加工成品复出口的加工单位进行再加工装配时，转让料、件的单位，应会同接受转让的加工单位，持双方签订的购销或委托加工合同等有关单据，向海关办理结转和核销手续。接受转让的加工单位应按有关规定，接受海关监管。

四、工商行政管理

工商行政管理部门的基本职能，是在项目申请、审批及确立后的经营过程中，组织办理企业的登记注册手续，核发营业执照，并对企业的生产经营活动进行监督检查等。随着改革开放的深化，各地工商行政部门的职能又有新的发展，国家也允许各地工商部门制定一些具体的适合本地区情况的优扶政策。

第五节　补偿贸易企业的管理

与“三来”项目一样，这里所说的管理，是就补偿贸易项目中主要环节的管理。了解了对这些主要环节的管理，也就了解了“补偿”项目经营管理的主要内容。

一、进出口商品的管理

综合政府有关部门的规定，中国对补偿项目进出口商品管理的主要内容是：

1.根据补偿项目合同的规定，由企业自行进口本项目生产经营范围内所需的物资，自行出口用外商提供的设备、技术及其所需的物料生产的产品和合同规定的用于补偿设备价款的产品。

2.补偿贸易项目所需进口的机械设备、原材料、散件、零部件、元器件、配套件、辅料和包装物料（简称料、件），除国家限制进口商品按国家规定办理手续外，其余物品海关凭批准的补偿贸易合同验放。进口料、件，如用于生产内销产品，企业应按规定办理进口审批手续，并照章纳税，其中属于实行进口许可证管理的商品还应申领许可证。

3.补偿贸易项目的产品出口属于国家实行配额、许可证管理的，应按规定审批，每年报一次计划，半年申领一次许可证，海关凭证验放。

4.补偿贸易项目的产品出口，凡是属于全国性专业总公司协调出口的产品，应事先与有关公司协商。

二、银行保函管理

对于可行的补偿项目，中国银行都会积极参与资金筹措，因此，这些项目都能从银行取得必要的贷款。对自筹资金的补偿项目，银行也可负责调查、代理或提供保函。

所谓银行保函，又称银行担保，是银行为进口方开立的保证付款文件。其一般做法是：

1.外商为了向银行融通资金，取得中方偿还商品贷款的保证，在洽谈补偿项目还款时，往往要求中方企业提供中国银行的保函，以备中方企业不履行付款责任时，由出具保函的银行履行付款责任。

2.银行要求承揽企业事先提供与补偿项目有关的详细资料，以便审查该项目的可行性。

承揽企业向出具保函的银行所提供的资料，主要包括：政府有关部门对补偿项目的批准文件；外商的资信证明文件；国内燃料、动力、土建、技术、人员、人民币配套资金落实证明。最后，经审查，视补偿项目的可行性程度，由银行决定是否对该项目出具保函。

值得注意的是，银行为中方企业出具保函，承担为中方企业付款的责任是有条件的，即：在外商提供了料、件、设备和履行了合同中应承担的义务之后，如果中方企业不付款，银行才负责履行应由中方企业承担的付款责任。

三、经济效益分析

所谓经济效益，是指人们从事的某一经济活动中产出与投入的差额，这种差额又叫净收益，即效益。经济效益是经济效果所带来的利益，用公式表示为：经济效益＝产出－投入，或经济效益＝收入－支出。公式所表示的经济效益，可称为纯经济效益，它是企业最终经济效果的确切反映，是企业系列经济指标中的核心指标。

进行经济效益分析，仅有纯经济效益这一核心指标是不够的，还要围绕这一核心指标，计算其他有关经济指标。现将其他经济指标简列如下：

(一)计算补偿设备价款及利息总额

这一指标又称补偿贸易外资总成本，是设备信贷金额与总利息之和。影响外资总成本的因素，主要是设备信贷金额大小，利息率高低，产品返销年限长短，每期偿还本金数额多少等。

由于补偿外资总成本的方式不同，因此，补偿外资总成本的计算数额，最终也不尽相同。如，有的在约定期限内，只付利息，本金一次还清；有的在约定期限内，本息一次付清；有的在约定期限内，本金等额偿还，并付清当年全部利息；有的分期偿还固定额，余额分在约定期限内最后一年全部偿还；有的分期偿还，每期偿还额不等。

(二)计算返销产品的价格

补偿贸易项目的设备接受方用直接产品或间接产品返销来偿还，在确定返销产品价格时，应进行全面周密的核算，要考虑到产品质量、生产中的合理损耗、保险费、进口设备和国内配套设备的折旧费等因素。一般来说，返销产品的作价方法有两种：一种是在谈判中商定一个固定价，此种价格适合于期限较短的补偿项目，因为时间较短，市场变化不致过大；另一种是按照产品出口时的国际市场价格作价，此种价格适合于期限较长的补偿项目。

较大的补偿项目，如期限为5年至10年的，为了测算它可能取得的外汇收入，就需要对今后5年至10年此项产品的国际市场价格波动(一般是上涨)作出预测(测定逐年上涨率)。

(三)计算返销产品的年生产总成本

以工业企业为例。所谓生产总成本，即工业产品成本，又称完全成本，是产品所花费的各项费用的总和，如原材料费、工资、燃料和电力费、折旧费等。按其包含的内容可分为三部分，即车间成本(又称制造成本)、工厂成本(又称企业管理费或公司管理费)、完全成本(又称销售成本)。用公式表示，可简列为：

车间成本＝材料费＋工资＋动力费＋折旧费＋应分摊的车间管理费和事务费等

工厂成本＝车间成本＋应分摊的企业管理费等

完全成本＝工厂成本＋应分摊的销售费用(如包装费、销售企业自己负担的运输费、广告宣传等费用)

如果销售费用很少，也可并入企业管理费。

(四)计算补偿项目外汇可偿期

与合同中规定的偿还年限(即外汇补偿期)不同，所谓外汇可偿期，指的是补偿外资总成本所需要的实际时间(通常用年来表示)。它是衡量补偿项目经济效益的重要标志。可偿期越短，说明偿还能力越强；如果可偿期超过合同规定的补偿期，说明该项目并没有产生实际经济效益；倘若可偿期超过进口设备使用期，则该项目为负效益。

第六节　三来一补企业经营活动注意要点

在三来一补企业的经营活动中，有关部门曾提出一些值得特别注意的问题，故特辟一节，加以说明。

一、补偿项目的局限性

补偿项目的有利之处，已如前述。但这种方式也有其局限性，主要是：

1. 寻找合作伙伴较为困难。因为许多外商不愿意接受返销出口产品（质量上的问题较多），或是某些外商也缺少返销出口产品的销售渠道。

2. 进口机器设备的价款一般偏高。因为补偿项目更易受市场行情、利率风险、汇率风险、预期利润等因素的影响。

二、三来一补“八项注意”

三来一补应注意的问题，归纳起来，主要有八项：

1. 三来一补产品的规格、质量等验收标准，必须在合同中具体明确，并封存标本，以免今后交接货时发生纠纷。

2. 必须在合同中规定必要的原材料消耗。

3. 使用的外商商标、专用名称等发生涉外侵权纠纷，应事先说明由外商负责。据估算，国际贸易中侵权货物的比例，控制在合法贸易的8%以内属于合理范围。

4. 实行配额的产品，应事先说明由委托加工的外商负责解决其配额。

5. 来料进口的结算及付款，应掌握进口的付款必须在出口货款到达之后。

6. 进口来料、来件，如所有权属外商，应由外商自行保险；若委托中方保险，应事先明确保险范围，并将保险费计入加工成本，由外商支付。

7. 来料加工，应以到岸价计算；加工后产品出口，应以离岸价计算。

8. 三来一补加工产品，应注意不要冲击国产货源市场。如稀土，不宜用来贸易补偿，否则不异于拿“月亮”换“烧饼”。

三、涉外商标保护的“五个认识误区”及修正

商标权，是知识产权的重要组成部分。加工贸易企业，尤其是委托设计生产

和自主品牌营销，涉外商标如果使用不当，势必产生法律纠纷，甚至导致丧失产品销售市场。因此，在其使用和保护的过程中，要注意避免发生如下误区。

误区 1：中国大陆加工的产品，所贴商标在大陆获得登记注册，在涉外市场国家（地区）就应该受保护。修正：应该在涉外市场国家（地区）超前申请注册该商标。唯此，才能获得涉外市场保护权。

误区 2：商标在涉外市场国家（地区）虽然没有申请注册，但在中国是注册商标。因此，如果有他人在涉外市场贴了该商标，就可以判定为假冒和商标侵权。修正：应该在涉外市场国家（地区）超前申请注册该商标。因为商标权保护与否，只承认申请注册在先，即谁先注册就保护谁。他人有可能抢先注册、抢先被保护，而自己有可能反倒成为侵权方。

误区 3：产品外销，商标只有涉外市场国家（地区）注册就可以了，不必在中国大陆注册。修正：应该在中国大陆也注册。如此，既可在中国大陆使用，也可为在中国大陆反商标侵权准备法律前提。

误区 4：商标在中国大陆和主要市场国家（地区）都已获得注册，该商标产品走向世界无后顾之忧了。修正：商标注册范围还应扩大，不仅包括中国大陆、主要市场国家（地区），而且包括目标市场国家（地区）。

误区 5：主商标在中、外区域都进行了注册，而子商标不太重要，不必注册。修正：应该将子商标跟随主商标一同注册，一同享受涉外市场的保护。主商标＋子商标＝联合商标。联合商标，是指在同一种或类似商品上注册若干近似商标，旨在扩大商标的保护范围（如“娃哈哈”、“哈哈娃”、“哈娃哈”、“娃哈娃”等）。而防御商标，是指在不同类别商品或服务上注册若干相同商标，即防御性注册（一类商品、一份申请、一个商标），旨在扩大商品和服务的保护范围。

四、加工贸易“四个都要”

无论是一般贸易，还是加工贸易，均须践行“四个都要”：

1.都要继续发挥劳动力资源优势；

2.都要减少能源资源消耗；

3.都要向产业链高端延伸；

4.都要提高质量、档次和附加值。

上述“四个都要”的主旨是，2012 年及今后一个时期，对中国外贸发展的指导意见是：转方式、调结构、促平衡。与此同时，在中国大力优化经济结构和提高效益的基础上，保持外贸稳定增长。

第三章　三资企业概述

第一节　什么是三资企业

所谓三资企业，是指在中国境内举办的中外合资经营企业、中外合作经营企业和外资企业，总称外商投资企业，简称三资企业或外企。它是中国吸收外商直接投资最主要的方式。

一、中外合资经营企业

所谓中外合资经营企业(Joint Venture)，即股权式合营企业(E-quity Joint Venture)。它是依据中国法律在中国境内取得了中国法人地位的、由中外合资者共同投资、共同经营、共负盈亏、共担风险的有限责任公司。其主要特征如下：

1. 中国的法人，即在中国登记注册的企业。经济法人享有盈利的权利，承担纳税的义务。

2. 共同投资，即合资各方以现金、实物、工业产权(专利权、商标权等)、专有技术、场地使用权等作价出资，并计算股权。

3. 共同经营，即合资各方共同组成本企业最高权力机构——董事会。企业实行董事会领导下的总经理负责制。

4. 共负盈亏，共担风险。即合资各方，按股权比例分担合资企业的盈亏和风险。

5. 有限责任，即中外合资经营企业的组织形式为有限责任公司。有限责任指的是企业的债务责任以其资产总额为限，股东的债务责任以其出资额为限，股东之间相互不负连带责任。它属于纯资合团体性质(资合公司)，而非以人的信誉为基础的无限公司(人合公司)。

二、中外合作经营企业

所谓中外合作经营企业(Co-operation Venture),即契约式合营企业(Contractual Joint Venture)。契约,即合同,中国港、台地区又称“合约”。它是依据中国法律,由中外双方在中国境内建立的,以合同为基础的经济联合体或经济实体,又称合作生产(Coproduction Venture),或非股权式合营企业(Non-equity Joint Venture)。其主要特征如下:

1.中外双方的合作条件、责任、权利、义务和风险,均由合同加以规定。

2.投资方式灵活多样,不一定用货币计算股权比例。通常由中方提供土地、自然资源、劳动力和劳动服务或房屋、设施等,由外商提供资金、技术和设备等。

3.组织形式自由,可以是具有法人地位的经济实体,也可以是不具有法人地位的松散的经济联合体。

4.经营管理自由,可以建立董事会,也可以建立联合管委会;可以以一方为主管理,也可以委托第三方管理。

5.收益分配,净利润按合同的约定进行分配。

6.合同期满,外商在合同期限内先行回收投资的,企业的固定资产无偿归中方所有,不再同外商进行清算。

7.企业的法律形式,实行有限责任制,中外双方的债务责任,仅以出资额为限。

三、外资企业

所谓外资企业(Foreign-owned Enterprises),它是依据中国法律在中国境内建立的、全部资本由外国投资者投资的企业。外资企业是国际投资的一种传统形式,也是国际投资的一种常用的有效形式。其主要特征如下:

1.资本所有权人必须是外国人,包括相同国籍和不同国籍的外国人。

2.企业资本的构成,必须全部是外资,包括中国台、港、澳和海外华侨回国独自投资所办的企业,以及外商在中国境内以银行贷款投资所建立的企业(以外商自身的资信所获得的资本贷款为限)。

3.企业的法律地位,不是外国的企业和外国的法人,而是中国的企业和中国的法人。

4.企业的组织形式为有限责任公司,经批准也可以为其他责任形式。

5.外商独家经营管理,权力独揽,自负盈亏,自担风险。

四、外商投资企业称谓的规范化

值得指出的是，外商投资企业的称谓应予规范化。在中国某些媒体的报道中，时有这样的错误发生，即把“外商投资企业”简称为“外资企业”，似乎外商投资企业等于外资企业。这是不妥的。它不仅造成基本概念、基本理论的误导，将混合所有制企业与单一资本主义所有制企业相混淆，而且也造成外商投资企业称谓逻辑的混乱。

溯及既往，有据可查。“外商投资企业”这一概念，最早出现于1986年10月11日发布的《国务院关于鼓励外商投资的规定》中，该规定第二条称：“国家鼓励外国的公司、企业和其他经济组织或者个人（以下简称外国投资者），在中国境内举办中外合资经营企业、中外合作经营企业和外资企业（以下简称外商投资企业）。”根据这一规定和随后的有关法律法规及规章中的规定，可以明确看出，“外商投资企业”已经成为一个经济和法律的概念，它包括三种企业类型。而“外资企业”只不过是三种企业类型之一，因此，不可以将“外商投资企业”简称为“外资企业”。

另据考证，1998年国家工商行政管理局、国家统计局联合发布了《关于划分企业登记注册类型的规定》。该规定明确规定“外商投资企业”包括四种企业类型，即中外合资经营企业、中外合作经营企业、外资企业和外商投资股份有限公司。该规定与12年前颁布的《国务院关于鼓励外商投资的规定》相比，将“外商投资企业”的内涵与外延均扩大了。“内涵”扩大，是指“外商投资企业”的组织形式由过去只是有限责任公司，扩大到现在可以是股份有限公司；“外延”扩大，是指“外商投资企业”的概念由过去包括三种企业类型，扩大到现在包括四种企业类型。这些变化，是形势发展、与时俱进的结果。很显然，从《关于划分企业登记注册类型的规定》中可以看出，“外资企业”只是“外商投资企业”的类型之一，而不能涵盖全部外商投资企业类型。

还要指出的是，中国“外商投资股份有限公司”自1997年开始设立至今，占外商在华投资企业总数的比例甚微，且发展速度缓慢。因此，“外商投资企业”这一概念，主要是指中外合资经营企业、中外合作经营企业、外资企业等三种企业类型，故称“三资企业”，或简称“外企”。但不可以将“外商投资企业”简称为“外资企业”。其规范化称谓表示如下：

外商投资企业
- 中外合营
  - 股权式：中外合资经营企业
  - 契约式：中外合作经营企业
- 外商独资：外资企业

＝三资企业＝外企≠外资企业

第二节 发展三资企业的意义

自1980年4月10日第一家中外合资经营企业批准(001号)建立以来,至今三十二年,中国从零开始,发展成为全世界吸收外资最多的国家之一。1993年以来连年居发展中国家首位,至2011年末,累计设立外商投资企业73.7889万家,实际吸收外商直接投资超过11626.8亿美元。近年来,平均每年实际利用外资的规模在1000亿美元左右,对华投资的企业来自世界近200个国家和地区,世界500强企业中有480多家在华有投资。投资领域在扩大,投资形式也有了新的变化。外商直接投资在中国国民经济中的比重越来越大,已经成为国民经济新的增长点。实践证明,利用外商直接投资为中国经济科学发展提供新的强大动力,在中国现代化建设的过程中起着重要的积极作用。

这些积极作用,可以概括为六个方面:"一是有利于弥补国内建设资金的不足;二是有利于引进先进技术,促进产业升级;三是有利于吸收先进的企业经营管理经验;四是有利于创造更多的就业机会和增加国家的财政收入;五是有利于促进对外贸易和对外经济合作的发展;六是有利于社会主义市场经济体制的建立和完善。"[①]现逐一分析如下:

(一)弥补国内建设资金不足

第一,经济理论说明,发展中国家利用外资弥补国内资金不足是必要的。中国是发展中国家,现正处于社会主义初级阶段,从发展生产力的需要出发,将长期存在着发展中国家共有的问题,即资本不足。也就是说,存在着"双缺口":一是投资与储蓄之间的缺口(储蓄缺口),二是进口与出口之间的缺口(外汇缺口)。由于投资、储蓄、进口、出口这些因素都是独立变动的,因此,这两个缺口之间往往不能平衡。为了不减缓经济发展速度,只能在缺口之外寻找财源,填补缺口,使其达到平衡。这就是利用外资。

第二,利用外资也是邓小平理论的重要组成部分,是对外开放基本国策的重要内容,是建设有中国特色社会主义市场经济的伟大实践之一。邓小平指出:"对外开放具有重要意义,任何一个国家要发展,孤立起来,闭关自守是不可能的,不加强国际交往,不引进发达国家的先进经验、先进科学技术和资金,是不可

① 江泽民:"总结经验,开创利用外资工作的新局面"。转引自李岚清主编.中国利用外资基础知识.北京:中共中央党校出版社、中国对外经济贸易出版社.1995(1).1。

能的。”[①]他又指出:“不开放不改革没有出路,国家现代化建设没有希望。”[②]

第三,利用外资还是公有制实现形式之一。例如,中国正在运作的几十万家三资企业的资产总额中,多半为国有和集体成分。这种混合所有制下的公有制实现形式,是用公有资产调动了更多的外国资本,实现了公有经济成分的资产重组和结构调整,提高了资产的运行效益,并在多种所有制经济共同发展中实现了公有资产的保值增值。

第四,实践说明,中国每年实际利用的外资占全国社会固定资产投资完成额的比重在逐年上升。外商来华投资办企业,以现金、实物、工业产权、专有技术等作为资本投入,不仅弥补了国内资本不足,而且扩大了中国的生产规模,增强了工业发展后劲,促进了国民经济建设的持续快速发展。如兴办了一批国民经济发展急需的项目,其中有广东的大亚湾核电站(内地与香港合资)、山西平朔露天煤矿(中美合作)、广深珠高速公路(内地与香港合作)、海南洋浦的成片开发土地等,这些项目都是国民经济发展的“瓶颈”,且投资额大,建设期长,单靠国内资金投入是“杯水车薪”很难奏效的。

(二)引进先进技术,促进产业升级

第一,有利于引进先进适用的技术。在外商投资办企业的过程中,由于合营双方的经济利益紧密相联,因此,外商十分关心企业产品的先进性和国际市场的竞争性,一般而言是愿意将先进技术投入企业的。由此,使企业引进相当数量先进适用的技术,其中有许多是用许可证贸易方式所不可能得到的。

第二,有利于引进动态技术。所谓动态技术,相对于静态技术而言,它不是一次性技术(或不变的技术),而是不断改进中的技术。外商来华举办三资企业,特别是生产型企业,一般都有技术出让。企业不但取得技术秘密出让方已经成熟的技术成果,而且得到整个经营期内出让方动态技术的入股,实现动态技术引进,这也是一般许可证贸易办不到的。如北京吉普汽车有限公司(BJC),美方合作者以动态技术入股,在合营期内连续不断地向BJC提供它现有的和随后发展的先进技术,使北京“Jeep”始终立于技术潮头。

第三,有利于促进产业升级。由于企业新技术的使用,特别是三资企业中的“先进技术企业”,对国内其他企业提高技术、更新产品,都产生了示范效应和辐射作用,带动了国内产业技术改造和进步,缩小了与国际先进技术水平之间的差距,促进了产业升级和经济增长。如中法葡萄酿酒有限公司引进法国冷发酵酿酒工艺、设备和菌种,使中国传统的葡萄酿酒生产周期由三年缩短为两三个月。

---

① 《邓小平文选》第三卷,人民出版社,1993年,第117页。

② 同上,第219页。

又如中国的电子、汽车等工业，由于引进了国际上先进的技术，才使中国能用四五年的时间缩短了与发达国家近 20 年的差距。

(三)吸收先进的企业经营管理经验

第一，经营管理是一门科学。资本主义的经营管理，有其科学的一面，诸如认真进行市场调查，严格产品质量管理，讲究“少投入、多产出”，追求最大的投资利润率，注意非价格竞争等，都是各国所公认的。

第二，吸收先进经营管理经验的方式方法是：在中国的三资企业，一般由外商派来总经理、技术专家和专业管理人员，从母公司带来一套科学管理方法。中国企业家在同他们共事过程中，耳濡目染，就可以学到许多现代经营管理的知识和经验，从而推动中国现代企业制度的建立、管理方式的改革和经营管理水平的整体上升。

第三，从示范效应看，中国的三资企业为加速企业发展，在体制和管理机制方面都作了一系列改革，主要包括：领导体制和组织机构的改革、劳动人事制度改革、员工培训制度改革、工资制度改革、经营管理制度改革等。如北京建国饭店吸收香港半岛集团的管理经验，结合中国的具体情况，形成了一套有自己特色的科学管理办法，并在各旅游饭店中推广，带动了整个行业经营管理水平和服务水平的提高。

(四)创造更多的就业机会和增加国家的财政收入

第一，从创造就业机会看，每兴办一家三资企业，都要招收一批职工，加上与三资企业搞协作单位的职工，就业人员就更多了。目前，三资企业直接从业职工达到 4 000 余万。随着就业面的扩大，职工的收入也会相应得到增加。

第二，从增加财政收入看，由于每一家三资企业都是义务纳税法人，国家的税收将随着企业的增加而增加，这些税收，是国家财政收入的一个重要来源。据统计，涉外税收占全国工商税收的比重在 20%以上。而来自三资企业的税收，占涉外税收的比重在 98%以上。这就是说，在中国的涉外税收中，三资企业不仅是最主要的源头，而且对中国财政收入的贡献越来越大。

(五)促进对外贸易和对外经济合作的发展

第一，三资企业家数在中国外经贸企业中占有重要地位。法律赋予三资企业有经营自身产品进出口贸易的权利。因此，每兴办一家三资企业，等于在法定的经营范围内兴办一家专业进出口公司。统计表明，三资企业占全国各类外经贸企业总数的 96%以上。

第二，三资企业自营进出口额在全国进出口总额中占有重要比重。三资企业的产品，主要面向国际市场，出口程度最高的达 100%，有的达 90%或 80%。三十年多来，中国对外经济贸易高速增长，1978 年中国外贸总额只有 206 亿美元，排名世界第32位，而2011年中国外贸总额已达36423.7亿美元，30年增长了177倍，成为世界第一大贸易国。现在2天的进出口额，就相当于1978全年的进出口额。中国对外贸易在世界贸易中的地位之所以上升，重要因素是因为日益增长的三资企业出口额的拉动(2011年外企进出口占比51%)。

第三，从促进对外经济合作方面来看，吸引外资，特别是通过利用其海外营销网络，促进了中国经济与世界经济的融合，使中国在参与经济全球化的过程中取得了快速发展。不仅进一步开拓国外市场，提升商品出口的竞争力，而且促进了对外经济合作项目的迅速增长与发展。2002年到2007年，中国对外直接投资从27亿美元增加到187亿美元，投资额排名世界第13位，居发展中国家首位，近5年年均增长47%。商务部预计，[①]到2015年，中国对外直接投资的目标额为1500亿美元，"十二五"时期年均增长17%。由此，形成了对外贸易和对外经济合作的良性互动关系。

(六)有利于社会主义市场经济体制的建立和完善

第一，市场经济有其共性。[②] 也就是说，市场经济并不具有社会制度的属性，不存在姓"资"和姓"社"的问题。市场经济的共性表现为：(1)承认个人和企业等市场主体的独立性；(2)建立起具有竞争性的市场体系，如生产资料市场、货币金融市场、劳务市场、技术市场、信息市场、人才市场、房地产市场、企业产权市场、拍卖市场、国际市场等众多市场的有机结合，便形成市场体系；(3)建立起有效的宏观经济调控体系；(4)必须有完备的经济法规，保证经济运行的法制化；五是要遵守国际经济交往通行的规则和惯例。

第二，社会主义市场经济有其个性。[③] 所谓社会主义市场经济，它是"社会主义条件下的市场经济"的简称。社会主义市场经济的个性表现为：(1)社会主义市场经济是在以公有制为主体、多种所有制经济共同发展的基本经济制度下运行的；(2)坚持按劳分配为主体、多种分配方式并存的分配制度；(3)有"发展生产"、"共同致富"的社会主义原则；(4)不能够搞完全自由放任的自由市场经济。总之，社会主义市场经济的本质特征是：政权的性质是社会主义，有共产党领导，以公有制为主体，有共同富裕的原则。

第三，三资企业在开放经济中崛起，在市场经济中求生存，求发展。它是非公有制经济和混合所有制经济的重要市场主体，是把公有制和非公有制结合起来的寻找能够发挥市场优势、极大促进生产力发展的所有制实现形式。国家对

---

① 《国际商报》2012年5月18日。

② 参见马洪主编.什么是社会主义市场经济.北京：中国发展出版社.1993(1).6～9。

③ 同上。

各类所有制企业都是一视同仁的。1999 年 3 月 15 日九届人大二次会议通过的《宪法修正案》第十六条明确指出："非公有制经济，是社会主义市场经济的重要组成部分。"三资企业理所当然也是社会主义市场经济的重要组成部分。三资企业越发展，就越能够发挥市场优势，越有利于社会主义市场经济体制的建立和完善，使市场在国家宏观调控下对资源配置起基础性作用，并有利于促进人们的思想解放和观念更新。

第三节　中国三资企业的发展

一、中国三资企业分阶段发展概况

截至 2011 年底，三资企业的发展基本上可以分为四大阶段，现列表归纳说明如表 3-1 所示。

表 3-1　中国三资企业发展的四大阶段（1979 至今）

	总量	起步阶段（1979～1986）	开拓发展阶段（1987～1991）	高速发展阶段（1992～1999）	转型期发展阶段[①]（2000～　）
项目数（个）	737 889	7 819	34 208	299 035	396 827
实际利用外资金额（亿美元）	11 626.8	65.55	167.53	2 825.75	8 567.57

注：①该阶段统计数据截至 2011 年底。

上表反映了中国三资企业发展的综合状况。下面将分阶段评述三资企业发展的主要背景，核心是变化中的投资环境，焦点是投资软环境。良好的投资环境，特别是投资软环境，是一个国家社会进步的重要标志和经济发展的重要保证，也是国际竞争力的重要体现。投资软环境的主要内容包括：稳定透明的政策环境、统一开放的市场环境和规范高效的行政环境。具体评述如下：

（一）起步阶段（1979～1986）

1978 年党的十一届三中全会被喻为"社会主义时期的遵义会议"，此次全会实现了伟大的历史转折，把党的工作重心转移到经济建设上来，确定了改革开放的基本方针。改革开放方针的确立，是中国改革开放进程中的第一次历史性突破，为中国参与经济全球化奠定了思想理论基础，并从此拉开了外商在华直接投资的序幕。在该阶段，由于中国水、路、电、讯等基础设施还比较落后，有关利用外资的立法还很不完善，人们的思想观念尚未完全转变，办事效率比较低，外商对于在华投资还有很多顾虑。因此，该阶段外商基本上持试探的态度，在华投资较少，徘徊不前，且起落不稳。

统计显示，在起步阶段的8年时间里，年均成立三资企业977家，年均协议利用外资金额23.9亿美元，年均实际利用外资金额8.2亿美元。

（二）开拓发展阶段（1987～1991）

进入80年代中期以后，中国在加快基础设施建设的同时，也加快了有关外商在华直接投资的立法，相继颁布了一些法律、法规和规章。特别是1986年4月12日六届人大四次会议通过了《外资企业法》，1986年10月11日中国国务院制定并颁布了《鼓励外商投资的规定》，1988年4月13日七届人大一次会议通过了《中外合作经营企业法》；与此同时，七届人大一次会议对1982年宪法作了第一次修订：肯定了私营经济的地位，允许土地使用权依法转让。这些重要法律法规的出台，如同航海中闪烁的灯塔与航标，改善了中国的投资环境，增强了外商的投资信心，从而导致外商在华直接投资的开拓性发展。

统计显示，在开拓发展阶段的5年时间里，年均成立三资企业6 841家，年均协议利用外资金额66.4亿美元，年均实际利用外资金额33.5亿美元。该阶段的上述三项指标，均比第一阶段有了显著增长。

顺便指出的是，1979年至1991年期间，中国利用外资以间接外资为主，使用外国政府、银行和国际金融组织贷款占吸收外资的65%左右，外商直接投资占33%左右。1991年当年，中国对外借款68.9亿美元，外商直接投资只有43.7亿美元。这一时期，中国关税水平较高（1991年为40%以上），进出口配额许可证管理商品范围较广（1991年进口许可证商品金额约占39%），为扩大开放和吸收外商直接投资，中国实行了来料和进料加工等特殊海关监管下的加工贸易政策。

（三）高速发展阶段（1992～1999）

进入90年代以后，特别是1992年早春2月，小平同志南巡发表重要讲话后，扫清了改革开放的理论障碍和思想障碍。同年，党的十四大提出了加快改革开放的方针和政策，确立了经济体制改革的目标是：国家实行社会主义市场经济——这是中国改革开放进程中的第二次历史性突破，为中国参与经济全球化提供了体制基础。1993年八届人大一次会议对1982年宪法作了第二次修订：明确规定“国家实行社会主义市场经济”。这使得中国新的经济体制取得了法律地位，得到了宪法保障。

与此同时，中国加快了对外开放的步伐，在沿海开放的基础上，1992年相继实施沿江（开放重庆等6个沿江港口城市）、沿边（开放满洲里等14个陆地边境城市）、沿交通干线及内陆省会全面开放战略，并实施灵活的鼓励外商投资的区域经济政策。至此，在全国基本形成了对全世界开放的格局，为大力发展与世界各国（或地区）的经贸合作，特别是为吸收外商直接投资的高速发展奠定了坚实基础。

1997 年，党的十五大强调对外开放是一项长期的基本国策，要大力发展开放型经济。1999 年九届人大二次会议对 1982 年宪法作了第三次修订：把邓小平理论的指导思想地位、依法治国这一治理国家的基本方略、社会主义初级阶段的基本经济制度和分配制度，均写入宪法，提升到宪法的高度，向世界表明了中国改革开放的郑重态度。

在这种良好投资环境的吸引下，外商在华直接投资呈飞跃性发展，尤其是 1992 年新成立的三资企业为 48 764 家，等于前 13 年成立三资企业家数的总和。1993 年新成立的三资企业为 83 437 家，是中国改革开放以来新建三资企业数量最多的一年。正是从这一年开始，中国吸引外商直接投资金额连年在发展中国家名列榜首，并居世界第二位。

统计显示，在高速发展阶段的 8 年时间里，年均成立三资企业37 342家，年均协议利用外资金额 701.4 亿美元，年均实际利用外资金额 353.2 亿美元。这三项指标，均比第二阶段有了飞跃性增长。

(四)转型期发展阶段(2000 至今)

至新世纪前夜，1999 年 11 月和 2000 年 5 月，中美和中欧先后签署关于中国加入世贸组织的双边协议，中国申请加入世贸组织的谈判，终于迈过了最高的门槛，扫除了最大的障碍。经过长达 15 年艰难而曲折的历程，中国在 2001 年 12 月 11 日成为世贸组织第 143 个成员。

加入世贸组织，成为中国全面参与经济全球化的新起点，是中国改革开放进程中的第三次历史性突破，标志着中国对外开放进入了一个新阶段。

在新的阶段里，中国开放经济要实现三个转变：(1)由有限范围和有限领域内的开放，转变为全方位开放；(2)由以试点为特征的政策性开放，转变为法律框架下的可预见性开放，即按承诺的时间表开放；(3)由单方面为主的自我开放(“引进来”)，转变为中国与世贸组织成员之间双向开放(“走出去”)。[①]

在新的阶段里，中国继续贯彻积极、合理、有效利用外资的方针，进一步提高利用外资的质量和水平。为此，中国利用外资工作相应作出战略调整，即利用外资要实现三个转变：(1)从过去以吸引资金为主，向更注重引进先进技术、现代化管理和优秀人才转变；(2)从过去只注重引进加工工业，向建立高新技术产业转变；(3)从过去只注重工业方面利用外资，向服务贸易领域转变。[②]

---

① 吴仪：“在第四届中国投资贸易洽谈会上的讲话”，转引自《经济日报》2000 年 9 月 28 日。

② 吴仪：“在中国外商投资企业协会第四次会员代表大会上的讲话”，转引自《经济日报》2001 年 7 月 7 日。

加入世贸组织兑现承诺，中国下大功夫改善投资软环境，如2000年和2001年相继修订了外商投资企业三部主体大法，2002年出台了新的《指导外商投资方向规定》，2004年十届人大二次会议对1982年宪法作了第四次修订：把“三个代表”重要思想、保护公民的私有财产权和继承权、国家建立健全同经济发展水平相适应的社会保障制度、国家尊重和保障人权，均写入宪法，提升到宪法的高度。中国投资政策的日趋自由化和透明度，投资保护与投资促进措施的不断完善，全国开展的规范市场经济秩序、打击假冒伪劣的活动，更好地保护中外投资者的知识产权，进一步提升政府的办事效率等，都是中国对于外商投资家们的魅力所在。2003年，中国接受外商直接投资535亿美元，首次成为全球接受直接投资最多的国家。

入世5年（2001～2006）过渡期终结，中国对外开放凸显三个重大转变：(1)区域性推进的对外开放转变为全方位对外开放；(2)开放领域由传统的货物贸易向服务贸易延伸；(3)市场准入条件更加法制化，更加透明和规范。

这些变化大大改善了投资环境，开拓了投资空间和渠道，为外商在华投资提供了新的转型发展机遇。

在转型期发展阶段，外资的质量和水平均有较大提升。外商，特别是欧美、日本和韩国的跨国公司，他们在对华投资规模大、产业新、领域广的基础上，开始呈现出新的战略调整，表现为如下两个方面：

一是投资领域发生重大变化。他们在继续投资制造业，使中国成为“世界工厂”的同时，对已有的项目进行整合，将各大生产线、各大产品线、各个事业部门进行排队，舍弃没有优势的部分，控股有优势的部分，且用其全球通行的管理模式对中国公司进行管理。目前，日用化工和家电行业的跨国公司基本完成了这种整合，汽车业跨国公司的整合正在进行之中。跨国公司这种资源整合，将使其投资目标战略化，投资结构产业化，投资产品系列化，投资趋向配套化，并注重投资研究与开发以及生产服务业，包括金融、分销、电信等领域。

二是投资方式发生新的变化。他们在继续设立三资企业这一外商直接投资最主要方式的同时，正在起用新的投资方式（如外商投资股份制企业），并探索通过兼并和收购来进入中国（如美国艾莫生公司收购华威公司下属的电器企业便是其中一例）。值得注意的是，并购在全球跨国投资中占67%左右，而在中国年均550亿美元左右的投资里，只占5%至6%，95%左右还是绿地投资，这种局面正在改变之中。

值得指出的是，目前中国利用外资的资金和外汇“双缺口”动因似乎消失了，引资到了转型关键期。然而，所谓“转型”，并非从鼓励转向不鼓励，而是从重数量转向重质量，从“招商引资”转向“招商选资”。

二、中国三资企业发展评析

(一)三资企业发展特征

中国三资企业的发展,其特征可以归结为一点,就是经历了四个阶段(列表归纳见表 3-1)和三次外商投资高潮期(列表归纳见表 3-2)。

表 3-2 中国三资企业发展的三次高潮

	第一次高潮(1984 年出现)		第二次高潮(1988 年出现)		第三次高潮(1992 年出现)	
	1984 年	比 1983 年增长	1988 年	比 1987 年增长	1992 年	比 1991 年增长
项目数(个)	1 856	295%	5 945	166%	48 764	276%
协议利用外资金额(亿美元)	26.51	53%	52.97	43%	581.24	385%
实际利用外资金额(亿美元)	12.58	98%	31.94	38%	110.07	152%

中国三资企业发展的三次高潮,其原因分析如下:

1.第一次外商投资高潮(1984 年出现)

从表 3-2 可见,1984 年批准三资企业数比 1983 年增长约 3 倍。这是在中国外商投资企业起步阶段中出现的高潮期。其原因是:(1)国民经济因改革开放,连续 5 年(1979～1983 年)出现两位数高增长,市场需求旺盛;(2)中国外贸出口连续 5 年以超过国民经济增长的速度增长,连年顺差,国际支付能力增强;(3)1983 年召开了中国第一次利用外资工作会议,总结了对外开放以来利用外资的初步经验,统一认识,进一步放宽了利用外资的政策。

2.第二次外商投资高潮(1988 年出现)

从表 3-2 可见,1988 年批准三资企业数比 1987 年增长约 2 倍。这是在中国外商投资企业开拓发展阶段中出现的高潮期。其原因是:(1)国家坚持改革开放政策不变,并进一步扩大开放,鼓励外商投资;(2)治理整顿国民经济,控制了物价,市场出现繁荣;(3)鼓励外商投资企业出口,开放外汇调剂市场,方便了三资企业经营和利润汇出。

3.第三次外商投资高潮(1992 年出现)

从表 3-2 可见,1992 年批准三资企业数比 1991 年增长约 3 倍,比改革开放以来(1979～1991 年)13 年批准三资企业家数的总和还要多。1993 年新增三资企业 8 万多家,是历史最高水平。这是在中国外商投资企业高速发展阶段中出现的高潮期。其原因是:(1)以 1992 年小平同志南巡讲话为标志,对外开放进入到了扩大阶段。这一时期中国确立了社会主义市场经济体制的改革目标,外贸体制改革、外汇管理体制改革等均取得了重大进展。外商投资大规模进入,对外贸易持续增长，“走出去”战略开始实施，对外开放由沿海扩大到内地，浦东开发取得了成功，商业零售、银行、保险、证券、电信等开始对外开放；(2)国民经济稳定增长，“八五”期间仍呈两位数增长，市场繁荣，外汇储备增加较快，国际支付状况明显好转；(3)中国政局稳定，和平与发展是世界的主流，90年代西方国家产业结构继续调整，其一般性产业大量向外转移，为中国吸引外商投资提供了机遇。

(二)第三次外商投资高潮的新特点

自1992年出现第三次外商投资高潮以来，至1999年的8年时间里，外商在华投资呈现出一些新的特点。这些特点主要是：

1.外商投资项目数自1994年以来连续6年下降。

2.外商实际投资金额连续6年有所增长。

3.外商投资项目规模趋向大型化。大项目增加较快，项目平均协议外资金额1992年为119万美元，1993年为133.6万美元，1994年为171.2万美元，1995年增至246.6万美元，1996年更增至298.4万美元。

4.来华投资的世界大跨国公司(包括国际金融资本集团)增多(目前已有400多家)，在利用外资总量中的比重有所提升。

5.外商投资的质量有所提高，投资结构有所改善。长期以来，外商直接投资项目，绝大多数为“短、平、快、小”，但1992年以后，新批项目中的资金密集型和技术密集型项目明显增加。国家鼓励类项目增加较多，限制类项目减少，基础产业和基础设施项目成为外商投资的热点。

6.外商投资的地域结构有较大变化。继沿海开放战略之后，随着沿江、沿边、沿交通干线及内陆省会开放战略的实施，在全方位、多层次、宽领域对外开放新格局和外商投资新导向的作用下，吸引了更多的外资投向中国中西部地区。

(三)三资企业发展中的突出问题

在发展三资企业的实践中，中国积累了一些有益经验，也出现了一些不可忽视的问题，较突出的是：

1.外商投资结构不尽合理，一些行业、产品存在低水平的重复建设和过度竞争。

2.部分三资企业违法违约，一些合资企业的中方权益受损，国有资产流失，劳资纠纷时有发生。

3.实际投入外资的技术含量不太高，高新技术和关键技术比较缺乏。

4.部分地区引进外资偏于重数量、轻质量，重争办、轻管理，重硬件投入、轻软件建设，等等。

(四)目前三资企业发展面临着新的机遇和挑战

1.新的机遇是：从国内看，随着中国成功加入世贸组织，以及社会主义市场经济体制的建立和完善，中国政治稳定，经济实现了高增长低通胀，市场前景广阔，科技和经济发展潜力很大，人民币币值稳定，外汇储备充实，综合成本较低，有条件继续成为外商投资的热点地区。从国际看，科学技术日新月异，世界各国产业结构的调整和转移加速，跨国直接投资的持续快速增长，为中国经济结构调整和产业升级展现出新的机遇。

2.新的挑战是：从国内看，我们应当清醒地认识到，相对于经济规模和人口规模，中国吸收外资的数量和质量仍处于低水平，利用外资的水平仍然不高，还有很多工作跟不上，入世后进一步做好利用外资工作，任务十分艰巨。从国际看，“9·11”事件后，反恐斗争形势复杂多变；2008年金融危机以来，贸易壁垒、投资壁垒日益加剧，世界经济区域化趋势在不断加强。这些变化增加了影响全球资本流向的不确定因素，世界经济的全球化也使各国吸引国际资本特别是跨国公司直接投资的竞争日趋激烈，这又为中国利用外资的工作提出了新的挑战。

（五）中国利用外资的方针

中国对外开放是一项长期的基本国策，强调利用外资的方针是积极、合理、有效。积极，就是进一步解放思想，进一步拓宽视野，认真改善利用外资环境，保持外资的稳定增长；合理，就是按照国民经济发展的总体要求引导外资投向，优化利用外资结构，扬长避短，趋利避害；有效，就是提高利用外资的质量和效益，进一步增强中国的综合国力和国际竞争力。“积极”是前提，“合理”是关键，“有效”是目的。

（六）发展三资企业应采取的措施

针对三资企业发展中的突出问题及其面临的机遇和挑战，今后一段时期，发展三资企业应采取的相应措施包括五个方面：(1)办好现有的三资企业，依法保护外商投资企业的权益，实行国民待遇。(2)大力改善投资环境，特别是注重改进投资的软环境，如加强法制建设、保护知识产权，大力培训人才（特别是高水平的专业人才），实施高效的管理与服务。(3)为了吸引更多的外商来华投资，仍需制定一系列优惠政策。例如：①鼓励外资投向农业、基础工业、基础设施、支柱产业及高新技术产业，对高新技术项目和国家产业政策鼓励的项目，对进口自用的设备实行进口税收的优惠；②引导外商向中西部地区投资，促进地区经济合理布局和协调发展；③以市场换技术，加大先进适用技术的引进力度；④进一步开放国内市场，兑现入世承诺，有步骤地推进服务业利用外商投资等。(4)加强对外商投资企业的监督管理，重点抓好税收管理、合同履行和劳动者权益的保护，维护中外双方合法权益。(5)借鉴符合国际规范的办法，维护国内市场竞争秩序，注意保护自己，避免过度竞争，等等。

总而言之，以邓小平理论、“三个代表”和科学发展观重要思想为指导，按照国家总体部署，加快实现从计划经济到市场经济、从粗放型增长到集约型增长的

"两个根本性转变",进一步扩大对外开放,继续坚定不移地吸收外商直接投资,重优化结构、重质量、重效益,开创21世纪积极合理有效利用外资的新局面。由此可以预言,中国三资企业的发展,必将高潮迭起,保持兴旺势头,从而有利于促进国民经济持续快速健康发展和社会全面进步。

第四节　三资企业投资方式比较

三资企业的投资方式,有相同点,也有不同点。归纳起来,主要有以下几方面。

一、投资方式的相同点

1. 法律地位:都是中国的法人或经济组织,都是在中国境内建立的企业,均为中国的居民企业。

2. 组织形式:都实行有限责任制。经批准也可以转为其他责任形式。

3. 对中国的意义:都是利用外商直接投资的主要方式。

二、投资方式的不同点

三资企业投资方式的不同点列表归纳说明如表3-3所示。

表3-3　三资企业投资方式比较

比较企业 比较项目	中外合资经营企业	中外合作经营企业	外资企业
法律依据	《中外合资经营企业法》	《中外合作经营企业法》	《外资企业法》
经营性质	股权式	契约式	股权式
法律形式	法人型(经济实体)	①法人型(经济实体) 或②合伙型(经济联合体)	法人型(经济实体)
企业最高权力机构	董事会	①董事会 或②联合管理委员会	董事会或其他形式的经营管理机构
管理方式	董事会管理制	①董事会管理制 或②联合管理制 或③委托管理制	独自管理
投资形式	①投资资产作价出资 ②用货币计算股权比例	①合同中约定投资或合作条件 ②不一定用货币计算股权比例	①财产或现金出资 ②用货币计算股权比例
净利润分配	按合营各方注册资本的比例进行分配	按合同的约定进行分配收益或者产品	按章程的规定进行分配

续表

比较企业 / 比较项目	中外合资经营企业	中外合作经营企业	外资企业
投资回收	各方不得在合营期限内抽走股金，只能从净利润中回收，或在合同期满清理资产时回收	外方可在合营期内，从营业收入、或一定比例的毛利润、或折旧费、或产品分成中，先行回收	不得在经营期内抽走股金，只能从净利润中回收
结业清算	清偿债务后的剩余资产按股权比例分配	外国合作者在合作期限内先行回收投资的，企业全部固定资产归中方所有	清偿债务后的剩余资产归外方所有
合同期限①	以从事的行业来规定，一般是：重工业 20 年；轻工业 10 年～15 年；旅游、服务行业 5 年～10 年；种植、畜牧、房地产业 30 年～50 年；特批行业可以在 50 年以上。目前，允许在国家鼓励投资的行业所设立的合资企业，可以不规定合营期限；对合作企业未作限制；对外资企业也没有规定经营期限。		

第五节　三资企业经济效果评价

首先，让我们了解企业投资活动的一般过程。现以一般工业企业经济活动为例，图解如图 3-1 所示。

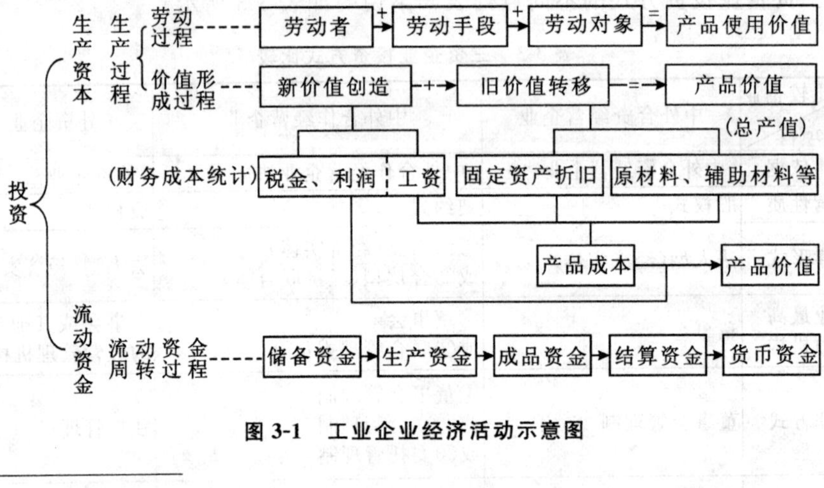

图 3-1　工业企业经济活动示意图

① 2001 年 7 月 22 日修订的《中外合资经营企业法实施条例》第 89 条规定："合营企业的合营期限，按照《中外合资经营企业合营期限暂行规定》执行。"该《暂行规定》指的是，1990 年 9 月外经贸部发布的《中外合资经营企业合营期限暂行规定》，对经营期限作出了具体规定，其要点是：举办合营企业，属于下列行业或者情况的，合营合同应当约定合营期限：一是服务性行业的，如饭店、公寓、写字楼、娱乐、饮食、出租汽车、彩扩洗像、维修、咨询等；二是从事土地开发及经营房地产的；三是从事资源勘察开发的；四是国家规定限制投资项目的；五是国家其他法规规定需要约定合营期限的。

评价三资企业的经济效果，是一项复杂的系统工作。下面拟从几项主要经济指标，对企业的经济效果作出评价。

一、评价经济效果的核心是利润

这是由三资企业的性质所决定的。国际资本投资不像赠款，它不是援助性质，完全从利润率出发。也就是说，资本立足利润，放眼全球。它若无利可图，就不会来华投资兴办企业，中国利用外资，也将落空。因此，利润是一切国际资本投资的直接动机。

以获取利润为动机的外商，对于来华投资，最关心的是赚钱，赚得越多越好。但他还有一个利润下限，就是既高于在本国投资的利润率，又不低于国际平均利润率。如若低于这个利润下限，他是不会来华投资的。作为东道国的中方，当然要维护国家和企业本身的利益。中外双方的磋商、讨价还价，焦点就在于既保证外商的利润下限而又不能允许其获取暴利（国际上一般指高出平均利润率很高的利润，有的国家把它定为50%，有的定为30%，通常认为，如果把银行的存款利率作为水平线，高出水平线4倍以上的，可视为暴利）。这就是说，一切非暴利的利润，都可以认为是合理利润。在中国，由于历史的原因和现行的管理体制等因素，行业之间、地区之间并不存在一个平均利润率，国家只对外商投资企业应负担的各种支出（如所得税、增值税、海关税、三项基金等）作了统一规定。这样，可能出现以下现象：利润率相差悬殊的不同企业与外商合营后，一方面按国家统一规定，负担各种支出；另一方面又要保证外商的利润下限。其结果是，在支出这一切开支后，原来利润高的企业仍能获得较高的利润，而原来利润低的企业就所剩无几，甚至发生亏损。如果原来利润低的企业确是国家所必需的重要企业，那就只有降低合同条件，该让的，让得有理、有利、有节，保证外商获得合理利润。

这种情况告诉我们：评价企业的经济效果，不能把一方分得利润的多少作为唯一标准，而应将双方分得的利润加总，计算企业的大账，用“大利润”指标来权衡利弊，判断优劣。对中方获利较小，要具体问题具体分析，不应以自己的“小账”而否定整个企业的效益。该让的不让，宁可谈不成，这是不符合国家的长远和根本利益的。当然，在外商取得合理利润的前提下，能争的，也要争；该争的不争，降格以求，尽管中方能获得较高利润，也同样是不足取的。

二、企业技术状况相关分析

所谓相关分析，即从数量方面分析现象之间的关系，并测定其密切程度的一种方法。作为企业，其技术状况相关分析，一般可用技术状况系数来表示，即：

$$技术状况系数=\frac{固定资产值}{流动资金}$$

三资企业沿用中国有关固定资产和流动资金的含义。中国固定资产的含义一般都同时具备两个条件:(1)使用期在一年以上;(2)单项价值在规定限额以上。其实物形态主要包括:土地、建筑物(如厂房、仓库、码头)等不动产;动力设备、传导系统、机器设备、测试仪器、运输车辆等可动产。其他折旧期在一年以内、价值比较低的资产算作低值易耗品(如办公用品、货架、手推车等),不在固定资产之列。在非物质生产领域中,凡能供长期使用,在使用过程中保持原有实物形态的物质资料,习惯上也称固定资产(如机关或事业单位的房屋、建筑物和各项设备等)。企业固定资产的来源,主要是企业股东们的投资所形成的固定资产。

中国流动资金的含义是:企业在生产、经营过程中项目开支的周转资金。例如,用于购买原材料和燃料、储备商品、支付工资、半成品和在制品、未收款的售出品等。流动资金又分为两部分:(1)定额流动资金,包括储备资金、生产资金、成品资金;(2)非定额流动资金,包括结算资金(发出商品、应付款)和货币资金(库存资金、银行存款)。在企业生产经营活动中,流动资金经过供、产、销三个阶段,采取储备资金、生产资金、成品资金、结算资金和货币资金等不同形态不停地运动,如此周而复始,就是流动资金的循环和周转。企业流动资金的来源,是股东们的投资和银行贷款。投资总额中包含企业借贷资本和股东自有资本(即注册资本)。

固定资产值和流动资金之比,即为技术状况系数。从这一系数的变化中,可以看出一个企业固定资产状况的优劣和现代化水平的高低,从而得知一个企业技术装备的好坏和劳动生产率的高低。三资企业中的先进技术企业,都在努力提高资本有机构成,增加固定资产投资,不断更新设备,采用新的科学技术和现代化生产手段,提高生产率,使企业更具有竞争力。这就是所谓资本密集型企业(亦称技术密集型企业)。

在企业一定的投资总额中,固定资产和流动资金是成反比例的。也就是说,在一定的投资总额中,固定资产比例大,流动资金比例就小;反之,流动资金比例大,固定资产比例就小。这种反比例的变化,反映到技术状况系数上,可以检验一个企业的生产经营条件:技术状况系数大,说明企业生产现代化水平高;反之,技术状况系数小,意味着企业在搞"人海战术",劳动条件艰苦,工人们从事着繁重的手工操作,这就是所谓劳动密集型企业。

由此可见,为了优化企业的生产经营条件,在投资总额一定的情况下,流动资金占有量越少越好。也就是说,企业的优劣,从技术状况系数的变化看,该项系数越大越好。

三、企业经营状况相关分析

作为企业，其经营状况相关分析，一般可用经营状况系数来表示：

$$经营状况系数=\frac{营业额}{流动资金}$$

营业额与流动资金之比，即经营状况系数。从这一系数的变化中，可以看出一个企业经营状况的好坏。

经营状况系数越大，说明营业额越高，或流动资金所占比例越小，供、产、销各生产经营环节相互衔接，通畅无阻，企业生意兴隆，财源茂盛；反之，如果经营状况系数变小，说明营业额减少，或流动资金所占比例升高，供、产、销的某个环节可能“梗塞”，从而使储备资金→生产资金→成品资金→结算资金→货币资金的循环和周转受阻，整个生产经营运转发生故障，如不及时“诊治”，就会使经营中断，甚至使企业陷于破产。

由此可见，为了优化企业的经营条件，应尽量少占用流动资金，多增加营业额，或者说，企业的优劣，从经营状况系数的变化看，该项系数大比小好。

综上所述，通过技术状况系数和经营状况系数的变化，可以判断企业生产技术条件和经营状况的优劣。这种方法，既适用于同一企业进行不同时期的纵向比较，也适用于不同企业之间进行横向比较。通过比较，从系数的变化中总结经验教训，扬长避短，并查找可能致命的“病灶”，以便做到早期“诊断”，对症下药，确保企业不断提高技术水平和资本有机构成，[①]不断改善企业经营状况，最终获得满意的经济效果。

四、反映企业经济效果的基本指标

所谓企业经济效果，即企业经济效益，又分为绝对经济效益和相对经济效益。绝对经济效益用减法来计算，即“产出－投入”；相对经济效益用除法来计算，即“产出÷投入×100％”。

一般而言，反映企业经济效果的基本指标有三项，分述如下：

1. 投资利润率

$$投资利润率=\frac{年净利润}{投资总额}\times 100\%$$

---

① 所谓资本有机构成，是指由资本技术构成决定，并反映资本技术构成变化的资本价值构成。资本的构成具有双重含义：(1)从价值方面来看，是由不变资本(生产资料的价值)和可变资本(劳动力的价值)的比率来决定的；(2)从在生产过程中发挥作用的物质方面来看，是由生产资料的数量和使用这些生产资料所必需的劳动力的数量之间的比率来决定的。马克思把(1)称为资本价值构成，把(2)称为资本技术构成。两者之间有着密切的相互关系，用公式表示，即C∶V。

年净利润与投资总额之比，即投资利润率。它是产出与投入之比的具体表述。投资总额＝基本建设资金＋流动资金。投资利润率是企业投资效果的确切反映。在投资总额一定的情况下，利润率越高，企业的经济效果就越好；反之，则相反。

$$企业平均投资利润率=\frac{经营期的投资利润率总和}{经营年限}\times 100\%$$

2.投资回收期

$$投资回收期(年)=\frac{投资总额}{年净利润+年折旧}$$

投资回收期(年)，又称投资补偿期(年)，是将投入企业的资金总额，除以企业开业后的年均净收益，即得到补偿最初投资总额所需的时间(年)。投资回收期越短，说明企业经济效果越好；反之，则相反。

所谓标准投资回收期，是指投资回收期小于或等于一个可以接受的时期。倘能如此，这个项目的经济效果就是比较好的；反之，其经济效果则不好，应重新予以考虑。标准投资回收期究竟确定多少为合适？目前中国尚无明确规定。从国外来看，日本一般为3年，美国为4年，俄罗斯为5年。中国近30年的统计，平均为10年。中外合资经营企业标准投资回收期的确定，服装、食品项目可定为0.2年～2年；纺织、制糖、造纸项目可定为3年～4年；机械、化工项目可定为5年～7年；农机、化肥项目可定为7年～10年；冶金、钢铁项目可定为10年～15年。

3.投资收益率

$$投资收益率=\frac{年净利润+年折旧}{投资总额}\times 100\%$$

年收益额与投资总额之比，即投资收益率。在投资总额一定的情况下，投资收益率越高，说明投资收益越大，企业经济效果越好；反之，则相反。

$$企业平均投资收益率=\frac{经营期投资收益率总和}{经营年限}\times 100\%$$

第四章　三资企业经济法律法规

在传统上，法律被分为两类：公法和私法。公法包括宪法、行政法、刑法、诉讼法等；私法主要是指民商法（＝民法①＋商法②），是调整平等民事主体之间的财产关系和人身关系的法律，有效保障公民的私权利。区分公法和私法的意义是：在公法领域，法律无授权即为禁止，最大限度地限制公权力滥用；在私法领域，法律不禁止即为允许，最大限度地保障个人权利自由。

市场经济，可以说是法治经济。“法治”是指法律高于一切。而“法制”是指法律制度的简称。所谓法治经济，是指为经济活动服务的、直接或间接调整各种经济关系的法律规范的总称。

中国实行社会主义市场经济，建设社会主义法治国家。2011年3月十一届全国人大四次会议宣布：中国已建立起了具有中国特色的社会主义法律体系，这是中国法制建设的一件大事，从此，中国社会主义建设将真正做到有法可依。而中国社会主义法制建设的基本方针是：有法可依、有法必依、执法必严、违法必究。本章学习的重点是有关涉外经济法中的三资企业经济法律法规。

第一节　三资企业经济法律法规的重要性

一、法律法规的内涵

什么是法律法规？所谓法律，是指最高国家权力机关所制定的规范性文件。它包括两种：一是基本法律；二是基本法律以外的其他法律。

基本法律是由全国人民代表大会制定和修改的有关法律。如《中外合资经营企业法》、《中外合作经营企业法》、《外资企业法》、《行政处罚法》等。

---

① 民法，中国目前主要有民法通则、物权法、合同法、侵权责任法、婚姻法等。

② 商法，中国目前主要有公司法、证券法、保险法、海商法、票据法等。

基本法律以外的其他法律，又称一般法律、非基本法律，是由全国人民代表大会常务委员会制定和修改的基本法律以外的其他法律。如《未成年人保护法》、《国家赔偿法》、《治安管理处罚条例》等。

所谓法规，包括两类：一是行政法规；二是地方法规。

行政法规是由国务院规定、颁布的规范性文件。其具体名称又分为三种：一是条例（细则）；二是规定；三是办法。“条例”是国务院对某一方面工作的比较全面、系统规定的法规（如《中外合资经营企业法实施条例》等）。“规定”是由国务院对某一方面的工作作部分规定的法规（如《对外经济开放地区环境管理暂行规定》等）。“办法”是国务院对某项工作作比较具体规定的法规（如《医疗事故处理办法》等）。

地方法规是由有关地方国家权力机关，在不同宪法、法律、行政法规相抵触的前提下所制定的规范性文件。其名称又分为两种：一是地方性法规；二是自治条例、单行条例。“地方性法规”是由省、自治区、直辖市人大及常委会制定和颁布的规范性文件（如《上海市鼓励外商投资浦东新区的若干规定》等）。“自治条例”和“单行条例”是民族自治地方的人民代表大会，依照当地民族的政治、经济和文化特点所制定的规范性文件。

综上所述，法律法规的内涵关系画图说明如图 4-1 所示。

宪法→法律法规
- 法律
  - 基本法律
  - 非基本法律（一般法律）
- 法规
  - 行政法规
    - 条例（细则）
    - 规定
    - 办法
  - 地方法规
    - 地方性法规
    - 自治条例、单行条例

图 4-1　法律、法规的内涵关系示意图

改革开放 30 多年来，除宪法及其 4 个修正案外，已制定现行有效的法律共 236 件（含起支架作用的法律 50 多件）、行政法规 690 多件、地方法规 8600 多件。目前已形成以宪法为统帅，法律为主干，同时包括行政法规、地方法规等多个层次的法律规范。

三资企业经济法律法规，属于涉外经济法的范畴。所谓涉外经济法，是指调整各种对外经济关系，并用法律形式固定下来的对外经济活动准则。广义地说，涉外经济法也是国际经济法的组成部分。

值得指出的是，在中国外向型经济蓬勃发展的新形势下，亟需加强涉外经济法律专业技能和知识的学习，培育一支涉外专业法律队伍。当前，中国面临外资、外贸、外经涉外法律层面的种种忧患，如外资领域中的企业非正常撤离、假外资、利润转移等；外贸领域中的海外坏账风险增大、贸易保护主义愈演愈烈等；国家监管层面也面临着境外投资洗钱、套汇等违法犯罪行为的甄别难题。总之，涉外经济法律服务人才缺口巨大，主要表现为：中国律师业发展水平不高；人才和语言障碍也是困扰。解决办法是，主要依靠外经贸主管部门、司法部门、教育部门，按照涉外经济法律类别，建立起长期、有效的培训体系和机制。

二、三资企业经济法律法规的重要性

其重要性主要表现在以下三个方面：

（一）统一对外活动

涉外经济关系比国内经济关系更复杂，因为一方主体是外方，要和不同国家（或地区）的财团、公司、商人发生经济往来，如果没有一个统一的准则，经济就会被搞乱，国家会蒙受损失。因此，必须通过制定、颁布涉外经济法律法规来统一对外活动，使中外各方行为主体都有章可循，协调一致。

（二）建立软环境的需要

与建立基础设施的硬环境相比，中国制定、颁布一系列涉外经济法律法规，明确外商的权利和义务，确认外商的合法权益受法律保护，使投资者在中国进行经济活动有法可依，这是外商最关心的软环境，等于给了外商一剂定心丸，使他们来华投资放心了。

（三）同外商发展友好合作关系的需要

这是因为法律法规比较固定，是由权力机关依照法定程序制定、修改和颁布的，有利于中外行为主体有一个可以长期遵循的共同准则；法律法规又是公开的，透明度最高，大家心明眼亮，都必须遵守。总起来看，只有建立在法律法规基础上的合作关系才是可靠的，因而才能同外商保持和发展长期的友好合作关系。

第二节　三资企业经济法律法规的立法依据

其立法依据包括：宪法、三资企业主体法、基本国策和国际惯例。

一、宪法

中国现行宪法是继 1954 年新中国第一部宪法之后，1982 年制定的。宪法是国家的根本大法，即“法律的法律”，它规定国家的根本制度、根本任务与行为

的基本准则，是治理国家的总章程，具有最高法律效力。1999 年 3 月 15 日九届人大二次会议通过《中华人民共和国宪法修正案》，其中明确规定："中华人民共和国实行依法治国，建设社会主义法治国家。"这说明，中国在改革开放后迎来法制建设的黄金时代。

中国宪法中有多处提到涉外经济问题，包括："序言"最后部分，宪法第十八条、第三十二条等。中国在宪法中作出吸引外国投资、保护外国投资者合法权益的规定，表明中国对涉外经济关系的重视，体现了中国对发展国际经济合作的郑重态度。

二、三资企业主体法

三资企业主体法又称三资企业基本大法。

1.《中外合资经营企业法》，简称《合资法》，1979 年 7 月 1 日通过，1990 年 4 月 4 日修正，2001 年 3 月 15 日第二次修正，全法 16 条。

2.《中外合作经营企业法》，简称《合作法》，1988 年 4 月 13 日通过，2000 年 10 月 31 日修正，全法 27 条。

3.《外资企业法》，简称《外资法》，1986 年 4 月 12 日通过，2000 年 10 月 31 日修正，全法 24 条。

在三资企业主体法律的基础上，中国还制定了与之相应的实施条例或实施细则。之后，又陆续制定了与三资企业有关的若干专项立法。这便构成了以三资企业主体法律为基础的外商投资企业法律体系。目前，该体系还在不断完善之中。

三、基本国策

对外开放政策是中国的基本国策之一。法律是政策的体现，它把政策条文化、固定化和具体化了。对外开放政策，是总结中国建国以来的实践和世界各国的经验而制定的，它不是权宜之计，而是长期的基本国策和加快社会主义现代化建设的战略措施。

邓小平指出："对内经济搞活，对外经济开放，这不是短期的政策，是个长期的政策，最少五十年到七十年不会变。"①他又说："如果开放政策在下一世纪前五十年不变，那么到了后五十年，我们同国际上的经济交往更加频繁，更加相互依赖，更不可分，开放政策就更不会变了。"②因此，对外开放政策，自然成为制定

① 《邓小平文选》第三卷，人民出版社，1993 年，第 79 页。

② 同上，第 103 页。

三资企业经济法律法规的政策依据。

四、国际惯例

所谓国际惯例，是指国际经济交往中约定俗成的习惯和先例。这些惯例，虽然不一定写入国际公约或协定，但它被大多数国家承认和遵守。这是涉外经济法律法规的一个立法特点。

国际惯例举例：(1)外商投资建立合营企业，一般需要6个月相互了解，并同时进行可行性研究论证；(2)外商与东道国兴办中小型合营企业，谈判时间一般在3个月之内；(3)东道国对合营企业审批期限，一般不超过3个月；(4)合营企业，属于东道国的法人，必须遵守东道国的法律；(5)东道国通常在“硬环境”和“软环境”两个方面，对合营企业给予基本的保证；(6)合营企业的资本股权，外商通常占49%，东道国企业一般占50%以上；(7)合营企业的董事长，一般由多数股权一方出任；(8)合营企业与当地企业比较，有更多的自主权和政策性优惠；(9)合营企业股东之间的争议和仲裁，允许在任何仲裁机构解决，对于违约行为，如果3个月内无法解决，可由东道国加入的国际仲裁机构进行国际仲裁，等等。

与此同时，对于一些国际组织、国际条约，一方面中国要积极参加，作为成员国发挥影响；另一方面还要积极研究它、了解它，以便“洋为中用”或“洋为中戒”。

第三节　三资企业经济法律法规所体现的原则

所体现的原则包括五项：独立自主、自力更生；维护国家主权，遵守我国法律；平等互利；尊重国际条约和国际惯例；保护外国投资者合法权益。分述如下：

一、独立自主、自力更生

中国开展涉外经济活动的根本目的是发展经济、增强国力。而积极参与国际经济活动，扩大对外开放，取天下之长为我所用，正是提高中国自力更生能力的有效途径。

邓小平指出：“中国的事情要按照中国的情况来办，要依靠自己的力量来办。独立自主、自力更生，无论过去、现在和将来，都是我们的立足点。”[①]江泽民也指

① 《邓小平文选》第三卷，人民出版社，1993年，第3页。

出："我们这样大的社会主义国家搞现代化建设，必须处理好扩大对外开放和坚持自力更生的关系，把立足点放在依靠自己力量的基础上。要引进先进技术，但必须把引进和开发、创新结合起来，形成自己的优势；要利用国外资金，但同时更要重视自己的积累。这样才能争取时间，加快缩小与发达国家的差距。独立自主不是闭关自守，自力更生不是盲目排外。讲独立自主、自力更生，绝不是要闭关锁国、关起门来搞建设，而是要把对外开放提高到一个新的更高水平。"①

由上可以看出，独立自主、自力更生，是中国对外开放乃至扩大对外开放中必须坚持的一个重要原则。中国的涉外经济立法，理所当然应当体现这一原则。

二、维护国家主权，遵守我国法律

所谓主权，是指一个国家在自己的领土内，按照自己的意志自行决定对内和对外事务的最高权力。国家管辖权不容侵犯的原则，是现代国际关系中，各国都遵循的一项基本准则。

反映到涉外经济往来中，中国的企业、经济组织同外国的企业、经济组织、个人进行经济活动，都必须遵守中国的法律，服从中国政府管辖，不允许侵犯中国的主权，不得损害中国的经济利益。例如，在涉外经济活动中，不得商订违背国家法律的条款，不得把国家的法律作为投资者重新谈判的条件，违反中国的公共道德、社会风尚的行为也是不允许的。当然，外商来华依法举办有利于中国国计民生的事情，中国政府会给予优惠待遇和法律保护。

三、平等互利

所谓平等互利，是指政治上平等，争议问题民主协商，经济上都有利可图。这是中国在涉外经济关系中，一贯奉行的基本原则。

中国在利用外资的同时，外资也利用了中国。邓小平指出："人家来做生意，就是要赚钱，我们应该使得他们比到别的地方投资得利多，这样才有竞争力。"②说到底，涉外经济交往最终要落实到使各方行为主体，都获得比较满意的利润上。所谓给外商以"满意的利润"，标准应该是，既高于银行存款利息率，也高于其在母国投资的利润率，还要"比到别的地方投资得利多"，但又不至于达到暴利的程度。

---

① 中国共产党第十四届中央委员会第五次全体会议文件．北京：人民出版社，1995，22～23

② 《邓小平文选》第二卷，人民出版社，2001 年，第 199 页。

四、尊重国际条约和国际惯例

所谓国际条约，是指两个或两个以上的国家在政治、经济、文化等关系方面，规定相互间权利和义务的各种文件的总称。如常见的“和约”、“公约”、“协定”、“议定书”等，都属于条约的范畴。

尊重国际条约和国际惯例，这是国际公认的原则，也是国际法的主要渊源之一。

中国的涉外经济立法，吸收了这一原则，并服从于这一原则。因此，我们不但要熟悉国内法，还要熟悉国际条约和国际惯例，并在涉外经济活动中加以正确运用。例如，条约不仅应受到尊重，而且条约优先适用。所谓条约优先适用，是指中国缔结或者参加的国际条约，如与中国现行法律不一致或发生冲突时，应优先适用有关条约，而不适用中国有关法律。这就是条约优先适用原则。但是，这一原则不适用于中国对条约声明保留的条款。

五、保护外国投资者的合法权益

这是国际惯例，也是外商最关心的问题。中国在涉外经济立法中，充分体现了这一原则。其主要内容是：(1)保证外商来华投资所必要的民事权利；(2)保护外商的资本所有权；(3)允许外商纳税后的利润能自由汇出；(4)允许外商在华企业中止、终止时，将清算后的剩余资产汇出国外；(5)国家因公共事业征用外商资产时，保证给予合理的补偿金，等等。

第四节　WTO规则下利用FDI的基本原则

为适应中国加入WTO(世界贸易组织)的新形势，更好地利用FDI(外商直接投资)，必须直面WTO有关贸易和投资的基本原则。主要包括六项：一是非歧视原则；二是开放市场原则；三是公平竞争原则；四是透明度原则；五是政策统一性原则；六是解决争端的磋商调解原则。分述如下：

一、非歧视原则(Non-discrimination)

非歧视原则是WTO各项协定、协议之中最为重要的原则。它是由最惠国待遇原则和国民待遇原则构成的，其指导思想是保证国际贸易、国际投资中的“市场竞争机会均等”。实施这一原则，有利于为各类企业经营提供平等竞争机会。

（一）最惠国待遇（Most-favoured-nation Treatment）

最惠国待遇又称无歧视待遇，是指缔约国双方相互给予的不低于现时或将来给予任何第三国的优惠、特权或豁免待遇。这种待遇的条文称为"最惠国条款"。它的适用范围十分广泛，其中主要的是进出口商品的关税待遇。但现已扩大到国际经济交往的其他领域中，如国际投资开办企业、领海航行、知识产权、政府采购等方面。

（二）国民待遇（National Treatment）

国民待遇又称平等待遇或国内标准主义，是指外国人同本国国民在享受权利和承担义务方面，有平等地位，即在法律上外国人与本国国民享受平等待遇和保护，承担平等义务和责任。国民待遇，实质上是待遇平等原则，不允许对外国人有所差别和歧视，但它并不意味着在各个具体问题上都与本国国民划等号，都"对等"。这就是所谓"平等"而"不对等"。

值得指出的是，《与贸易有关的投资措施协议》（Agreement on Trade-Related Investment Measures，缩写 TRIMs）是世贸组织有关投资的一项主要法律规范。其目标是推动世界贸易的发展和不断自由化，以便有利于跨国投资，促进贸易伙伴特别是发展中国家成员方的经济增长。在该协议的一个附件中，列举了违反《1994 年关贸总协定》第 3 条（"国民待遇"原则）和第 11 条（"取消进出口货物数量限制"原则）的投资措施。这些列举，集中表现在对进出口产品的歧视性待遇上，现扼要说明如下：

1.不符合"国民待遇"原则的投资措施，指的是不符合国民待遇原则的与贸易有关的投资措施。主要包括 2 项：（1）"当地成分（含量）要求"，是指在生产中使用一定价值的当地投入；（2）"外汇（贸易）平衡要求"，又称"外汇自求平衡"，是指规定外商投资企业进口所需要的外汇应来自本企业（公司）出口及其他来源的外汇收入。

2.不符合"取消进出口货物数量限制"原则的投资措施，主要包括 3 项：（1）"出口实绩要求"，即要求外商投资企业的进口要与一定比例的出口相适应；（2）"进口用汇限制"，即限制外商投资企业使用外汇，从而限制进口；（3）"国内销售要求"，即要求外商投资企业在东道国销售一定比例的产品，其价值相当于出口限制的水平。

还要指出的是，WTO 的国民待遇原则，要求不歧视，但并不反对为鼓励吸收外资而给予某些优惠待遇。中国为了更多更好地吸收外资，主动给予外商投资企业一定的优惠待遇，并不违反 WTO 国民待遇原则。

国民待遇不适宜的范围是：沿海航行、领海捕鱼、购买土地等。在某些商业活动中，各国立法都是内外有别的，如国防、武器、通信事业及某些关键企业等，禁止或限制外国人投资，这是国际惯例，也为国际法公认。因此，对国民待遇标准，不能作绝对的理解。

二、开放市场原则

开放市场原则又称市场准入原则，是指世贸组织成员关税减让与约束原则，以及禁止使用除关税以外的保护措施原则，旨在保证各成员的货物和服务有充分的市场准入机会。在WTO体制下，各成员对保证减少贸易壁垒与不增加贸易壁垒是同等重要的，因为这种保证可以创造一个稳定的、可预见的贸易和投资环境，有利于推进贸易和投资自由化。

需要说明的是，WTO并不主张无序的自由贸易。自由贸易原则的最终目的是在不产生负面影响的情况下，使贸易尽可能有规则地发展。因此，入世并不意味着中国立刻就要实现贸易和投资自由化，而是有一个过渡期，发展中国家有五年的过渡期，以便取消那些被禁止的与贸易有关的投资措施。通过逐步调整，中国可以稳步推进有序的、符合世贸规则的贸易和投资自由化。

总之，实施开放市场原则，提高市场准入程度，扩大对外开放领域，虽然给中国带来了压力，也给政府的监管工作带来新的课题，但这有利于推进贸易和投资自由化，并在这种“自由化”的进程中，趋利避害，有利于中国进入国际市场，实施“走出去”战略，扩大生产要素的国际配置空间。

三、公平竞争原则

公平竞争原则是指一种基于开放、统一、公开、公正和以市场为导向的竞争体系。它主要是针对出口贸易而规定的非扭曲性竞争规则，重点是公平贸易原则。所谓公平贸易原则，是指WTO成员不得采取不公平的贸易竞争手段，尤其不能采取出口倾销和出口补贴的方式在其他成员市场销售产品或提供服务。

目前，中国在参与公平竞争、营造公平竞争环境方面存在诸多问题，如在经济生活中，恶性竞争、低价竞销、地方保护、市场分割、行业垄断等现象不同程度地存在。

加入世贸组织后，依据中国对外承诺，必须做到四点：(1)为各类市场主体创造统一、公开、公平、公正的竞争环境；(2)完善反倾销、反补贴和保障措施立法，加强反倾销应诉工作，维护正常的外贸秩序，合理保护国内产业和市场；(3)依法保护外商投资企业的知识产权；(4)打破行业垄断和行政封锁，铲除地方保护主义，消除各种歧视性措施和差别待遇。

总之，实施公平竞争原则，创造公平竞争的市场环境，是整顿和规范市场经济秩序的重要目标，它必将有利于增强外商在华投资的信心和吸引力。

四、透明度原则

透明度原则是指世贸组织成员，保证涉外经济政策的公开性，承诺只执行已经公布的和其他 WTO 成员、个人、企业容易获得的法律、法规与措施，并指定官方刊物[①]，专门用于公布这些法律、法规与措施。

因此，中国入世后，靠发内部文件、红头文件来管理涉外经济活动的做法，已不再适应新形势的要求，必须做到三点：(1)各级政府部门所制定的影响涉外经济政策的法规与措施，都在指定刊物上予以公布，并到国家外经贸主管部门备案；(2)根据中国加入世贸组织议定书的要求，还要建立一个 WTO 规则的通报咨询机构，代表中国履行 WTO 所要求的 100 多项通知义务，对 WTO 成员就中国涉外经济政策所提出的问题，作出权威性的答复；(3)对企业及有关方面提供 WTO 规则和涉外经济政策的咨询。

总之，实施透明度原则，为外资进入中国提供全面的政策、法规和信息服务，有利于创造稳定的、可预见的经济环境，从而有利于扩大吸引外商来华投资。

五、政策统一性原则

政策统一性原则也称全国贸易政策统一原则，是指世贸组织成员在本国(土)范围内，应以统一、公平与合理的方式实施有关贸易、知识产权保护等方面的法律、法规、行政规章、司法判决与政策措施，保证中央和地方政府及其各部门以及非政府机构制定的规定或标准，都能一致遵守世贸组织的各项规定。

履行世贸组织的政策统一性原则，就是保持中国涉外经济法律、法规和政策措施的统一性。具体来说，就是废除不符合 WTO 规则的法律、修改与 WTO 规则不符的法律和新制定适应 WTO 规则的法律，也就是人们常说的“废、改、立”。目前，中央清理相关法律法规文件约 2300 件，其中拟废止的 830 件，拟修订的 325 件，并由全国人大及其常委会已审议通过了新修订的三资企业主体大法，由国务院各有关部门研究修订和完善了金融、保险、医疗、运输等服务贸易领域的政策法规。

值得注意的是，保持涉外经济政策的统一性，仅靠中央政府是不够的，还需要各级地方政府通力协作，密切配合。也就是说，地方政府也要按照 WTO 规则和中国对外承诺，清理现行的地方涉外经济法规及政策措施，必须与国家法律法

---

① 《国际商报》是中国政府在入世议定书中对外承诺刊登进出口管理信息的唯一大众媒体，也是商务部政务公开的指定发布媒体，承担着宣传商务事业、推动商务发展的重要任务，其地位和作用是目前国内任何一家媒体都无法替代的。

规保持一致，必须符合 WTO 规则的要求。

另外，还要努力建立起与 WTO 规则相符合的法治化经济运行机制和相应的法律保障体制，消除政出多门、有法不依、执法不严、违法不咎的现象，确保涉外经济政策的全国统一。

总之，实施政策统一性原则，不仅是步调一致、统一涉外经济活动的需要，而且也是同外商发展持续、稳定、友好合作关系的需要。

六、解决争端的磋商调解原则

磋商调解原则，又称 WTO 争端解决机制，是指世贸组织成员之间发生矛盾和争端时，采取协商解决的办法，并规定了解决争端的程序。WTO 争端解决程序基本上分为如下四个阶段：

（一）磋商　是指两个或两个以上 WTO 成员，为使相互间的争议问题得到解决或达成谅解，而进行国际交涉的一种方式。协商一致，有利于执行所达成的协议。该阶段是争端解决的必经程序。

（二）调解（斡旋、调停）　该阶段不是必经程序，只有在磋商不成的情况下才可以进行。争端的任何一方、在任何时候均可请求调解，该程序可在任何时候开始，也可在任何时候终止。如果争端各方一致同意，在下一个程序进行时，仍可继续进行调解。

（三）专家小组（审理）　该阶段是在各当事方磋商不成、调解无效的情况下，应起诉当事方的请求，才进入专家小组程序阶段。该阶段是整个争端解决程序中最为复杂的阶段，也是最为重要的阶段。

（四）上诉　该阶段不是必经程序，只有在当事一方对审理决定不服而提出上诉的情况下，才能开始这一程序。

总之，WTO 争端解决机制对中国的意义可以概括为三个方面：(1)为中国争取公平的贸易待遇、反对各种针对中国的歧视性做法提供了武器；(2)要求中国政府涉外经济管理行为必须规范，对政府行政执法行为构成了约束；(3)适应 WTO 争端解决机制，中国涉外经济管理规范化和法制化，有利于保障外商合法权益，增强外商来华投资的信心。

第五节　三资企业主体法律修订内容要点

随着中国改革开放不断深入和国民经济不断发展，为适应中国入世后建立符合国际惯例和规则的社会主义市场经济法律体系，九届人大对外商投资企业三部主体法律进行了修改。修改的历程是:《中外合资经营企业法》于 2001 年 3 月经九届人大四次会议第二次修改;《中外合作经营企业法》和《外资企业法》于 2000 年 10 月经九届人大常委会第十八次会议第一次修改。修改后的三资企业主体法律,更适应现实的需要。其修订内容的要点分为如下五点:

一、新法取消了三资企业自行解决外汇收支平衡的要求

又称“取消外汇平衡要求”。新法删除了旧法中有关“自行解决外汇收支平衡”的内容。这一修改,进一步放宽了三资企业的进口限制,使其在进口问题上不再受到外汇平衡的约束。

新法这一修改的理由:(1)与中国目前外汇管理体制改革不断深化、外汇储备不断增加的现状相适应。依照中国外汇管理规定,三资企业的外汇买卖纳入银行结售汇体系,取消了经常项目下的汇兑限制。1994 年中国的外汇管理体制实行了人民币经常项目下的有条件可兑换;1996 年取消了所有经常性国际支付和转移的限制,同年 12 月 1 日中国正式宣布接受国际货币基金组织协定第八条,实现人民币经常项目可兑换;1997 年 1 月 14 日国务院对 1996 年 1 月 29 日国务院发布的《中华人民共和国外汇管理条例》作了修正,修正后的《外汇管理条例》第五条规定,“国家对经常性国际收支和转移不予限制”,从法规上明确了中国已经允许经常项目下的外汇可自由兑换。(2)新法的这一修改也是中国兑现入世承诺的需要。中国政府在加入 WTO 的谈判中,已经承诺在加入 WTO 后,取消与 WTO《与贸易有关的投资措施协议》不一致的所有措施,包括要求企业进口用汇与其外汇收入相平衡、要求企业达到特定的出口目标以实现外汇收支平衡等。

二、新法取消了三资企业原材料购买地的限制

又称“取消当地含量要求”。新法删除了旧法中有关“原材料、燃料等应尽先在中国购买”的限制,改为“批准的经营范围内所需的原材料、燃料等物资,按照公平、合理的原则,可以在国内市场或者国际市场购买”。

新法这一修改的理由:(1)进一步完善了中国市场经济的投资环境。依照新法,相应的三资企业可根据市场情况自由决定如何采购,与国内其他各类企业享有同等的采购自主权。(2)对国内相应产业提出了更高的参与“国际化竞争”的要求,不能再求助于国内法律的特殊保护和促进。同时,经过 30 多年市场经济的风雨,国内产业已具备一定的竞争条件和能力,政府不宜再干预。(3)为了兑现中国政府入世承诺。

三、新法取消了外资企业的出口义务

又称“取消出口义务要求”。新法删除了原《外资企业法》有关设立外资企业“必须采用先进的技术和设备，或者产品全部出口或者大部分出口”的规定，改为“国家鼓励举办产品出口或者技术先进的外资企业”。

新法这一修改的理由：(1)体现了市场经济公平竞争原则。依照新法，外资企业可根据国内外市场情况，自主决定产品销售市场，与国内其他各类企业享有同等的产品销售自主权。(2)与新法取消三资企业“自行解决外汇收支平衡”限制相适应。也就是说，既然不再要求企业“自行解决外汇收支平衡”，那么，也就不必多此一举，还去要求企业“产品全部出口或者大部分出口”。(3)为了兑现中国政府在加入 WTO 谈判中作出的取消“出口实绩要求”的承诺。

四、新法取消了中外合资经营企业生产计划备案的要求

又称“取消生产计划备案要求”。新法删除了原《中外合资经营企业法》第 9 条第 1 款：“合营企业生产经营计划，应报主管部门，并通过经济合同方式执行。”

新法这一删除的理由：(1)中国已确立社会主义市场经济体制，推行建立现代企业制度，而现代企业制度的重要特征是政企分开，法人治理，企业享有经营自主权，并成为市场竞争主体。政府管理经济不再是直接干预企业的具体经营活动，而主要是通过经济、金融、财政、法律等宏观手段进行间接调整。(2)中国对多数企业一般不再要求其报送生产经营计划。在对其他内资企业不再要求的情况下，而对中外合资经营企业再有这种要求，将被视为一种歧视行为，违背了世贸组织的基本原则。(3)实践中中国早已放弃中外合资经营企业报送生产经营计划的要求。该规定落后于实践，新法将其删除是应该的。

五、新法取消了《中外合资经营企业法》中的“本法修改权属于全国人民代表大会”的要求

又称“取消《合资法》修改权属于全国人代会的要求”。新法将《中外合资经营企业法》的修改权“属于全国人民代表大会”的条款删除，亦即此法今后修改不必再通过每年召开一次的全国人民代表大会。而改为由人大常委会修改，与三资企业的其他两部主体法律的修改权相同。

六、附加说明

以《中外合资经营企业法》、《中外合作经营企业法》、《外资企业法》为主体的

外商投资法律体系，其最新修改的内容要点已如上述。之后，与外商投资“三法”相配套的《中外合资经营企业法实施条例》、《中外合作经营企业法实施细则》、《外资企业法实施细则》等行政法规也相应作了修改，现将其修改内容的三个要点说明如下：

第一，新法规删除设立中外合营企业经济效益条件的要求（删除《实施条例》第 4 条）

又称“取消注重经济效益要求”。

新法规这样修改的理由：(1)在市场经济中，企业追求经济效益应当是企业自主要求，是市场行为，不必用法规加以强制性规定，而且硬性扩大出口的要求，也不符合世贸组织的规则；(2)删除实质审查的“积极标准”，意味着放宽审查标准，增加透明度，提高审批效率。

第二，新法规删除中外合资经营企业设立主管部门的规定（删除《实施条例》第 6 条）

又称“取消主管部门的规定”。

新法规删除合营企业主管部门及其责任条款的理由：(1)经济体制改革和建立现代企业制度的要求。随着社会主义市场经济的发展，实行政企分开、行政机关与企业脱钩，企业成为市场经济主体，享有充分的经营自主权，政府主要是进行间接的宏观指导，而不再是计划经济体制下直接干预企业具体的生产经营活动。(2)适应政府机构改革和职能转变的要求。(3)删除合营企业设主管部门及其责任条款的同时，也删除合营企业审批程序中，由中方合营者主管部门先予审查并经同意后再转报审批机构的环节。这意味着减少审批环节，加快审批速度，顺应形势，也符合国际惯例。

第三，新法规修改了中外合资经营企业设立程序的规定（修改《实施条例》第 9 条）

又称“取消初步立项要求”（即取消“项目建议书和初步可行报告”的程序）。

新法规删除原《实施条例》第 9 条第（一）款，即删除了由中国合营者向企业主管部门呈报拟与外国合营者设立合营企业的项目建议书和初步可行性研究报告的规定，申请人可以直接向审批机构报送相关审批文件。新法规作如此修改，取消申请人的初步立项，直接进入正式立项，简化了程序，加快了审批速度，有利于改善投资环境，也符合国际惯例。

第六节　三资企业解决争议的方式

三资企业解决争议的方式，一般来说有四种：一是协商（又称和解）；二是调解（含行政调解、仲裁调解、法院调解）；三是仲裁（又称公断）；四是诉讼（又称经济司法或经济审判）。

一、协商

协商又称和解，是指经济合同发生纠纷，由当事各方主动协商，互谅互让，达成解决纠纷的协议，求得友好解决。这是最好的解决方式。

二、调解

调解又分为行政调解和仲裁机构（或人民法院）调解。

（一）行政调解

行政调解是指经济合同发生纠纷后，负责合同管理工作的工商行政管理部门或业务主管部门，对争议双方进行说服教育，在双方互谅互让的基础上，自愿达成解决争议的协议。

（二）仲裁机构（或人民法院）调解

它是指仲裁机构（或人民法院）行使国家仲裁权（或审判权）的一种方式，在仲裁员（或法官）的主持下，当事人双方对争议的权益和法律关系，通过平等协商，互谅互让，达成协议，从而终结仲裁（或审判）活动。

仲裁调解或法院调解，与协商和行政调解不同。它是代表国家行使仲裁权（或审判权）的一种具体表现；它制作的调解书与裁决书（或判决书）具有同等的法律效力。而协商和行政调解不具有这样的效力，其调解协议既不是行政命令，也不是裁决书（或判决书），不具有法律上的强制力、约束力，故不能作为申请强制执行的依据。

三、仲裁

仲裁又称公断，是指经济合同发生纠纷后，由仲裁机构依法对争议事项居中作出裁决的活动。它往往是在当事人自行协商不成、调解无效的情况下，由仲裁机构根据当事人的申请，作出具有法律约束力裁决的一种活动。它是解决经济合同纠纷的一项重要的法律制度。

三资企业争议仲裁，属于涉外经济仲裁的范畴。所谓涉外经济仲裁，是指涉外经济纠纷发生后，根据争议双方自愿达成的仲裁协议，将纠纷提交其共同选定的仲裁机构和各自选定的仲裁员，进行依法审理，并由该仲裁机构作出裁决的活动。

(一)仲裁的突出特点

1.特定的适用对象

仲裁适用于平等主体的公民、法人和其他经济组织之间发生的合同纠纷，以及其他财产权益纠纷。具体讲，包括：经济合同、技术合同、房地产市场交易、知识产权、产品质量责任、建筑安装工程、运输、金融、保险、期货、证券、海事等方面发生的争议。它不适用于婚姻、收养、监护、抚养、继承纠纷，也不适用于依法应当由行政机关处理的行政争议。

2.无级别管辖和地域管辖

仲裁有别于人民法院所实行的级别管辖和地域管辖。

3.自愿性

这种自愿性表现为：(1)双方自愿达成仲裁协议，这是当事人采用仲裁方式解决纠纷的前提条件。同时，有了仲裁协议，也就排除了人民法院的管辖权。(2)双方自愿选定一家仲裁机构。(3)当事人各自挑选一名仲裁员。(4)自行决定提交仲裁争议事项。

4.保密性

仲裁的保密性在于：(1)仲裁程序有利于保密。即仲裁以实行不公开审理为原则，只有当事人约定公开时才公开，这有利于保护当事人的信誉和商业秘密。(2)仲裁裁决有利于保密。即应当事人要求，仲裁裁决可不写明事实和理由。(3)仲裁事项有利于保密。即仲裁只就申请的事项作出裁决，其他事项可不涉及。

5.独立性

仲裁依法独立进行，与行政机关没有隶属关系，不受行政机关、社会团体和个人的干涉。同时，仲裁员是兼职的，对减少行政干预也是有利的。还有，仲裁协会(监督)、仲裁委员会(受理)、仲裁庭(审理)三者之间是相互独立的，也有利于据实合法、公平合理地解决纠纷。

6.快捷性

仲裁实行一裁终局的制度。也就是说，裁决作出后，当事人就同一纠纷再申请仲裁或者向人民法院起诉的，仲裁委员会或者人民法院不予受理。这有别于人民法院两审终审的制度。同时，仲裁的立案、组庭、审理程序简便灵活，办案迅速，排除起诉、上诉的诉讼程序。还有，仲裁时限较短，自仲裁庭组庭之日起，最迟四个月结案，可使当事人免受久拖不决之苦。此外，由于仲裁具有快捷性的特点，其案件处理费（主要是仲裁办案的实际支出）一般也比较少。因为仲裁庭一般不做实地调查取证，裁决案件主要靠双方当事人书面举证、开庭质证，这就大大减少当事人用于办案的支出。

7. 权威性

仲裁裁决具有权威性。这种权威性是由法律赋予的。《中华人民共和国仲裁法》（1995 年 9 月 1 日起施行）第 62 条规定："当事人应当履行裁决。一方当事人不履行的，另一方当事人可以依照民事诉讼法的有关规定向人民法院申请执行。受申请的人民法院应当执行。"对于涉外仲裁，也可直接在国外执行。1987 年 4 月 22 日，《联合国承认及执行外国仲裁裁决公约》（1958 年纽约公约）对中国生效。该公约规定，缔约国应相互承认并执行对方国家所作出的仲裁裁决，同时不得提出在实质上比承认和执行本国仲裁裁决更苛刻的条件或收取更多的费用。

总起来看，仲裁既不同于人民调解组织的调解，也不同于司法审判。它是介于两者之间的解决争议的一种方式。也就是说，它既有民间解决争议的长处，把解决当事人私权利的权力赋于当事人，由当事人自主地作出选择；又具有司法审判的优点，解决当事人私权利有国家公权力（司法机关）的支持和协助。

（二）仲裁和诉讼的原则区别

仲裁和诉讼的原则区别列表归纳说明如表 4-1 所示。

表 4-1　仲裁和诉讼的原则区别

比较项目	仲　裁	诉　讼
1. 受理机构	仲裁委员会（民间机构，无级别管辖和地域管辖）	人民法院（国家审判机关，有级别管辖和地域管辖）
2. 程序性质	自愿性（当事人共同商定仲裁机构，各自选择仲裁员）	强制性（当事人不可选择人民法院，不可选择法官）
3. 公开程度	不公开审理	公开审理
4. 审理制度	一裁终局制，审期较短，成本较低	两审终审制，审期较长，成本较高

四、诉讼

这里指的是涉外经济诉讼。三资企业争议诉讼，属于涉外经济诉讼的范畴。它是指涉外经济合同发生纠纷后，由人民法院依法对争议事项作出判决的活动。它是我国司法制度的一个重要组成部分，适用于涉外民事诉讼程序规范。这种经济司法，又称经济审判。

(一)涉外经济诉讼的一般原则

中国《民事诉讼法》规定了涉外民事诉讼的一般原则,它同时也是涉外经济诉讼的一般原则。这些原则从不同侧面体现了主权原则,具体包括三项:一是法律适用的原则;二是语言、文字的使用原则;三是委托律师代理诉讼的原则。

1.法律适用的原则

(1)适用国内法的原则。依据国际私法原理,在涉外民事诉讼程序方面,应适用法院所在地法。三资企业属于中国法人,接受中国法律管辖和保护,其争议在中国法院起诉,理应适用中国法律,而不适用外国法律。

(2)适用国际条约的原则。这是国际公认的原则。进一步说,国际条约不仅适用,而且还要优先适用。因此,中国《民事诉讼法》规定,中华人民共和国缔结或者参加的国际条约同该法有不同规定的,适用该国际条约的规定,但中华人民共和国声明保留的条款除外。

2.语言、文字的使用原则

中国《民事诉讼法》规定,人民法院审理涉外民事案件,应当使用中华人民共和国通用的语言、文字。当事人要求提供翻译的,可以提供,费用由当事人负担。这样做,既体现了国家的主权和民族的尊严,也是国际惯例。同时,也有利于保障诉讼活动的顺利进行。

3.委托律师代理诉讼的原则

这是现代诉讼活动中通常的做法,也是当事人的一项重要权利。世界各个主权国家,均不允许外国律师在本国执业,不允许其代理诉讼,旨在维护本国司法制度的独立性和完整性。如果外国当事人需要委托律师代理诉讼,则只能委托法院所在国的律师。

中国《民事诉讼法》所确立的委托律师代理诉讼的一般原则是:外国人、无国籍人、外国企业和组织在人民法院起诉、应诉,需要委托律师代理诉讼的,必须委托中华人民共和国律师。

在中国,外国律师不得在境内执业,不得以律师名义接受委托代理诉讼,不得以律师的身份出庭进行诉讼活动。若外国当事人同时委托了中国律师和外国律师,则该外国律师只能作为中国律师的助手来协助工作,而不能单独出庭进行诉讼活动。

(二)涉外经济诉讼的管辖

中国《民事诉讼法》对涉外经济诉讼管辖作了明确的规定,其内容要点列表归纳说明如表 4-2 所示。

表 4-2　涉外经济诉讼管辖的内容要点

分　类	内　容　要　点
(一)级别管辖	1.基层人民法院管辖:非重大的第一审涉外案件 2.中级人民法院管辖:第一审重大涉外案件
(二)地域管辖	1.一般地域管辖:通常适用"原告就被告"原则,即一般应由被告住所地的人民法院管辖 2.特殊地域管辖:对中国境内没有住所的被告,由"五地"法院管辖: (1)若合同在中国领域内签订或履行,则由合同签订地或履行地人民法院管辖 (2)若诉讼标的物在中国领域内,则由诉讼标的物所在地人民法院管辖 (3)若被告在中国领域内有可供扣押的财产,则由可供扣押财产所在地人民法院管辖 (4)若被告在中国领域内设有代表机构,则由被告代表机构所在地人民法院管辖 (5)若侵权行为发生在中国领域内,则由侵权行为地人民法院管辖
(三)专属管辖	1.强制性管辖:排除了地域管辖的适用,也排除了协议管辖的适用,包括三种情况: (1)因不动产纠纷提起的诉讼,由不动产所在地人民法院管辖 (2)因港口作业中发生纠纷提起的诉讼,由港口所在地人民法院管辖 (3)第一审涉外的海事和海商案件,由中国专门的海事法院管辖 2.独占性管辖:因在中国履行中外合资(合作)经营企业合同、中外合作勘探开发自然资源合同发生纠纷提起的诉讼,由人民法院管辖
(四)协议管辖	与专属管辖相反,协议管辖更强调当事人选择管辖其纠纷案件的法院的自由意志。只要当事人双方意思表示一致,就可以选择与争议有实际联系的地点的法院管辖。但必须注意下列三点: 1.当事人选择管辖的法院,必须以书面形式加以确定 2.所选择的法院,必须是与其纠纷有实际联系的地点的法院 3.选择人民法院管辖的,不得违反中国法律关于级别管辖和专属管辖的规定
(五)承认管辖	《民事诉讼法》还特别规定,涉外民事诉讼的被告,对人民法院管辖不提出异议,并应诉答辩的,视为承认该人民法院为有管辖权的法院

第七节　三资企业争议的仲裁

三资企业在经营活动中，由于方方面面利益上的矛盾，产生争议是难免的。解决争议的方式，一般来说通过协商和调解是可以求得解决的，而通过诉讼，采取司法程序解决争议的只占极少数。争议在协商不成、调解无效时，绝大多数是采取仲裁的方式求得解决的。因为在三资企业合同中，大多数都订有仲裁条款来解决争议，而对于写有仲裁条款的合同争议，法院是不会受理的，排除了法院对这类争议案件的管辖权。因此，把仲裁这一解决争议的新途径提出来，并对其解决争议应注意的主要事项作一说明。

一、仲裁协议

所谓仲裁协议，是指双方当事人同意将争议交付仲裁机构裁决的书面文件。没有仲裁协议，一方申请仲裁的，仲裁委员会不予受理。

仲裁协议分为两种形式：一种是在争议发生前所签订的书面协议。这种协议通常写入合同文本之内，一般称作仲裁条款。示范性仲裁条款的表述应该是："因履行本合同发生的任何争议，均提交××仲裁委员会仲裁。"另一种是在争议发生后，由双方当事人签订仲裁协议书，一般称作请求仲裁的协议。

仲裁协议的内容包括：请求仲裁的意思表示、仲裁事项和选定的仲裁委员会。

仲裁协议的作用主要是：(1)使双方当事人均受仲裁协议的约束；(2)使仲裁机构拥有对争议案件的管辖权；(3)排除了人民法院对争议案件的管辖权；(4)仲裁协议独立存在，合同的变更、解除、终止或者无效，不影响仲裁协议的效力。

二、仲裁地点

中国的法律规定，合营各方根据有关仲裁的书面协议，可以在中国的仲裁机构仲裁，也可以在其他仲裁机构仲裁。对此，新《中外合资经营企业法实施条例》第九十八条有明确规定。在实践中，多数的合同规定在中国进行仲裁，也有的合同规定在被诉国进行仲裁，或在第三国进行仲裁。

三、仲裁程序

所谓仲裁程序，又称仲裁规则，是指进行仲裁的行动准则。其内容包括：争议案件的受理、仲裁庭的组成、保全措施、仲裁开庭和裁决、裁决效力等。

1.争议案件的受理

必须同时具备四个条件:(1)必须有当事人一方的书面申请;(2)必须有当事人双方签订的仲裁协议;(3)必须有具体的仲裁请求、事实和理由;(4)必须属于该仲裁委员会的受理范围。

2.仲裁庭的组成

争议案件一般由首席仲裁员一人和仲裁员二人组成仲裁庭,以合议方式进行审理;也可以由独任仲裁员(1人)单独审理争议案件。

3.保全措施

所谓保全措施,是指在处理经济合同争议案件时,为避免发生更严重的财产损失,仲裁机构依据当事人一方的请求,对另一方当事人与争议案件有关的财产,所采取的强制性处理措施,旨在保全当事人一方的权利。

争议案件当事人申请财产保全时应注意的问题是:(1)保全申请的时效,必须在仲裁活动开始以后至仲裁机构作出裁决之前提出;(2)申请保全财产的范围,只限于申请仲裁的范围和与本案有关的财物;(3)申请保全措施被准许时,申请人必须提供相应的财产担保;(4)申请人败诉时,应当赔偿被申请人因采取保全措施所遭受的财产损失。

仲裁机构本身所规定的保全措施只限于:中止合同履行,查封和扣押财物,变卖不易保存的货物并保存价款;责令被申请人提供担保,或法律准许的方法等。这些保全措施应提请被申请人所在地或者仲裁机构所在地的中级人民法院裁定,一经裁定,立即生效。

4.仲裁开庭和裁决

争议案件开庭日期,由仲裁委员会主任和首席仲裁员或者独任仲裁员商定。仲裁委员会将仲裁庭开庭日期通知双方当事人。当事人可以亲自或者委托代理人向仲裁委员会办理有关程序事项。仲裁庭可以缺席裁决。

在审理结束后,仲裁庭应作出裁决,并制作裁决书。

所谓裁决,又称裁定,是指仲裁机构在处理经济合同争议案件的过程中,为解决仲裁程序问题和部分实体问题所作的决定。裁决的形式,一般应当是书面的,也可以是口头的。口头裁决,其内容必须记入笔录。裁决应当按照多数仲裁员的意见作出,或者按照首席仲裁员的意见作出。裁决主文当庭向当事人宣读。

所谓裁决书,又称裁定书,是指仲裁机构在处理经济合同争议案件的过程中,就程序问题和部分实体问题作出处理决定而制作的书面文件。正式裁决书应在宣读主文后15天内作成,由仲裁员签发,并加盖仲裁委员会印章。仲裁文字,以中文为正式语言。

仲裁裁决书的内容,通常由四部分组成,即首部、案由和裁决理由、主文、尾部。

××仲裁委员会裁决书(参考格式)

××仲裁(　　　)仲字第　　号

申诉方:×××有限公司,地址:________________,法定代表人姓名:________,性别:________,职务:________,年龄:________。

被诉方:×××有限公司,地址:________________,法定代表人姓名:________,性别:________,职务:________,年龄:________。

上列双方因××合同纠纷,×××方于×年×月×日向我会申请仲裁。为了不使纠纷扩大,发生更严重的财产损失,本会根据×××方的申请,特作如下规定:

(一)双方订立的××合同,自裁决之日起至案件处理终结之日止,停止执行。

(二)在本案处理终结前,冻结×××方在××银行部分存款××万元。

或:×××方应在×月×日前,将××××按质论价先行变卖,保存价款,嗣后处理。

特此裁决

仲裁员:×××(署名)

×年×月×日

书记员:×××(署名)

××仲裁委员会(印章)

5.仲裁裁决效力

所谓裁决效力,指的是仲裁是否终局,对当事人是否具有法律约束力。裁决书自作出之日起发生法律效力。生效的仲裁裁决是终局的,一经裁决,不许上诉,对双方当事人均有约束力。

四、仲裁所适用的法律

中国的法律明确规定,仲裁使用合同签订地或合同执行地法律。三资企业是中国的法人,理应受中国法律保护和管辖。如争议案件在被申请人所在国或第三国进行仲裁,中国只接受按该国仲裁机构的仲裁程序进行仲裁,而不接受按该国实体法律进行仲裁。

第五章　三资企业谈判

第一节　招商引资与谈判对象

一、招商引资

（一）招商渠道与方式

中外双方初次接触是非常重要的，也是双方都关心的问题，接触的渠道与方式是多种多样的。概括地说，分为三条渠道，即：官方、民间和其他招商渠道，以及多种方式。

1. 官方渠道与方式

是指通过政府及有关主管部门组织的各种投资洽谈会或经济技术交流活动，达到招商目的。其方式包括下列四种：

（1）国内举办进出口商品交易会（含专业性、地方性的小型交易会、博览会、投洽会），与来华洽谈贸易的外商同时洽谈投资。现列举规模浩大、知名度较高的招商舞台，如“中国西部第一展”——中国西部国际博览会（成都“西博会”），由中国 15 个国家部委和西部 12 个省（区、市）及新疆生产建设兵团共同主办（2012 年为第十二届），据不完全统计，在历届“西博会”上共签订投资项目 7017 个，投资金额 27970.49 亿元人民币。此外，还有中国—亚欧博览会（新疆“乌洽会”）；中国吉林—东北亚投资贸易博览会（吉林“东北亚博览会”）；中国国际投资贸易洽谈会（福建厦门“投洽会”），从 1997 年“投洽会”正式升格为全国性国际投资促进活动以来，已发展成为多边的与第三方投资贸易的平台。据统计，“投洽会”12 年来，共签订合同项目 13568 个，利用外资 908.9 亿美元。以上说明中国广阔的市场、富集的资源和开发开放的巨大商机，通过多个招商引资平台，得到了投资者更多认可。

（2）国外参加国际经贸洽谈会。在某一国家（或地区）举办投资贸易洽谈会或商品展销会，进行招商活动，使外国投资者直接了解所要投资区域的经济与社会环境，并直接与有关人士洽谈。

(3)中国各级领导人出国访问，直接与投资者接触洽谈。

(4)中国驻外大使馆的经商处，也有任务促进各国有信誉的客商来华投资。

2.民间渠道与方式

与官方相对应的，还有民间渠道。其方式包括下列三种：

(1)通过海外华侨、华人或港澳同胞的关系，吸引他们直接投资，或由他们介绍国外投资者来华投资。据统计，旅居海外的华侨华人约4800万。又称，华人占全球70亿人口的1/5，手拉手可绕地球8圈。海外华人资金雄厚，被喻为继犹太人、阿拉伯人之后“第三大钱包”。

(2)通过中介人或中介人机构牵线搭桥，促进国外投资者来华投资。如被誉为招商直通车的“中国商会联合会”在招商方面具有3个功能：一是拥有投资企业数据库，包括会员企业的投资领域、规模、需求等详实信息，针对性强，成功率高；二是给经济开发区以客观评估，提升开发区的吸引力，更容易吸引企业到开发区投资；三是作为各商会之间的枢纽平台，为兄弟商会和国外商会的企业提供投资信息，让投资企业和开发区有针对性地资源高效对接，从而降低商会和招商局的时间成本和经济成本。

(3)通过各级贸易促进委员会、外商投资企业协会、侨商投资企业协会、行业协会、与外国(地区)的同乡会或联谊会等，加强国内企业与外界的联系，促进国外投资者来华投资。中国贸促会的宗旨是：“促进引进外资、促进引进技术、促进贸易成交、促进经济技术合作。”外企协会，则可以为外商投资者咨询各地的投资环境和投资意向。

3.其他招商渠道与方式

除上述官方和民间渠道之外，另有一些其他性质的招商渠道。其方式包括下列两种：

(1)从“三来一补”项目开始，然后升级为三资企业。

(2)文化搭台，经济唱戏。文化为经济服务，经济依托文化发展。近年来，许多地方利用本地区的文化(如乡俗文化、饮食文化、名人文化、特产文化、旅游文化等)，举办多样化节庆经济、消费经济、眼球经济，以此吸引外商，促进投资和经贸发展。利用文化搭台，搞活经济，扩大开放，招商引资，只要引导得当，组织有力，就会收到良好的效果。如牡丹花节、啤酒节、小枣节、蟋蟀节、灯节等。

(二)招商引资中存在的突出问题

突出问题是无序竞争，其弊端和潜在危害较大。目前，招商引资以地方政府为主体，区域之间、省市之间、乃至区县之间的竞争不断加剧。为了实现招商引资目标，到了不计成本搞招商的地步。如实行全民招商，碰到一个招一个，谈成一个算一个，“捡到篮子都是菜”，对承诺没有底线，招商不计代价。这种招商模式违背了市场经济规律，脱离了区域资源优势与企业发展的客观实际。

还有，在投资环境的营造上有的地方曾归纳为存在5种不良现象：一是招商引资中的“虎头蛇尾”；二是项目落实中的“关门打狗”；三是优惠政策上的“朝令夕改”；四是服务保障上的“前恭后倨”；五是项目成功后的“群蚁附膻”。

（三）提高招商引资质量和效益的新举措

以提高招商引资质量和效益为中心，大力改革投资促进工作的七项新举措分述如下：

1. 机构。要投入适当的人力和财力，抓紧建立和完善依托政府、面向市场、商业化运营的专业招商机构。

2. 方式。要采取有针对性的行业招商、小分队招商和网络招商等方式。例如锁定目标企业，组成小分队上门招商，变“守株待兔”招商为主动“敲门招商”。又如建立引资信息网，对外发布、收集招商项目和信息，实行“一网式招商”、“一网式服务”。

3. 手段。要以整体投资环境的改善和提高综合服务水平，作为招商引资的主要手段。

4. 示范。要重视办好现有的外商投资企业，发挥示范效应，“以商招商”。例如通过为现有外商投资企业提供优良投资环境和优质服务，使客商自愿增资扩股或引荐更多的客商来华投资。

5. 实效。提高招商引资质量，注重实效。而不搞形式主义和形象工程，不压引资指标，不虚报数量，不搞固定回报承诺和恶性竞争。为此，2003年2月25日中央建立“全国外商投资促进中心”（即现在“商务部投资促进事务局”），旨在加强对各地投资促进工作的指导和协调。

6. 明确政府四项职能：一是调节经济；二是监管市场；三是加强和创新社会管理；四是服务公共。说到底，政府的本质是服务，关键是效率，目的在效益。服务型政府以公众为本、以公共利益为目的，通过提供公共产品和服务，提高公众的生活质量，增进社会共同利益。从实践看，招商引资是企业行为，政府主要是为企业做好相关政策调节、社会环境等公共服务，旨在可持续改善投资环境，引导产业结构优化。

7. 他山之石的经验借鉴。美国等发达国家招商引资的做法一般是：商会等机构具体组织实施，政府与商会、与企业之间的关系很清楚，不会错位，不会越俎代庖。美国政府对投资商、投资商对企业，主要不是看投资额多少，而是看缴纳的税收多少，吸纳的劳动力多少。这是值得借鉴的。

值得指出的是，招商引资不能只盯“亿元项目”。无论项目大小，只要符合地方实际、对群众就业有利、对低收者收入增长有利、对地方的长远发展有利，就是好项目。

二、谈判对象

本节所说谈判对象，指的是境外投资者。作为境外投资者，应具备的基本条件包括三项：一是凭证，即必须持有某一国（或地区）政府登记注册、取得法人地位的正式凭证；二是资金，即必须具有进行投资项目所需资金（或以其资信能够获得必需的资金）的可靠依据，有能力按期缴清投资；三是诚信，即有投资诚信。而诚信是条亘古不变的原则。以上三项用二个字概括就是：资信。

中国对外开放以来，大批外商来华洽谈投资，这些外商大致可以分为四种类型：

（一）大公司客商

这类客商，资本雄厚，技术水平较高，产品是名牌。这类公司来华谈判，开始总是试探性的，但来谈人员齐全、精干。谈判特点是提问题多，不轻易让步，技术转让的条件比较苛刻，但一般对中国具体地区的投资环境并不十分了解。所以与他们打交道，必须在谈判前做好充分准备。

（二）子公司客商

这类客商，虽然有母子公司的关系，但有的子公司资本薄弱，而它们又往往打着母公司的旗号谈大投资。对此，应该要求其出示母公司的授权书。

（三）皮包客商

即没有注册资本的贸易行、商行、洋行等，仅有营业执照，却不能提供法人资格、注册资本及法定地址等公证、文件者。这类客商往往只是招揽生意，转卖合同，旨在收取佣金或从中渔利。对这类客商可以利用，但与之直接合营，则不必深谈。

（四）一身多任客商

少数客商在某公司任职，利用本人在公司的身份，搞多种经营活动，旨在谋取高额佣金。此类情况在设备购置谈判中经常碰到，可以利用，但应谨防受骗。如果与之洽谈投资，则没有必要。

值得注意的是，极少数客商实为骗子，他们搞假名片、假地址，甚至一个人有几个不同业务范围公司的个人名片。这种人实际是无业游民，对此必须提高警惕。

应当指出，信誉较好客商的行为表现特点是：初次见面，客商能够主动出示证明文件，证明其注册资本、法定地址、董事会成员名单副本及本人职务。

第二节　谈判前的准备及谈判中应注意的问题

三资项目谈判不同于商品贸易谈判，其主要特点：一是纵向看，谈判周期长，过程复杂；二是横向看，谈判涉及面广；三是结果看，谈判结果影响深远，关系重大。因此，应当做好谈判前的充分准备。

一、三资项目谈判前的准备

准备的内容要点是：

（一）指导思想要明确

也就是说，谈判者不仅要了解中国的改革开放政策，而且要掌握各个不同时期的具体规定。

（二）组织一个高效率的谈判班子

谈判班子的成员要精干，要吸收工程技术、企业管理、财会、法律等方面的专业人员参加。主谈人是谈判的组织者和领导者，尤其应当选择好，以使谈判进行得既生动活泼，又卓有成效。与此同时，还要准备几套谈判方案。

（三）要熟悉谈判对象

熟悉的内容包括三个方面：一是宏观上，熟悉不同国家（地区）外商的谈判风格和习惯，做好全面的知识准备；二是中观上，熟悉对方企业的经营环境、经营性质、技术特点、财力状况；三是微观上，熟悉来谈人员的背景、性格、爱好及饮食习惯，均应做必要的摸底，以便在接待中更能有的放矢。例如，一般而言，美国人吃牡蛎不吃蜗牛，法国人吃蜗牛不吃蝗虫，秘鲁人吃蝗虫不吃鱼，犹太人吃鱼不吃猪，印度人吃猪不吃牛，俄罗斯人吃牛不吃蛇……。

二、三资项目谈判中应注意的问题

为使项目谈判成功，以及其后顺利发展，除了双方要有明确的总体目标和诚信之外，也还包含着谈判者的智慧和谈判技巧。应注意如下十一点：

（一）穿着

应以整洁、大方、得体的衣服为主，表现出一个人的个性和对客商的尊重。

（二）礼仪

礼仪，是指人与人之间在交往中所体现出来的互相尊重，并按约定俗成的方法付诸实施的不成文的规定。中国素有“礼仪之邦”的盛誉，应该对外商以礼相待，这会有助于建立互相尊重、友好合作的新型关系，缓解或避免某些不必要的情感对立,有利于谈判成功。如迎来送往礼仪、进出房间礼仪、餐桌就坐礼仪等。比如,二人并行右为尊("无出其右"),三人并行中间为尊,三人纵行头领为尊;上楼进屋尊者和女士先行,下楼出屋尊者最后;1号尊者从轿车右后门入座,上车姿态是先脚、后头背入式;厅内待客右坐为尊,等等。

(三)音调

谈判时,身居斗室,说话不宜大声,声调应略为低沉,侃侃而谈,态度平静,但语气坚定。这有助于获得对方好感,认为你是一个稳重而自信的人。同时,说话时不要过于自我标榜,否则人家会觉得你修养不高。

(四)就餐

第一次见面,不宜请对方到高级豪华餐厅就餐,否则容易引起误会,认为你急于讨好,且不会理财。同时,应注意对方在饮食方面的禁忌和嗜好。通常认为,中国人用"嘴"吃(营养与好吃之间选择好吃),法国人用"脑"吃(饮食换算热量,算好了才吃),日本人用"眼"吃(饮食看颜色,且少而精)。此外,餐桌就坐排序画图说明如图5-1所示。

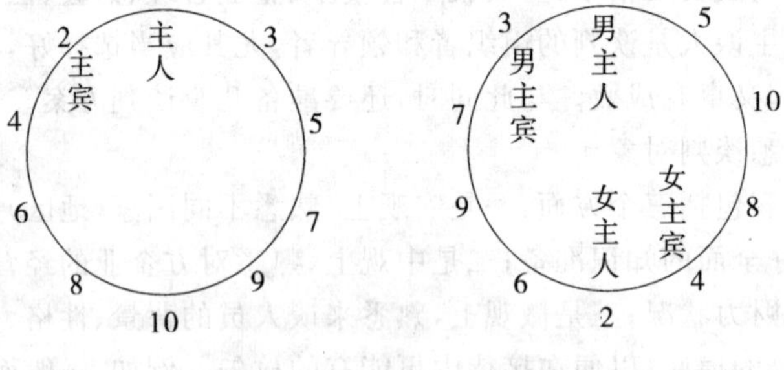

图 5-1 餐桌就坐排序示意图

(五)翻译

理想的翻译是既精通语言,又精通专业。也可以配备两套翻译,一套是生活翻译,一套是专业翻译。同时要注意利用翻译进行谈判,这样做,能够有从容思考的时间。还要警惕对方的翻译,因为对方虽然配有翻译,但有可能装出不懂汉语的样子,从而在席间从中方人员商谈中"摸底"。

(六)语言

说话要注意修辞,注意方式方法。例如不要太好争论,态度温和,言辞灵活,善于吸收对方的观点,向中线靠拢。用图表示,即:竖坐标为双方追求的目标,横坐标为双方各自的观点(左、右),谈判目标达成共识的结合点既不是"左",也不是"右",更不会是"中",而是左右之间相向而行的ab某个节点。点点连接,正是所谓谈判目标的"钟形曲线"。这也同时诠释了"包容即大道"的道理。"钟形曲线”如图 5-2 所示。

总之，语言的运用要掌握时机，富于涵养，处变不惊。高明的谈判者，要有进有退，能伸能屈，并不是任何情况下都采用进攻策略。因为，“硬上弓、易谈崩”，任何谈判桌上的威胁，都只会带来压力，并迫使对方进入应激状态，进而导致谈崩。即使占理，也要“理直气和”，忍耐是人生的必修课。

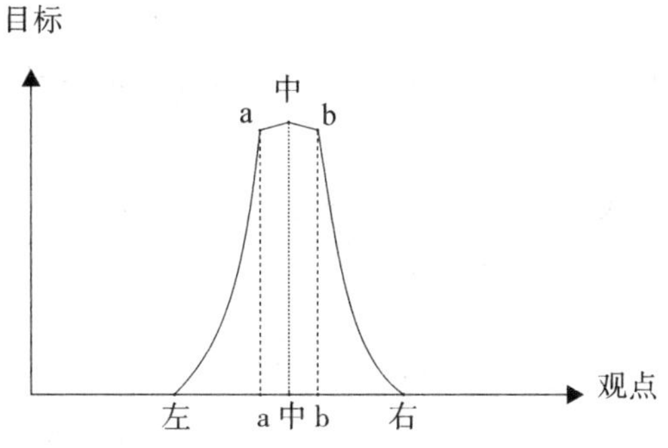

图 5-2 谈判目标的钟形曲线

（七）货比三家

重大项目，可选择几家客商谈判，这样做既有利于掌握国外信息，也可以提升谈判地位。这个筹码运用得当，会收到意外效果。

（八）谈判记录

谈判要有记录，最好人人都记录。谈判即将结束时，主谈人要收住话题加以对照总结，对谈话涉及的关键问题和要点，必须复述一遍或多遍，以使对方确认。经双方认可的事项，及时整理成文字，一轮会谈结束时由双方签字。因为白纸黑字，比口头君子协议更可靠、更准确。

（九）起草文本

在意向书、合同、章程等基本文件的谈判中，争取以中方起草的文本为谈判基础。这样做，不仅语言习惯符合中国法律法规的规范，而且也较易于达到双方（尤其是中方）所期望的目标。

（十）信任和友谊

在谈判过程中，友谊是桥、信任是根且无可替代，所以要建立信任和友谊。为此，注意三点：(1)谈判人员要有连续性，不宜老换人，总是生面孔；(2)要照老朋友的关系发展，如请到家中做客，馈赠工艺品之类的礼品；(3)场外谈判占有重要地位，要借助这一桥梁，沟通意见，了解要求，研究可行办法。

（十一）“成功谈判”的含义

所谓成功的谈判，是双方都赢，没有输家，即双胜双赢。亏本的项目谁都不会干。因此，谈判中既不能吃亏，也不能只顾自己多赚，“互惠互利、公开合理”才是成功谈判的秘诀。这恰如俩个娃娃分吃一个苹果的故事,怎么分吃?双方都满意的办法只能是自行协商,如一个先切,另一个先挑,从而都认为自己握有一半主导权,都满意。这也同时诠释了“熙来攘往”的道理。

三、中外双方谈判目标的差异与结合点

围绕谈判的目标,中外双方谈什么?如何从“对立”到“统一”、寻找到最佳结合点,是本节要解决的中心问题。现将这些主要目标的差异与结合点,列表归纳说明如表5-1所示。

表5-1　中外双方谈判目标的差异与结合点

目　标	差　异		结合点
	外　方	中　方	
投资动机	资本收益率	社会、经济效益	二者兼顾
市场导向	国内市场	国外市场	按市场需求划分比例
资本金筹措	在中国贷款或由中方担保	要求外方自行承担	各自分担责任,自行解决
新技术投入	一般、专项、静态技术、高作价	最新、系列、动态技术、低作价	较新、多项、作价合理
经营管理权	控制	学习、共管、反控制	按资分配董事名额,董事长和总经理轮流担任

第六章　三资企业可行性研究

第一节　可行性研究概述

所谓可行性研究，是指拟建项目上马之前，对其技术上的先进性、经济上的合理性，以及建设条件的可能性，进行调查研究和科学论证。

一、可行性研究的意义

可行性研究的意义，可以概括为以下五个方面：

（一）有利于为投资者提供科学的依据

20世纪20年代初，美国开发田纳西河流域首次运用了可行性研究方法。经过几十年的实践，已逐步形成了一套系统和科学的研究方法体系。通过可行性研究，可以从定性与定量两种角度回答诸如项目为何上马、能否承受各项要素的变化等问题，从而有利于借助于某些综合性指标作出如何实施项目方案的最终决策。这些工作如果单靠个人的经验、智慧和直感是远远不够的，必须组织专门力量（包括市场分析专家、技术开发专家、工程设计专家、经济评价和财务分析专家等），对投资决策的每一个环节进行详细考查和论证，才能克服决策中的经验化、主观化和片面化等不合理现象。

（二）有利于执行国家产业政策与投资方向

如果单纯为了吸引外资而不对项目的可行性作充分论证，就难免上马一些国家限制的行业和产品，从而冲击中国国内企业的生产，造成产品的饱和状态；在销售市场有限的条件下，又容易造成产品大量积压，影响资金正常周转和经济效益的提高；宏观上则会导致长线产品更长的恶果，国民经济也会因此而失衡。这就要求主管审批三资企业立项的部门，必须从大局出发，恪守国家产业政策，严把审批关，批准那些符合国家产业政策的项目成立。因此，企业要编制合乎投资方向的可行性报告，为项目审批机构提供依据。

（三）有利于积极、合理、有效地利用外资

多年来，在华投资的外商投资企业与日俱增。但中国所吸引的外资，尚不尽如人意。目前，外商对一些投资少、见效快的中小型项目感兴趣，较集中于加工行业、非生产性领域和劳动密集型行业，而技术和资金密集型行业与投资回收期较长的项目则进展缓慢。有鉴于此，如何积极、合理、有效地利用外资，就应当成为三资企业管理的核心问题。其中，项目上马之前的可行性研究又是前提条件。如果对外资的投向、规模、资金到位情况、市场前景等缺乏调查研究，则必然会加大日后经营的风险性，从而不可避免地导致利用外资的低效益，甚至负效益。

（四）有利于国家税收的稳步增长

三资企业应成为国家税收的重要来源之一。如果三资企业经济效益较好，盈利能力和资金周转能力较强，就可以为国家税收做一些贡献；反之，在账面亏损严重、资金周转受阻的情况下，上缴税收便是一纸空文。据调查，中国三资企业实际亏损面曾达 1/3 之多。不难推断，前期可行性论证中未能对这些亏损作出充分客观评估是其原因之一。

更为严重的是，有不少国内企业企图利用国家对三资企业在税收方面的优惠政策，搞形式上的合资或“公章”合资，借此逃避所得税和其他税收。如果这类合资企业能在可行性研究环节就予以否定，则上述不合理现象是可以杜绝的。

（五）有利于企业筹措资金、登记注册等后续工作的开展

三资企业项目在兴建过程中往往需要大量资金，可行性研究应当对筹措资金的时间、金额、方式、还款能力、资金成本等相关问题作出估计与客观评价，为企业提供资金筹措的具体方案。同时，成立三资企业还必然涉及许多商议和申请事宜，如申请贷款、选择厂址、申领营业执照、验资，以及海关注册、税务登记、银行开户等，可行性研究在此过程中的作用是不可替代的，它是联结企业与各有关部门的桥梁和纽带。

综上，可行性研究是创建三资企业所必不可少的环节。中国在过去实行计划经济的情况下，由于项目投资属于国家拨款，投产后所需物料供应和各种设施也都由国家负责解决，企业无需作过多考虑，所以在项目设计时很少进行科学研究与评价。由此导致“项目上马之日，企业亏损之时”的恶果。而今企业被推向市场，承担各种经营风险，在利用外资时，理应强调项目可行性研究与论证，认真分析项目的市场竞争能力，及各种生产要素的供应情况等决定性条件，使外商投资企业符合国家产业政策，并在技术上、经济上、建设条件上都可行。

二、可行性研究的内容

与一般项目的可行性研究相类似，三资企业可行性研究大致包括如下八个

方面：

（一）背景分析

背景分析主要说明创建三资企业的必要性和可能条件，如资源条件、销售情况、建设条件、设备先进程度、经济效益、对国民经济和全社会的积极影响等。三资企业特别研究的是中外双方合作的目的、外方投入的技术和设备的先进性、产品的外销能力等专门问题。

（二）市场研究

市场研究即通过对三资企业所提供产品或劳务的国内外市场供需状况、价格水平、销售渠道，以及同类产品竞争情况的分析，确定市场对该产品或劳务的需求量、发展趋势、销售收入和进入国际市场的前景，在此基础上，结合企业生产能力确定生产规模和产品生产方案。

（三）建设环境分析

建设环境分析包括建厂的地理位置、气象、水文、地质等自然条件，所需资源的储量、品位和开采利用的保证程度，交通运输、水电动力、通讯条件、公用设施、文化生活等社会经济环境，劳动力供应状况，等等，据此进行厂址选择。

（四）工程设计

工程设计考查产品工艺、建筑设计和各种辅助性生产设施的可能性，对采用何种设备、何种工艺与技术、需要购买哪种专利、全厂总体布局、土建结构和工程量等进行估算。若需引进某项设备或工艺技术，则应说明其国别来源、引进价格和先进程度。

（五）企业机构设置、组织与管理和劳动定员的确定

这包括企业管理机构设置、管理体制、生产和施工的组织管理、劳动定员配备方案、人员培训计划，等等。

（六）资金与成本测算

这包括投资总额、固定资金与流动资金的相对比例、各种资金的来源、资金筹措方式和资金成本；投产后单位产品耗费的原材料、燃料和动力、工资及工资附加费；按车间、企业管理部门和销售部门分别测算的各项费用支出水平（如办公费、差旅费、折旧费、保险费等）；根据直接材料、直接人工和车间管理性支出计算制造成本；从制造成本中分离出属于现金性支出的经营成本。另外，为便于分析，各项耗费还需分为固定成本与变动成本两大类。与产品生产或销售的数量呈正比例增长的支出项目，称为变动成本；反之，费用支出金额与产销数量无关的项目，则称为固定成本。

（七）财务评价与国民经济评价

采用静态分析与动态分析相结合的方法，对企业效益进行综合评价。其中，

财务评价着重从企业自身角度考查所带来的直接经济效益，测算指标包括盈利性指标、偿债能力指标、投资报酬、投资回收期等；国民经济评价则是从政府或全社会的立场出发，分析利用外资带来的社会、经济、文化、政治等方面的影响，某些场合下，还应考虑对生态环境、自然资源、技术进步、国家政策法令、法律、军事、外交、国家安全、民族利益以至整个人类的影响后果。

（八）实施进程

确定从勘察设计、设备制造（或购置）、工程施工、安装调试、试运行直至正式投产的时间安排，设计工艺流程，并用线条图或网络图来表示，便于尽可能地节约正式生产前的准备时间，确保企业各项工作按时、按质和按量完成。

上面几项内容是进行生产性三资企业可行性研究所不可缺少的，但实务中不同的可行性研究应当各有侧重，不必全部作为研究重点。例如，如果某合资企业是在原有老企业基础上的改造与嫁接，则其研究论证的重点就可能并非厂址如何选择，而应放在市场调研、新技术和新工艺的应用、管理体制建立等方面。因此，企业应根据每个项目的特殊性进行具体分析，确定可行性研究的重点内容。

三、可行性研究的方法

三资企业可行性研究的方法很多，这里重点介绍四种：调查研究方法、预测分析方法、经济评价方法和智囊技术方法。

（一）调查研究方法

组建三资企业要靠中外各方通力协作，所以项目可行性研究的第一步就是要对中、外双方的背景作充分调查，了解各自的合作目的、经济实力、资信程度，以及经营前景等基本情况。唯此，才能保证项目建成后具有雄厚的资金后盾和技术支持。同时，组建三资企业也不可能像研制某种新产品那样进行实验室检测，一旦决定上马就必然意味着人、财、物的大量投入，因此，需要事先调查同类企业或产品现有的各项消耗指标、市场饱和程度、潜在市场的开发前景、竞争情况和盈利能力等诸多方面，做到心中有数，决策有据，使方案建立在可靠的信息基础之上。调查研究是可行性研究过程中获取第一手材料的最有效手段。常用的方法有：

1.问卷调查。即选择有代表性的调查对象，设计针对性较强的调查项目和内容，向调查对象征询书面意见。专家建议往往就是通过问卷调查方法获取的。此外，对消费者、社会公众进行调查时，一般也采用此法。

2.现场调查，即实地调查。这是三资企业调查研究经常采用的一种方法，包括出国考察外商背景，了解其资信实力和经营状况，学习先进的管理经验；到国内其他企业考察利用外资的效果和工艺流程；实地考察厂址方案，等等。通过现场调查，可获得较具体和深入的材料，不过现场调查一般耗资较多，因而应切实抓住机会，提高工作效率。

3.抽样调查。随机选择统计样本进行调查，并据此进行统计推理与分析，以获得项目的全貌材料。这种方法在时间较紧、精力有限、财力又不足的情况下可广泛应用，但只有在样本随机性和统计推理正确性同时得以保证时才是可行的。

4.典型调查。如果发现某个问题比较突出，那么就通过典型调查，对该问题予以核实论证。例如，某拟上马合资项目的市场前景与材料供应均看好，只有劳动力供应不乐观，此时，可行性研究应着重调查的是拟建项目的该地区是否具备劳动者人数、受教育程度、技术培训设施等方面的条件，从而决定可否在该地区上马该项目。

如果典型问题选择得当，切中要害，那么，运用典型调查方法，对节约调查耗费、减少调查研究工作量是有好处的。同时，把握好关键问题之后，可行性研究工作的方向就可得以保证。

（二）预测分析方法

预测是人们利用现代科学技术手段，结合以往经验，对事物的未来或未知状况作出预先推断的行为。其基本步骤包括：明确预测对象，进一步确定预测主题和日标；收集信息资料；建立预测模型；输出预测结果。组建三资企业需要考虑众多未知因素，因而要收集诸如三资项目资源、技术、经济效益以及社会发展等方面的信息资料，区分哪些为约束条件，哪些是决策者意志所能左右的，在此基础上，借助数学模型或结构模型，勾画出项目运行的可能状态和变化规律，并据此来判断项目的可行性。

预测的方法很多，据统计，国外已提出的预测方法已达200余种，其中在实际中运用较广的有十几种。这些方法概括起来有两大类，即定性预测和定量预测。对政治变化、政策变化等难以进行定量处理的因素，或者所需信息花费代价太大时，多采用定性预测方法，主要依靠人的经验、智慧和直觉进行推断，如头脑风暴法、类推法、先行指标法、关联法、主观概率法等；对可以量化的因素（如盈亏点、价格水平、消耗指标等），则应借助数学或统计处理手段进行定量处理，可运用公式、函数、图形、网络等方式，如回归分析法、直方图法、时间序列预测法等。

通常情况下，定性方法和定量方法往往是彼此关联、相互补充的。必要时，需同时采用几种方法进行预测，以便相互印证，提高预测的准确度。

（三）经济评价方法

经济评价方法，分为财务评价和国民经济评价两种。其中，财务评价，是在国家现行财务、会计、金融和税收等条件下，测定三资项目的盈利能力、资金周转能力、偿债能力和外汇平衡能力等财务可行性指标，仅考虑项目本身的直接经济效益。它需要编制资金筹措表、损益表、利润分配表、财务平衡表、现金流量表、外汇平衡表等报表，使用的财务指标包括净现值、内部收益率、资金周转率、产值资金率、销售利润率、投资回收期、保本销售额(量)、安全边际率等。而国民经济评价，是从国家宏观经济的高度考察项目对整个国民经济的净效益，包括直接效益(如创汇、上缴税收等)和间接效益(如加快技术进步、产品的竞争力、提高国际地位、增加就业机会等)。其主要报表有现金流量表(区分为全部投资和国内投资)、外汇流量表，同时通过影子价格、经济内部收益率等指标进行评价。

现阶段，中国只对一部分规模巨大且对国民经济影响较大的三资项目，同时进行财务评价和国民经济评价，一般项目只进行财务评价。财务评价应当注意的事项有：

1.静态分析与动态分析相结合。与静态分析相比，动态分析最大的特点是要考虑货币的时间价值和资金成本，将不同时期的资金流入和流出换算成同一时点的价值，据以计算项目带来的收益，判断方案是否可行。动态分析可以使决策者树立起资金成本观念和投资时效观念。

2.定性分析与定量分析相结合。在进行经济可行性分析、特别是财务可行性分析的过程中，需要收集和测算诸如销售量、销售价格、原材料单耗量、单耗人工，以及其他各项费用消耗水平等数量指标，在此基础上，对项目的经济效益予以估算。这种定量分析的好处是有说服力，并且能够利用数学模型，借助某些先进的数据处理手段，体现其较强的科学性。但同时，一个复杂的项目有相当多的因素是不能量化的，无法进行数量比较，如文化素质、协作精神、产品发展方向等，而它们又恰恰是可行性研究不可缺少的方面，这就要求将定量分析与定性分析结合起来，对项目可行性作出较全面和完整的评价结论。

3.确定性分析与概率性分析相结合。由于资料来源和数据处理手段的局限性，目前可行性分析往往以确定性分析为主。例如，在考虑项目投产后带来的销售收入时，是假定在确定的销售数量和价格基础上计算出来的，至于出现这种销售数量或价格水平的可能性，则并未作充分考虑。事实上，在现阶段市场经济的环境中，必要的风险因素应当成为决策的约束条件。有鉴于此，可行性研究一般都要求在定性分析的基础之上，再进行敏感度测算，以分析某项因素发生变化时，对项目最终效益的影响，使决策留有余地，增强对环境变化的适应能力。

关于财务评价的具体方法，将在本章第四节进行专门介绍。

(四)智囊技术方法

智囊技术方法是指通过专家论证，对可行性方案作出评价的一种方法。常用的具体方法有三种：

1. 希望列举法(正面表列)。对拟定的设计方案列出希望点，然后逐个论证其可行性。这种方法有利于开拓思路，激发人们的想象力和创造力；不足之处是容易忽略问题的不利方面，出现盲目乐观的倾向。

2. 缺点列举法(负面表列)。是指将某方案的缺点和不利因素一一罗列，据此寻求改进的途径。这种方法有利于找出问题的症结所在，启发人们解决问题的智力，但它是一种被动式思维。如果能将上述两种方法结合起来，则效果更佳。

3. 对比列举法(正负表列)。是指同一设计方案，组织不同的研究小组进行相互辩论，从正反两个角度予以论证，以便充分暴露矛盾，使问题进一步明朗化。由于对比列举法能够从多种角度加以分析，所以提出的实施方案具有较高的可行性。

第二节　可行性研究的程序与步骤

可行性研究一般由专门机构承担，如各类咨询公司、科研单位、设计部门等。个别情况下由决策机构组织进行，或由几家单位协作完成。但无论如何，可行性研究的一般程序和基本步骤是大致相同的。

一、可行性研究的一般程序

(一)提交委托书

由委托单位向可行性研究部门提出书面委托文件，说明项目的名称、内容、要求、进度安排和完成期限等。

(二)成立研究小组

承接可行性研究的部门或单位，按委托书要求组建研究小组，选定小组负责人，组织自然科学、社会科学、工程技术、市场、法律、贸易、财会、管理、政策研究等方面的专家，为开展可行性研究工作提供人员和机构等方面的支持。

(三)编制研究计划

在对项目的背景和投资动机进行周密调查的基础上，研究小组编制正式研究计划，包括研究的目标、工作内容、工作方式、分工情况、进度安排和经费预算等。

(四)正式调查

收集有关资料、数据和信息，召集有关人士进行座谈、讨论，必要时还需进行现场考察和实地调查。

(五)方案选优

在调查研究的基础上进行预测和系统分析，将分工研究的各个方面再次组合起来，设计出可供选择的方案，并对方案进行经济评价，从而推荐出最佳方案。

(六)编制可行性研究报告

可行性研究报告是整个可行性研究工作的最终成果，主要包括：总论；投资规模和市场前景；建厂条件和厂址选择；原材料、燃料和其他设施的供应情况；企业组织、劳动定员和人员培训情况；项目实施进度；投资估算和资金筹措；经济效益指标测算；项目可行的结论说明。

以上各项程序完成后，经委托单位验收合格，可行性研究工作便宣告结束。

二、可行性研究的基本步骤

按照详细程度的不同，可行性研究可分为四个步骤，依次是：机会研究、初步可行性研究、详细可行性研究和评价研究。其性质、目标和基本要求如图 6-1 所示。

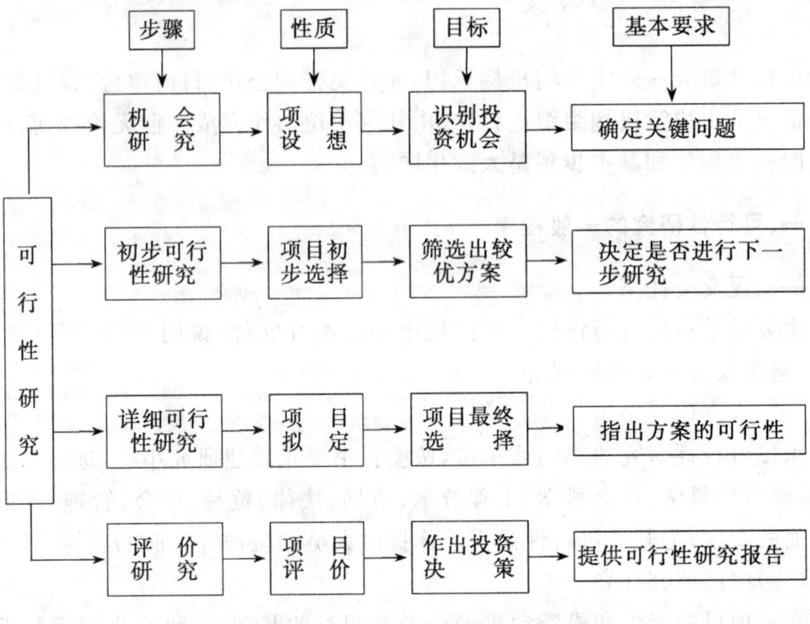

图 6-1 可行性研究基本步骤示意图

(一)机会研究

机会研究，也称投资机会鉴定，即寻求投资机会和鉴别投资方向。其主要任务是提出投资方向，同时找到有待研究和调查的关键问题，以便为初步可行性研究提供依据。

机会研究是最粗线条的研究，主要依靠以往工作中所积累的同类项目的投资额和各项消耗指标进行估计与分析。其研究时间一般不超过2～3个月，所需费用为投资总额的0.1%～1%，各项指标估计的精确度控制在±30%即可。

如果机会研究能引起投资者的兴趣，则可转入初步可行性研究。

（二）初步可行性研究

又称预可行性研究。在详细可行性研究之前，对在机会研究中认为是可行的项目则进行初步可行性研究，作出初步评价。

从内容上看，初步可行性研究与详细可行性研究是基本一致的，区别在于二者的详细程度有所不同。通常情况下，初步可行性研究应对以下内容作粗略分析：(1)市场前景和企业生产能力；(2)各项人、财、物的供应条件；(3)技术、设备和工艺路线；(4)投资、费用、成本和利润；(5)对环境、社会、政治等方面的影响。

初步可行性研究大约需半年左右，所需费用一般为投资总额的1%左右，投资估算的精确度可控制在±20%。其主要任务是筛选方案，并为展开详细可行性研究做准备。

（三）详细可行性研究

这是正式投资前最重要的一个环节，是可行性研究工作的实质和核心所在。它需要对项目进行深入细致的技术经济论证，提供有关社会、政治、经济、环保、技术等方面的详尽材料，并作出全面、完整的经济评价，从而选择投资少、进度快、效益好的最优方案，据以编写项目的可行性研究报告。

详细可行性研究所涉及的工作量大，耗时长，花费多，一般需8～12个月才能完成，费用支出约占投资总额的1%～3%，要求各种指标估算的精确度在±10%以内。

（四）评价研究

评价研究是指根据上述各个步骤的研究，对项目进行评定，并提出正式报告，作出项目是否可行的结论。

对编制好的可行性研究报告，也要进行评价和论证，通过之后方能报请有关部门审批，从而结束项目的整个规划过程，转入建设阶段。

有关可行性研究报告的编写问题，可参阅本章第五节的专门介绍。

第三节　可行性研究的财务分析

财务分析是可行性研究的重要组成部分，是决定项目能否成立的关键条件。由于可行性研究的财务分析需要运用一些专门的方法和评价指标，涉及国家有关法规的特殊要求，故此单列一节予以介绍。

可行性研究财务分析的主要内容，列表归纳说明如表 6-1 所示。

表 6-1　可行性研究财务分析的主要内容

指标	基本财务指标(估算)	盈利能力评价指标(计算)
内涵	投资总额、资金筹措、产品销售数量与价格、成本与费用、利润测算、偿债能力及外汇平衡能力等。	1. 静态指标：投资利润率、投资回收期、资金利税率、资本金利润率、投入产出率(资金产值率)、投资创汇率等 2. 动态指标：净现值、内含报酬率、投资回收期、盈亏平衡点、敏感度等

从上表可见，可行性研究的基本财务指标包括七项：投资总额、资金筹措、产品销售数量与价格、成本与费用、利润测算、偿债能力和外汇平衡能力等。而可行性研究的盈利能力评价指标包括：静态指标和动态指标。

一、基本财务指标分析

(一)投资总额估算

1. 投资总额，包括：固定资产、无形资产、投资前资本支出(又称开办费)、不可预见支出、流动资金。

2. 投资总额估算的基本方法，包括：编制概算法、单位产量投资指标法、生产规模指数法、工程系数法、比例测算法等。前四种方法一般适用于基本建设投资金额的估算，第五种方法则适用于流动资金金额的估算。分述如下：

(1)编制概算法

采用这一方法计算投资总额，用公式表示则是：投资总额＝建筑工程费＋设备及工量器具购置费＋安装及主要材料费＋其他费用(如管理费、办公用品费、外事费、资料译制费等)＋不可预见费(≈投资总额的5％～10％)。编制概算法的优点是：方法简单，且精确度较高。因此，它在实际估算中被广泛采用。

(2)单位产量投资指标法

单位产量投资指标法，又称单位生产能力估算法。采用这一方法计算投资额，用公式表示则是：投资总额＝单位生产能力所需投资额×拟建项目生产能力。由于采用这一方法估算的精确度较差，所以，在评估过程中一般作粗略投资分析时使用。

(3)生产规模指数法

生产规模指数法，又称 0.6 指数法。它是根据投资总额与企业规模大小的关系，而进行估算的一种方法。计算公式是：拟建项目投资总额＝已知类似项目投资总额×(拟建项目生产能力÷已知类似项目生产能力)$^{0.6}$。

(4)工程系数法

工程系数法，又称分项投资比例系数法。采用这一方法估算投资总额时，通常是先估算所需设备总值，然后根据一定系数推算其余投资项目的金额，加总后即为投资总额。采用这一方法的关键在于系数的正确选择，因此，所选系数应随企业具体条件、经营规模等的变化而相应改变。

(5)比例测算法

前四种方法一般用于基本建设投资金额(称投资额)的估算，比例测算法则用于流动资金金额的估算。流动资金的多少，通常根据其所占固定资产或经营费用、产品产值等的比例进行估算，故称比例测算法(如火力发电工程的流动资金约为固定资产原值的 3.5%；化学工业工程的相应比例则为 30%左右)。在实际测算时，可参照项目所属行业的经验指标进行。

(二)资金筹措估算

三资项目所需资金来源于两条渠道：一是投资者的自有资金，二是企业通过借贷而筹集的资金，即借贷资金。

(三)产品销售数量与价格估算

销售产品的数量和价格，是由企业外部的市场所决定的，同时，销售数量又是确定生产数量和进一步测算各项费用消耗的依据。所以，考察项目的盈利水平，应从销售数量与价格的预测分析开始。这里的核心是市场，即市场需求程度、潜在销量、竞争状况、消费者接受程度、产品寿命周期、进出口政策的变化等。

(四)成本与费用估算

1. 成本与费用的内涵，列表归纳说明如表 6-2 所示。

表 6-2 成本与费用的内涵

<table>
<tr><th>类别</th><th>成本</th><th>费用</th></tr>
<tr><td rowspan="2">内涵</td><td>(1)制造成本：①直接材料；②直接人工；③制造费用(即车间管理性支出)
(2)生产成本(即企业生产活动中的现金支出)＝总成本－折旧费－摊销费－利息支出</td><td>(1)销售费用：销售过程中发生的运输、储存、装卸、途中保险及广告宣传费等
(2)管理费用：企业行政管理性开支(办公费、差旅费、工会经费、董事会费、无形资产摊销、管理人员工资、附加费等)
(3)财务费用：借贷资金的利息支出及汇兑损益等</td></tr>
<tr><td colspan="2">为分析方便起见，成本与费用项目应区分为变动成本与固定成本：①
(1)变动成本(即成本总额与产品产量成正比例变化的项目)：①直接材料；②直接人工；③制造费用
(2)固定成本(即成本总额与产品产量多少无关的项目)：①折旧费；②保险费；③摊销费等</td></tr>
</table>

2. 成本与费用估算中较典型的科目

这类科目包括：材料与能源成本、折旧与摊销、人工成本、其他费用。

(1)材料与能源成本

材料费＝全年材料耗用量×材料单价

燃料及动力费＝全年燃料及动力耗用量×单位价格

(2)折旧

①折旧。所谓折旧，指的是固定资产(机器、设备、厂房等)在使用过程中，因损耗而转移到产品中的那部分价值的一种补偿方式。这种按固定资产损耗程度进行补偿的办法称为折旧。逐年按损耗程度提取的那部分金额，称为折旧基金，或称折旧费。折旧费＝(固定资产原值－残值)÷平均使用年限。固定资产使用年限，即固定资产的有效寿命时间，也是计提折旧的年限。固定资产残值是指固定资产报废或清算时所能获得的净收益。净产值率可按固定资产原值的 3%～5%确定。计提折旧最常用的方法是年限平均法，其计算公式为：

年折旧率＝(1－净产值率)÷规定折旧年限

年折旧额＝固定资产原值×年折旧率

②人工成本。估算人工成本的计算公式为：

人工成本＝各类人员年平均工资额×企业设计定员人数

公式中的"各类人员"，是指一般生产工人、销售人员、管理人员、外籍人员等。

① 有些成本是混合成本，但可以用适当方法分解为变动成本和固定成本。

③其他费用。除上述三项费用之外的项目，如办公费、差旅费、财产保险费等。其估算方法是，根据有关收费标准乘以用量而得，或由三资企业依据本身生产能力和经营规模作出适当测算。

（五）利润测算

利润测算的基本公式为：

销售利润＝销售收入－销售成本－销售费用－销售税金及附加

营业利润＝销售利润－管理费用－财务费用

利润总额＝营业利润＋营业外收入＋投资净收益－营业外支出

净利润＝利润总额－所得税

（六）偿债能力分析

1.还款来源

（1）偿还国内借款的来源，主要是未分配利润、储备基金、企业发展基金、折旧费等。

（2）偿还国外借款的来源，主要是产品外销收入。

2.还款金额

还款金额需逐年计算，其计算公式为：

本年利息额＝（年初借款＋本年借款）×年利率

年末应还款额＝年初借款＋本年借款＋本年利息

3.偿债能力分析

分析偿债能力的常用指标，是贷款偿还期，即还清全部贷款所需时间。贷款偿还期越短，说明项目的盈利能力越强，同时，较短的贷款偿还期，意味着项目还贷受不确定因素影响的时间较短，因而其经营安全程度较高。

（七）外汇平衡能力分析

1.外汇支出项目

主要包括：进口设备、原料、零部件，引进技术，支付外籍员工工资和福利，支付外汇红利，归还外汇投资，偿还外汇贷款本息等。

2.外汇收入项目

主要包括：外汇投资、外汇借款、产品外销收入、对外提供技术服务等。

3.外汇平衡能力分析

外汇平衡能力需逐年计算，其计算公式为：上年度外汇结余＋本年度外汇收入－本年度外汇支出，如果得数等于零为平衡，大于零为平衡有余，小于零为不能平衡。对外汇不能平衡的项目，应具体分析不能平衡的原因，并相应制定有利于外汇平衡的措施。

二、盈利能力评价指标分析

为了对项目盈利能力作出客观评价，有利于项目选优，可行性研究的财务分析，还提供静态分析和动态分析两类盈利能力指标。现分述如下：

(一)主要静态指标

$$投资利润率=\frac{年净利润}{投资总额}\times 100\%$$

$$投资回收期(年)=\frac{投资总额}{年净利润+年折旧}$$

$$资金利税率=\frac{年净利润+流转税+所得税}{投资总额}\times 100\%$$

$$资本金利润率=\frac{年净利润}{注册资本}\times 100\%$$

$$投入产出率(资金产值率)=\frac{年产值}{自有资金}\times 100\%$$

投资创汇率(含节汇)=

$$\frac{出口产品外汇收入+进口替代产品节约外汇-进口物料外汇支出}{外汇投资额}\times 100\%$$

注：年净利润指的是正常生产年度的净利润。

(二)主要动态指标

1. 净现值

所谓净现值，是指在投资项目测算期内，把项目每年的净现金流量，按设定的折现率折现到项目开始的时间上的所有现值之和。它是反映项目测算期内获利能力的动态指标。其计算公式为：净现值＝拟建项目的净现金流量折现额－项目投资的折现额。其中，净现金流量＝现金流入－现金流出。折现是指根据货币时间价值原理，将不同时点上的项目净现金流量，用一个贴现率(折现率)折算为相当于最初投资时点上的价值。根据净现值判断项目是否可行的方法是：净现值$\geqslant 0$时，说明收入大于投资，项目可行；否则，净现值<0时，项目不可行。

2. 内含报酬率

内含报酬率又称内部收益率，是指满足项目净现值等于零的折现率(贴现率)。或者说，它是使项目寿命期各年的总收益现值与总成本现值相等的那个折现率(贴现率)。它是反映项目获利能力、选择资金成本水平的常用指标。该项指标示意图如图 6-2 所示。

图 6-2 说明，折现率越高，则项目的净现值越小；如果折现率高出内含报酬率，则项目由可行(净现值>0)变为不可行(净现值<0)。因此，人们往往将折现率视为资金成本，项目可行与否，就取决于资金成本的高低了。这就是说，内含报酬率实际上揭示出项目所能够承受的最高资金成本，也揭示了项目所具有的

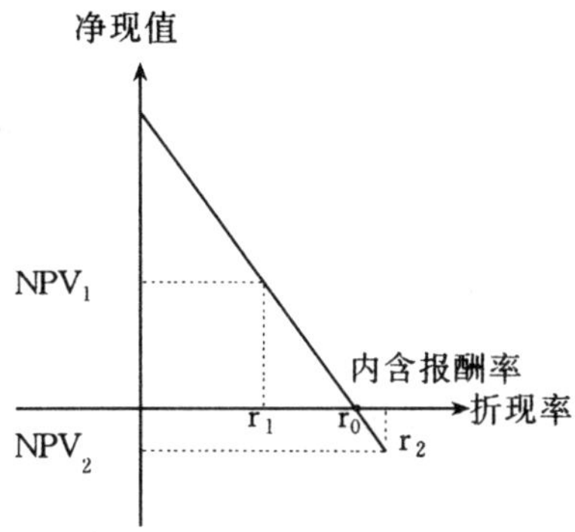

图 6-2　内含报酬率示意图

最高获利能力。只能在内含报酬率大于资金成本的情况下，项目才是可行的。对同一项目的不同方案来说，则应选择内含报酬率最大的。

内含报酬率的计算方法，即确定净现值为零的折现率，通常用逐步测试法（又称试差法）。它是通过不断地试算净现值求得的。我们知道，选择较大的折现率，项目的净现值就较小，甚至会出现负数。由此得出结论：在得出正负两个接近于零的净现值时所选定的折现率之间，即高折现率和低折现率之间，一定存在着一个使项目的净现值为零的折现率。此折现率就是内含报酬率。

3．动态投资回收期

其计算公式为：

$$\text{动态投资回收期（年）}=\frac{\text{投资总额净现值}}{\text{年净利润净现值}+\text{年折旧净现值}}$$

4．盈亏平衡点分析

用公式表示为：

$$\text{盈亏平衡点产销量}=\frac{\text{年固定成本总额}}{\text{产品销售单价}-\text{产品单位变动成本}}$$

$$\text{盈亏平衡点销售额}=\text{盈亏平衡点产销量}\times\text{产品销售单价}$$

5．敏感度分析

主要分析某些不确定因素的变动引起经济效益指标变动的幅度。其具体步骤为：

（1）找出敏感性因素。

（2）确定具有敏感性的经济效益指标。

（3）测算各因素变动对经济效益指标的影响程度。例如，考虑销售单价分别提高 10％、降低 10％时，对利润总额、投资利润率、净现值等项指标的影响，从而得出销售单价因素是否敏感的结论。

第四节　可行性研究报告的编写

关于可行性研究的基本内容，本章第二节中已作了简要介绍，此处仅就编制可行性研究报告的具体要求进行说明。

一、可行性报告应有较强的逻辑性

可行性研究报告，是对整个可行性研究工作成果的高度概括与总结，编写时既要言简意赅，又应符合一定的逻辑。尽管目前中国还没有对可行性研究报告的格式进行统一规定，但实践中已逐步形成了一套较系统和完整的报告格式(参见本书附件)。大致的顺序为：项目背景说明→项目设想→市场条件→建厂的地理位置、资源、各种设施和人员供应等条件→技术条件→财务效果→综合评价→结论。其中项目背景包括合营的中外双方情况、拟上项目的前景估计，是进一步开展可行性研究的原因和动机所在，需要开门见山地陈述；项目设想主要为今后项目实施提出初步规划(包括合营方式、出资比例及相关要求，项目在市场、技术、工程布局、资源供应等方面的要求)，它是进行正式可行性研究的依据，也是项目审批之后具体实施的参照标准。同时，国家对实施该项目的三资企业进行必要管理时(如验资、年检登记、产品出口创汇评定等)，往往还要对照可行性研究报告的设计方案；市场、技术、工程建设和资源条件的分析、财务效果的测算以及综合评价是基于项目设想作出的详细说明，是可行性研究工作的实质性内容，应在可行性研究报告中予以充分肯定。最后的结论显然是根据前面的研究结果得出来的，是可行性研究报告的结尾部分。

二、编写可行性报告的人员要具备知识结构上的互补性

可行性研究涉及的内容很广，既有工程技术问题，又有财务评价和经济分析问题，故工程师、会计师、经济师是必须的。由于可行性研究报告是项目实施的文本依据，所以要求具有实践上的可操作性。

要做到以上几点，单靠某个人某一方面(或几方面)的专长是不够的，必须由承担可行性研究的设计单位或工程咨询公司出面，组织包括技术、工程设计、推销、财务分析等方面专家形成的研究小组，从问题的每个角度予以充分论证。要有一定的理论研究力量，从技术可行性论证、财务指标测算，到项目全面评价的整个过程中，力求做到科学、客观和准确；同时也要聘请富有设计经验、推销经验的实践人员，对项目作出切合实际的评价。可以说，人员结构的合理化是实现可

行性研究报告内容全面性和有用性的最基本前提。

三、可行性报告在内容上应力求完整

可行性研究报告要回答的问题是：市场、技术、建设条件、经济效益和社会影响等五个方面。也就是说，项目可行与否，只有在综合评价上述五个方面的基础上，才能得出最终结论。如果可行性研究报告不能从上述各角度全面论证，势必导致决策的片面性，最终造成项目失误。

在很多情况下，可行性研究报告还应将有关附件列示齐全，作为评价方案可行性的依据。这些附件主要包括：合营双方的注册登记和银行资信证明；出口许可证和出口配额审核；国家归口主管部门对限制引进技术和设备的审查；外汇管理部门对企业外汇来源与运用的审核；有关部门对原料、动力、燃料、配套设施的落实情况和供应可能；项目资源储量报告；厂址选择及当地政府审查意见；设备报价咨询情况；环境保护部门对环境治理方案的审核；主管部门对可行性报告的预审报告等。

四、可行性报告应重点突出，结论明确

内容全面与重点突出是相比较而言的。就项目可行性研究报告来说，一方面应将研究中涉及的市场、技术、工程、财务和社会环境等每个方面无一遗漏地考虑进去，做到全面性；另一方面，由于任何项目都具有区别于其他项目的特殊性，决定了可行性研究报告应在全面分析的基础上有所侧重。例如，利用外资搞国有企业的嫁接改造时，应将评估重点放在新上技术的先进性、市场前景和财务效果等方面，而对项目地质、水文、气候等条件则考虑较少，甚至不予考虑；合资兴建化工产品项目的评估重点，是环境治理考察和市场前景分析，而非劳动力供应情况或场地、供应条件的论证。

三资项目区别于一般项目的特性，应全部体现在可行性研究报告之中。主要包括：(1)资金到位情况。无论是自有资金，还是借贷资金，都有国内来源和国外来源两条渠道。资金能否到位，直接影响项目的可行性。(2)报价资料。对进口的设备、原料或其他资产，应对照国内同业标准或国际行业惯例进行比较，取得价格水平的可靠资料。(3)出资方式的选择。三资企业出资的方式，既可以是货币形式，也可以用设备、原料、厂房等作价投资，还可以投入专利、商标、工业产权等无形资产。可行性研究报告应提供其资产作价标准。(4)股利分配政策。企业合营是否注重长远发展利益，可从股利政策上体现出来，如果每年利润都分光吃净，则意味着该企业的经营目标是短期利益，而具有长远发展意识的企业一般都要有一部分留存利润。另外，由于外方投资者也必然要参与分红，且以外汇

支付，所以，股利政策还影响着企业的外汇平衡能力。(5)引进技术先进程度的说明。许多三资企业项目所需要的生产和加工技术，都从国外引进。因此，可行性研究报告应特别对技术的先进性给予说明。

值得指出的是，不可以把编制可行性研究报告当作“可批性研究报告”(即以批准为目标)，让“结论”建立在主观臆断和猜测上。果如斯，上马这样的项目，等同于把大楼建在沙滩上。

第七章　三资企业设立

第一节　外商投资新导向

所谓外商投资新导向，是指中国首次以行政法规形式对外公布外商在华投资的产业领域。该法规是1995年由国务院三部委（国家计委、国家经贸委、外经贸部）联合发布，时称《指导外商投资方向暂行规定》。此后将“暂行”去掉，成为《指导外商投资方向规定》（简称《规定》）。

该《规定》附随一件《外商投资产业指导目录》（简称《指导目录》），详细分列了外商投资产业细目。

一、外商投资项目分类

外商投资新导向，将外商投资项目分为鼓励、限制、禁止和允许四类。新导向下历次《指导目录》中的项目分类变化列表归纳说明如表7-1所示。

表7-1　《外商投资产业指导目录》项目分类变化比较

序号	公布时间（年、月、日）	项目分类			
		鼓励类（大类～项）	限制类（大类～项）	禁止类（大类～项）	允许类（大类～项）
第一次	1995.6.20	18～172	25～113	13～30	未列名
第二次	1997.12.31	18～186	25～112	13～30	未列名
第三次	2002.2.21	13～262	13～75	10～34	未列名
第四次	2004.11.30	13～256	13～77	10～34	未列名
第五次	2007.10.31	12～351	15～87	12～40	未列名
第六次	2011.12.24	12～354	15～80	12～39	未列名

现将《规定》列入的项目分类列下：

（一）鼓励类外商投资项目

列为鼓励类外商投资项目的，有以下六类：

1. 属于农业新技术、农业综合开发和能源、交通、重要原材料工业的；

2. 属于高新技术、先进适用技术，能够改进产品性能、提高企业技术经济效益或者生产国内生产能力不足的新设备、新材料的；

3. 适应市场需求，能够提高产品档次、开拓新兴市场或者增加产品国际竞争能力的；

4. 属于新技术、新设备，能够节约能源和原材料、综合利用资源和再生资源以及防治环境污染的；

5. 能够发挥中西部地区的人力和资源优势，并符合国家产业政策的；

6. 法律、行政法规规定的其他情形。

（二）限制类外商投资项目

列为限制类外商投资项目的，有以下五类：

1. 技术水平落后的；

2. 不利于节约资源和改善生态环境的；

3. 从事国家规定实行保护性开采的特定矿种勘探、开采；

4. 属于国家逐步开放的产业的；

5. 法律、行政法规规定的其他情形。

此类项目，必须约定企业经营期限。同时，涉及配额、许可证的，须先向外经贸主管部门申请配额、许可证。

（三）禁止类外商投资项目

列为禁止类外商投资项目的，有以下六类：

1. 危害国家安全或者损害社会公共利益的；

2. 对环境造成污染损害，破坏自然资源或者损害人体健康的；

3. 占用大量耕地，不利于保护、开发土地资源的；

4. 危害军事设施安全和使用效能的；

5. 运用我国特有工艺或者技术生产产品的；

6. 法律、行政法规规定的其他情形。

此类项目，任何外商投资主体均不得举办。

（四）允许类外商投资项目

所谓允许类外商投资项目，是指不属于鼓励类、限制类和禁止类的外商投资项目。这类项目未列入《指导目录》，多数属于竞争性行业，均允许外商参与投资，按照社会主义市场经济的原则，实行优胜劣汰。

二、新《指导目录》所体现的原则和内容调整

（一）新《指导目录》所体现的原则

经国务院批准，国家发改委、商务部发布了新的《指导目录》，自2012年1月30日施行。新《指导目录》体现了如下四项原则：

1. 贯彻落实“十二五”规划《纲要》。紧紧围绕转方式、调结构、为民生这一主线，更加注重提高利用外资水平，鼓励引进先进技术和高素质人才。

2. 严格履行入世承诺。凡是入世承诺开放的行业和领域，均不新设投资限制，实行更加积极主动的开放战略。

3. 加强与国内政策、法律法规衔接。承前启后，凡是新出台的法律法规和政策中涉及外商投资的内容，均列入新的《指导目录》，形成统一、规范、透明的外商投资准入指导，提升投资便利化。

4. 促进产业结构优化升级。引导外资更多投向现代农业、高新技术、先进制造、新能源、现代服务业等领域，发展现代产业体系。通过服务业扩大开放，增强三次产业的协调性。着力推进节能减排，严格限制或禁止“两高一资”[①]类外商投资项目，不用未来换今天，要把“黑猫”变“绿猫”：绿色经济、绿色增长、绿色能源、绿色投资。

（二）新《指导目录》的内容调整

主要有以下五方面的内容调整：

1. 进一步扩大对外开放。适应经济全球化深入发展新形势，实行更加积极主动的开放战略，扩大开放领域，以开放促改革、促发展，营造良好的投资环境。如取消了部分领域对外资的股比限制，鼓励类、限制类中有股比要求的条目，比原来减少11条。

2. 促进制造业改造提升。将高端制造业作为鼓励外商投资的重点领域，促进外商使用新技术、新工艺、新材料、新设备，改造提升传统产业。如在鼓励类中增加了纺织、化工、机械制造等领域新产品、新技术条目。同时，将汽车整车制造条目从鼓励类中删除；将多晶硅、煤化工等条目从鼓励类中删除，旨在抑制其产能过剩和盲目重复建设。

3. 培育战略性新兴产业。抓住国际战略性新兴产业发展机遇，鼓励外商投资节能环保、新一代信息技术、生物、高端装备制造、新能源汽车等战略性新兴产业，提升中国承接国际产业转移的层次和水平，培育国际合作和竞争新优势。如在鼓励类中增加了新能源汽车关键零部件（外资比例≤50%）、基于IPV6的下

---

① “两高一资”是指高能耗、高污染、消耗资源性的企业

一代互联网系统设备等条目，将鼓励类中液晶面板条目明确为6代以上。

4.促进服务业发展。鼓励外商投资现代服务业，支持面向民生的服务业扩大利用外资，推进服务业开放进程，推动产业结构调整。如服务业增加了9项鼓励类条目，包括机动车充电站，创业投资企业，知识产权服务，海上石油污染清理技术服务，职业技能培训，高等教育机构(限于合资、合作)，老年人、残疾人和儿童服务机构，体育场馆经营、健身、竞赛表演及体育培训和中介服务等；将外商投资医疗机构、金融租赁公司等从限制类调整为允许类。这意味外商可以在华独资设立医疗机构和金融租赁公司(又称融资租赁)。允许外商独资设立医疗机构，彻底取消了对外资最多不超过70%的股比限制。目前，外资"重兵集结"，中国各地医疗招商鼓瑟齐鸣，争抢医疗招商主动权；2009年修订的《营业税暂行条例》，对于医院提供的医疗服务一律免征营业税，而不再区分营利性与非营利性。

5.促进区域协调发展。贯彻落实"十二五"规划纲要所提出的部署：推进新一轮西部大开发、全面振兴东北地区等老工业基地、大力促进中部地区崛起。此次修订中删除的部分鼓励类条目，根据促进中西部地区承接产业转移、发展中西部地区特色优势产业等原则，在修订《中西部地区外商投资优势产业目录》时予以考虑。

三、对外商投资项目实行分类的必要性

将外商在华投资项目实行分类的必要性，表现在两个方面：

(一)实行项目分类，突出产业优惠和地区协调发展，避免招商引资的盲目性和无序发展，使外商投资方向与中国国民经济和社会发展规划相适应。

在外商投资新导向下的项目分类，突出了产业优惠和地区协调发展。根据国家有关外商投资法律法规和产业政策要求，加强了对外商投资的宏观调控和方向引导，用法规形式对外商投资项目实行分类，划清了界限与待遇：对鼓励类项目(中国优先发展的产业和地区)给予最高优惠；对限制类项目从严审批，并加以适当管制；对禁止类项目杜绝外商举办；对允许类项目则市场准入、放开投资。这些法规导向，突出了产业优惠，同时鼓励东部率先转变外商投资发展方式，全面提升参与全球分工和竞争的层次；而中西部地区要努力提高承接能力，积极承接东部地区产业转移。

(二)实行项目分类，并适时修订《指导目录》，是指导审批外商投资项目各环节适用有关政策的依据。

根据实际情况，需要对《指导目录》和《中西部地区外商投资优势产业目录》进行调整时，由中央部委会同国务院有关部门适时修订并公布。这样做，一方面

符合世贸组织的透明度原则，兑现中国入世承诺，保证涉外经济政策的公开性，只执行已经公布的和其他 WTO 成员、个人、企业容易获得的法律法规与措施；另一方面也体现与时俱进的原则，适应变化中的经济技术发展情况，适应参与经济全球化竞争的需要。

四、中国三个经济地带的划分

现将中国三个经济地带的基本经济特征和行政区划，分述如下：

（一）东部地区

基本经济特征是，经济发达、人口密度高、自然资源并不丰富。其行政区划包括 12 个省、直辖市、自治区：北京市、上海市、天津市、辽宁省、河北省、山东省、江苏省、浙江省、福建省、广东省、广西壮族自治区、海南省。

（二）中部地区

基本经济特征是，自然资源丰富、经济发展潜力大，但开发利用不够。其行政区划包括 9 个省、自治区：黑龙江省、吉林省、内蒙古自治区、山西省、河南省、安徽省、江西省、湖南省、湖北省。

（三）西部地区

基本经济特征是，自然资源丰富、地广人稀，但经济比较落后。其行政区划包括 10 个省、直辖市、自治区：云南省、贵州省、四川省、陕西省、甘肃省、宁夏回族自治区、西藏自治区、青海省、新疆维吾尔自治区、重庆市。

需要说明的是，在适用西部大开发的政策待遇上，除上述西部地区 10 个省、直辖市、自治区之外，还包括东部地区的广西壮族自治区、中部地区的内蒙古自治区。

第二节　基本文件

三资企业基本文件指的是：协议、合同与章程。外资企业可以不订立合同。基本文件的诞生次序为：协议在前，合同居中，章程最后。其中，以合同最为重要，是企业的“大宪法”，是商业秘密，协议与章程均须服务于合同。如果投资各方同意，也可以在“意向书”之后直接商签合同与章程，不订立协议。合作企业可以不订立合作企业协议。

协议、合同、章程三项基本文件经审批机构批准后生效，其修改时亦然。审批机构和登记管理机构对企业协议、合同、章程的执行负有监督检查的责任。

一、合营企业协议

(一)合营企业协议的含义

所谓合营企业协议,是指投资各方对设立企业的某些要点和原则达成一致意见而订立的文件。它一般是制定合同的先行条件,但有时也可作为合同的同义词。协议所达成的一致意见是原则性的,它只勾画出企业的轮廓,为企业定下一个基调。

(二)合营企业协议的主要内容

合营企业协议包括下列主要内容:

1. 企业的名称、性质、经营范围;
2. 投资总额和各方出资比例;
3. 生产和销售的大体安排,如内外销比例;
4. 管理机构的设置原则及名额分配;
5. 技术和外资的引进及其补偿措施;
6. 利润的分配办法等。

一般说来,由于合营企业协议只是原则性的,很难据此衡量各方的经济责任,所以它并没有法律效力。违反合营企业协议实际上是一个企业的信誉问题,它要承担道义上的责任,通常要比经济责任和法律责任更重大。

二、合营企业合同

(一)合营企业合同的含义

所谓合营企业合同,是指投资各方为设立企业就相互权利、义务关系达成一致意见而订立的文件。它是签字各方的法律行为,须各方真实意思表示一致。合同是企业三项基本文件中最重要的文件,是各方的法律行为,也是有关机构对企业进行审批、监督、仲裁的依据。在世界各国的经济法律中,有关合同的法律是其主要的组成部分。

(二)合营企业合同的特点

合营企业合同有下列四个特点:(1)主体资格合法:合同当事人具有法定的主体资格,既有民事权利能力,也有民事行为能力;(2)当事人真实意思表示一致:合营企业合同必须是签署各方真实意思表示一致的文件;(3)内容合法:合营企业合同的内容完整又具体,且符合合同生效地中国的法律规定,否则无效;(4)批准成立:经批准成立的合同是法律行为,有法律效力,可付诸实施,对签署各方均有约束力。

此外,合同的附件,又称专项合同,与主合同具有同等效力。合营企业合同的订立、效力、解释、执行及其争议的解决，均应当适用中国的法律。

（三）合营企业合同的主要内容

合营企业合同属于涉外经济合同，远比一般贸易性质的合同复杂，其主要内容是：

1. 各方当事人的名称、注册国家、法定地址和法定代表人的姓名、职务、国籍；

2. 企业名称、法定地址、宗旨、经营范围和规模；

3. 企业的投资总额、注册资本，以及各方的出资额、出资比例、出资方式、出资的缴付期限、出资额欠缴、股权转让的规定；

4. 各方利润分配和亏损分担的比例；

5. 企业董事会的组成、董事名额的分配以及总经理、副总经理及其他高级管理人员的职责、权限和聘用办法；

6. 采用的主要生产设备、生产技术及其来源；

7. 原材料购买和产品销售方式；

8. 财务、会计、审计的处理原则；

9. 有关劳动管理、工资、福利、劳动保险等事项的规定；

10. 企业经营期限、解散及清算程序；

11. 违反合同的责任；

12. 解决各方之间争议的方式和程序；

13. 合同文本采用的文字和合同生效的条件。

三、合营企业章程

（一）合营企业章程的含义

所谓合营企业章程，是指按照合营企业合同规定的原则，经合营各方一致同意，规定合营企业的宗旨、组织原则和经营管理方法等事项的文件。

章程的性质，是属于法人内部的组织法以及其他重要事项的规则，是成员间的共同行为准则而非契约。协议、合同是各方共同制定的内部文件，是章程的母体，而章程是以企业名义制定的，它对公众负责，是需要对外界公开的文件。

（二）合营企业章程的主要内容

合营企业章程包括下列主要内容：

1. 企业名称及法定地址；

2. 企业的宗旨、经营范围和经营期限；

3. 各方的名称、注册国家、法定地址和法定代表人的姓名、职务、国籍；

4. 企业的投资总额，注册资本，各方的出资额、出资比例、股权转让的规定，利润分配亏损分担的比例；

5. 董事会的组成、职权和议事规则，董事的任期，董事长、副董事长的职责；

6. 管理机构的设置，办事规则，总经理、副总经理及其他高级管理人员的职责和任免办法；

7. 财务、会计、审计制度的原则；

8. 解散和清算；

9. 章程修改的程序。

四、外资企业章程

(一)外资企业章程的含义

所谓外资企业章程，是指按照《外资企业法》规定的原则，规定外资企业的宗旨、组织原则和经营管理方法等事项的文件。

(二)外贸企业章程的主要内容

外资企业章程包括下列主要内容：

1. 名称及住所；

2. 宗旨、经营范围；

3. 投资总额、注册资本、出资期限；

4. 组织形式；

5. 内部组织机构及其职权和议事规则，法定代表人以及总经理、总工程师、总会计师等人员的职责、权限；

6. 财务、会计及审计的原则和制度；

7. 劳动管理；

8. 经营期限、终止及清算；

9. 章程的修改程序。

外资企业的章程经审批机关批准后生效，修改时亦然。

需要说明的是，外资企业的组织形式一般为有限责任公司，经批准也可以为其他责任形式。凡是外商申请设立有限责任公司形式的外资企业，按国务院规定的审批权限审批；凡是外商申请设立其他形式的外资企业，由企业所在地的省、直辖市、自治区、计划单列市或经济特区人民政府审核提出意见后报商务部审批。

还要说明的是，外资企业的分立、合并或者由于其他原因导致资本发生重大变动，须经审批机关批准，并应当聘请中国的注册会计师验证和出具验资报告；经审批机关批准后，向工商行政管理机关办理变更登记手续。

五、签订中外合作经营企业合同应注意的问题

中外合作经营企业是契约式企业。合作企业无论是法人型的(既有合同,也有章程),还是非法人型的(只有合同),均须签订合同文件。合同是合作各方合作行为的法律依据,具有法律效力。鉴于合作企业的这种特殊性,在签订合作企业合同时,应当注意下列七个方面的问题,否则,政府审批部门不予批准:

1. 不按平等互利原则确立双方责任和权利的条款,以及责任和权利显属不平等的,不予批准。

2. 法人型合作企业未订有注册资本和投资总额条款的,不予批准。

如果合同订有注册资本条款,则要求规定的注册资本与各方实际认缴的出资总额必须相符。

注册资本与投资总额的比例,比照中外合资经营企业的规定办理。

拿实物出资列入注册资本额的,该实物的所有权必须是出资人自有的,而不是租赁来的虚有资本。

3. 未订明自有资本与借贷资本关系的合同,不予批准。

国家要求外商投资中的自有资本与借贷资本保持适当比例:借贷资本最高限额,一般不得超过自有资本一倍。对产品更新换代快、投资额大、偿还本息时间长的行业,因为风险大,更要严格控制两种资本的比例。

4. 未具体订明各方认缴资本额和投入技术设备标准的,不予批准。

合同中应明确规定认缴的现金数额以及设备分批、分期投入的时间,并订明由中国注册会计师验资,且出具验资报告。企业在基建动工之前,必须要有一定份额的现金汇入,作为流动资金或开办费,然后以企业名义申请人民币配套资金贷款。

5. 非法人型合作企业,未订明对企业债务分担的条款,或虽然订明了,但双方责任并不具体的,这样的合同也不予批准。

为避免债务纠纷,合同中的责任条款应具体说明债务责任的具体比例、履行债务责任的承担物及担保人。

6. 非法人型合作企业,未订明经营亏损分担的条款,或虽然订明了,但显属不合理的,不予批准。从实践看,这类合同主要有三种情况:

(1)合同中根本没有订立经营亏损分担条款。对这种风险条款不落实的合同,不予批准。

(2)合同规定,出现经营亏损时,按双方利润分成比例承担。这样规定不合理。因为合作企业允许外商从利润中预提一个百分比作为投资本息先行回收,余额再由中外双方按约定比例分成。如果按利润分成比例承担亏损,则外商的

预提利润部分未计算在内,此部分风险责任就转嫁到中方身上了。合理条款应该是:外商对预提还本付息部分应承担相应的责任。

有些合同这样规定也是不合理的:外商在合作企业前半期按大比例分成(70∶30),后半期按小比例分成(30∶70)。这样,风险责任主要落在中方身上了。因为经营风险多在企业经营后期发生,而合同条款中,外商刚好在经营后期利润分成小。合理条款应该是:各方根据在整个合作经营期间的实得利润承担风险。

(3)合同笼统规定中方无须承担经营亏损责任,但在具体条款中却看不到用什么来保障,也看不到外方承担责任的措施。如对于企业发生债务、产品不能外销、外汇不能平衡等问题,究竟谁来承担?如何承担?有何担保?这样,企业发生亏损时,最终承担责任的还是中方。

7.中方承担风险大,而分得权益小的合同条款,不予批准。从实践看,主要有三种情况:

(1)合同规定外方以贷款作投资(不是以先进技术和先进设备作投资),并以企业财产作贷款抵押担保,中方以土地、厂房和部分现金作投资。这样的合同,其风险责任主要在中方身上,中方理应分得过半权益。

(2)合同规定,外方以贷款作投资,要求先行回收投资的方式是在营业收入中还本付息。这实际上是由中外双方承担债务和利息(计入成本),意味着国家已免除他们先行回收投资这部分的税款,因此,外方的权益最高不能过半。

(3)合同规定,外方以自有设备作投资,要求先行回收投资的方式是加速折旧。这实际上是由合作企业买下设备,延期付款。同时,用固定资产(设备)加速折旧偿还投资本金(折旧费计入经营成本),意味着国家已免除他们这一部分的税款。因此,中外双方权益分配不能相差过多,外方略高于中方比较适宜。

第三节 申请程序

一、中外合资(合作)经营企业的申请程序

设立中外合资(合作)经营企业的申请程序,中国《合资法实施条例》及《合作法实施细则》,均作出了基本相同的规定。新修改的《合资法实施条例》作了适当简化,删除了由中国合营者向企业主管部门呈报拟与外国合营者设立合营企业的项目建议书和初步可行性研究报告的规定,申请人可以直接向审批机构报送相关审批文件。

新修改的《合资法实施条例》第七条规定:"申请设立合营企业,由中外合营者共同向审批机构报送下列文件:(一)设立合营企业的申请书;(二)合营各方共同编制的可行性研究报告;(三)由合营各方授权代表签署的合营企业协议、合同和章程;(四)由合营各方委派的合营企业董事长、副董事长、董事人选名单;(五)审批机构规定的其他文件。"

上述所列文件必须用中文书写,其中第(二)、(三)、(四)项文件可以同时用合营各方商定的一种外文书写。两种文字书写的文件具有同等效力。

据此,举办中外合资(合作)经营企业的申请程序,一般分为两个阶段,即:初步立项和正式立项。

(一)初步立项(项目申请)

所谓项目,一般是指工程项目,又叫基本建设项目,是指投资主体对一项工程的固定资产投资(包括基础工程、机器设备和厂房等)。国家以投资额的多寡把项目分为大、中、小三种:新增固定资产总值在1 000万元人民币以上的为大项目;1 000万元以下、300万元以上的为中项目;300万元以下的为小项目。

项目申请书包括下列主要内容:

1.中外各方的名称和住所、法定代表人的姓名和住所。

2.各方的资信证明文件。外国合作者是自然人的,应当提供有关其身份、履历和资信情况的有效证明文件。

3.企业的董事长、副董事长、董事人选名单。

4.各方签署的意向书或协议书。

初步立项(项目申请)的目的,是要求审批机构以批准项目申请书的方式来确认该项目。

(二)正式立项

项目申请书经审批机构批准后,合营各方还将深入调查研究和洽谈,进一步编制可行性研究报告,并签署合营企业协议、合同和章程,上报企业审批机构,申请正式立项。正式立项时,一般要分作两步:

1.报送企业的可行性研究报告

可行性研究是投资各方认定投资的依据,也是审批机构批准与否的依据。报告的形式分为两种:一是投资各方共同编制的报告;二是投资各方自己编制的报告。前者是共同测算的大账,后者是各自测算的小账,二者相辅相成。

一般说来,可行性研究的内容分为两部分:技术上的可行性研究和经济上的可行性研究。两部分综合起来,包括下列主要内容:

(1)市场调查。这是第一要素。其中包含投资产品在当前和未来市场上的供求量、销售价格及其变化趋势。企业家大都采用从流通到生产的倒运转计算法(市场销售量→销售价格→生产成本核算:投资、采取的工艺、原材料、工资、管理费等),来计算企业的利润量。因为利润只有在产品销售以后,才能得以实现。

(2)技术分析。生产技术的先进程度,是企业获得利润多少的关键要素。其中包括采用何种技术进行生产,该技术的产品在市场上的竞争能力(价格竞争和非价格竞争),该技术转让的竞争能力,能维持竞争力的年限,以及该技术对环保带来的影响。

(3)经营管理研究。在对市场、技术问题进行分析之后,经营管理的优势就成为企业成败的重要因素。其中包括财务可行性(投资回收率预测),劳动力来源及其工资开支,行政管理费开支,劳资关系,劳保福利,原材料来源、价格及运输条件,燃料、动力、水、气供应及其价格,税收负担(包括可摊入成本的营业税、海关税、房地产税、车船牌照税等),银行贷款利率,币值在还贷款期内可能升降的幅度。

以上三个方面的分析,集中到一点,就是投资利润率和投资利润量。因为三资企业均以盈利为目的。如果用调查得来的数据进行认真仔细的运算后,发现企业盈利不多,甚至亏损,那么这类企业就不可能诞生;即使诞生了,也是短命的。

2.报送企业的合同与章程

当企业的可行性研究报告被批准后,接着就要报送企业的合同与章程。该合同一经批准,即产生法律效力,对合同签署各方均具有约束力。

本阶段的目的是正式立项,也就是说,要求审批机构批准设立企业的可行性研究报告、合同与章程(附红头批复文件);随后颁发设立企业的批准证书;继而由企业凭批准证书去工商行政管理局办理登记注册手续,领取营业执照。

最后,企业凭营业执照等文本,再去办理海关注册、税务登记、银行开户等必备手续事宜。

二、外资企业的申请程序

设立外资企业的申请程序,中国《外资企业法实施细则》(2001 年 4 月 12 日公布实施)作出了明确规定。概述如下:

(一)提交报告书(咨询书)

外商在提出设立外资企业的申请前,应当就下列事项向拟设立外资企业所在地的县级或者县级以上的地方政府提交报告。报告内容包括:

1.设立外资企业的宗旨;

2.经营范围、规模;

3.生产产品;

4.使用的技术设备；

5.用地面积及要求；

6.需要用水、电、煤、煤气或者其他能源的条件及数量，对公共设施的要求等。

地方政府在收到上述报告之日起，30天内以书面形式答复外国投资者。

需要说明的是，这里所说的“报告”，不是立项报告，有关政府的书面形式答复也不是立项审批，而是拟设立外资企业所需要的条件，如土地、水、电、气、通讯等是否具备，有关政府的书面形式答复，是对外国投资者提出的条件能否满足的答复。

（二）提交申请书

外商设立外资企业，应当通过拟设立外资企业所在地的县级或者县级以上地方人民政府，向审批机关提出申请。申请书应当包括下列内容（必须用中文书写）：

1.外国投资者的姓名或者名称、住所、注册地和法定代表人的姓名、国籍、职务；

2.拟设立外资企业的名称、住所；

3.经营范围、产品品种和生产规模；

4.拟设立外资企业的投资总额、注册资本、资金来源、出资方式和期限；

5.拟设立外资企业的组织形式和机构、法定代表人；

6.采用的主要生产设备及其新旧程度、生产技术、工艺水平及其来源；

7.产品的销售方向、地区和销售渠道、方式；

8.外汇资金的收支安排；

9.有关机构设置和人员编制、职工的招用、培训、工资、福利、保险、劳动保护等事项的安排；

10.可能造成环境污染的程度和解决措施；

11.场地选择和用地面积；

12.基本建设和生产经营所需资金、能源、原材料及其解决办法；

13.项目实施的进度计划；

14.拟设立外资企业的经营期限。

需要说明的是，外资企业的注册资本要与其经营规模相适应，注册资本与投资总额的比例应参照国家工商行政管理局《关于中外合资经营企业注册资本与投资总额比例的暂行规定》执行。

（三）提交其他文件

外商在提交拟设立外资企业申请书的同时，还应报送下列文件：

1. 可行性研究报告；

2. 外资企业章程；

3. 外资企业法定代表人(或者董事会人选)名单；

4. 外国投资者的法律证明文件和资信证明文件；

5. 拟设立外资企业所在地的县级或者县级以上地方人民政府的书面答复；

6. 需要进口的物资清单；

7. 其他需要报送的文件。

上述第 2 项文件必须用中文书写，第 1、3、4 项文件可以用外文书写，但应当附中文译文。

两个或者两个以上外国投资者共同申请设立外资企业，应当将其签订的合同副本报送审批机关备案。

需要说明的是，"外国投资者的法律证明文件和资信证明文件"，主要是指外国投资者所在国家或地区的法人登记注册证明文件，董事会组成人员名单，法定代表人资格证明文件，最近 3 年的资产负债表；若外国投资者是以自然人的名义投资，应提供其国籍、身份、履历及财产状况等材料。审批机关认为有必要时，可要求外国投资者对上述证明文件及材料在所在国家或地区进行公证。

综上所述，对设立外资企业的申请程序比较简单，在项目报告书经审查批准机关书面答复同意后，即可报送正式申请书(表)、投资计划书概要、公司章程等有关文件。经批准后，凭批准证书办理登记注册手续。

第四节　审批程序

对设立三资企业的审批，主要是对项目可行性研究报告、企业合同与章程的审批。根据新修改的三资企业法律规定，现将审批程序分述如下：

一、审批机构

1. 设立中外合资(合作)经营企业的申请，其项目申请书、可行性研究报告，均由国家发改委及各省、直辖市、自治区发改行政部门审批；企业合同、章程，均由商务部及各省、直辖市、自治区商务行政部门审批。

具备下列条件的，由省、直辖市、自治区、经济特区、国务院授权的城市的人民政府或国务院有关部、委审批：

(1)项目的投资总额在国务院规定的金额以内；

(2)符合国家指导外商投资方向规定的项目，建设和生产经营条件以及外汇收支不需要国家综合平衡；

(3)产品出口不涉及配额、许可证。

2.设立外资企业的申请，由商务部审查批准后，发给批准证书。

属于下列情形的，国务院授权省、直辖市、自治区、计划单列市和经济特区的人民政府(统称审批机关)审查批准后，发给批准证书：

(1)投资总额在国务院规定的投资审批权限以内的；

(2)不需要国家调拨原材料，不影响能源、交通运输、出口配额等全国综合平衡的。

二、审批权限

国家对“项目申请报告”核准权限的规定，是根据项目投资总额的大小分类掌握的。现列表归纳说明如表7-2所示。

表7-2 国家对“项目申请报告”核准权限的规定

政府部门	鼓励类、允许类项目	限制类项目
省级商务	投资总额3亿美元以下	投资总额5 000万美元以下
国家发改委	投资总额3亿美元及以上	投资总额5 000万美元及以上

值得注意的问题：(1)有的地区将其审批权限进一步下放，但一般只可以下放到地(市)级人民政府。此外，通过变换方式人为缩小投资总额，变通国家关于审批权限限定的行为，是不允许的。(2)对限额以上项目，以及虽在限额以下，但建设和生产经营条件需要国家综合平衡的，由拟设立企业所在地政府部门提出意见后，报国家发改委和商务部审批。(3)对限额以上国家鼓励类项目，且建设和生产经营条件不需要综合平衡的，均由省级商务行政部门自行审批，抄报国家发改委和商务部备案。

此外，商务部力推外商投资审核便利化。2011年3月商务部发布《关于外商投资管理工作有关问题的通知》，强调要加强服务业领域外商投资的审核管理，如对于融资租赁(又称金融租赁)、国际快递等涉及专项规定管理的行业，小额贷款、市场调查、信用评级、保安服务等敏感行业，以及创业投资、股权投资及管理等涉及大额资金流入的行业，省级商务主管部门要切实履行职能，严格审批。

三、审批时限

中国三资企业主体法律，对三资企业项目审批程序的时间，均作出了具体限定。法律规定如下：

1. 对设立中外合资经营项目，审批机构自接到全部文件之日起，3 个月内决定批准或不批准。审批机构如发现文件有不当之处，应要求限期修改，否则不予批准。

2. 对设立中外合作经营项目，审批机构自接到全部文件之日起，45 天内决定批准或者不批准。审批机构认为报送的文件不全或有不当之处的，有权要求合作各方在指定期间内补全或者修正。

3. 对设立外资企业项目，审批机构自接到申请之日起，90 天内决定批准或者不批准。审批机构如果发现文件不齐备或者有不当之处，可以要求限期补报或者修改。

在实践中，中国各地为了改善投资环境，提高办事效率，及时解决问题，都组建了"外国投资服务中心"(简称"中心")。"中心"将有关主管部门组织起来集中办公，使所有外商投资都通过一个"窗口"，一站式，由"一支笔"审批，从而简化了手续，缩短了审批时限。例如，天津市"中心"对中外合资(合作)经营企业各项审批程序所规定的限定完成时间是：

1. 中外合资(合作)企业可行性研究报告的审批(其中关于外部配套条件，属于老企业改造在原址设立项目的，10 个工作日之内办复)，自审批部门收到完备的申请文件之日起，5 个工作日之内办复。

2. 中外合资(合作)企业的合同、章程，外资企业的申请书、章程，自审批部门收到完备的申请文件之日起，10 个工作日之内办复。

3. 中外合资(合作)企业、外资企业的批准证书，自收到完备的批准文件之日起，2 个工作日之内办复。

4. 中外合资(合作)企业、外资企业的营业执照，自收到完备的批准文件之日起，7 个工作日之内办复。

超过上述规定时限未办复的，视为同意。在上述限期内办复包括批准或不批准。未批准再行申报的，重新按规定时限办复。

此外，天津市滨海新区现正力推审批便利化，把 25 项审批权限放给滨海中心商务区，实行"一窗受理、限时办结、零收费、全天候"的保姆式服务，公开办公人员电话、开通网上办公业务，实现 8 小时工作外办理业务，使行政审批服务更加便民高效。中心商务区行政服务中心的主要职责包括五项：(1)为管委会各职能局办理行政许可审批事项提供载体服务；(2)组织进驻部门为行政管理相对人提供规范、高效、优质的行政审批服务、帮办、代办和专业咨询服务；(3)会同管委会监察部门对行政效能进行监督检查；(4)对涉及多部门审批的事项进行协调；(5)负责区域内行政审批管理网络系统的开发建设和管理。

四、审批内容要点

修改后的三资企业主体法律法规，简化了审批内容，取消了对项目建议书的审批，保留了对可行性研究报告、合同与章程的审批。其审批内容要点，分述如下：

（一）审批可行性研究报告

审批拟设立企业的可行性研究报告，是一项严肃的决策性工作，是不可或缺的工作程序，重点审查三项内容，即：

1.投资主体的资本信用

重点了解外商的法人地位及其证明文件，以及资本与信用情况。通常认为，资本是信用的保证。外商有义务提供其开户银行的资产负债表等，证明其在该银行账户中的存款数额和近期往来情况。外商的资信证明文件（原件），应作为可行性研究报告的附件。

2.投资项目是否符合产业政策

重点看其是否符合外商投资新导向，按照国家指导外商投资方向的规定以及《外商投资产业指导目录》和《中西部地区外商投资优势产业目录》执行。

3.投资项目的产品市场

重点看其所提供产品或劳务的国内外市场供需状况、价格水平、销售渠道、同类产品竞争力以及市场发展趋势。因为市场等同利润，产品有市场，企业才能有利润、有活力。

（二）审批合同与章程

审批拟设立企业的合同与章程，是一项法律程序。企业的合同与章程，须经审批机构审查批准方能生效。重点审查三项内容，即：

1.是否有违法条款。重点看其是否符合中国法律法规的规定。

2.是否有显失公平的条款。重点看其是否符合平等互利的原则。

3.是否有第三方责任条款。重点看其是否有涉及政府行为（如政府担保）和约束第三方（如非合同方）的条款。如果第三方责任没有书面承诺的，则第三方责任条款应予删除。

（三）审批合同、章程的相关问题

1.关于合同、章程的批准文件

合同、章程的批准文件不宜过于简单和笼统，一般应包括以下内容：

（1）公司和合作各方的名称；

（2）企业经营范围和生产规模；

（3）投资总额、注册资本额、投资各方出资的比例及出资方式，如属合作经营

企业,还应包括利润分配原则;

(4)经营期限;

(5)对设备进口清单的确认;

(6)审批机关须强调的其他问题。

批文中对上述各项的措辞、用语应严密、准确。

2.其他

(1)审批机关审批的文件以中文文本为准,中外文本的一致性由签订合同各方负责。

(2)技术转让协议、委托经营管理或承包经营合同应作为合资、合作合同的附属合同或独立合同报审批机关审批;企业贷款协议、无技术转让内容的设备购买、厂房租赁,以及土地使用、土地出让合同等,不需报外商投资企业审批机关审批。

(3)合同、章程中有原则性问题的,须要求各方修改后再行批复。

3.合同批文参考格式(模拟)

上级审批部门对合资经营××有限公司合同批复的格式和内容要点如下:

××商务委员会:

你委×字(2009)×号报告悉。经审核,同意所报合同、章程。现就有关主要问题批复如下:

(一)同意×公司(下称甲方)与×国×有限公司(下称乙方)在×省×市合资经营"×有限公司"(下称合资公司)。合营年限×年。

(二)合资公司投资总额为×万美元,注册资本为×万美元,其中甲方占×%,即出资额为×万美元;乙方占×%,出资额×万美元。除甲方出资额中的×万美元按出资当日的中国外汇牌价中间价折算为人民币投入外,其余双方均以美元现金出资,并于合同批准后×个月内缴清。

(三)合资公司生产经营×产品,生产规模分别为×万台/年(×万件/年)。全部产品按实际产量外销×%,由乙方负责;内销×%,由甲方负责。产品内外销按统一作价原则,并按上述销售比例,各自承担其包销的经济责任。

(四)按合同规定,乙方为合资公司的技术责任方,承担产品质量的技术责任。产品按×质量标准检验。

(五)合资公司实行董事会领导下的总经理负责制。成立×人董事会,其中甲方占×名,乙方占×名。董事会设董事长一人,由甲方委派,副董事长二人,由甲方、乙方各委派一人,总经理一人,由×方推荐;副总经理一人,由×方推荐,并经董事会任命后就职。

(六)合资公司应遵守中国有关法律法规、政策,并按有关规定办理工商登记、外汇、银行、海关及商标、保险等事宜。

（七）合资公司所需设备、仪器、材料等，除按规定仍需另办申请手续者外，均可由合资公司提出清单，由你委审核后报关，请海关按章查验放行。

此复。

抄送：有关委办、财税局、工商局、海关×分署、外汇管理×分局、中行×分行、×海关。

五、领取营业执照

申请设立的企业经批准后，由审查批准机关发给批准证书。批准证书由对外经贸部统一印制，统一编号。

批准设立的企业应依法向工商行政管理机关办理登记手续，领取营业执照。从核发营业执照之日起，该企业即告正式成立，其法人地位的一切正当权益，均受中国法律保护。企业在办理登记注册、领取营业执照时，需交纳登记注册费。

需要说明的是，从 2001 年 1 月 1 日起，所有外商投资企业已正式启用新版外商投资企业的营业执照。新照取消了不需要行政机关掌握的如“副董事长”、“总经理”、“副总经理”等情况，取消了营业执照副本每年进行更换的规定。凡涉及上述事项变化时，企业不必再办理变更登记。新版外商投资企业营业执照与目前有限责任公司的营业执照基本相同，体现了工商行政管理机关在对企业实行登记管理的过程中，遵照国际通行规则，逐步实行“国民待遇”的工作思路。同时，也是中国企业营业执照经过多次改革后动作最大的一次改革。

第八章　三资企业资本股权

第一节　什么是资本股权

一、资本股权的含义

所谓资本股权,指的是出资比例。投资者的出资比例,表示其占有的股份,而占有股份的多少,表示拥有股权的大小。

中国对合资(合作)企业的资本股权有明确的规定:在合资(合作)企业注册资本中,外国合营者的出资比例一般没有上限限制,而下限一般不低于25%。① 各方出资的具体比例,根据不同情况,通过协商在合同中加以确定。出资到位后,发给出资人"出资证明书"。

所谓出资证明书,又称股单,是指合资(合作)企业开具的一种证明投资各方出资数额的凭证。这种凭证在投资各方缴付各自认缴的出资额、经中国注册会计师验证、并出具验资报告后,发给投资各方。投资一方未经投资他方同意并经企业的审批机构批准,不得将出资证明书转让、抵押或用其他方式处置。

出资证明书须载明下列事项:合营企业名称;合营企业成立的年、月、日;合营者名称(或姓名)及其出资额,出资的年、月、日;发给出资证明书的年、月、日。

二、资本股权的分类

三资企业资本股权分为三类,即:中方控股、中方相对控股和外方控股。

---

① 外国投资者的出资比例低于25%的,通过审批后,颁发加注"外资比例低于25%"字样的外商投资企业批准证书,"企业类型"后加注"外资比例低于25%"字样的外商投资企业营业执照。这类企业其投资总额项下进口自用设备、物品不享受税收减免待遇,其他税收不享受外商投资企业待遇。此外,这类企业以现金出资的应自企业领取营业执照之日起三个月内缴清全部出资;以实物、工业产权出资的,应自企业领取营业执照之日起六个月内缴清出资。

（一）中方控股

所谓中方控股，是指中方投资者在外商投资项目中的投资比例之和为51%及以上。这类项目只存在于鼓励类和限制类的外商投资产业指导目录中，依据2011年修订的《指导目录》（2012年施行），列举如下：

1. 鼓励类外商投资产业项目共计十六项

（1）民用飞机设计、制造与维修：干线、支线飞机；（2）民用直升机设计与制造：3吨级及以上；（3）地面、水面效应飞机制造；（4）无人机、浮空器设计与制造；（5）海洋工程装备（含模块）的修理与制造；（6）船舶低、中速柴油机及曲轴的制造；（7）民用卫星设计与制造；（8）民用卫星有效载荷制造；（9）核电站的建设、经营；（10）铁路干线路网的建设、经营；（11）高速铁路、铁路客运专线、城际铁路基础设施综合维修；（12）航空运输公司；（13）定期、不定期国际海上运输业务；（14）综合水利枢纽的建设、经营；（15）城市地铁、轻轨等轨道交通的建设、经营；（16）演出场所经营。

2. 限制类外商投资产业项目共计二十三项

（1）农作物新品种选育和种子开发生产；（2）特殊和稀缺煤种勘查、开采；（3）大洋锰结核、海砂的开采；（4）生物液体燃料（燃料乙醇、生物柴油）生产；（5）豆油、菜籽油、花生油、棉籽油、茶籽油、葵花籽油、棕榈油等食用油脂加工；（6）黄酒、名优白酒生产；（7）出版物印刷；（8）麻醉药品及一类精神药品原料药生产；（9）船舶（含分段）修理、设计与制造；（10）电网的建设、经营；（11）城市人口50万以上的城市燃气、热力和供排水管网的建设、经营；（12）铁路旅客运输公司；（13）水上运输公司；（14）摄影、探矿、工业等通用航空公司；（15）电信公司：基础电信业务（外资占比≤49%）；（16）配送（设立超过30家分店、销售来自多个供应商的不同种类和品牌商品的连锁店）；（17）船舶代理；（18）成品油批发及加油站建设、经营（同一外国投资者设立超过30家分店、销售来自多个供应商的不同种类和品牌成品油的连锁加油站）建设、经营；（19）证券投资基金管理公司（外资占比≤49%）；（20）期货公司；（21）测绘公司；（22）电影院的建设、经营；（23）演出经纪机构。

（二）中方相对控股

所谓中方相对控股，是指中方投资者在外商投资项目中的投资比例之和大于任何一方外国投资者的投资比例。这类项目只存在于外商投资产业鼓励类项目之中，列举如下：

1. 船舶舱室机械的设计与制造；

2. 民用机场的建设、经营。

(三)外方控股

所谓外方控股，是指外商投资者在外商投资项目中的投资比例之和为51%及以上。这类项目在外商投资产业指导目录中并未列明。也就是说，在鼓励、限制和允许外商来华投资的产业领域，除了列明“中方控股”和“中方相对控股”之外的，均允许外方控股。

其实，在外商能够投资的产业领域中，绝大部分产业项目是允许外方控股的。即使有的产业项目现在不允许，但与中国加入世贸组织的承诺相关，在可预见的几年时间里，也是可以由外方控股的。例如：

1.鼓励类项目“国际集装箱多式联运”：不迟于2002年12月11日允许外方控股；不迟于2005年12月11日允许外方独资。

2.鼓励类项目“公路货物运输公司”：不迟于2002年12月11日允许外方控股；不迟于2004年12月11日允许外方独资。

3.限制类项目“出入境汽车运输公司”：不迟于2002年12月11日允许外方控股；不迟于2004年12月11日允许外方独资。

4.限制类项目“铁路货物运输公司”：不迟于2004年12月11日允许外方控股；不迟于2007年12月11日允许外方独资。

5.限制类项目“佣金代理、批发(不包括盐、烟草)”：不迟于2003年12月11日允许外方控股；不迟于2004年12月11日允许外方独资，允许经营书报杂志、药品、农药、农膜；不迟于2006年12月11日允许经营化肥、成品油、原油。

6.限制类项目“零售(不包括烟草)”：不迟于2003年12月11日允许外方控股；不迟于2004年12月11日允许外方独资。

7.限制类项目“货物租赁公司”：不迟于2002年12月11日允许外方控股；不迟于2004年12月11日允许外方独资。

8.限制类项目“货运代理公司(不包括邮政部门专营服务的业务)”：不迟于2002年12月11日允许外方控股；不迟于2005年12月11日允许外方独资。

9.限制类项目“广告代理公司”：不迟于2003年12月11日允许外方控股；不迟于2005年12月11日允许外方独资。

10.限制类项目“非寿险保险公司”：不迟于2003年12月11日允许外方独资。

11.限制类项目“保险经纪公司”：不迟于2004年12月11日允许外资比例达51%；不迟于2006年12月11日允许外方独资。

12.限制类项目“进出口商品检验、鉴定、认证公司”：不迟于2003年12月11日允许外方控股；不迟于2005年12月11日允许外方独资。

第二节　出资方式

中国对投资者的出资方式有明确的规定，即必须是投资者自己所有的现金和自己所有且不设立任何担保物权的实物、工业产权、专有技术、场地使用权等。

一、现金

外国投资者出资外币，若以人民币或其他外币计价(通常以美元作为统一币制)，则必须按缴款当日中国人民银行公布的外汇中间牌价折算成人民币或套算成约定的外币，确定后不因之后的汇率改变而改变。中国投资者出资的人民币现金需要折算成外币的，其折算办法亦然。

值得特别说明的是，跨境人民币直接投资(人民币 FDI)，2011 年 6 月 21 日央行正式明确了试点办法。这意味着人民币回流内地将有章可循，是人民币国际化的重大进展。所谓人民币 FDI，是指外国投资者以境外合法获得的人民币，依法在华直接投资的活动。境外合法人民币包括两种来源：(1)跨境贸易人民币结算、境外发行人民币债券或股票等方式取得的人民币；(2)外商从境内的外企获取并汇出境外的人民币利润，以及转股、减资、清算、先行回收投资所得人民币。跨境人民币 FDI 禁忌是：在境内不得直接或间接用于投资有价证券和金融衍生品；不得用于委托贷款或偿还国内外贷款。

对跨境人民币 FDI 的审批管理：一是按照现行外商 FDI 审批管理规定办理。二是须提交下列文件：(1)人民币资金来源说明及证明；(2)资金用途说明；(3)不违反禁忌的承诺书；(4)地方商务主管部门填写“外企基础信息表”，省级商务主管部门填写“跨境人民币 FDI 情况表”，商务部收到省级报表 5 个工作日内提出审核意见。各级商务主管部门在批复中应写明“人民币出资”字样及金额，商务部网站上予以公示(www. mofcom. gov. cn 外资司子站“结果公开”栏目)。台湾、香港、澳门地区的投资者开展跨境人民币 FDI 的，参照上述办法办理。外商投资性公司(独资或合资)，其境内贷款不得用于境内再投资。

以上说明，人民币国际化进程有望因此加快。但资本项目的开放步伐仍需谨慎当先，加强对跨境人民币 FDI 的监管仍然十分重要。

二、实物

外国投资者以机器、设备或者其他物料作价出资，这些实物必须是：(1)为合营企业生产所必不可少者；(2)作价不高于同类机器设备当时的国际市场正常价格者。

投资者以厂房及其他建筑物等作价出资，应结合其使用情况和现值情况，由投资各方按照公平合理的原则协商确定，或者聘请投资各方同意的第三者评定。

投资者若以原材料作价出资，该项出资只能作为流动资金使用。在实践中，有的将原材料作价后，以贷款的方式提供给合营企业，这不失为一种好办法。

三、工业产权

所谓工业产权，是指根据法律，对发明专利、实用新型、外观设计、商标等所取得的所有权，并依法得到保护。但这种保护具有严格的地域性和时间性。工业产权是一种独占权，他人不得侵犯。如果有人使用，必须取得所有权人的同意，并付给一定数额的报酬。例如，专利技术的报酬计算，按照国际惯例，一般认为，国际技术价格相当于应用该项技术而增值的利润的 20%～30% 比较适宜。当然，这种报酬的多少，最终要由双方当事人协商来确定。

需要说明的是，工业产权是非常重要的概念，是知识产权最为重要的组成部分，其地位及内涵如下图所示。

- 知识产权
  - 版权（著作权）
  - 工业产权
    - 专利
      - 发明专利
      - 实用新型专利
      - 外观设计专利
    - 商标

投资者以工业产权作价出资，必须符合下列条件：

1.作为外国合营者出资的工业产权，必须符合下列条件之一：(1)能显著改进现有产品的性能、质量，提高生产效率的；(2)能显著节约原材料、燃料、动力的。

2.作为外资企业外国投资者出资的工业产权，应当为外国投资者所有；而不再要求能生产中国急需的新产品或者出口适销产品。

对作价出资的工业产权，应当备有详细资料，包括所有权证书的复制件，有效状况及其技术性能、实用价值、作价的计算根据和标准等。该资料作为拟设立外资企业申请书的附件一并报送审批机关；作为拟设立合资（合作）企业，还需包括与中国合营者签订的作价协议，作为合营合同的附件一并报送审批机关。

工业产权出资作价的原则是：与国际上通常的作价原则相一致，外资企业作价金额不得超过其注册资本的 20%；合资（合作）企业作价金额一般不超过投资者投资的 20%，特殊情况的也可以提高其比例。

值得注意的是，高新技术成果出资入股有了新规定：1997 年，国家科委和国家工商局制定并印发了《关于以高新技术成果出资入股若干问题的规定》，规定以高新技术成果出资入股，作价总金额可以超过公司注册资本的20%，但不得超过35%。出资入股的高新技术成果，应当符合下列条件：(1)属于国家科委颁布的高新技术范围；(2)为公司主营产品的核心技术；(3)技术成果的出资者对该项技术合法享有出资入股的处分权利，保证公司对该项技术的财产权可以对抗任何第三人；(4)已经通过国家科委或省级科技管理部门的认定。同时规定，出资入股的高新技术成果，需经工商行政管理机关登记注册的评估机构评估作价。

四、专有技术

所谓专有技术，又称技术诀窍、技术秘密，或称非专利技术。它是一种可以转让和传授的不为公众所知道、并未取得专利权的技术知识。它与专利技术的不同点是：(1)其独占性不是依法存在；(2)无法定有效期限；(3)无地域性特点；(4)内容保密。例如，可口可乐原始糖浆、正大饲料、王朝酒冷发酵粉、祖传秘方中草药等诸多配方，均为专有技术。

对专有技术作价出资的要求及其出资作价的原则，与工业产权相同。

五、场地使用权

中国的土地属于国家所有，包括全民所有制和集体所有制。城市土地属于国家所有，农村和城市郊区的土地除由法律规定属于国家所有外，均属集体所有。中外投资者都不能拥有土地的所有权。过去，中方投资者与外方搞合营，多是以土地使用费作为出资。其中，土地使用费的计算公式为：

土地使用费(金额)＝面积(m^2)×单价(年·m^2 使用费)×使用期(年)

土地使用费标准的高低，须考虑土地作为国家资产而每年不断增值的因素，由地方政府自行确定。中方合营者以土地使用费作为投资的，在合营合同期限内不得调整场地使用费标准。

随着土地使用权管理方式的转变和完善，现在，中外投资者已越来越多地通过土地使用权出让、转让的方式取得土地使用权，并以土地使用权作价的方式出资。

所谓土地使用权，是指依法对土地加以开发、利用并受益的权利。土地使用权出让，是指国家将国有土地使用权在一定期限内让与土地使用者，由土地使用者向国家缴纳土地使用权出让金的行为。土地使用权转让，是指土地使用者将土地使用权再转移的行为。一般而言，土地使用权转让即房地产转让。

(一)转变土地使用权管理方式的必要性

对设立三资企业，由以土地使用费作为出资转变为以土地使用权作为出资，并允许外商投资开发经营成片土地。其必要性表现为：

1.土地既是国家资源，又是国家财富。土地有偿、有限期、有流动的使用，并通过签订土地使用合同来明确土地所有者与土地使用者双方的权利和义务，是三资企业用地的特点。

2.地租、地价是合理配置土地资源、充分发挥土地效益的重要经济杠杆。

3.开放地产市场是完善社会主义市场体系的重要环节。所谓地产市场，亦称土地市场，是指以土地使用权出让、转让、出租、抵押、终止为主要内容的交易市场，又分为一级市场和二级市场。一级市场即土地使用权出让市场，二级市场即土地使用权转让、出租、抵押等交易市场。政府垄断一级市场，放开搞活二级市场，使土地市场运行为整个市场经济服务。

（二）三资企业取得国有土地使用权的主要方式

1.行政划拨。应与企业所在地的市（县）级土地管理部门签订土地使用合同，领取土地使用证。企业向政府一次性缴纳土地开发费，并每年缴纳土地使用费，或每年只缴纳土地使用费（开发费和使用费合并计收）。对国家应予鼓励类项目用地，可以采取这种方式取得土地使用权。随着土地使用权制度改革的深化，行政划拨的土地将日益减少。

2.有偿出让。即国家将土地使用权在一定期限内让渡给企业，由企业一次性支付土地使用权出让金（签订出让合同后60日内支付全部出让金）。出让方式以招标、拍卖、挂牌为主，以协议为辅。无论采用哪种方式取得土地使用权，均应与土地管理部门签订出让合同，在付清全部出让金后，领取土地使用证。以这种方式取得的土地使用权可以转让、出租和抵押。自改革开放以来，1987年9月8日中国深圳首次出现土地使用权拍卖会。

值得注意的是，成片土地使用权出让，由于土地面积大、出让期限长，不仅关系国有土地资产处置，而且波及经济社会等一系列问题，因此采用这种方式出让时应慎重行事。

3.土地使用权作价入股或作为合作条件。是指中方企业将其拥有的土地使用权作为合营条件，与外商兴办合资或合作企业。这种方式取得的土地使用权，其土地使用费由中方投资者缴纳，并必须办理用地手续。所用土地为行政划拨的，应补办土地使用权出让手续，补缴出让金。

4.租赁场地。即企业直接向土地使用权人租赁场地，并依据租赁合同缴纳租金。出租者可以是国有、城市集体，也可是乡镇企业和集体经济组织。供出租的土地应是以出让方式取得的。如果供出租的土地是以划拨方式取得的，必须补办出让手续，补缴出让金。采用租赁方式取得的土地使用权，使用年限＝出让土地年限－已使用年限。

无论以何种方式取得土地使用权，土地费用(含土地出让金、土地使用费、土地开发费等)均须上缴财政。

(三)三资企业取得集体土地使用权的方式

1. 集体土地国有化后再出让。即集体所有的土地由国家征用转为国有土地后，再出让给三资企业；集体土地不允许直接出让和出租。

2. 集体土地使用权作价入股或作为合作条件。即指农村集体经济组织或乡镇企业将其拥有的土地使用权作为合营条件，与外商兴办合资或合作企业。这种项目须经县级人民政府批准，其用地审批可参照乡镇企业用地办法办理。这种项目用地的集体土地所有权不变，集体土地的股份不得转让。

(四)土地管理规定和项目用地审批权限

1986 年通过的《土地管理法》，在 1988 年、1998 年、2004 年先后进行了三次修改：第一次修改，允许土地作为生产要素进入市场(与“修宪”相一致)；第二次修改，确立了土地用途管制制度；第三次修改，划分了土地征收和征用的区别。

从上可见，土地管理法的每一次修改，都是社会经济发展阶段的需要。综合来看，关于土地管理规定的主要特点和项目用地审批权限的规定分述如下：

1. 土地管理规定的主要特点

(1)土地管理的目标为用途管制，即从保障建设项目用地为主，转变为以保护耕地、节约土地资源为主。

(2)建设项目用地的利用方式，从粗放利用型，转变为集约经营型。

(3)建设项目用地的审批方法，从各级限额审批制，转变为农地改建设用地、征地，由中央及省级两级审批制。

(4)土地管理的执法行为，由当地政府自我约束机制，转变为由自我约束和上级、社会各界监督的双重机制。

(5)土地管理的基本制度，依据新《土地管理法》，坚持执行土地用途管制、耕地“占一补一”、基本农田保护等基本制度。通过采用耕地预测预警和动态监测手段，确保各地区实现耕地总量动态平衡。如 1999 年全国建设占用耕地 300 多万亩，补充耕地 600 多万亩。

2. 项目用地审批权限的规定

(1)耕地等农用地转变为建设项目用地的，要经中央批准。也就是说，凡投资项目涉及农用地转变为建设用地的，无论多大面积，无论是否需征用，都要有中央批准手续。

(2)投资涉及要从农民集体征用土地的，要经中央或省级批准。具体规定列表归纳说明如表 8-1 所示。

表 8-1 项目用地审批权限规定

政府 土地性质	省 级	中央
基本农田	无权	有权
耕 地	≤500 亩	>500 亩
其他土地	≤1000 亩	>1000 亩

注:①占用大面积土地的投资项目和线状工程项目用地的,要经中央批准。公路、铁路等线状工程项目用地由中央批准。参与为实施城市规划而统一开发土地由中央批准。

②省级以下的各级地方政府,无批准农地转用或征用各类土地的权力,只有在获准转用或征用的土地上集约利用,合理安排各种项目的权力。

(五)土地使用权出让期限的规定

出让土地使用权的最高期限规定为:

1.商业、旅游、娱乐用地 40 年;

2.工业、教育、科技、文化、卫生、体育、综合或其他用地 50 年;

3.居住用地 70 年。

总起来看,在中外合资(合作)经营企业各方的出资方式中,各方出资的构成,最终还要通过各方谈判协商来确定。

第三节 国有资产评估

改革开放以来,在中国的已建和拟建外商投资企业中,拥有数量可观的国有资产。如何加强对这部分国有资产的管理,是一个十分紧迫的问题。而管理的最重要内容,就是要对国有资产进行评估及确认,并着手建立外商投资企业国有资产报告制度和考核评价制度。

所谓国有资产评估,即国有资产评价。是指国有资产评估机构依据国家的法规政策,遵循一定的原则和程序,采用科学的方法,对国有资产的数量、质量及利用状况进行评价。中国的资产评估,已经逐步走上了制度化、规范化的轨道。

一、国有资产的含义

所谓国有资产,就是国有财产。它由三部分组成:(1)企业的经营性国有财产;(2)行政单位所占用的国有财产(如政府机构、军队及文化、教育、卫生、科研、新闻、法律、社会福利等);(3)自然资源性资产等。

据统计，目前我国国有企业资产占全社会企业资产总额的65%以上，来自国有经济的财政收入占全部财政收入的70%左右。这些财政收入，是满足中国各族人民物质文化生活需要的重要保证，也是保证国家机器正常运转和巩固国防的重要条件。

二、国有资产评估的意义

两方面的意义：

(一)评估能够避免国有资产流失，有利于国有资产保值和增值

由于中国新旧经济体制的转换，国有资产管理机构尚不健全，管理部门的权力、责任尚不到位，致使国有资产流失较为严重。

国有企业以存量资产与外商合资(合作)之中，国有资产流失形式的主要表现是：中方资产不评估(尤其是无形资产)，或低评估，或不按评估值入股，让外商任意侵占中方资产。在国家国有资产管理部门查处的案件中，竟有将上亿元国有资产以数百万元转让的案件。为此，在企业产权变动时进行评估就显得尤为重要。资产评估与清产核资、产权登记等工作一起，构成国有资产管理的基础工作。中国的资产评估工作从1987年开始进行试点，1991年在全国全面铺开。

在国有企业进行合资(合作)等产权变动之初，进行规范的资产评估，往往还使得国有资产合理增值，外商也认为是合理的。例如，天津市国有资产管理局资产评估中心的一份统计资料表明：天津市有两家汽车配件厂经过资产评估后，使资产分别增值为1.8亿元和1.08亿元。中美合资的天津奥的斯电梯有限公司中方股东，在外方增资扩股时，依法提出对企业重新进行资产评估，评估后，资产价值为账面资产净值的4倍多，使国有资产合理增值3.5亿元。外方虽在增资时多投入了资金，但仍认为十分值得。国家国有资产管理局还发出通知，要求各地以此为例，依法保护国有资产。

(二)资产评估也是国际惯例

资产评估的做法，在国际上已有百年历史，产权变动前的资产评估就是与国际接轨的一个举措。实践证明，在兴办中外合资(合作)经营企业时，企业产权变动前对国有资产进行合理的评估，其合理增值部分包含了对企业发展潜力的正确估价，外商也由此看到了企业发展前景，对此是乐观其成的。

总之，对国有资产评估的目的，是为了适应产权制度变革，正确体现国有资产价值量，保护国有资产所有者、经营者和使用者的合法权益。

三、国有资产评估的原则

对国有资产评估应遵循下列三项原则：

（一）真实性原则

进行资产评估，必须实事求是，从实际出发，不得弄虚作假，以确保资产评估价值的可靠、真实。

（二）科学性原则

进行资产评估，必须掌握足够的可以作为依据的资料，采取适当的方法，运用正确的参数，有理、有据地进行科学的系统的分析，从而对其价值作出合乎逻辑的判断。为此，要求评估机构及人员，应当具备足够的评估所需的专业知识和工作经验，以保证评估结论的正确、可靠。

（三）可行性原则

要求评估的结果要合理，根据不同的目的，合理评定资产的价值，为委托者服务。

四、国有资产评估的程序

对国有资产评估应遵循下列四项程序：

（一）申请立项

由拟设立合资（合作）经营企业的单位，向国有资产管理部门提交资产评估立项报告。申报的内容主要有：(1)资产评估的特定目的；(2)被评估资产的范围和种类；(3)被评估资产的资料（财产目录和资产负债表等有关会计报表资料）。国有资产管理部门在收到资产评估立项申请书之日起10天内，作出是否准予资产评估立项的决定，并及时通知申请单位。申请单位在收到准予立项通知书后，可以委托资产评估机构评估资产。

目前持有国有资产评估证书的从事资产评估的机构有：资产评估公司、会计师事务所、审计师事务所、财务咨询公司等。委托方和受托方应签订资产评估委托书。委托书的内容主要有：双方名称、委托内容（包括被评估资产的范围和种类、评估基准日、评估时间等）、双方责任和义务以及违约处理条款等。

（二）资产清查

资产评估机构接受评估委托，在对委托单位的资产、债权、债务进行全面清查的基础上，核实资产账面与实际是否相符，经营成果是否真实，据此作出鉴定。对有形资产清查盘点，应由申报单位、清查负责人、盘点人、见证人、制表人等联署签字盖章。

（三）评定估算，签署评估报告书

即对资产的价值进行具体的评定和计算，得出资产评估的结果，并向委托单位提出资产评估结果报告书。中国自1998年起，全面实行注册资产评估师签字制度，即资产评估报告须由注册资产评估师签字，并对所签署的评估报告承担法律责任。

资产评估结果报告书应明确下列五项内容：(1)资产评估的原因，评估工作的依据，以及作价的原则方法；(2)资产评估的时间、地点及被评估资产的范围；(3)资产评估的结果及评估后的企业资产负债情况；(4)其他需要说明的问题；(5)附件。附件的内容主要包括：各类资产评估明细表（主要有资产名称、规格、数量、购进时间、原值、净值、重置完全价格、新旧程度、重置折余价值等）、资产评估后的资产增减值情况说明。

委托单位收到资产评估报告书后，报国有资产管理部门确认评估结果。

(四)验证确认

这是评估工作的最后阶段，是国有资产管理部门对资产评估报告书进行检验，据以作出认定。评估报告书经过确认以后，具有法律效力。国有资产管理部门应当自收到评估报告书之日起 45 日内下达确认通知书。确认通知书或裁定通知书的有效期为 3～6 个月，中外双方当事人应在有效期内签订合营企业合同。否则，还可延期 3 个月，逾期仍未签订合营企业合同的，应重新评估。

五、国有资产评估的方法

国有资产评估，要根据资产原值、净值、新旧程度、重置成本、获利能力等因素和适当的评估方法来评价。其方法主要有四种：

(一)重置成本法

这是一种重要的方法，要注意经济参数的选用。此法是根据被评估资产在全新情况下的重置成本，减去按重置成本计算的已使用年限的累积折旧额，考虑资产功能变化、成新率等因素，评定重估价值。其计算公式是：

被评估资产价值＝(重置价格＋购置费用＋安装费－残值)÷折旧年限×尚可使用年限＋残值±调整因素

(二)收益预测法

按被评估资产合理的预期获利能力和适当的折现率（即社会平均资金利润率，一般以银行利率替代），计算出资产的现值，以此确定重估价值。此法可以真实反映企业资产的资本化价格，是更符合市场理性的估价方法（相当于计算存折余款数额的原理：已知利息收益÷利率＝存折余款数额），也是国际上通行的方法。但目前企业营运受非正常因素影响较大，对预期损益的预测往往具有失真性，因而运用此法具有一定的局限性[①]。其计算公式是：

① 垄断性的国企，由于存在三大问题（政企不分、所得收益权属不清、效率低下），故不具备“等量资本带来等量利润”的社会经济环境。

被评估资产的基准价值＝资产预期收益÷社会平均资金利润率

(三)现行市价法

参照市场上相同或类似资产的交易价格，确定重估价值。此法的特点是适用范围较广，操作过程简便。但由于其评价的因素不像重置成本法那样全面，因而它只能是重置成本法的必要补充。

(四)清算价格法

按企业破产时，该资产可变现的价值来确定重估价值。清算价格可用市场比较法与历史成本的相关资料来确定，通常低于现行市场价格。

值得注意的是，上述四种评估方法不是孤立的、割裂的，在评定一项国有资产时，这些方法应综合运用、客观评价。

需要说明的是，除上述固定资产评估方法之外，对其他形式资产的评估，应注意下列问题：

1.流动资产的评估。对流动资产中的原材料、在制品、协作件、库存商品、低值易耗品等进行评估时，可根据该资产的现行市场价格、计划指导价格，考虑购置费用、产品完工程度、损耗等因素，评定重估价值。

2.有价证券的评估。对有价证券的评估，可参照市场价格评定重估价值，无市场价格的可考虑票面价值、预期收益等因素，评定重估价值。

3.其他无形资产的评估。对其他无形资产的评估，应区别不同情况予以评定。

(1)对外购的无形资产，则根据购入成本及该项资产具有的获利能力来评定。

(2)对自创或者自身拥有的无形资产，则根据其形成时所需的实际成本及该项资产具有的获利能力来评定。

(3)对自创或者自身拥有的未单独计算成本的无形资产，则根据该项资产具有的获利能力来评定。例如，天津市一家企业与外商谈判拟兴办合资企业，经华厦会计师事务所资产评估部评定，认为中方企业积几十年投入人力、财力、物力建起的遍布全国的产品销售网络，在合资后仍将继续使用(特许经营)，这笔无形资产被评定为200多万元，并计算到中方股本金之内。由于评估论证客观公正，外商并无异议。

应当指出，中国对无形资产的管理比较薄弱。无形资产因为“无形”，其价值较难确定，评估无形资产往往涉及科技、法律、经济方面的知识，因此，组建专业化的评估队伍和机构已相当迫切。

第四节 外商投资财产鉴定

改革开放初期,外商来华投资多数以现金为主,现汇投资比例高达80%左右。近些年来,外商投资转变为以实物资产作价投资为主。外商大量用实物作价投资,采取低价高报、以旧顶新、以次充好等手段,非法谋利。这一触目惊心的现象再也不能继续下去了。解决的办法是:对外商投资财产普遍进行鉴定。为此,国家商检局、财政部于1994年发布了《外商投资财产鉴定管理办法》;1998年海关与商检联手,"报关"与"报验"同时进行,加强和扩大鉴定覆盖面,保障了合资(合作)双方的正当权益。

一、鉴定的必要性

(一)资产评估鉴定是国际惯例

在国际投资活动中,评估鉴定是很正常的事,是惯例。它是保证投资顺利进行的前提条件——货真价实。

(二)鉴定有利于中方挽回和避免经济损失

也就是说,通过对外商投资财产进行价值和质量鉴定,不仅为合营中方挽回直接经济损失(挤干掺水资本),同时,还避免了投资额虚假而使外商长期盈利的间接损失(泡沫股权)。统计表明,1993年全国各地商检部门通过对2000多批外商投资财产的数量、品种、实物价值等多项指标鉴定,为我国挽回直接经济损失1.7亿多美元。

(三)鉴定是企业后续工作的依据

鉴定在前,验资在后。鉴定既是验资的有效依据,也是中外双方发生纠纷后,确定和调整双方利益的法律依据。

因此,依法鉴定,很有必要。中国政府规定:从1994年5月1日起,凡是来华投资的外商,都必须经过中国商检部门进行财产鉴定后,才能投资;从1998年1月15日起,"欲报关,先报验",即外商投资进口的机器设备、零部件和其他物料,须先行向当地商检机构报验,并填报《外商投资财产价值鉴定报验通知单》,由当地商检机构加盖"已接受价值鉴定报验"章,海关在办理报关手续时,加验由当地商检机构出具的《报验通知单》。

需要说明的是,从1999年10月1日起,各地出入境检验检疫机构,对外商独资企业进口设备不再进行强制性的价值鉴定,不再收取价值鉴定费用。

二、鉴定的适用范围

鉴定适用于外商(包括港、澳、台地区等境外公司、企业、其他经济组织或个人)在中国境内兴办的三资企业及补偿贸易方式中,外商投入的财产,或受三资企业委托在境外购进的财产。

三、鉴定的内容

内容包括:

1. 外商投资财产的品种、质量、数量。外商投入财产包括:品名、型号、质量、数量、规格、商标、新旧程度、出厂日期、制造国别、制造厂家等进行鉴定。

2. 价值鉴定,对外商投资财产的现时价值进行鉴定。

3. 损失鉴定,对外商投资财产因为自然灾害、意外事故引起损失的原因、程度,以及损失清理费用和残余价值进行鉴定。

四、鉴定机构和人员

1. 鉴定机构是国家商检局、各地商检局、各地商检局设立的财产鉴定所,以及对外合资、合作的资产评估机构(如外商投资检验公司)。该机构须经国家商检局和财政部审核同意,并通报各地会计师事务所及其他有关部门。

2. 鉴定人员须经国家商检局组织专业技术培训,通过考核,获得资格证书后,方准从事鉴定工作。

应当注意的是,外商投资财产鉴定工作须遵循“四性”原则(即真实性、公正性、科学性、可行性),依照国际上通行的和国家规定的方法与标准进行。否则,伪造、变造商检局和其他鉴定机构单证的,或鉴定人员玩忽职守、徇私舞弊造成鉴定结果失实或弄虚作假的,或鉴定人员向第三方提供有关情况和资料(法律另有规定者除外),将视情节轻重,依照国家《商检法实施条例》等有关规定予以惩处。

五、鉴定程序

对外商投资财产鉴定按照下列七项程序进行:

1. 申请人提出鉴定申请。应填写申请单,列明鉴定目的、对象及要求,同时应提供财产目录、报关清单、合同、发票、保险单、维修费用清单及设备技术文件等资料。

2. 鉴定机构初审资料,接受申请。要审查申请人填写的申请单和有关资料是否齐全;对需要保留现状的财产,可要求暂行封存。

3. 鉴定人员拟制鉴定计划。

4. 审核申请人提供的单证和资料，进行国内外市场调查。

5. 现场勘查。现场勘查和鉴定时，须对项目逐一核实；必要时，可向财产关系人索取有关补充说明。

6. 选择适宜的鉴定方法进行鉴定。

7. 出具鉴定证书。鉴定结束后应及时签发鉴定证书。其价值鉴定证书是证明投资各方投入财产价值的有效依据。各地会计师事务所须凭该价值鉴定证书办理外商投资财产的验资工作。申请人对鉴定结果有异议时，可以向作出鉴定结果的商检局，或上一级商检局直至国家商检局申请复鉴。

六、鉴定方法

外商投资财产鉴定，须根据财产的现实状况、新旧程度、性能指标、技术参数，以及重置成本和获利能力等，采用以下方法进行鉴定：

1. 现场勘查方法。

2. 技术检测方法。

3. 价值鉴定方法。包括：

(1)市场法，应当参照相同或类似资产的现行市场价格，鉴定出财产的价值。此法类似于对国有资产评估中的"现行市价法"。

(2)成本法，应当根据被鉴定财产在全新情况下的重置成本、减去按重置成本计算的累计折旧额，考虑其生产能力的变化、成新率等因素，确定其重估价值。或者根据被鉴定财产的现实状况和使用年限，考虑其功能变化等因素，重新确定其成新率，得出其重估价值。其计算公式与重置成本法的计算公式相同。此法即重置成本法。

(3)收益法，应当根据被鉴定财产的合理的预期获利能力和适当的折现率，计算出被鉴定财产的现值。其计算公式与收益预测法的计算公式相同。此法即收益预测法。

值得注意的是，外商投资财产鉴定人员实施鉴定时，申请人应提供必要的工作条件及辅助人力、用具等；各地商检局和其他鉴定机构办理外商投资财产鉴定业务，按国家有关规定向申请人收取鉴定费。

第五节　注册资本与投资总额

一、注册资本与投资总额的含义

(一)注册资本

所谓注册资本,即企业进行工商登记后的资本。用公式表示:

注册资本＝投资各方出资之和

值得注意的是:(1)注册资本额,既不包括合营企业向银行的借款,也不包括以合营企业名义取得的租赁设备或其他财产;(2)任何投资者,不得以合营企业的财产和权益,或者合营他方的财产和权益为其出资担保;(3)注册资本在企业经营期内不得减少,它是企业对债权人所负经济责任的基础和限度;(4)虚报注册资本罪,是中国《刑法》修订后增加的新罪名(第158条)。使用伪造的银行进账单和虚假的验资证明,取得公司登记,数额巨大、后果严重或者有其他严重情节的,处3年以下有期徒刑或者拘役,并处或者单处虚报注册资本金额1%以上5%以下罚金。

在企业合同中,有关注册资本的条款,应写明下列五项内容:(1)注册资本数额;(2)表示资本金额的币制(人民币或约定的外币);(3)资本缴付日期,约定分期缴付时,应写明每期应缴数额;(4)不能用企业开业后分得的利润作为注册资本认缴;(5)各自认缴注册资本的利息不得由企业支付。

(二)投资总额

所谓投资总额,即企业的注册资本和企业的借款之和。用公式表示:

投资总额＝注册资本＋企业借款

投资总额的构成,分为有形资产和无形资产两部分,细分为六种成分:(1)股东认缴的股金和企业借款(企业经营所需的现金,不可能完全靠现金股本,尚需借入部分资金);(2)厂房和其他建筑设施;(3)机械设备和其他物料;(4)工业产权;(5)专有技术;(6)场地使用权。

从上可见,企业投资总额的价值形态,表现为基本建设资金和生产流动资金的总和。用公式表示就是:

投资总额＝基本建设资金＋生产流动资金

二、注册资本与投资总额的比例

注册资本与投资总额之间,既有联系,又有区别,用一个综合公式表示就是:

注册资本总额≤投资总额。如果注册资本总额小于投资总额，则以企业的名义向银行借款投资，这种银行借款便构成了投资总额的一部分。

鉴于有些企业注册资本过小而借贷资本过大，与生产经营的规模不相适应，也不足以承担债务责任，1987 年 3 月中国国家工商行政管理局，对合资企业的注册资本与投资总额二者之比例实行了控制。这种控制是按企业投资规模进行分类掌握的(也适用于中外合作经营企业和外资企业)：

1. 投资总额在 300 万美元以下(含 300 万美元)的企业，其注册资本至少应占投资总额的 7/10。

2. 投资总额在 300 万美元以上至 1 000 万美元(含 1 000 万美元)的企业，其注册资本至少应占投资总额的 1/2，其中投资总额在 420 万美元以下的，注册资本不得低于 210 万美元。

3. 投资总额在 1 000 万美元以上至 3 000 万美元(含 3 000 万美元)的企业，其注册资本至少应占投资总额的 2/5，其中投资总额在1 250万美元以下的，注册资本不得低于 500 万美元。

4. 投资总额在 3 000 万美元以上的企业，其注册资本至少应占投资总额的 1/3，其中投资总额在 3 600 万美元以下的，注册资本不得低于 1 200 万美元。

5. 企业增加投资额，其追加的注册资本与增加的投资额的比例，按上述规定执行。如遇特殊情况，不能执行上述规定，由外经贸部会同国家工商行政管理局批准。

现将注册资本须占投资总额比例的规定列表归纳说明如表 8-2 所示。

表 8-2　注册资本须占投资总额的比例

投资总额(美元)	注册资本
300 万以下(含 300 万)	≥70%
300 万～1 000 万(含 1 000 万) 其中:420 万以下	≥50% ≥210 万
1 000 万～3 000 万(含 3 000 万) 其中:1250 万以下	≥40% ≥500 万
3 000 万以上 其中:3 600 万以下	≥1/3 ≥1 200 万

三、缴清注册资本的时限

中国对中外合资经营企业出资各方的出资期限，作了如下规定(也适用于中外合作经营企业)：

合同规定一次缴清出资的，合营各方应当从营业执照签发之日起，6 个月内缴清；

合同规定分期缴付出资的，合营各方第一期出资，不得低于各自认缴出资额的15%，并且应当在营业执照签发之日起3个月内缴清。

现将注册资本缴清时限的具体规定列表归纳说明如表8-3所示。

表8-3　缴清注册资本的时限

注册资本(美元)	缴清时限(年)
50万以下(含50万)	≤1
50万～100万(含100万)	≤1.5
100万～300万(含300万)	≤2
300万～1 000万(含1 000万)	≤3
1 000万以上	特批

注册资本应在合同、章程规定的期限内缴清，但缴清的最长期限不得高于上表所列时限。

对未按规定的期限缴清出资的，工商局将下达“限期出资通知书”予以催缴。该通知书的内容和格式如下：

限期出资通知书

×工商(　　)限字第　号

××有限公司：

经查，你公司(合营各方)未按合同、章程规定期限缴付注册资本。限你公司(合营各方)自接到本通知之日起壹个月内缴付注册资本，并将验资报告书报送我局，逾期不办，我局将按国家有关规定予以处理。

特此通知

××市××区工商行政管理局

(外企登记管理专用章)

年　月　日

四、不按期出资的处罚

对违反合同规定，不按期出资的中外合营企业的处罚规定是：

1. 合营各方未能在规定的期限内缴付出资的，视同合营企业自动解散，合营企业批准证书自动失效。合营企业应当向工商行政管理机关办理注销登记手续，缴销营业执照；不办理注销登记手续和缴销营业执照的，由工商行政管理机关吊销其营业执照，并予以公告。

2.合营各方缴付第一期出资后，超过合同规定的其他任何一期出资期限三个月，仍未出资或出资不足时，工商行政管理机关应当会同原审批机关发出通知，要求各方在一个月内缴清出资。

对未按通知规定的期限缴清出资的，原审批机关有权撤销对该合营企业的批准证书。批准证书撤销后，合营企业应当向工商行政管理机关办理注销登记手续，缴销营业执照，并清理债权债务；不办理注销登记手续和缴销营业执照的，工商行政管理机关有权吊销其营业执照，并予以公告。

3.合营一方未按照合同的规定如期缴付或者缴清其出资的，即构成违约。守约方应当催告违约方在一个月内缴付或者缴清出资。逾期仍未缴付或缴清的，视同违约方放弃在合营合同中的一切权利，自动退出合营企业。守约方应当在逾期后一个月内，向原审批机关申请批准解散合营企业，或者申请批准另找合营者承担违约方在合营合同中的权利和义务。守约方可以依法要求违约方赔偿因未缴清出资造成的经济损失。

守约方未按上述有关规定向原审批机关申请批准解散合营企业，或者申请批准另找合营者的，审批机关有权撤销该合营企业的批准证书。批准证书撤销后，合营企业应当向工商行政管理机关办理注销登记手续，缴销营业执照；不办理注销手续和缴销营业执照的，工商行政管理机关有权吊销其营业执照，并予以公告。

五、变更登记与再合营

(一)变更登记

1.变更登记时应提交的文件、证件

中国《企业法人登记管理条例》规定，外商投资企业改变登记注册事项，应在审批机关批准后30天内，申请办理变更登记，并提交：(1)董事长签署的变更登记申请书；(2)董事会决议；(3)原审批机关的批准文件。

2.变更登记申请书的内容与格式

变更登记申请书(参考)

××工商行政管理局：

本公司原登记项目有变更，现申请变更登记，请予审核批准。

申请企业名称：××有限公司

企业类别：中外合资(或合作)经营企业，或外资企业。

营业执照号:工商企××第××××号

董事长签字:×××

副董事长签字:×××

申请日期:年　月　日

公司印章:

附:变更登记注册事项(另页)

如果变更登记注册事项较多,可以列表写明需要变更的项目,现归纳说明如表8-4所示。

表8-4　变更登记项目表

项　目	原登记	变更登记	备　注
①名称	—	—	
②住所	—	—	附住所使用证明
③注册资本	—	—	附改变原合同的补充协议
④经营范围	—	—	
⑤董事长	—	—	附委派证明和被委派人身份证明
	—	—	
⑥经营期限	—	—	
⑦企业类别	—	—	附修改合同、章程的补充协议
⑧增减分支或办事机构			
⑨股权转让	—	—	附转让合同和修改原合同、章程的补充协议,以及受让方的开业证明和资信证明

审批意见:　年　月　日

上表所列"注册资本",中国对注册资本变更的法律规定是:合营企业在合营期内不得减少其注册资本。因投资总额和生产经营规模等发生变化,确需减少的,须经审批机构批准。

上表所列"股权转让",中国对股权转让的法律规定是:合营一方向第三方转让其全部或者部分股权的,须按五项要求去做,即:(1)须经合营他方同意;(2)合营他方有优先购买权;(3)向第三者转让股权的条件,不得比向合营他方转让的条件更为优惠;(4)须报审批机构批准;(5)须向登记管理机构办理变更登记手续。违反上述规定的,其转让无效。

(二)再合营

所谓再合营,是指外国投资者从中国境内分得的净利润,用于在中国境内直接再投资兴办其他合营企业的行为(外商股权比例不低于25%)。这种再投资举办的合营企业称为再合营企业。其直接目的是,通过再合营,发展国内横向联合或建立原材料和配套件的生产基地。中国对外国投资者的再投资行为,在政策上予以鼓励,可申请退还已缴纳的部分所得税。

六、假中外合资经营企业

在中国外商投资企业中,假中外合资经营企业不容忽视。从实践来看,兴办假合资企业的方式有三种:(1)返投资(约占30%),即国内企业同国外企业或中国的驻外机构签订"君子协定",将国内资金汇往国外,再以外商的名义璧还国内。(2)空心化(约占40%),即外商先投资登记注册,经验资后再抽走投资。继而采取同样的方式,或当地、或异地周而复始地用同一笔资金兴办若干家这样的企业。(3)洋白条(约占30%),即外资到位率低或不到位,其开户银行的账户长期挂空。

导致假合资企业泛滥的主要原因,一是多头管理,外商有机可乘;二是一些地方好大喜功,重争办,盲目追求招商引资数量;三是有的地方越权制定优惠政策,刺激了假合资企业的滋生。

对此,应当加强管理,严格按照外商投资企业法律、法规和有关规章办事,堵塞漏洞,杜绝假中外合资(合作、外商独资)企业的滋生。

第六节　验　资

所谓验资,是指对企业投资各方认缴的出资额进行验证并出具证明。

一、验资的必要性

依据中国法律规定,必须对企业投资各方认缴的出资额进行验证并出具证明。其必要性表现为三个方面:

(一)验资报告是投资主体出资的合法依据

只有通过验资,才能确定投资各方出资额、出资比例及注册资本总额。就是说,凡已批准设立的外商投资企业,按合同规定实收资本后,必须委托注册会计师进行验证,并出具验资报告书。非经注册会计师验证的出资文件,不得作为出资的合法依据。

(二)验资报告也是国际惯例

只有注册会计师,才能对外商投资企业的出资和会计报表出具法定有效的验资报告书。委托注册会计师验资,既是中国法律规定,也是国际惯例。

(三)验资活动能够促进企业按时、足额投入资本,保证企业正常营运企业注册资本应在合同、章程规定的期限内缴清,缴清与否的唯一依据是看验资报告是否给予认定。对未按规定的期限缴清出资的,工商局将下达限期出资通知书予以催缴,从而有利于企业按时、足额缴清出资,保证企业正常营运。

二、验资的内容

验资的内容包括四项:

(一)验证货币出资

包括银行开立的外币和人民币的存款户名、开户银行、币种、数量、日期,以及存款凭证号码等。

(二)验证实物出资

首先办妥商检鉴定证明,然后按清单对照实物盘点核对。

(三)验证无形资产

与有形资产不同的是,无形资产具有无形性、唯一性和多次有效性等特性。它包括工业产权和专有技术。对无形资产验证,应提交有关资料,包括专利证书或者商标注册证书的复制件、有效状况及其技术特性、实用价值、作价的计算根据、与中国合营者签订的作价协议等有关文件。

(四)验证场地使用权出资

包括四点:(1)核实土地使用证;(2)丈量土地使用面积;(3)核对土地使用权作价依据;(4)与合同中的相关条款进行核对,比较有无差异。

三、验资的方法

验资的方法有四种:

1.查询法,采用调查、询问的方法对出资进行核对。

2.审阅法,审查出资凭证和账目,对资产进行核对。

3.分析法,通过各种资料,对出资进行定量或定性分析。

4.盘点法,对资产进行盘点清查,逐一核对实物清单,确定有无差异。

四、验资工作完成期限和报告期限

(一)验资工作完成期限

三资企业验资工作在收到投资者的出资或提供合作条件后60天内完成。验资完毕,须出具验资证明,即验资报告。该报告由会计师事务所及注册会计师盖章、签名,并负法律责任。验资报告失实的,应重新验资。

(二)验资报告的报告期限

企业在验资工作后10天内,应将验资报告送主管财政机关。

第九章　三资企业组织机构

第一节　西方管理理论与管理体制的发展

中国举办三资企业，不仅引进了西方的资金和技术，而且引进了西方企业管理理论和管理方法中合乎科学的方面。为了更好地借鉴西方企业管理经验，我们首先应当了解西方企业管理理论和管理体制的发展与演变。

从管理史的角度来考察，管理理论起源于企业管理，企业管理则起源于人类的共同劳动。随着社会生产力的发展，共同劳动的规模不断扩大且趋向复杂，对管理的要求也愈来愈高。

西方企业管理理论与管理体制的发展，大体上分为三个阶段，现列表归纳说明如表 9-1 所示。

表 9-1　西方管理理论与管理体制的发展

内容 代表人物	起止年代	管理理论	管理体制
费雷德里克·泰勒(Frederick W. Taylor，1856～1915)	19 世纪末～20 世纪 30 年代	科学管理学说(古典学派)	集权式
艾尔弗雷德·斯隆(Alfred P. Slon，1875～1966)	20 世纪 30 年代～二战结束	人际关系学说(行为科学)	分权式
赫伯特·西蒙(Herbert A. Simon，1916～)	二战后	现代管理学说(决策理论或组织理论)	集权与分权相结合

一、第一阶段

本阶段是以泰勒为代表的科学管理学说，又称古典管理理论，它产生于 19 世纪末 20 世纪初期。泰勒被后人称为“科学管理之父”。这个称号被刻在他的墓碑上。泰勒的科学管理包括：“标准作业方法”、“标准作业时间”、“标准工作量”等“血汗工资制”。通过动作研究、作业所需劳动时间研究、计件工作量研究等方法，控制生产进度，谋求劳动者与机器发挥最高效率。他及其以后的管理理论，都属于控制管理理论。在此之前的企业管理思想、理论、见解，人们称之为“传统管理”。

20世纪初期，西方国家工业进步较快，经济发达，亟待解决企业中普遍存在的因管理不善而造成劳动生产率低下等问题，美国工程师泰勒首创的科学管理理论便应运而生。这在管理史上是一个划时代的转变。它是最有代表性的血汗工资制度。其基本做法和内容是：从企业中挑选最强壮、技术最高的工人，用特殊的时钟（以秒和几分之一秒为单位），记录完成每道工序、每项动作的时间，并拍成电影，然后研究“标准操作方法”，以此为据规定劳动定额，实行“分级工资制度”。

列宁指出，企业采用泰勒制后，在同样9至10个小时的工作中，可从工人身上压榨出比原先多2倍的劳动，榨取雇佣奴隶每一点神经和筋肉的能力。所以，列宁称之为“榨取血汗的‘科学’制度”。列宁还指出，泰勒制有两个方面，“一方面是资产阶级剥削的最巧妙的残酷手段，另一方面是一系列的最丰富的科学成就，即按科学来分析人在劳动中的机械动作，省去多余的笨拙的动作，制定最精确的工作方法，实行最完善的计算和监督制等等”。①

与泰勒古典学派相适应的管理体制是集权式管理。集权式管理体制下的企业组织机构设置形式，通常是单线制管理，又称首长直接负责制。

二、第二阶段

本阶段是以斯隆为代表的人际关系学说，又称行为科学。斯隆在美国通用汽车公司中度过了45个年头，其中的23年（1923～1946）是该公司的总经理，其后，直到1956年，仍是该公司的董事长，对通用汽车公司的发展影响很大。

该学说产生于20世纪30年代，是继古典学派管理理论之后，破除了以往侧重于“物”，而轻视“人”的因素的观点，强调企业管理理论务必重视人与人之间的关系，研究职工在生产中形成的相互关系，职工的社会需要、动机、内驱动力和情绪等，从而形成了“社会人”、“人际关系”的学说。人际关系学说对人的行为研究，作过大量的案例调查和实验，提高了对人的行为的认识，研究人的行为的因果关系及其规律性，继而超出研究人的日常生活行为和本能性的反射，深入到组织行为的研究，形成了新兴的组织行为学。它对设置企业组织机构、制定组织决策及实施管理措施，都有一定的理论价值。

与斯隆行为科学相适应的管理体制是分权式管理。分权式管理体制下的企业组织机构设置形式，通常是事业部制管理，又称部门化结构，是规模较大的公

① 《列宁选集》第三卷．北京：人民出版社，1972(2)．511

司或工厂所普遍采用的一种组织机构形式。其特点是集中决策，分散经营。这有利于发展专业化生产与经营，有利于最高管理层摆脱日常行政事务，搞好宏观决策，也有利于加强各事业部领导者的事业心和企业的应变能力。

三、第三阶段

本阶段是以西蒙为代表的现代管理学说，又称决策理论或组织理论。西蒙是美国卡内基—梅隆大学教授，著名的管理学家、计算机科学家和心理学家，决策理论学派的主要代表人物，1978 年诺贝尔经济学奖获得者。

该学说产生于第二次世界大战后。战后是管理研究的繁荣时期。战前世界全部有关管理研究的书有 5000～6000 册，而 1950 年之后，几乎每年出版的这类书都是它的 4～5 倍。专门从事管理研究的人愈来愈多，逐步形成了一系列管理理论流派，使企业界陷入“管理理论丛林”之中。当然，最具代表性的还是西蒙创立的现代管理学说。它在二战后出现，以决策研究为中心内容，不但考虑了以人的因素为核心的“行为科学”成果，还综合、吸收新的科学技术成就，把系统分析、运筹学、电子计算机科学应用到企业经营管理，使千头万绪的管理问题归于条理化，提高了科学管理的绩效。

西方对决策理论的研究，原来只局限于常规决策与非常规决策的方法上。常规决策即“程序化决策”，由低层管理人员作出；非常规决策即“非程序化决策”，则由高层管理人员作出。至于有关检验决策正确与否的方法，还没有人认真研究。因此，减少决策的失误率，提高决策的准确性，就成了当代决策理论的著名管理学家 H. A. 西蒙教授决策理论中更加重要的研究课题。与此同时，由于企业面临内外环境的频繁变化，在决策过程中的不确定因素更加多，再加上决策由个人为主的决策转向集体决策发展的新趋向，使管理学者认识到，对如何判断决策正误的问题，更需加深研究。当代美国风行“责任团”来判断组织决策的方法，即将决策参与者的力量凝聚起来，联成一体，就有关决策意见进行交流，加速信息传递。这种做法，不只对企业行之有效，也引起宏观管理的重视和运用。

与西蒙决策理论相适应的管理体制，是集权与分权相结合式管理。这种管理体制下的企业组织机构设置形式，通常是矩阵制管理，又称规划—目标结构，或规划—矩阵结构。其特点是企业各部门可以充分协调，集思广益，增强适应性。这更适用于研究、制造等创新性质的工作，以及巨型化、混合化、国际化企业的生产与经营。

综上所述，我们了解外国企业管理理论和管理体制的发展，旨在“洋为中用”和“洋为中戒”，而不是盲目搬用。我们应当本着“以我为主，博采众长，融化提炼，自成一家”的宗旨，立足国情，有选择地借鉴别国的经验，创造我们自己的具有中国特色的社会主义管理理论体系及其相应的管理体制。

第二节　经营管理机构的设置

一、企业经营管理的重要性

所谓经营管理，是指企业在生产经营活动中所需要的执行、组织、指挥和调节等各项活动的总称。经营主外，管理主内。管理要为经营服务，如果方向错了，前进就是倒退。管理的真谛在“理”不在“管”，且管理只对绩效负责，只需分配好权力、责任、利益三样东西（等边三角形），即可把管理做好。经营管理的重要性可以概括为如下两个方面：

（一）经营管理的好坏，是企业成败的关键

现代工业生产，向人们揭示出这样一个客观经济规律：企业成败的关键，最终取决于经营管理。

据加拿大官方调查资料表明，失败的中小企业中有80％是缺乏经营管理能力所致；日本每年倒闭的中小企业超过万家，也大多是经营管理不善造成的。不少有成就的企业家认为，企业的成功，三分靠物质技术，七分靠经营管理。因此，经营管理的好坏，对企业的生存和发展至关重要。

（二）经营管理也是一种投资环境

人所共知，中外合资（合作）经营企业是由两个或两个以上不同国家（或地区）的投资者，共同兴办的企业。其主要特点是共同投资，共同经营，共负盈亏，共担风险。因此，投资各方都要求搞好经营管理，使企业取得最好的经济效益，在激烈的市场竞争中立于不败之地。

搞好企业管理，不仅有利于企业的发展，而且有利于进一步吸引外资和引进先进技术，进一步扩大对外开放。因此，企业经营管理也是一种投资环境。

二、企业组织机构与活动

投资各方出资兴办企业，其组织机构一般是：由董事会聘请总经理主管经营；总经理遵循董事会的决议、方针，拟订实现企业目标的具体实施方案，直接指示厂长；厂长根据总经理的命令，制定具体的生产计划，命令科长、主任执行，如图9-1所示。

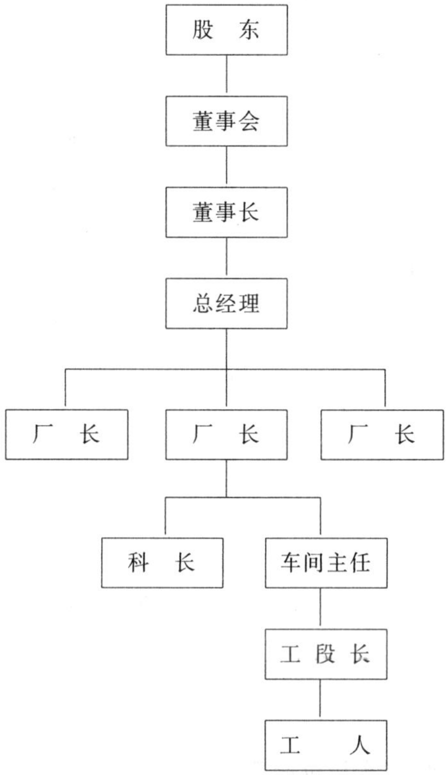

图 9-1　企业组织机构示意图

企业不论大小，就其内部而言，主要包括三种活动：企业宗旨和经营方针的制定、经营管理、作业。如图 9-2 所示。

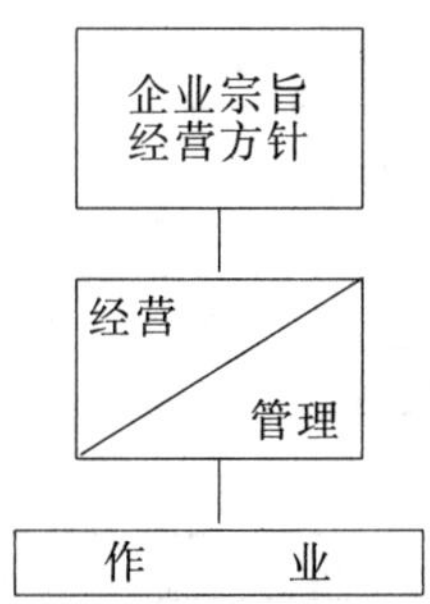

图 9-2　企业内部活动示意图

三、企业经营管理机构的形式

企业经营管理机构的形式，概括为下列五种：

(一)单线制

单线制又称直接制，是沿用工业发展初期的一种结构最简单的组织形式。其特点是不设专门的职能机构(至多配有个别的职能人员)，指挥和管理职能集中由经理或厂长执行，责权分明，决策迅速。此形式只适用于规模较小的企业或应用于现场作业管理，如图 9-3 所示。

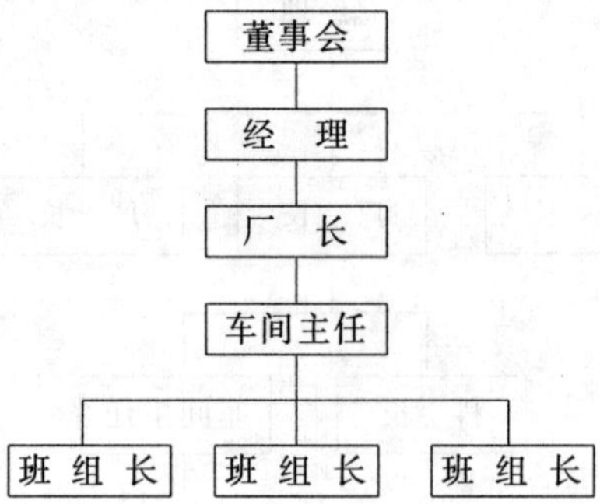

图 9-3　单线制企业管理机构示意图

(二)多线制

多线制又称职能制，是采用按职能实行专业分工的管理办法，受领导人的委托，在其职能机构的业务范围内，有权下达命令和指示，以代替单线制的全能管理。其特点是可减少领导人对专业指挥的困难，但对下级形成多头领导，容易造成管理混乱，协调困难。在实践中，一般的企业不采用这种形式，如图 9-4 所示。

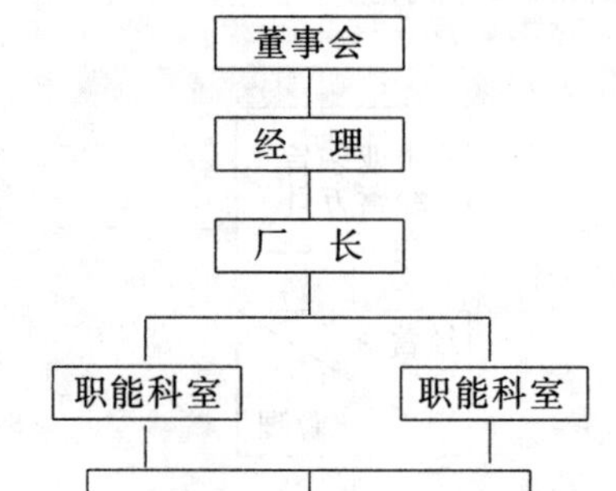

图 9-4　多线制企业管理机构示意图

(三)直线职能(参谋)制

直线职能(参谋)制,又称生产区域制,是把各级领导人增设的职能部门,只作为领导人的参谋和助手,对下级直线部门提供建议或业务指导,不能向下级直接下达命令和指示,一切指挥权仍由各级领导人掌握,并亲自下达命令或指示。其优点是,既能弥补领导人专业知识的不足,又能避免多线制下的多头领导。其缺点是,横向联系差,经营决策较慢。在实践中,中国绝大多数企业(特别是中小型企业)采用这一形式,如图 9-5 所示。

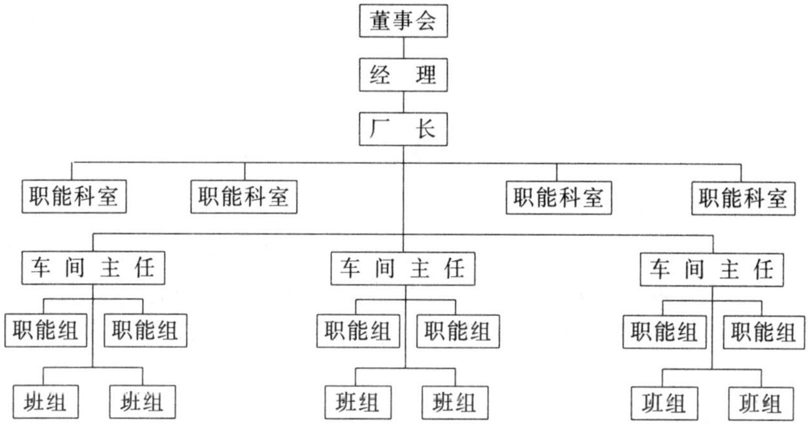

图 9-5　直线职能制企业管理机构示意图

(四)事业部制

事业部制,又称部门化结构,是 1924 年以来国外规模大的公司或工厂普遍采用的一种组织机构形式。其特点是集中决策、分散经营。即在大公司或大厂矿企业的最高管理层下,设两类事业部:一类叫职能事业部(如人事、财务、销售、供应、技术等部);另一类叫专业事业部(如按不同的产品或地区,设立从事生产经营活动的经营事业部)。各专业事业部为一个利润中心,均有自己独立的产品和市场,实行独立核算,自负盈亏。事业部制的优点:(1)有利于发展专业化;(2)有利于最高管理层摆脱日常行政事务,搞好宏观决策与长远规划;(3)有利于加强各事业部领导者的事业心,增强内部供、产、销之间的协调,以及公司或企业的应变能力。其缺点是,在事业部制形式下,机构重叠,人员臃肿,由于各专业事业部单独核算,容易忽视总公司或工厂的总体利益。在实践中,中国规模较大的企业(品种较多且差别较大,或市场销售条件差别也大)多采用这一形式,如图 9-6 所示。

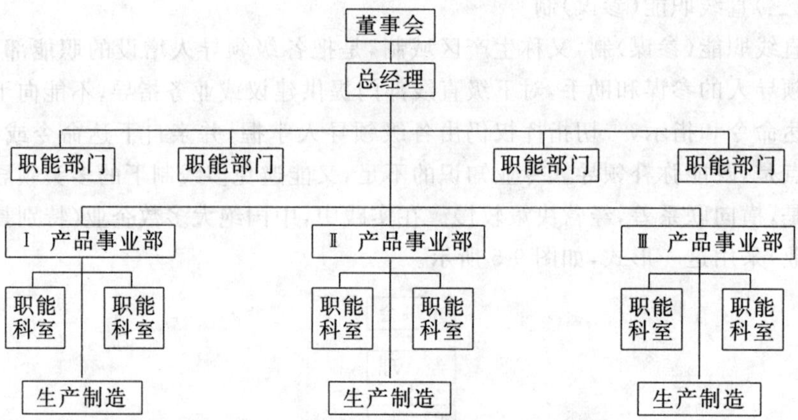

图 9-6　事业部制企业管理机构示意图

(五)矩阵管理制

矩阵管理制，又称规划—目标结构，或规划—矩阵结构。它是继事业部制之后，把企业垂直的职能管理系统与某项产品(或工程项目)目标任务的横向管理系统纵横交叉起来，组成矩阵管理制。其特点是，为了完成某项特定任务，由有关职能部门派人参加，组成联合专门小组，实行条块结合，双重领导、协调活动。其优点是，各部门可充分协调，集思广益，增强适应性。其缺点是，由于其稳定性差，因而容易产生临时观点，部门之间也容易发生矛盾。这种形式更适用于设计、研究制造等创新性质的工作和生产经营复杂多变的企业，如图 9-7 所示。

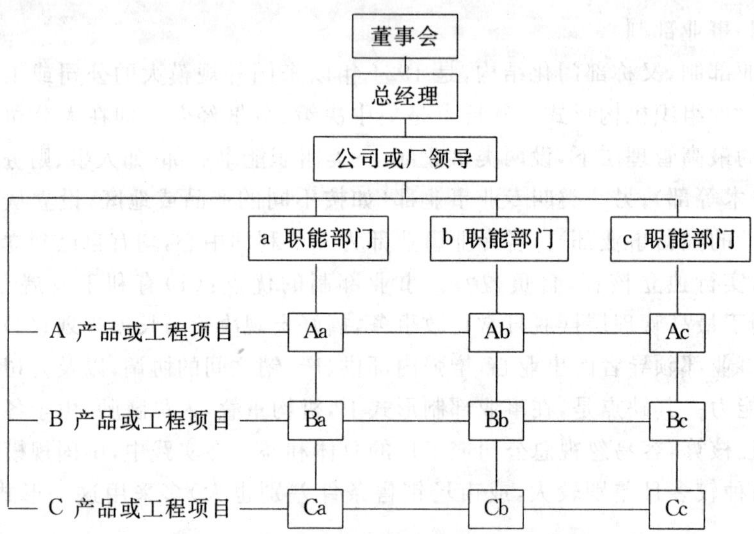

图 9-7　矩阵管理制企业管理机构示意图

从图 9-7 可见，在矩阵管理制中，产品或工程项目的执行人员接受纵横两方面的领导，即在执行产品或工程项目方面，接受产品或工程项目负责人的领导；在执行日常工作方面，接受职能部门负责人的领导。这种矩阵管理制可以把管理中垂直职能管理和横向目标管理、集权和分权更好地结合起来，提高管理效率。这种管理体系在美国、西欧、日本广泛应用。

以上各种组织机构的基本形式，各有长短，没有一种是尽善尽美的。企业究竟采取哪种形式或兼而有之（即混合制），应从实际出发，灵活应用。

四、企业经营管理机构的设置

企业经营管理机构如何设置，国家在法律上没有统一规定。因为企业的规模和经营内容不同，机构设置也不相同。规模比较小的企业，其经营管理机构的设置，一般可参考图 9-8 所示。

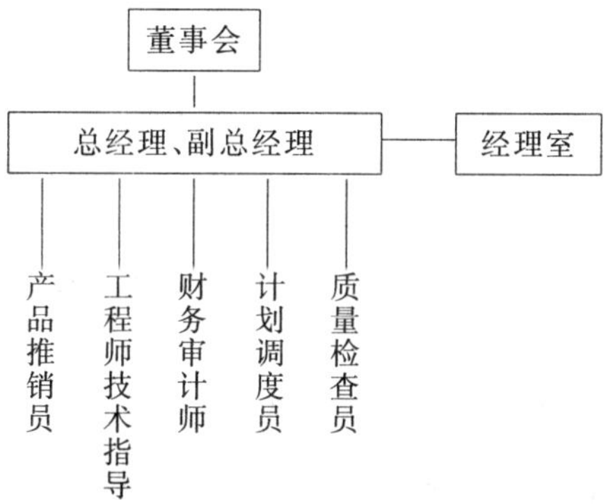

图 9-8　小企业经营管理机构设置示意图

规模比较大的企业，其经营管理机构的设置，参见图 9-9 所示。

企业经营管理机构的部门设置和人员定额，是企业中一个比较大的原则问题，应在章程中加以规定。具体的设置方案和部门的负责人选，可由总经理、副总经理协商提出，交董事会认可。

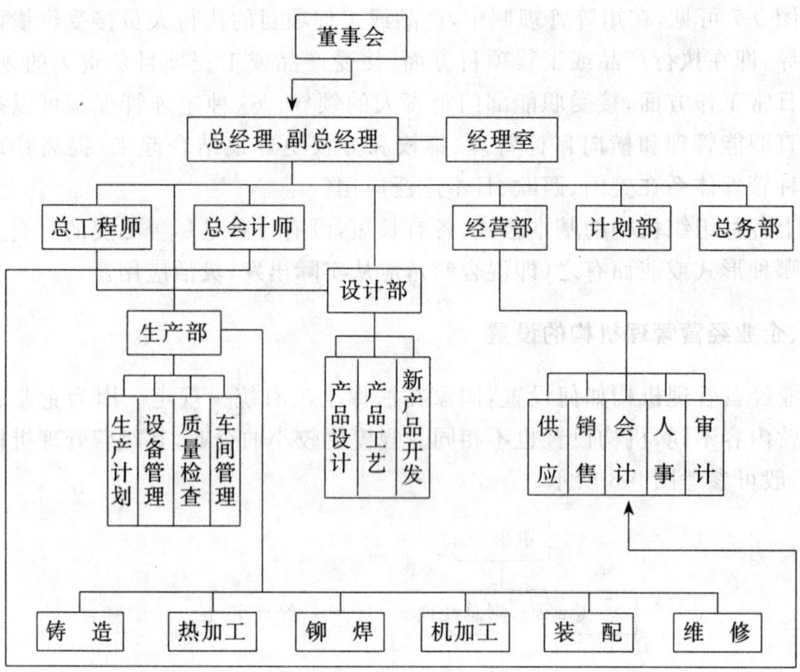

图 9-9　大型企业经营管理机构设置示意图

五、三资企业经营管理机构设置的特点

机构设置是否恰当，对企业经营效果具有重大影响。三资企业经营管理机构的设置有其特殊性：它既不同于国有企业，也不同于西方公司(企业)。

(一)与国有企业经营管理机构设置的主要区别

1. 经营型的三资企业，其产品推销机构比其他职能机构强大，并把它放在最重要的位置上。它兼有产品推销和把握市场信息两种职能，由总经理或第一副总经理直接领导。三资企业之所以重视产品推销和市场，主要原因是国家不承担、不负责它的产品销售任务，产品能否有市场，完全由三资企业自行负责。因此，三资企业的经营轨迹是：企业跟着生产转，生产跟着经营转，经营跟着市场转，市场指导企业，是企业的生命线。而不像过去的生产型国营企业，不设市场部，不考虑市场销售。因为生产型国营企业的运行轨迹是：企业跟着生产转，生产跟着计划转，计划跟着政府转，政府向企业下达指令性指标，且负责产品的统购包销和亏损补贴。因此，生产型国营企业有了问题找“市长”，而不去找“市场”。两种不同类型企业的运行轨迹画图说明如图 9-10 所示。

2. 经营型的三资企业，把财务会计审计机构放在十分重要的位置上。其原

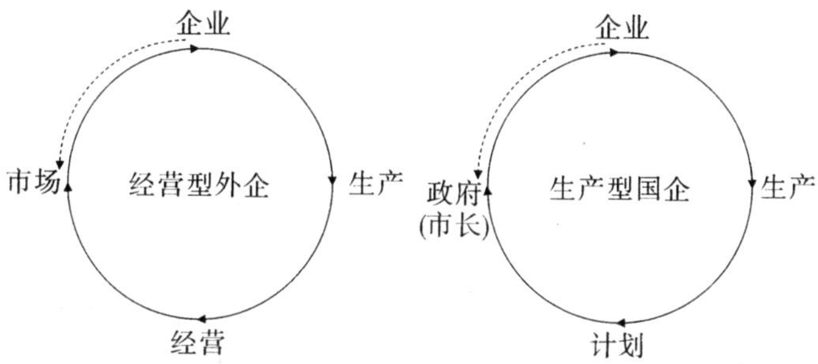

图 9-10　不同类型企业的运行轨迹

因是:三资企业的财务工作范围更广、要求更高、责任更大。表现为:不但与国有企业一样,要记录各项财务收入,费用开支,核算产品成本,而且还要计算股东的利润分成(盈利时),债务责任(负债时);与国内外客户之间的往来和结算事务增多;总会计师要定期向董事会报告企业的财务状况;财务报告须经审计师审计(必要时须经会计师事务所公证);财务账簿,股东们要检查,财政部门、税务部门、海关等都要检查。总之,由于所有制性质不同,存在着国家、企业、股东、股东之间等诸多方面的利害关系,因此三资企业把财务机构的设置放在更为重要的位置上。

(二)与西方国家公司(企业)经营管理机构设置的主要区别

1. 三资企业一般都设有比较大的供应部门。其任务是采购企业生产所需要的原材料、燃料、配套零件和部件。原因是:中国的生产要素市场尚未完全建立起来,市场供求关系基本上还是卖方市场,企业不设置有力的供应机构,不采购和储备物资,就不能保证企业顺利经营。而在西方国家,长期以来是买方市场,用不着花大力气办采购。

2. 三资企业一般都设有一个管理生活服务的后勤部门。其原因是:中国的第三产业尚不发达,企业都要自己设立食堂、托儿所、浴室、医务室、俱乐部,甚至设立学校;否则,不仅会使职工生活有后顾之忧,还会影响职工的生产积极性。而在西方国家,第三产业很发达,企业的老板只管生产,不用管职工的生活服务。

第三节 董事会

一、董事会是三资企业的最高权力机构

在实践中，中外合资经营企业和具有法人资格的中外合作经营企业，以及外资企业，均组成董事会。之所以说董事会是三资企业的最高权力机构，是有其法律根据和财产所有权根据的。

(一)法律根据

《合资法》第六条规定，董事会根据平等互利的原则，按合营企业的章程规定，讨论决定合营企业的一切重大问题，包括七项：(1)企业发展规划；(2)生产经营活动方案；(3)收支预算；(4)利润分配；(5)劳动工资计划；(6)停业；(7)总经理、副总经理、总工程师、总会计师、审计师的任命或聘请及其职权和待遇等。这是三资企业组织机构的最大特点，体现了最高职权及其独立自主的管理原则。

(二)财产所有权根据

在国际上，通行的原则是财产所有权和支配权的统一。当代资本主义国家企业的形式分为独资企业、合伙企业和公司制企业。其中，独资企业(独家资本)握有最高权力者是业主本人，财产所有权和支配权相统一，这是显而易见的；合伙企业(两三家业主合伙)经营管理中重大问题的决定，须由合伙者共同作出，其财产所有权和支配权相统一，也是明显的；公司制企业，从公司企业的内部构造和产权组合的方式来分类，历史上主要分为四种类型：股份有限公司、股份无限公司、股份两合公司、有限责任公司。对从社会广泛集资的股份有限公司来说，在实际经营活动中出现了所有权和职业经理经营权的分离，特别是对绝大多数小额股东来说更是这样。尽管如此，并不能否认财产所有权和支配权相统一的原则，因为对整个公司和股东大会来说，仍然体现了所有权和支配权的统一，职业经理如果管不好也是可以被解聘的。这是一条国际公认的普遍适用的原则。它不仅是私有制国家经济立法和经济活动的基本原则，也是中国不同所有制企业之间维持正常经济关系、必须遵循的一个共同的基本原则。否则，便无法保障社会正常的经济生活。

综上，三资企业的财产为投资各方股东所共有，所以企业最高权力只能属于由股东委派人员组成的董事会；董事会体现了企业财产所有权和财产支配权的统一。

外资企业的最高权力机构可以是董事会、理事会或其他形式的组织机构；但

无论采取何种形式的机构,其拥有的企业最高权力却是一样的。

二、董事会的组成

(一)董事会的组成原则

即董事会名额分配原则,法规作出了三项规定:(1)董事名额的分配由投资各方参照出资比例协商确定;(2)各方按商定的董事人数以书面形式自行委派或更换;(3)一方委派的董事,不需要经其他各方同意。

(二)董事会的人数

1.董事会人数以奇数为宜。由于企业规模大小和股东多少的差异,法规只规定了董事人数的下限,即董事会成员不得少于3人,并没有限定上限人数。但一般以3～7人为宜,最多不超过9人。如果是特大型企业或企业集团,董事会成员可适当增加。人数过多的董事会(或董事局),可以设常务董事会和若干专业工作委员会作为董事会的执行机构(如产品开发、市场调查、财务监督、法律顾问)。为了符合国际惯例,便于董事会表决,尽可能避免董事会人数为偶数。

2.对偶数组成的董事会,各方需要更多地协商一致,谁也不能凭借控股权谋取私利。协商一致原则,也可以理解为任何一方股东均拥有否决权。在实践中,把偶数组成的董事会变为奇数,可以采取定期轮换的方法,即让一方比另一方多一名董事,如此循环不已。

(三)董事的任期

根据中国国情和其他国家的普遍作法,中国法规规定:合营企业董事的任期为4年,经合营各方继续委派可以连任。这就保证了合营各方委派董事的权力。中外合作经营企业董事或者委员的任期为3年,任期届满,委派方继续委派的,可以连任。

三、董事会的人选

1.按照国际惯例,有五种人不能委派做董事:(1)没有国籍的人;(2)被剥夺了公民资格的人;(3)有刑事犯罪案件,尚在服刑期间的人;(4)精神不正常,不能对事务作出合理判断的人;(5)未成年,不能履行民事活动义务的人。这五种人均不能正常行使民事权利,如一方委派了,也要让其撤换。

2.外方董事人选:应委派对中方有合作诚意、比较了解中国国情、熟悉业务的人担任。

3.中方董事人选:应挑选能够代表投资者利益、行使投资者权利、懂业务,并能为企业出谋划策的人担任。就是说,中方董事人选,既要“保险”,又要“才干”,德才二者不可偏废。

4. 董事长的选任：法律对董事长选任的四项规定是：(1)董事长和副董事长由合营各方协商确定或由董事会选举产生；(2)中外合营者一方担任董事长的，由他方担任副董事长；(3)董事长设一人，副董事长可设一人、两人或两人以上；(4)董事长是企业的法定代表人，董事长不能履行职责时，应授权副董事长或其他董事代为履行。

5. 董事长的权力和责任：(1)三项权力：一是董事开会时主持会议，集中多数人意见作出正确决定，但他本人不享有决定票权和双票权；二是董事开会前负责收集董事的建议，协调董事之间的意见分歧；三是在董事长缺席时，委托副董事长代替董事长主持董事会议，行使董事长职权。(2)三项责任：一是董事会闭会后，董事长作为企业的法定代表人，对企业的经营方针和一切经营活动后果，都负有最高、最大和最终的责任；二是董事长要博采众议，秉公处理问题，使全体股东都折服；三是监督企业进行有成效的经营，发现问题，及时采取对策。

四、董事会的议事规则

所谓议事规则，又称议事程序。议事是否符合程序，涉及董事会决议是否合法。

1. 董事会会议的法定人数。董事会会议应有 2/3 董事出席方能举行；董事不能出席，可出具委托书委托他人代表其出席和表决；经1/3以上的董事提议，可以由董事长召开董事会临时会议；有些紧急问题，董事长认为有必要时，也可以书面征求全体董事意见，如全体董事意见一致，可以视作董事会通过的决议，这在法律上也是许可的。董事会会议一般应在企业法定地址所在地举行。

2. 一致通过的议事规则，即由出席董事会会议的董事一致通过方可作出决议。这类事项包括四项：(1)企业章程的修改；(2)企业的中止、解散；(3)企业注册资本的增加、转让、调整股权比例或抵押等；(4)企业与其他经济组织的合作、联合与合并。

3. 特别多数通过的议事规则，即对法规未列举的其他事项，可以根据企业章程载明的议事规则自行作出决议。

4. 简单多数通过的议事规则，即对法规未列举的其他事项，可以根据企业章程载明的议事规则自行作出决议。

总之，不同的事项适用于不同的议事规则。对重大事项需要适用一致通过或特别多数通过的议事规则。此外，董事会会议作出的任何决议，均应由出席董事会会议的全体董事(或董事授权代表)签字。

第四节 中外合作经营企业的管理方式

中外合作经营企业的管理方式区分为联合管理制、委托管理制和董事会管理制三种形式，因其最高权力机构的形式有特殊性，所以单设一节加以说明。

一、联合管理制

非法人型合作企业（不建立法人经营实体），又称合伙型企业，实行联合管理，依法成立联合管理委员会（简称“联合管委会”）。联合管委会是企业的最高权力机构，按照合作企业合同的规定，决定合作企业的重大问题。中外合作者一方担任联合管委会主任的，另一方担任副主任。联合管委会可以决定任命或聘请总经理，负责合作企业的日常经营管理工作，总经理对联合管委会负责。

二、委托管理制

（一）委托合作一方管理

合作企业成立后，也可改为委托中外合作者一方经营管理。如广州白云汽车出租公司，就是由中方负责经营管理的。

（二）委托第三方管理

合作企业成立后，如果改为委托中外合作者以外的第三方经营管理的（委托方与受托方签订经营管理合同；管理人员和管理制度由受托方决定，管理费用由委托方承担），必须经联合管委会一致同意，连同被委托人的资信证明等文件，一并报审查批准机关批准，并向工商行政管理机关办理变更登记手续。如北京建国饭店、长城饭店的受托方分别是香港半岛酒家和美国希尔顿饭店。目的是为引进科学的管理经验。

三、董事会管理制

法人型合作企业（建立法人经营实体），其管理机构是董事会领导下的总经理负责制，这与合资企业相同，不属于典型合作经营方式。

还要说明的是，合作企业的董事会或者联合管理委员会，每届任期不得超过3年（合资企业为4年），任期届满，委派方继续委派的，可以连任。召开董事会会议或者联合管委会会议，应当在会议召开10天前通知全体董事或者委员。董事会或者联合管委会也可以用通讯的方式作决议；其他议事规则与合资企业相同。

四、联合管理方式的典型案例

合作企业运用联合管理方式的典型案例有：

大的合作经营项目，如海洋石油合作勘探开发、山西平朔露天煤矿，由中外合作双方选派大批专家和经营管理人员，组成联合管委会，并各指定一名首席代表。联合管委会下，由双方分别对口设立若干事务部。事务部除有对口协调执行合同的任务以外，还含有外商向中方传授技术和管理经验的目的，这种目的应在合同中写明。

小的合作项目(如合作养殖、合作捕捞)，由合作双方的代表，定期或不定期会晤，协商解决合同执行中出现的问题。双方为执行合同义务，需要雇用职工时，由各方自行聘用，自行负担费用开支。

第五节　总经理

领导者对企业成长负责，管理者对企业绩效负责。领导和管理的最重要之处就是如何把人用好，把人的积极性调动起来、发挥出去，提升执行和执行力。执行，就是目标变结果的行动；执行力，就是目标变结果的能力。本节重点说明管理者的主要职责及其如何践行这些职责。

一、总经理的含义

总经理是企业日常经营管理业务工作的最高执行者、直接组织者和指挥者。总经理由董事会任命，并向上级主管部门备案。总经理设一人，副总经理若干人。副总经理协助总经理工作。之所以总经理只设一人，是岗位责任制和一元化管理体制的要求，是指挥社会化生产、参与市场竞争的需要。

二、总经理的人选条件

由于企业的大小不同，管理工作的繁简不同，所以对总经理要求的标准也不尽相同。一般说来，总经理须具备四项条件：(1)懂得中国的政策、法律、法规和规章；(2)懂得企业经营业务，对企业生产和经营是内行或专家；(3)有组织才能，善于同各方人士合作；(4)有一定的国际经贸知识，能够对国际业务中出现的问题作出决断。

总经理人选不分国籍。具备条件的董事也可担任总经理或副总经理。不是董事的总经理、副总经理，要授予列席董事会会议的权利。

三、总经理的职权

(一)对总经理职权的原则规定

中国相关法规的四项规定是:(1)总经理执行董事会会议的各项决议;(2)组织领导合营企业的日常经营管理工作;(3)在董事会授权范围内,总经理对外代表合营企业,对内任免下属人员;(4)行使董事会授予的其他职权。

(二)对总经理职权的具体规定

对总经理的具体职权,法规并没有作出明文规定。但从实践来看,总经理职权应是公司章程的重要组成部分。总经理职权可以概括为以下四点:(1)总经理有权任命、撤换他下属的所有人员;(2)总经理在企业里下达的命令必须被执行;(3)总经理对企业日常经营管理工作方面的一切指示,无须向任何人请示;(4)在社会上总经理是企业的总负责人,对外签署的一切业务文件被认为是最有权威和信义的文件,如银行见到总经理的签字才肯支付,合同有总经理签字才能生效。

(三)对总经理职权的具体运作

对总经理职权的具体运作,国内有关方面根据中国企业对总经理的要求,结合国外企业的经验借鉴,作了如下十二项归纳:

1. 执行合营各方所订合同、章程及董事会的决议。

2. 提名各职能部门负责人,由董事会任命,如职能部门的主管、副总工程师、副总会计师等高级人员。

3. 制定本公司的经营管理制度,各部门分工职责,对各职能部门布置、指导、监督和检查工作。

4. 向董事会提出季度、年度工作报告。

5. 对供(采购)、销(内外销)中产生的问题,以及流动资金的借贷作出决定。

6. 审查职能部门制定的内外销产品价格,并对超过幅度的升降作出决定。

7. 代表企业接待重要的业务单位联系人员、谈判和签署文件。

8. 主持企业行政会议,对行政会议讨论的事项及作出的决议负责执行。

9. 解决各职能部门向总经理请示的其他问题。

10. 在董事会授权范围内,代表企业与东道国的主管机关接触,代表企业或指派代理人出席涉及企业的审判或仲裁、调解会议。

11. 对职工违反规章制度的处分作出行政方面的最后决定。

12. 其他应由总经理负责的事项。

四、总经理行使职权值得注意的问题

如下六个问题值得注意：

1. 总经理或副总经理不得兼任其他经济组织的总经理或副总经理，不得参与其他经济组织对本企业的商业竞争。

2. 总经理处理重要问题时，应当同副总经理协商。

3. 总经理、副总经理及其他高级管理人员，凡有营私舞弊或严重失职行为的，经董事会决议可以随时解聘。

4. 投资各方对总经理、副总经理的评价相互矛盾时，不允许单方面撤换。如一方坚持撤换，应由董事会调查后，作出决议。不经董事会决议，单方面撤换或委任，均无法律效力。

5. 董事对总经理的日常决策和经营管理，只有监督和建议的权利，没有干预的权利，不能随意制止总经理决策的实行。

6. 总经理对外代表企业处理问题的权限与董事长有所区别：总经理是在经营管理业务上对外代表企业；董事长是企业的法定代表人，在企业法人实体变更时（如股权转让、企业合并、联营、中止、倒闭等），对外代表企业。

五、联署制问题

所谓联署制，就是在重大经营管理问题上，由中外双方总经理、副总经理共同作出决定，在文件上共同签字方能生效。之所以提出这个问题，实质仍然是企业控制权问题。这种做法的好处是防止不公正，缺点是妨碍总经理独立行使职权和及时解决问题。事实上，企业提出这个问题的较多，真正定为制度并实行的很少。因为，事无巨细都要联署，企业就没有活力了。多数情况下，总经理、副总经理在处理重要问题时，也是只求协商，而不必求联署。

第六节　党组织与工会

一、党组织

（一）党组织建设的必要性

党章规定，凡是有正式党员 3 人以上的企业，都应建立党的组织。三资企业党组织的建设，是新时期党的建设的一项重要内容。所有中外合资、合作经营企业（原则上也适用于外资企业），都要按照中共中央组织部的有关文件和有关法律、法规的规定，建立和健全党的组织。家乐福、沃尔玛、诺基亚、现代集团、阿尔卡特朗讯上海贝尔公司……，越来越多在华外企设立中共党支部。党的隶属关系一般应与其行政隶属关系相一致。党组织一般不设专职人员，党组织负责人可由条件适合的企业领导干部、企业的部门负责人或工会干部兼任。职工人数较多的企业，在取得外方的理解和支持后，本着精干的原则，可设置必要的少量专职干部。党的专职干部，要由懂政策、懂业务、作风正派、遵守纪律、善于同外方合作共事的人员担任。

总而言之，党组织建设的目的是为了贯彻落实党和国家的对外开放政策，加强和改进三资企业中方职工的思想政治工作，充分调动中方职工的积极性和创造性，搞好企业的经营管理，促进企业健康发展。

（二）党组织的基本任务

三资企业党组织的基本任务是：1.贯彻“三个代表”重要思想、科学发展观和对外开放政策，保证党和国家的方针政策、法律法规得到正确贯彻执行；2.密切联系生产经营活动，不断提高中方职工的政治思想素质和科学文化素质，建设一支“四有”职工队伍（有理想、有道德、有文化、有纪律）；3.在中方人员中发挥政治核心作用，促进中外双方人员合作共事，共同办好企业。

（三）党组织的工作方法

党组织的工作方法是：从实际出发，紧紧围绕企业的经济活动，原则性与灵活性相结合；善于在法定范围内工作；特别要注重发挥中方领导干部和党、团员的模范带头作用，把身教同言教结合起来，并注意发挥工会、青年团、妇联等群众组织的作用，支持他们按照各自的章程自主开展工作。

（四）党组织的活动方式

党组织的活动方式要灵活多样、生动活泼、讲求实效；群众性的教育活动应在业余时间进行，必须占用生产时间的，要征得企业领导的同意。总之，党组织的活动要与企业文化建设结合起来，增强吸引力，努力做到党组织的活动为企业所需要、为党员所欢迎、为外商所理解。

目前，中国外商投资企业中党组织的建设，有不少成功的范例。例如，中国目前投资规模最大的外资企业摩托罗拉（中国）电子有限公司，通过建立中共党总支和分厂党支部开展党的活动，树立起中共党员的良好形象，党员职工成为公司中坚力量，外方信心大增。该公司是世界著名的跨国集团——美国摩托罗拉公司 1992 年 3 月在天津开发区独资兴建的高科技企业，累计投资总额达 10 亿美元。公司拥有 6 500 余名员工，下设 5 个分厂。1994 年 5 月，公司规模扩大，中国员工和中共党员数量急剧增加。在这种情况下，开发区党组织决定在摩托罗拉（中国）公司建立党总支，开辟出一条外资企业党建工作的新路。在与公司外方管理人员交换意见时，外商才第一次认识了公司中的许多中共党员，并惊奇地发现，公司管理骨干和技术骨干大都是中共党员，他们出色的工作和优良的品质早已博得众人交口称赞。外商当即表示，支持摩托罗拉（中国）公司建立党总支，并在党组织活动的时间、场所、经费等方面提供方便。

二、工会组织

（一）组建工会的必要性

外商投资企业组建工会的必要性表现为四个方面：(1)中国《工会法》和有关法律法规都明确规定，参加和组织工会是外商投资企业职工的神圣权利，应依法坚持职工自愿入会的原则。(2)中华全国总工会提出了设立外商投资企业与组建工会"三同时"的要求，即：在与外商谈判的同时，要提出建立工会并写入企业章程；在筹建企业的同时，筹建工会组织；在企业开业的同时，建立起工会组织。(3)党在外商投资企业中群众工作的重要内容和保持工人阶级团结与统一的需要。(4)发挥职工群众积极性、维护职工合法权益和稳定、协调劳动关系的需要。

（二）工会工作的基本方针

中国工会从国情出发，参照国际有关经验，明确提出外商投资企业工会工作的基本方针是两句话：维护职工合法权益，共谋企业健康发展。这一方针的制定，是从外商投资企业劳动关系的特殊性出发，既考虑到工会维护职工合法权益，又考虑到促进企业发展，是建立稳定、协调劳动关系的需要。

（三）工会组织的主要职责

外商投资企业工会组织的主要职责归纳为六个方面：

1.维护职工合法权益。从"源头"看，中华全国总工会参与了全部涉及职工权益的法律法规的制定工作，覆盖了维护职工权益的各个方面，从"源头"上维护了职工的合法权益。这些法律法规，不仅为维护职工合法权益提供了依据，同时也确立了三资企业工会在企业中的地位和作用，为各级工会独立自主地开展工作提供了保障。

2.签订集体合同。三资企业工会实施劳动法的重点是，积极推进工会代表职工与企业签订集体合同。签订集体合同是中国《劳动法》(1995年5月1日实施)的规定，也符合国际惯例。协商谈判制度是签订集体合同的必要程序。工会以职工合法权益的代表者和维护者的身份，与企业进行协商谈判。通过签订集体合同，维护职工合法权益，建立稳定、协调的劳动关系。无论劳动者个人是否加入工会，都可以享受集体合同对劳动者权益的保障条款；集体合同一旦订立，企业与任何劳动者个人的劳动合同，都只能更有利于劳动者的利益。

3.指导个人合同。工会还应指导、帮助职工与企业签订个人劳动合同。在个人劳动合同中，劳动条件和劳动报酬等标准，不能低于集体合同的规定。总之，无论是集体合同，还是个人合同，工会均应积极参与，推行劳动合同制度。

4.调解劳动争议。这是工会的一项重要权力。其方法需要注意四点：(1)参加企业劳动争议调解委员会，并依法承担调解委员会主任职责；(2)参与同级劳动争议仲裁委员会工作，有权参与处理本地区发生的劳动争议；(3)对于向法院提起诉讼的职工，工会应为其提供法律上的帮助(包括法律咨询、代写起诉状、担当诉讼代理人等)；(4)参与处理劳动争议坚持的方针是“三为主”：预防为主、调解为主、基层为主。尽量使劳动争议在基层和萌芽状态就得以及时解决。

5.参与管理和监督。(1)参与管理的形式和途径：①工会主席参加或列席董事会会议的制度；②工会主席参加总经理办公会、厂务会等行政会议的制度；③工会与企业间的协商谈判制度；④工会代表职工与企业签订集体劳动合同的制度；⑤职工代表大会制度；⑥工会开展合理化建议活动。(2)参与监督的内容：①清理不符合《劳动法》、《劳动合同法》规定的企业规章制度，支持职工对企业违反劳动法规行为的举报；②对职工监督检查中发现的问题，依法提出处理意见，督促企业限期解决；③发挥新闻舆论的作用，反映职工呼声，对违反劳动法规的典型事例予以披露；④对严重违反劳动法律法规的重大问题，而有关方面又不认真处理、改正的，工会可依法提起诉讼，通过法律程序解决。

6.教育职工队伍。努力提高职工队伍素质，工会应当做到：(1)对职工进行法制教育，使职工了解改革开放政策，学法、懂法、守法、运用法律武器维护自身利益和规范自身行为；(2)运用各种形式加强职工培训，不断提高职工的职业道德和技术水平；(3)教育职工遵守厂规厂纪，组织劳动竞赛，把职工的积极性调动起来，发挥出去，为企业的健康发展作出自己的贡献。

实践证明，上述做法不仅得到职工拥护，也得到外商认同，起到了既维护职工合法权益，又共谋企业健康发展的双重作用。

(四)其他需要说明的问题

1.专职(脱产)工会干部。按照《工会法》规定，200～500人的工厂工会的脱产干部为1人，501～1000人的工厂为2人，1001～1500人的为3人，1501～2500人的为4人，不足200人的小厂可申请1人脱产。脱产工会人员的工资由工会支付，但享受企业劳保福利待遇。

2.工会经费。按照《工会法》规定，企业应按职工工资总额的2%拨交工会作经费，其中，1.5%作为职工文教费，0.5%作为工会开支。

3.工会会员资格。企业工会的会员只能是本企业的职工，合资方的代表(如董事、总经理、副总经理)，不能加入工会；外籍职工，只要不是合资方的代表，并依靠工资生活者，也可加入本企业工会，享有和中国职工同等的权利和责任。

4. 劳动关系三方协调机制。中国将参照国际惯例，在规范和协调劳动关系中，逐步建立劳动行政部门、工会、企业三方协调机制，定期就劳动关系中的重大问题进行协商，共同研究，制定政策，处理问题。这样做，有利于兼顾和处理好三者的利益关系，有利于《劳动法》的正确实施和劳动问题的顺利解决。

除了工会之外，外商投资企业还可设立其他群众团体的基层组织，如：中华全国妇女联合会，中国共产主义青年团等。总之，这些群众团体的存在，对于维护职工的合法权益，配合董事会办好企业，提高经济效益，都将起到积极的作用。

第十章　三资企业技术引进

第一节　技术引进概述

一、技术与技术引进

技术，是指人类利用科学知识改造自然的操作方法、技能和手段。它是科学与生产之间的中间环节。随着科学的进步，技术的概念也在不断扩大。不仅有物质生产技术，而且有非物质生产技术（如管理技术、思维技术、表现技术等）；物质生产技术的含义也在扩大，不仅有传统的利用工具等无机手段的技术，而且有生物技术等。

技术引进，是指通过贸易途径，以多种合作方式，从国外获得所需要的技术和技术装备。技术引进的内容，包括购买专利使用权，购买专有技术，进口技术设备，聘请技术专家，搜集技术资料，派人出国考察、学习等。引进先进技术，是发展社会生产力的需要，是落后国家赶上并超越先进国家的一条必由之路。在资本主义工业发展史上，后起的资本主义国家赶上或超过先进资本主义国家，无不经过引进先进技术的发展阶段，进而实现跨跃式发展。发展中国家要赶上经济发达国家，更需要有计划地引进先进技术。

中国改革开放以来的实践证明，引进海外先进而适宜的技术有四大好处：(1)有利于赢得时间，较快地填补技术空白，实现对国民经济主要部门的技术改造，从而缩短与发达国家的经济技术差距；(2)有利于节省研究试制费用，降低生产成本；(3)有利于在国外科技成就的基础上创新，迅速提高中国科技水平和国内产品质量与档次；(4)有利于培养掌握现代科学技术的人才。例如，在借鉴的基础上，中国研制超级计算机能力达世界领先水平，每秒3千万次"星云"牌计算机(2010年天津生产)，日工作量相当于全国人用计算器不停地计算500多年，采用的"龙芯"拥有完全自主知识产权，系统安全性更高。

在社会主义市场经济条件下，中国技术引进的新变化表现为三个方面：(1)技术引进主体，从国家为主体向企业为主体转变，从企业单独引进向研制系统联合引进转变;(2)技术引进目的,从“进口替代”为主向消化创新和参与国际合作转变;(3)引进技术的管理体制,从政府意志主导向法制化、规范化的轨道转变。为适应这些转变,中国各相关主管部门应注意四个方面的建设:深入调查研究,加强技术引进的信息管理;健全技术引进的法规制度;重视技术引进中的知识产权保护,维护中国对外信誉;积极引导,热情服务,充分调动企业引进技术的积极性。

二、技术的分类

技术按其公开的程度,划分为三类:普通技术、专利技术和专有技术。

(一)普通技术(公开技术)

普通技术,是指一般的科学技术理论和实际知识,是为社会公众所掌握和了解的(如书刊、报告、学术会议资料等),不在工业产权范围之内,可以公开自由传播。

(二)专利技术(半公开技术)

专利技术,是指根据国家专利法规定,公布于众的新发明技术。该技术经申请,获得专利权后,受专利法保护,在专利有效期内,未经权利人许可,不得利用和仿制,属于工业产权范围之内。按专利法的规定,新发明包括两种概念:一是产权发明——获得专利权后,其他人不得随意制造、使用、销售该产品;二是工艺方法发明——获得专利权后,其他人不得随意使用该工艺方法,也不得制造、销售用该工艺方法制造的产品。否则,就是侵权行为,可以诉诸法律。这是各国专利法的普遍原则。同时,按专利法的要求,新发明应全部公开。而实际上通常是半公开的,核心技术仍然保密。

(三)专有技术(秘密技术)

专有技术,又称技术诀窍或非专利技术。目前国际上对其尚无统一定义。联合国世界知识产权组织在1977年制定的《发展中国家保护发明示范法》中对其定义为:“有关使用和运用工业技术的制造方法和知识”;而保护工业产权国际协会的定义则是:“为实际应用一项技术而取得的,并能使一个企业在工业、商业、管理和财务等方面运用于经营的知识和经验”。上述定义中的中心词是“知识”、“方法”和“经验”。

专有技术的一般定义是:在生产和经营活动实践中采用的,不受专利法保护的私密知识、经验和技能。其内容包括:工业专有技术、商业专有技术和管理专有技术。如各种设计资料、图纸、工艺流程、加工工艺、材料配方或经营管理等技术资料,以及技术示范、祖传密方、现场指导,有时还包括有关管理、商业、财务等方面的秘密内容。

三、技术许可的方式

通常意义上的技术引进，是指有偿的贸易形式的引进。对合资（合作）企业来说，多数是许可交易。许可交易的内容，分为专利技术许可、专有技术许可和商标许可，统称为技术许可。技术许可所采用的方式是许可证合同方式。

所谓许可证合同，又称许可证协议，是指技术输出方（供方或转让方）与技术输入方（受方或受让方）之间，就技术转让所达成的相互权利义务关系的协议。当事人双方签订了协议就是买卖了许可证。许可证合同的有效期，国际上一般不超过 10 年，多数为 5 至 7 年，技术进步快的行业，许可证合同期限还会更短些。

许可证合同的种类，按照转让方授权的大小和受让方所受限制的程度，可以划分为五类，即普通许可、排他性许可、独占性许可、交叉许可、可转让许可，分述如下：

（一）普通许可合同（Simple License）

普通许可合同，是指在许可合同规定的范围内，不仅受方和供方都有权使用合同项下的技术，而且供方还可以将该项技术转让给该范围内的任何第三方。这是最普遍的许可方式。中国一般采用这一方式来引进技术。

（二）排他性许可合同（Sole License）

排他性许可合同，是指在许可合同规定的范围内，受方和供方都享有使用合同项下技术的权利，只是排除任何第三方使用该项技术的权利。这在西方国家是颇为盛行的方式，旨在抑制竞争者，因此，该方式带有一定的垄断性。

（三）独占性许可合同（Exclusive License）

独占性许可合同，是指在许可合同规定的范围内，排斥包括供方在内的一切人使用供方许可的技术。又分为部分独占许可合同与全部独占许可合同。这种独占许可，实际上是当事人双方划分国际市场的势力范围。独占性许可合同一般是罕见的。

（四）交叉许可合同（Cross-License）

交叉许可合同，又称交换许可合同、相互许可合同，是指在许可合同规定的范围内，当事人双方互为受方和供方，且价值大体相当。从这种合同的许可权利范围看，一般都是排他性许可授权。

（五）可转让许可合同（Sub-License）

可转让许可合同，又称分售许可合同、可转售许可合同、从属许可合同，是指在许可合同规定的范围内，经供方同意，受方可以将许可证项下的技术使用权，全部或部分地转让给第三方。从这种合同的许可权利范围看，一般都是普通许可授权,而不是排他性许可合同,也不是独占性许可合同。

此外,还有一种强制许可证(Compulsory-License),只能由政府主管部门颁发,不采取协议形式。

综上,涉外技术转让许可证合同的种类,现列表归纳说明如表10-1所示。

表 10-1　涉外技术转让许可证合同种类

许可证合同种类	各方权利(一定时间和地域内)		
	受让方(受方)	转让方(供方)	第三方
普通许可	有使用权	保留使用权或转让权	可获得使用权
排他性许可	有使用权	保留使用权	不可获得使用权
独占性许可	有独占使用权	无使用权	不可获得使用权
交叉许可	有使用权	有使用权	不涉及第三方
可转让许可	有使用权,并允许转让使用权	保留使用权	允许从受方获得使用权

四、技术引进的途径

对三资企业而言,尤其是中外合资(合作)经营企业引进新技术,通常有以下三条途径:

(一)外方投资者(股东)自己拥有的技术(专利技术和专有技术),可直接转让,实行技术转让费入股

在合资(合作)经营企业中,大多数是由这种途径引进新技术的。如2002年,外企所签技术引进合同,占同期全国技术引进合同总额的78%。这是因为,一方面外商(股东)愿意这样做,另一方面中方也可避免该项技术的侵权诉讼纠纷。如中国汽车制造行业中第一家中外合资经营企业——北京吉普汽车有限公司,是北京汽车制造厂与美国克莱斯勒汽车公司合资经营,1985年引进了美国四轮驱动车“切诺基”(cherokee)的产品和制造技术,以CKD(整件商品全部拆开包装)与国产化相结合的方式开始生产,1988年该车国产化率已达到30.02%,年生产4 500辆。再如,中国与西欧国家最早合资经营的第一家机械工业企业——中国迅达电梯有限公司,是中国建设机械总公司、瑞士迅达有限公司和香港怡和迅达(远东)有限公司三方合资经营,从瑞士引进了数控三点折弯机等先进技术和先进管理的企业。中国迅达的产品遍布中国29个省、市、自治区,并远销东南亚许多国家和地区。其他还有投资额较大的合资企业,如美国奥的斯公司把制造电梯的技术,转让给在天津的合资企业;英国皮尔金顿玻璃公司把制造浮法玻璃的生产技术,转让给上海耀华——皮尔金顿公司;德国大众汽车公司把制造“桑塔纳”等型号汽车的专利,转让给上海大众汽车公司,等等。

(二)外方投资者(股东)买来的专利或专有技术,在得到产权方的许可后,可以向合资企业再转让

在实践中,目前只有少数合资企业的外商(股东)采用此种技术转让方式。如上海贝尔电话设备有限公司生产程序控制电话交换机的专利技术,就是外商股东比利时贝尔公司,在得到此项技术的产权方美国贝尔公司的许可后引进来的。引进"再转让"技术(或称"二道技术"),须注意避免此种技术的侵权诉讼纠纷。

(三)以合资(合作)企业名义买来的专利技术或专有技术

通过这种途径引进技术的成功率不高。因为企业的中外双方对技术都没有工业产权,技术秘密(包括工艺软件)不可能通过购买设备带进来,为掌握该技术的秘密,仍需要双方在"黑暗"中摸索,待到生产出合格产品,仍需要很长的周期。在实践中,此种引进技术的方式,通常为一些加工型的合资(合作)企业所采用。如上海联合毛纺公司(中港合资上海第一家合资企业),从日本、意大利和德国进口梳毛机设备(其中包括技术转让),从而把该公司的产品质量提高到国际水平,该公司在 1984 年被评为国家"进口技术的最佳企业"。

综上所述,技术引进的三条途径,第一条最为理想,第二条也可以,第三条是不太理想的。只有股东们真正出于对投资利益的关心,才能把专利和技术秘密引进来,生产出富于竞争力的产品。

第二节　技术引进的前期准备

技术引进的前期准备工作,主要包括:准备好技术引进项目建议书,技术引进项目可行性研究报告,以及与此关系密切的技术引进项目中的国际限制性合同条款。

根据国务院颁发的《技术引进条例》附录和联合国工发组织制定的有关文件,现将技术引进的前期准备工作分述如下(但须说明,这些内容和要求是按照工业建设项目制定的,其他项目可参照这些基本要求作适当调整或简化)。

一、技术引进项目建议书(立项报告)

该建议书是从宏观方面研究技术引进必要性的报告。任何技术引进,只有在项目建议书批准后,才能进行以可行性研究为目的的各项工作(如调查研究、出国考察、非正式询价、初步洽谈等)。此时,不得同技术许可方签订任何有约束力的协议或合同。

技术引进项目建议书的内容，主要包括如下10项：

1. 项目名称、项目的主办单位、法定代表人姓名及住址。

2. 项目的内容和申请理由，包括拟引进技术的名称、内容、国内外技术差距等概况。对引进设备，应概要说明其生产工艺流程和生产条件，主要设备名称，简要规格、数量，以及国内技术差距等概要情况。

3. 技术许可方的国别(地区)、厂商与住址，包括外文全称。

4. 承办企业的基本情况，说明工厂是新建、改建或扩建，工厂地点及其他基本情况。

5. 产品名称、规格、生产能力，以及销售市场(包括国内外销售比例)。

6. 原材料、电力、燃料、交通运输、协作配套等方面，近期、中期和远期的要求与已具备的条件。如为矿山、油田等引进技术，要说明资源落实情况。

7. 技术引进所需资金的估算与来源(均需折算为美元计算，使用非美元外汇时，要注明折算率)。还包括国内费用的估算与来源，如基本建设投资等。

8. 项目的进度安排。

9. 初步的技术、经济分析。

10. 附件。报批项目建议书时，附件必须齐全，包括：(1)邀请外国厂商来华技术交流计划；(2)出国考察计划；(3)可行性研究工作计划，包括负责可行性研究的人员安排。聘请外国专家指导或委托咨询的，要附计划。

技术引进项目建议书的审批，按分级管理的原则，国务院规定限额以上的项目，由国家发改委会同有关部门审批，其中投资总额在3亿元以上的项目，由国家发改委组织初审后，报经国务院批准；限额以下的项目，按隶属关系，分别由企业注册所在地的省、自治区、直辖市、经济特区、沿海开放城市、计划单列市的商务厅(委、局)审批。

二、技术引进项目可行性研究报告

技术引进项目可行性研究报告，是在项目建议书的基础上，对多种不同的方案，从宏观和微观两个方面，进行全面的技术和经济分析后提出的报告。其内容主要包括如下八项：

1. 概论。包括技术名称、引进方和许可方概况，以及可行性研究报告的论证概要、结论与建议。

2. 承办企业的基本情况与条件(含厂址选择、环境污染的防治等)。

3. 生产规划。包括产品的名称、规格、性能、用途、市场、销量、售价分析等。

4. 物料供应规划。包括原材料、半成品、配套件、辅助材料、电力、燃料，以及公用设施等的使用、来源、价格等。

5.生产组织、劳动定员和人员培训计划。

6.技术实施综合计划。包括询价、谈判、签订合同、工程设计、技术与设备交付、工程施工调试、试生产进度安排、正式投产时间等。

7.资金概算与来源。包括技术项目总用汇额，外汇资金来源与偿还方式，国内配套资金概算等。

8.经济分析。包括该项技术实施后，生产成本与销售收益的估算，分年的现金流量；分年的损益计算表和资金平衡表；根据分年现金流量，计算投资回收年限与投资回收率；技术的敏感性分析和盈亏分析；其他技术经济指标分析等。

报批技术引进项目可行性研究报告，还应根据需要随附若干附件，如聘请外国专家计划，出国培训计划，外汇及国内资金使用计划（如分年、分用途用汇计划），物料供应计划及落实情况，技术资料及技术产权方基本情况等等。

在技术引进项目可行性研究报告批准后，即可着手商谈和签署技术引进合同。

三、技术引进中的国际限制性合同条款

中国引进的技术项目主要来自若干发达国家（目前已遍及世界几十个国家和地区），明显趋向多元化。而且，在引进项目的个数和费用上，也将随着中国经济实力的发展而增加（按照中国既定目标，每年以外贸出口创汇的10%进口技术）。这就要求在技术引进项目中，认真搞好各方面、各阶段、各环节的调研与组织工作，其中，十分重要的一点是了解并运用技术引进项目中的国际限制性合同条款，以期保护技术引进方的利益不受侵害。

（一）《国际技术转让行为守则（草案）》规定禁止列入的限制性合同条款

1978年，在发展中国家的要求下，联合国工业与发展组织制定了一个指导性的工作文件——《国际技术转让行为守则（草案）》，规定了不得将20项限制性的商业条款列入许可证协议之内（又称排除性条款）。兹将20项排除性条款分列如下：

1.不得互惠的反馈改进技术；

2.要求引进方不得对转让的专利及技术提出异议；

3.限制引进方进行科研发展；

4.限制引进方取得竞争性技术的自由；

5.强烈要求引进方使用输出方指定的人员；

6.限制引进方用引进技术生产的产品价格；

7.禁止引进方修改引进技术或进行创新；

8.要求引进方把专卖权给予输出方或输出代理人；

9.有附带条件的安排，如要求引进方接受不愿要的额外技术、货物或服务等；

10.限制出口；

11.许可证协议对地区、数量、价格、用户或市场等加以限制；

12.限制引进方进行广告宣传；

13.要求引进方在继续使用已经期满失效的工业产权时，仍需要承担付款或其他义务；

14.协议期满后，限制使用引进技术；

15.限制生产的品种和数量；

16.强烈要求引进方实行不愿采纳的质量标准与方法；

17.要求引进方必须使用特定的商标或服务标志；

18.要求提供合股资本或参与管理；

19.许可证协议期限过长，或根本不规定期限；

20.限制传播和扩大使用已引进的技术。

上述技术转让的国际限制性合同条款，至今尚未获得各国一致通过。主要是因为各国经济技术地位不同，法律制度不同，对这些条款的含义和内容理解不尽相同。至于显属不合理的限制性条款，世界各国大多立法加以禁止。

（二）中国《技术引进合同管理条例》规定禁止列入的限制性合同条款（排除性条款）

中国国务院1985年5月24日公布的《中华人民共和国技术引进合同管理条例》第九条规定，供方不得强使受方接受不合理的限制性要求；未经审批机关特殊批准，合同不得含有下列九项限制性条款：

1.要求受方接受同技术引进无关的附带条件，包括购买不需要的技术、技术服务、原材料、设备或产品；

2.限制受方自由选择从不同来源购买原材料、零部件或设备；

3.限制受方发展和改进所引进的技术；

4.限制受方从其他来源获得类似技术或与之竞争的同类技术；

5.双方交换改进技术的条件不对等；

6.限制受方利用引进的技术生产产品的数量、品种或销售价格；

7.不合理地限制受方的销售渠道或出口市场；

8.禁止受方在合同期满后，继续使用引进的技术；

9.要求受方为不使用的或失效的专利支付报酬或承担义务。

（三）中国《中外合资经营企业法实施条例》要求技术转让协议必须符合的规定（积极标准）

中外合营双方一经订立技术转让协议，或签署技术转让合同，应经企业主管部门审查同意，并报审批机构批准。按《中外合资经营企业法实施条例》有关要求，技术转让协议必须符合下列七项规定：

1. 技术使用费应公平合理；

2. 除双方另有协议外，技术输出方不得限制技术输入方出口其产品的地区、数量和价格；

3. 技术转让协议的期限一般不超过10年；

4. 技术转让协议期满后，技术输入方有权继续使用该项技术；

5. 订立技术转让协议双方，相互交换改进技术的条件应对等；

6. 技术输入方有权按自己认为合适的来源购买需要的机器设备、零部件和原材料；

7. 不得含有为中国的法律、法规所禁止的不合理的限制性条款。

值得注意的是，外国投资方，凡是以工业产权或专有技术作为股份投资的，应提交该工业产权或专有技术的有关资料，包括专利证书或商标注册证书的复制件、有效状况及其技术特性、实用价值、作价的计算依据、与中国合营者签订的作价协议等有关文件，均作为合营合同的附件，上报企业主管部门和审批机构批准。

为了顺利获准合同（或协议），受方谈判单位可以在谈判前、谈判中，就合同（或协议）主要内容或某些条款，向审批机关征求意见或提请预审。

（四）中国商务部颁布修订后的《中国禁止进口限制进口技术目录》

为限制盲目进口，引导企业引进国外先进适宜技术，推动对引进技术的消化吸收和再创新，2007年11月，商务部颁布了修订后的《中国禁止进口限制进口技术目录》（简称《目录》）。

2007年修订的《目录》是在2001年12月颁布的《中国禁止进口限制进口技术目录（第一批）》的基础上，综合了国务院各部委、各行业协会和地方商务主管部门的修订建议，经百余名技术和贸易专家多次评审，并由环保部门和中国工程院专家审定后确定的。依据《对外贸易法》和《技术进出口管理条例》的规定，《目录》列入了进口后将危害国家安全、影响社会公共道德和社会公共利益、影响人和动植物生命健康、破坏生态环境等方面的技术126项（涵盖农业、食品制造业、纺织业、化学原料及化学制品制造业、医药制造业、金属冶炼加工业、设备制造业、电力热力生产供应业及环境管理业等）19个行业。修订后的《目录》细化了控制要点和技术规格，更加规范化，更具操作性。

列入《目录》的禁止类技术不允许进口，限制类技术采取许可证管理。《目录》的实施对规范技术进口管理，提升引进技术的质量和水平将起到积极的推动作用。

2009年3月施行的商务部修订后的《禁止进口限制进口技术管理办法》。该办法规定，各省、自治区、直辖市商务主管部门，成为限制进口技术的审查机关。凡进口列入限制进口技术的，应履行进口许可手续。中央管理企业按属地原则到地方商务主管部门办理许可手续。

限制进口技术的技术审查内容包括4项：(1)是否危及国家安全、社会公共利益或者公共道德；(2)是否危害人的健康或安全，以及动植物的生命或健康；(3)是否破坏环境；(4)是否符合国家产业政策和经济社会发展战略，有利于促进中国技术进步和产业升级，有利于维护中国经济技术权益。

限制进口技术的贸易审查内容包括3项：(1)是否符合中国对外贸易政策，有利于对外经济技术合作的发展；(2)是否符合中国对外承诺的义务；(3)是否对建立或加快建立国内特定产业造成不利影响。

第三节 技术引进费用的支付方式

中外合资(合作)经营企业为引进技术而支付费用的方式有两种：一种是技术转让方以技术转让费向合资(合作)企业入股，该方式比较普遍；另一种是向技术转让方现汇支付技术转让费。其一般做法画图说明如图10-1所示。

支付方式
- (一)技术转让费入股
- (二)现汇支付
  - 1.一次总算形式
  - 2.提成支付形式
    - (1)固定提成办法
    - (2)滑动提成(递减提成)办法
    - (3)最低提成和最高提成办法
  - 3.入门费加提成形式

图10-1 技术转让费支付的一般做法

一、技术转让费入股

外商的技术转让费向合资(合作)企业入股，技术股权的大小，可视不同情况灵活掌握。根据平等互利原则和国际惯例，中国政府对批准技术转让合同掌握的原则是：外商投资的技术股权，一般以不超过20%为宜；对于重大发明的特殊技术，可以占到20%以上；对于特殊的高科技技术，经有关部门核准，也可以占有更高的技术股权，但不得超过35%。如1987年成立的蛇口科学和技术发展公司，美国和香港的一些技术专家，以其技术作为投资，占公司注册资本的34%。该公司的产品主要是电子计算机的磁盘和磁头，供应国际市场的需求。

通过以外商技术转让费入股的形式而引进的技术，如前所述，是合资（合作）企业外商（股东）自己拥有的技术。一般说来，由于企业利害与外商（股东）直接相关，外商（股东）是能够将他所掌握的技术诀窍传授给合资（合作）企业的。

二、现汇支付技术转让费

通过现汇支付形式引进的技术，如前所述，是合资（合作）企业外商（股东）在征得技术产权方同意后，为企业购买的"再转让技术"（又称"二道技术"）；或是以合资（合作）企业名义购买来的转让技术。

向技术转让方现汇支付技术转让费，一般有三种形式：一次总算、提成支付、入门费加提成。

（一）一次总算（Lump Sum）

一次总算，又叫一次买死。这与一般的商品贸易一样，双方一次性地商定一个金额，在签合同时一次算清，然后一次或分几次支付。通常在合同签订后不久就要开始支付，在使用该技术生产出合格样品后，完成最后一次支付。采用分次支付形式的，有的计利息，有的不计利息。这种一次总算的支付形式，一般在简单成交情况下采用，如对安装技术设备、训练人员、维修保养设备等所付费用。

一次总算的好处：(1)这是固定计价法，签约时就规定了总价格，可以早知道自己的偿付负担和能力；(2)支付费用固定不变，不受价格波动的影响；(3)可以避免技术转让方查账。因为固定了偿付金额，就与技术引进后的生产规模和销售额毫无关系。

一次总算的不利因素：(1)这种支付形式基本上是在技术产生效果之前就要支付，在资金安排上有可能发生困难；(2)对技术转让方来说，由于已经得到了全部金额，对于企业能否从引进技术中获得预期的效果，很可能不大关心。

（二）提成支付（Royalty）

这种支付形式，一般在转让比较复杂的技术时采用。引进技术投产后，按照合同产品的销售量或销售额，或净销售利润，或双方商定的其他计算方法，在若干年内，提取一定百分比的提成费，向转让方支付转让费。这种办法，通常叫作变动计价法。

实行变动计价法，作为外商（股东），他从股东的立场出发，不会把技术转让费定得过高（因为按照他所占的股权比例，有他应负担的部分）；他从技术占有者的立场出发，则希望转让费增高，特别是将提成支付比例加大和提成支付期限延长。其实，在技术转让费中，外商得益最多的是产品提成部分。但提成支付比例和提成支付期限究竟以多少为好，应当主要根据该项技术的商业价值来确定。一般来说，提成支付比例（即提成率），大体上占当年产品净销售额的1%～2%，一般不应超过5%；提成支付期限，大体上在10年以内。当年产品净销售额＝年净销售价×年销售量。净销售价＝生产成本＋出厂利润。它不包括包装、运输、保险、税务、安装，以及经销商的商业费用等与生产产品无直接关系的一切费用。提成率可以是固定的，也可以是递减的。

实行变动计价法，对引进技术的合资（合作）企业来说，好处是：(1)整个合同期内，技术转让方的提成费与企业的利润和风险直接相关，使转让方愿意协助企业尽快掌握技术并尽早投产。(2)有利于改善企业的财务收支。企业收益多，就支付多；收益少，就支付少；没有投产，可以不支付。而且也不需要一次花很多外汇。(3)技术转让方不履行合同，或技术试产失败，可以调整提成支付，甚至停止支付提成费。

提成支付的具体办法，主要有以下三种：

1. 固定提成（Fixed Royalty）。又分固定提成率和固定提成费两种。固定提成率，是按固定不变的提成率支付提成费。固定提成费，是按单位产品（如每生产一台），或按单位时间（如一年、一季度）支付固定的提成费用。

2. 滑动提成（Sliding Royalty）。它是按产品产量或按净销售额的不断增加而逐步降低提成率。因此，又称递减提成。递减的幅度，应依据产品产量或收益来商定。

3. 最低提成（Minimum Royalty）和最高提成（Maximum Royalty）。最低提成通常由技术转让方提出，即规定在一定时间内（通常为一年），不管企业是否盈利，都必须支付技术转让方一笔提成费，旨在确保自己的最低收益。最高提成通常是由技术引进方作为对等条件提出，即规定在一定时间内（通常为一年），提成费支付到一定金额时，不管企业产品的产量或销售量再怎样增加，也不再多支付提成费。如果估计引进技术可以较快掌握，并能稳定地保持较大的生产量和销售量，引进方就可以主动提出最高提成费的条款。

（三）入门费（Initial Doun Payment）加提成

这类似于一次总算与提成支付相结合的形式，指的是签约后先给技术转让方付一笔费用，投产后再支付一定年限的提成费。入门费又称定金，即保证技术引进方严格执行合同，同时也作为一笔预付款，购买产品设计图纸、工艺技术文件等技术资料，以及用于转让方的旅费、电讯费和技术服务费等直接费用。按照国际惯例，入门费一般都较低，大约相当于许可方转让技术的直接费用。例如日本一公司引进法国一公司少油断路器的制造技术，入门费5万美元，以后按产品的净销售额再提取3%的提成费来支付技术转让费。

第四节 技术引进的经济效益分析

一、经济效益的定性分析

从如下四个方面进行定性分析：

(一)引进先进适宜的技术

技术的先进性，泛指技术、工艺和主要设备，是国内短缺的，或其产品是新开发的，或是对国内同类产品能更新换代的，能增加出口或替代进口的。先进技术的突出特点是：效率高、成本低、用人少、积累多。凡是国家公布的鼓励投资的项目，在技术引进上，就要设法引进最新技术，广泛采用各国之长，加以引进、消化、吸收、再创新，以弥补本国在技术上与国外的差距，甚或达到占据技术优势，由技术进口转为技术出口。

技术的适宜性，是指结合中国国情的社会经济效益好的技术，但并非高不可攀、脱离实际的技术。如果引进的技术水平较低，从近期看，虽能增加就业人数，但从长远看，从宏观经济角度看，由于劳动效率较低，积累水平较低，就很难扩大再生产和增加新的就业机会。因此，从宏观决策来说，中国技术引进不宜搞“差距离竞争”，否则，就可能永远成为“有进无出”的技术引进国，赶上世界水平就只能是一句空话。

(二)引进技术以“软件”为主

从世界各国引进技术的经验看，随着本国技术力量的成长，往往在引进技术“硬件”(Hard Ware)的同时，引进技术“软件”(Soft Ware)，并逐步过渡到以引进技术“软件”为主。技术“软件”又称纯技术。

当然，发达国家都愿意出口成套设备，特别愿意搞“交钥匙工程项目”(Turn-Key project)，一旦工厂建成，把厂门钥匙移交给东道国，超额利润就到手了。中东石油输出国，虽然其技术落后，但由于它非常有钱，都愿意接受这种“交钥匙工程项目”。

据统计，中国现有的机床数量已接近美国的水平，1973 年以来，中国在签订的技术引进合同中，引进成套设备占 95%以上，引进制造技术不足 5%。在 70 年代初，中国一次就引进 13 套大型化肥设备，至今一套也没有翻制，又想继续引进。如果那时我们同时引进制造技术，由国内翻制改造，那么，既可以少进口成套设备，节约外汇，又可推动中国机器制造业的发展，宏观经济效益就会相当可观。

多年来，我们已培养出自己的科技队伍，具备了吸收高科技的能力。因此，应当从以进口生产线和关键设备为主，向引进“软件”技术和必要的关键设备为主转变。从进口成套设备向引进技术“软件”、再由本国自己生产、实现国产化的方向转变，这才是本来意义上的技术引进。在实践中，1988 年中国“软件”技术进口占 19%，成套设备进口占 81%。从宏观看，这种技术进口的结构，主要是为了扩大生产能力，而不是着重于提高国家的科学技术水平。1989 年后的技术进口重点有所改变，主要进口“软件”或高科技项目，而对“硬件”(如成套设备或生产线)的进口，则加以限制。

改革开放 30 多年，中国技术引进发展迅速。据商务部统计，1979 年～2007 年，国家共签订技术引进合同 97780 项，合同金额 2 611.9 亿美元。近年来，中国技术引进稳步发展。2001 年～2007 年，中国共签订技术引进合同 56 032 项，合同总金额 1 203.2 亿美元，占改革开放以来技术引进合同金额的 46.1%。

目前，中国技术引进从“硬件”为主转变为“软件”为主。例如，2007 年全国技术引进合同总金额中，“软件”费达 194.1 亿美元，占合同总金额的 76.4%。而 1997 年“软件”费占比 14.9%。

(三)引进技术以改造老厂为主

技术引进的重点，应以改造老厂为主。从世界各国的经验看，一般规律是：建设新厂投资多、周期长、回收慢；改造老厂花钱少、周期短、回收快、积累大。日本大企业松下电器公司，就是由一个小厂通过不断引进新技术、更新旧设备，而迅速发展起来的。中国上海第二手表厂，1974 年花了 700 万元的外汇贷款，引进了关键性设备，对老厂进行技术改造，1976 年产量就比改造前增加 1.5 倍。据计算，改造这个老厂，比建新厂投资节约一半，建设周期缩短 2/3，生产能力增加 1.5 倍，产品质量大大提高。原厦门化工厂和厦门建发公司一道与香港国际药厂合资经营，利用引进的技术对老厂实行技术改造，1986 年至 1987 年对该厂的技术更新改造总投资约 240 万元。现在，该厂一个月的产量等于过去四个月的产量；生产提高，费用相应降低。这个厂的董事长说得好：“合资，是老企业技术改造的有效途径，是老厂跨台阶、上等级的战略措施。”因此，改造老厂，促进老企业的现代化，把整个国民经济转移到新的技术基础上来，是发展中国经济、提高经济效益的长远的战略方针。中国对现有 8000 个大中型国有企业，需要分期、分批加以整顿，其中又以1600个大型企业作为技术改造的重点。

当然，引进技术以改造老厂为主，并不是一概排斥建新厂和上新项目，只是不要上马过多，以免基建战线过长而长期形不成生产能力，阻碍国民经济发展和经济效益的提高。

（四）引进先进技术与引进现代化管理并重

在国外，先进技术与现代化管理，被喻为推动经济发展的两个“车轮”。二者缺一，先进的技术就不能充分发挥作用，也得不到应有的经济效益。这条经验可以说是放之四海而皆准的普遍真理。

在中国，往往只注意技术“硬件”，而忽视管理“软件”，也就是只要一个“车轮”，不要两个“车轮”。这就出现了先进的技术同落后的管理之间的矛盾。由此造成了这样的后果：同一生产技术，在国外生产效率高，经济效益好；而在中国则生产效率低，经济效益差。例如，引进的13套大型化肥设备，与国内比较是先进的，但其生产效率同国外比较就落后了：每吨氨的耗电量，日本型计划标准34度，中国为41.7度，比设计提高22.6%；美国型设计标准为1.97度，中国为4.59度，高出设计标准1.3倍以上。

总之，中国既要引进先进的制造技术，又要引进先进的管理方法，学会运用两个“车轮”，以便在掌握先进技术、提高经济效益的基础上，还能创造出一套切实可行、行之有效的科学管理方法。

二、经济效益的定量分析

从如下三类指标进行定量分析：

（一）比较经济效益系数

分析引进技术的经济效益，要看投入产出是否经济合理，通过比较为决策提供经济依据。

$$比较经济效益系数=\frac{本国研制该项技术的总费用}{引进该项技术的总费用}$$

在上述公式中，引进该项技术的总费用，是技术转让方的报价，一般包括三部分：入门费、提成费和技术服务费。提成费又称佣金，是支付给技术转让方的利用该项技术（或专利）后所获取的利润的分成费用，是技术转让费的主要部分，大体要占总转让费的70%以上。技术服务费是支付给突破该项技术并帮助训练掌握该项技术人员的专家、学者、工程师等人员的费用。本国研制该项技术的总费用是个变数。比较经济效益系数越大，说明引进该项技术的经济合理性就越大。反之，则要谨慎小心。如果系数小于1，就不必引进了。系数的标准究竟以多大为好，国际上尚无惯例，主要应根据本国国情来确定。

（二）市场占有率

市场占有率，是指引进的技术投产后，其产品销售量与整个市场对该产品的需求量之间的百分比。用公式表示就是：

$$市场占有率=\frac{本厂产品的销售量}{整个市场对该产品的需求量}\times 100\%$$

如果市场占有率大，说明产品畅销，竞争力强，经济效益好。反之，市场占有率小，说明产品销路不佳，竞争力弱，经济效益差。

要正确测算产品的市场占有率，必须做好对市场的调查和预测，尽可能掌握全面准确的数据。如同类产品的生产厂家数、产量、质量、销路、市场销售趋势（包括国际市场）、本厂产品所处的地位等。如果本厂产品销售量一时难以估算，可以用本厂产品价格总量（＝单位产品价格×总产量），来测算产品的市场占有率。

分析市场占有率的大小，还应与产品的生命周期相联系。产品生命周期通常分为四个阶段：研制－发展－成熟－衰退。一般来说，引进技术的时机定在发展阶段较好，太早了，价格昂贵，转让方也不肯轻易转让；太迟了，即将过时的产品销路成问题，会影响经济效益。

（三）年均投资利润率

年均投资利润率，是指引进技术后，每年平均所得利润与引进技术总投资之比。用公式表示就是：

$$年均投资利润率=\frac{年均利润总额}{引进技术总投资}\times 100\%$$

公式中的平均利润总额的计算公式是：

$$平均利润总额=引进期总利润\div 引进期$$

引进期通常以年来表示。

年均投资利润这一指标，是技术引进后企业经济效益好坏的确切反映，也是衡量企业经营水平高低的实质性指标。年均投资利润率越大，说明企业经营管理水平越高，经济效益越好，企业用所得利润偿还债务的能力越强。反之，年均投资利润率越小，说明企业经营管理水平越低，经济效益越差，企业偿还债务的能力也越弱。

总之，上述三个指标，从不同角度反映了技术引进的经济效益，既有区别，又有联系，分析时应全面权衡，避免片面性。

第十一章　三资企业劳动关系

第一节　人事劳动部门的基本职责

本节所说人事劳动部门，既包括政府（人力资源和社会保障部门），也包括企业。三资企业劳动关系，其实质是劳、资、政三方关系。

一、掌握宏观管理原则

作为政府的人力社保部门，对企业的管理而言，要充分运用间接管理的方式，其基本职责是掌握宏观管理原则。其中，主要是贯彻《劳动法》（1995 年 1 月 1 日实施）、《劳动合同法》（2008 年 1 月 1 日实施），抓好各项制度的落实，包括“三项制度”以及第三项制度中的“三项标准”：

1. 建立劳动合同制度；

2. 建立最低工资保障制度；

3. 建立基本劳动标准制度，包括：工时标准、最低工资标准、女职工和未成年工特殊劳动保护标准，以及禁止雇佣童工的规定等。

上述宏观管理原则，将在本章各节中论述。现将女职工和未成年工特殊劳动保护标准在本节分述如下：

第一，国家对女职工的特殊劳动保护，《劳动法》规定了六方面的内容：(1)禁止安排女职工从事矿山井下、国家规定的第四级体力劳动强度（如抡大锤、打风钻）和其他禁忌从事的劳动；(2)不得安排女职工在经期从事高处、低温、冷水作业和国家规定的第三级体力劳动强度（如手推车）的劳动；(3)不得安排女职工在怀孕期间从事国家规定的第三级体力劳动强度的劳动和孕期禁忌从事的劳动；(4)对怀孕 7 个月以上的女职工，不得安排其延长工作时间和夜间劳动；(5)女职工生育享受不少于90天的产假[①]；(6)不得安排女职工在哺乳未满一周岁的婴儿期间从事国家规定的第三级体力劳动强度的劳动和哺乳期禁忌从事的其他劳动，不得安排其延长工作时间和夜班劳动。此外，恋爱、婚姻受法律保护，企业(公司)不得规定“本公司职工不得相互恋爱”之规定。

第二，国家对未成年工(指年满16周岁、未满18周岁的劳动者)的特殊劳动保护规定：(1)不得安排未成年工从事矿山井下、有毒、有害、国家规定的第四级体力劳动强度的劳动和其他禁忌从事的劳动；(2)用人单位应当对未成年工定期进行健康检查。

国家对上述宏观管理原则的管理，通常表现为全国人大《劳动法》执法检查团重点检查的四个方面：(1)劳动合同签订和执行情况；(2)落实和完善最低工资保障制度情况；(3)解决拖欠职工工资情况；(4)企业职工合法权益保障情况。

二、搞好微观管理

作为企业的人力社保职能部门，其基本职责就是在政府对企业的宏观管理原则下(即三项制度和三项标准)，搞好微观管理。其中主要是：

1.用人自主权：根据生产经营需要，企业自行确定机构设置和人员编制，经上级劳动人事部门备案后，自行聘用或辞退各级经营管理人员，增加或辞退职工。

2.财权：企业自行确定工资标准、工资形式或奖励、津贴制度等。

3.教育和培训：提高企业职工队伍素质。人员素质，是指人的内在特性，即人的身心教养所达到的质量水准，包括：文化水平、专业水平、技术熟练程度、经营管理才能、遵守纪律和吃苦耐劳的工作作风等。提高企业职工素质的重要意义在于：一是企业成功与否，关键在于人员素质高或低；二是劳动者素质也是一种投资环境，外商在考察投资环境时，不仅重视基础设施、政策优惠等条件，而且对当地劳动者素质倍加关注。提高人员素质的方法，主要是教育和培训。

① 女职工生育假拟改方案是：产假由90天增至98天(产前休2周，难产增加15天产假)；多产一胎增加15天产假。流产假期：女职工怀孕未满4个月流产(含人工流产)的，享受不少于2周的产假；怀孕满4个月流产(含人工流产)的，享受不少于6周的产假(2011年11月28日新闻报道)。

第二节　职工招聘

一、招聘程序

1. 企业董事会自行制定劳动用人计划。

2. 当地人力资源和社会保障部门备案。

3. 企业自行招聘。

二、招聘范围

1. 从中方股东推荐的人员中选聘：中方企业同外商合营时，原企业的职工可由合营企业按照需要择优聘用。

2. 在企业所在地公开招聘。

3. 跨地区公开招聘：原劳动部和人事部于 1988 年 4 月 25 日，在关于进一步落实外商投资企业用人自主权的意见中指出，外商投资企业跨省、自治区、直辖市招聘职工，不再报省级劳动、人事部门批准，有关地区的劳动、人事部门要做好组织、协调和服务工作。

4. 跨国家（地区）招聘。

值得注意的是，为避免增加招聘费用和工资成本，在同等条件下，招聘职工不要舍近求远。

三、招聘自主权

1. 不违心接收职工。企业外部门和政府人事劳动部门，不能强迫企业招收职工和任命官员。

2. 在任期内的中方董事长、董事，有关部门不得擅自调动他们的工作，如需调动时，委派单位应征求该企业的审批机构和合营他方的意见。三资企业聘用的中方高级管理人员在其聘用合同期内，未经企业董事会同意，任何部门和单位无权调动他们的工作。

四、招聘禁忌

1. 企业不得擅自招用农民工。对流动人口就业管理实行“证卡合一”，即外来人员就业证＋外出人员就业登记卡＝流动就业证。有的则实行“三证”制度（如天津市），即就业者必须持有身份证、暂住证、外来人员就业证。

2.企业不得在禁忌岗位上招用女工和未成年工,严禁招用童工。

3.企业不得向职工收取货币、实物等作为"入厂押金"、"风险金"或"担保物",将劳动关系混同于债权债务关系。当前,一些企业在与职工建立劳动关系时擅自向职工收取货币、实物等作为"入厂押金"或"风险金",这一做法违反国家关于劳动关系当事人平等、自愿和协商一致建立劳动关系的规定,侵害了职工的合法权益,必须予以制止。

4.企业不得扣留或者抵押职工的居民身份证、暂住证和其他证明个人身份的证件。违者,公安部门、劳动监察部门应责令企业立即退还职工本人。在招工中扣留或抵押证件的做法,是属于限制人身自由和侵犯公民权的行为,必须予以制止。

5.企业不得招用尚未解除或者终止劳动合同的职工。否则,劳动监察机构应按照有关规定,追究该用人单位和劳动者的责任,责令其赔偿原用人单位的损失。为此,在招用职工时应验其终止、解除劳动合同的书面证明,以及其他能证明该职工与任何用人单位不存在劳动关系的凭证,方可与其签订劳动合同。

必须指出的是,用人单位有上述4、5两种情形的,不仅由劳动行政部门责令限期改正,而且根据《劳动合同法》的规定,以每人500元以上2 000元以下的标准处以罚款;给劳动者造成损害的,应当承担赔偿责任。

五、招聘外籍员工

根据国家有关规定,现将三资企业招聘外籍员工的程序概述如下:

(一)外籍员工就业许可

人力资源和社会保障部公布的数据表明:2010年底,在中国工作的外国人有23.17万,而2009年为22.3万。中国对外国求职者颇具吸引力。

所谓外国人在中国就业,是指没有取得定居权的外国人,在中国境内依法从事社会劳动并获取劳动报酬的行为。按照规定,引进外国人来中国就业,要以有利于促进中国改革开放、经济发展和维护中国公民的就业权利为出发点,统筹考虑国内劳动力市场供求和就业状况。用人单位聘用外国人从事的岗位,应是有特殊需要,国内暂缺适当人选,且不违反国家有关规定的岗位,严格控制外国一般劳务人员来中国就业。

外籍员工在华就业条件、办理就业许可证件、免办就业证,以及可以直接办理就业证的情形分述如下:

1.就业条件:(1)年满18周岁,身体健康;(2)具有从事其工作所必需的专业技能和相应的工作经历;(3)无犯罪记录;(4)有确定的聘用单位;(5)持有有效护照或能代替护照的其他国际旅行证件。

2.办理就业许可证件:包括外国人就业证和外国人居留证件。外籍员工应持职业签证入境(有互免签证协议的,按协议办理),入境后取得《外国人就业证》和外国人居留证件,方可在中国境内就业。许可证书和就业证由人力资源和社会保障部统一制作。

应该注意的是,未取得居留证件的外国人(即持F、L、C、G字签证者),在中国留学、实习的外国人,以及持职业签证外国人的随行家属,不得在中国就业。特殊情况,应由用人单位按人力资源和社会保障部规定的审批程序申领许可证书,被聘用的外国人凭许可证书到公安机关改变身份,办理就业证、居留证后方可就业。例如外国留学生签证须变更为职业签证后方可就业。

3.免办就业许可证书和就业证:凡符合下列条件之一的外国人可免办就业许可证书和就业证。条件是:(1)持有外国专家局签发的《外国专家证》的外国人;(2)持有《外国人在中华人民共和国从事海上石油作业工作准证》从事海上石油作业、不需登陆、有特殊技能的外籍劳务人员;(3)经文化部批准持《临时营业演出许可证》进行营业性文艺演出的外国人。

4.入境后凭职业签证及有关证明直接办理就业证:这样做的条件是按照中国与外国政府间、国际组织间协议、协定,执行中外合作交流项目受聘来中国工作的外国人;或外国企业常驻中国代表机构中的首席代表、代表。

(二)外籍员工就业申请与审批程序

1.申请许可证书。外商投资企业聘雇外国人,须凭企业合同、章程、批准证书、营业执照和有关文件,直接到劳动行政部门发证机关申领许可证书。这里所说的"有关文件"指的是:(1)拟聘用外国人履历证明;(2)拟聘用意向书;(3)拟聘用外国人原因的报告;(4)拟聘用外国人从事该项工作的资格证明;(5)拟聘用外国人健康状况证明;(6)法律、法规规定的其他文件。

2.申请职业签证。用人企业申领许可证书后,须由被授权单位向拟聘用的外国人发出通知签证函及许可证书。拟聘用外国人凭人力社保部签发的许可证书、被授权单位的通知签证函及本国有效护照或能代替护照的证件,到中国驻外使、领馆申请职业签证。

3.办理就业证。用人企业应在被聘用外国人入境后15天内,持许可证书、与被聘用外国人签订的劳动合同(合同期限最长不得超过5年,可以续订)及其有效护照到原发证机关为外国人办理就业证,并填写《外国人就业登记表》。就业证只在发证机关规定的区域内有效。劳动行政部门对就业证实行年检,就业每满一年,应在期满前30天内办理年检手续,否则,就业证自行失效。

4.办理居留证。已办理就业证的外国人,应在入境后30天内,持就业证到公安机关申请办理居留证。居留证件的有效期限可根据就业证的有效期确定。

需要说明的是，人力资源和社会保障部明文规定，禁止个体经济组织和公民个人聘用外国人。

六、签订劳动合同

所谓劳动合同，是指劳动者与用人单位确立劳动关系、明确双方权利和义务的协议。建立劳动关系应当书面订立劳动合同。劳动合同依法订立即具有法律的约束力，当事人必须履行劳动合同规定的义务。

需要说明的是，对建立劳动关系而不签订书面劳动合同的用人单位，《劳动合同法》作出了明确限制性规定："用人单位自用工之日起超过一个月不满一年未与劳动者订立书面合同的，应当向劳动者每月支付二倍的工资。"

(一)劳动合同制的重要意义

《劳动法》明确规定，在全国全面推行新型劳动用人制度，即所有企业及有关用人单位和所有职工，在建立劳动关系时，都应当订立劳动合同，使企业真正建立起适应社会主义市场经济条件下的劳动用工机制。

劳动合同制的重要意义表现为：(1)与社会主义市场经济相适应，企业用人找市场，从而促进劳动力市场资源的合理配置与流动；(2)符合国际惯例，把劳动关系的调整纳入法制轨道，减少劳动争议；(3)劳动合同是劳动关系的法律凭证，可有效保护劳动关系双方的合法权益。

(二)劳动合同的分类

劳动合同分为三类，即固定期限劳动合同、无固定期限劳动合同和以完成一定工作任务为期限的劳动合同。

1.固定期限劳动合同

所谓固定期限劳动合同，是指用人单位与劳动者约定有始有终的劳动合同。劳动合同期限届满，劳动关系即告终止。这里说的固定期限可以是较短期限(如6个月、1年、2年)，也可以是较长期限(如5年、6年、8年或更长时间)。只要是用人单位与劳动者协商一致，就可以订立固定期限劳动合同。

2.无固定期限劳动合同

所谓无固定期限劳动合同，又称不定期劳动合同，是指用人单位与劳动者约定有始无终的劳动合同(无确定终止时间)。这类合同主要适用于需要保守商业秘密的行业，或者需要职工保持长期性工作的岗位。签订无固定期限劳动合同的当事人包括两种情形：一种是用人单位与劳动者双方协商一致而订立；另一种是劳动者凭自身条件单方要求而订立。

注意：《劳动合同法》规定，用工一年不签合同，视为订立无固定期限劳动合同。换言之，用人单位自用工之日起满一年不与劳动者书面订立劳动合同的，视为用人单位与劳动者已订立无固定期限劳动合同；而且满一年仍未与劳动者订立书面劳动合同的，须在一年内未订书面劳动合同期间向劳动者支付双倍工资。

有下列三种情形之一，劳动者提出或者同意续订、订立劳动合同的，应当订立无固定期限劳动合同（劳动者自愿提出订立固定期限劳动合同的除外）：

(1)劳动者在该用人单位连续工作满十年的；

(2)用人单位初次实行劳动合同制度或者国有企业改制（如重组、兼并、合资经营、转让产权等）重新订立劳动合同时，劳动者在该用人单位连续工作满10年，且距法定退休年龄不足10年的；

(3)连续订立两次固定期限劳动合同，而续订劳动合同的（劳动者因为过失或非过失导致用人单位解除过劳动合同的除外）。

无固定期限劳动合同的规定，主要是针对劳动用工中劳动合同短期化问题比较突出，劳动合同一年一签、甚至一年几签的情况比较普遍而作出的，其目的是鼓励和引导用人单位与劳动者签订较长期的劳动合同，构建和谐稳定的劳动关系，提高劳动积极性，促进企业和社会经济的长远发展。因此，在符合法定条件的情况下，凡是劳动者要求订立无固定期限的劳动合同，用人单位都必须予以订立；否则，用人单位应承担法律责任。《劳动合同法》规定："用人单位违反本法规定不与劳动者订立无固定期限劳动合同的，自应当订立无固定期限劳动合同之日起向劳动者每月支付两倍的工资。

3.以完成一定工作任务为期限的劳动合同

所谓以完成一定工作任务为期限的劳动合同，是指用人单位与劳动者约定以某项工作的完成为合同期限的劳动合同。这实际上是一种特殊的定期劳动合同，是以工作任务的完成作为劳动合同终止的有效期限。

（三）劳动合同的签订原则

《劳动合同法》规定："订立劳动合同，应当遵循合法、公平、平等自愿、协商一致、诚实信用的原则。"这五项原则，贯穿于全部《劳动合同法》制度和规范之中，是制定、解释、执行《劳动合同法》的出发点和归宿。分述如下：

1.合法原则

订立劳动合同必须符合法律法规的要求，这是劳动合同有效的前提条件。合法原则，其内涵是指：(1)劳动合同主体必须具备合法资格，用人单位须依法成立，劳动者须具有劳动权利能力（年满16周岁及以上）和劳动行为能力；(2)劳动合同内容必须合法，不得违背法律法规的规定，也不得违背社会基本道德和公序良俗等社会公共利益；(3)劳动合同的订立程序和形式必须合乎法律法规的规定，如劳动合同依法订立，采用书面的形式，自签字或盖章之日起生效等。

2. 公平原则

劳动合同内容的确立必须符合公平的原则，要公正、公允、合情合理，这是关于当事人内容的指导原则，是针对劳动合同订立过程而提出的要求，其实质是寻求当事人之间利害关系的基本平衡，以及权利和义务上的对等表达。

3. 平等自愿原则

平等，是指当事人之间法律地位上的平等，是平等主体之间的关系，平等决定劳动合同的内容，平等受劳动合同的约束，平等受法律保护。一方不得把自己的意志强加给对方。

自愿，是指订立劳动合同完全出于当事人自己的真实意志，独立的完成意思表示。自愿原则体现了民事活动的基本特征。民事活动除法律强制性的规定性外，由当事人自愿约定。

4. 协商一致原则

协商一致，是指当事人之间就劳动合同的内容、条款，通过共商取得完全一致的意思表示。当然，这种完全一致的意思表示不得违背法律法规的规定，否则，该劳动合同不能够生效。

用人单位采用格式合同（又称定式合同、标准合同）订立合同时，应当遵循公平原则确定各自的权利和义务，并有提示、说明的告知义务，采用合理方式提请劳动者注意免除或者限制其责任的条款。与此同时，对格式条款有两种以上解释的，应当作出不利于提供格式条款一方的解释。

5. 诚实信用原则

诚实信用是市场经济中的道德准则，也是《劳动合同法》的最高准则或"帝王准则"。讲诚实信用，是指合同当事人在行使权利、履行义务时，应当抱有真诚的善意，讲求信誉，不虚伪、不欺诈、诚实设定、全面履行合同所规定的各项义务。

（四）劳动合同的必备条款

《劳动合同法》规定了劳动合同必须具备的七项条款，分述如下：

1. 劳动合同主体

劳动合同主体包括：用人单位和劳动者。双方主体的相关信息包括：(1)用人单位的名称、住所和法定代表人或者主要负责人；(2)劳动者的姓名、住所和居民身份证或者其他有效身份证件号码。明确劳动合同主体，有利于劳动行政部门对劳动合同主体资格的认定，有利于对用人单位劳动合同的管理和监督，也有利于劳动合同的履行，实现劳动合同的宗旨。

2. 劳动合同期限

劳动合同期限，是指劳动合同的有效时间，包括合同生效之时起，合同终止或解除之时止。劳动合同期限分为三种类型：有固定期限、无固定期限、以完成一定工作任务为期限。若没有劳动合同期限条款，该合同不能成立。

必须指出的是，试用期包含在劳动合同期限内。劳动合同仅约定试用期的，试用期不成立。现将试用期的有关规定列表归纳如表 11-1 所示。

表 11-1　劳动合同试用期的有关规定

<table>
<tr><th>劳动合同期限</th><th>试用期</th><th>说　明</th></tr>
<tr><td>3 个月及以上不满 1 年</td><td>不得超过 1 个月</td><td rowspan="3">(1)同一用人单位与同一劳动者，只能约定一次试用期；
(2)以完成一定工作任务为期限的劳动合同或者劳动合同期限不满 3 个月的，不得约定试用期；
(3)用人单位在试用期解除劳动合同的，除提供不符合录用条件的证据之外，还应当向劳动者说明理由；
(4)试用期间用人单位应予缴付社保费，否则，事故费由用人单位按社保标准支付。</td></tr>
<tr><td>1 年及以上不满 3 年</td><td>不得超过 2 个月</td></tr>
<tr><td>3 年及以上固定期限和无固定期限</td><td>不得超过 6 个月</td></tr>
</table>

3. 工作内容和工作地点

工作的内容和地点，是指劳动者应履行的主要义务。包括：劳动者为用人单位提供什么样的劳动，在何地提供，从事何种类型的工作，应达到的数量和质量标准等。

4. 工作时间和休息休假

工作时间，是指劳动者为用人单位提供的劳动时间。国务院明文规定：职工每日工作 8 小时，每周工作 40 小时。

休息休假，是指劳动者在法律规范下应当享受的一种基本权利。《劳动法》明文规定了劳动者的休息休假权利，其中包括劳动者周休息日(周六、周日)、法定休假日(元旦、春节、清明节、“五一”国际劳动节、端午节、中秋节、国庆节等)、探亲休假、年休假等。

5. 劳动报酬

劳动报酬，是指劳动法中所调整的劳动者基于劳动关系而取得的各种收入，主要支付形式是货币工资。此外，还有津贴、奖金、保险及福利等。这是用人单位的主要义务，也是劳动者的主要权利。在劳动合同中应当明确工资的数额、支付方式和津贴、奖金的数额，以及获得的条件等。

6. 社会保险

社会保险，是指国家通过立法建立的，对劳动者的生、老、病、死、伤、残、失业，以及发生其他生活困难时，给予物质帮助的制度。它是社会保障的重要组成部分。对劳动者而言，它既是一种保障，也是其劳动价值的一种体现。

目前，中国规定的社会保险包括“五险”：养老、失业、医疗、工伤、生育等。其中，除工伤保险和生育保险完全由用人单位缴纳之外，其余险种也要劳动者承担一定的保险费。因此，用人单位和劳动者之间，还可以就劳动者应承担的社会保险费用进行协商。

值得指出的是，如果用不履行社会保险费义务、损害职工的合法权益所形成的低成本来追逐高利润，是不正确的，也是违法的。从公平竞争的角度看，如果一部分企业不为职工缴纳社会保险费，并以此来降低成本、参与市场竞争，对于那些守法的企业、管理规范的企业，也是不公平的。目前，国家正采取措施，建立健全劳动者社会保险关系跨地区转移接续制度。

7. 劳动保护、劳动条件和职业危害防护

劳动保护，是指保障劳动者在劳动过程中身体健康与生命安全，预防伤亡事故和职业病发生，应当建立劳动保护制度和劳动保护设施。衡量用人单位履行劳动保护义务是否达标的依据有两项：(1)国家规定标准；(2)国家原则性要求。劳动合同中的劳动保护，用人单位只能高于国家规定的标准(就高不就低)。国家原则性要求，是指国家没有规定具体标准时，用人单位须提供不使劳动者生命安全受到威胁、身体健康受到侵害的劳动保护措施。

劳动条件，是指劳动者完成合同规定劳动任务的必要条件。衡量“必要条件”是否达标的依据有两条：(1)劳动安全卫生条件；(2)必备的生产资料条件(劳动手段和劳动对象)。此外，劳动者若需要用人单位提供特殊劳动保护和劳动条件的，应同用人单位进行磋商，并在合同中明确约定。

职业危害防护，是指对职业病的防护。职业病危害因素主要有两种：(1)职业活动中存在各种有害的化学、物理、生物因素；(2)在作业过程中产生的其他有害因素。将职业危害防护作为劳动合同必备条款，有利于劳动者更能明确地保护自身的合法权益，有利于劳动者更能预警未来所从事的职业对自身可能产生的危害，提前采取预防性因应措施。

目前，政府将贯彻实施《劳动合同法》列入议事日程，积极解决实施中的道德问题，查处违法行为，制止规避法律行为。从有的企业补偿10亿元人民币鼓励7000名员工辞职事件(规避无固定期限劳动合同)，到接二连三的外企“撤资”(认为新法“僵化”了用工机制，提高了企业成本)，有的甚至提出暂停执行或取消《劳动合同法》。不管《劳动合同法》与此是否有必然联系，但其引发的热议和震荡却是存在的。因此，在加大《劳动合同法》实施力度的同时，还将尽快出台相关司法解释，制定配套法规、规章。

(五)劳动合同的协商补充条款

与劳动合同的必备条款不同，协商补充条款不具有必备性，缺少它的合同依然成立。但协商补充条款对于完善合同内容、明确当事人权利和义务、减少合同执行争议、构建和谐稳定劳资关系，均有重要意义。协商补充条款同样不得违背法律法规的规定。在如下三个方面常常产生协商补充条款：

1. 职业培训条款

职业培训，是指对劳动者从事职业活动所需业务知识、专业技术、操作技能进行培育和训练的行为，包括就业前培训和就业后培训。职业培训是国家教育制度中的重要组成部分。《劳动法》对其作了详细的规定，但不同的用人单位根据本单位实际需要，可自行与劳动者协商约定职业培训内容，并写入劳动合同之中。

2. 竞业限制条款

竞业限制条款，又称保守商业秘密条款。商业秘密，是指不为公众所知悉、具有实用性的技术信息和经营信息。其特点是非公开，且能使经营者获得竞争优势。关于"竞业限制"的规范化要求，分述如下：

(1)竞业限制中的提前脱密：原劳动部《关于企业职工流动若干问题的通知》规定，用人单位与掌握商业秘密的职工在劳动合同中约定保守商业秘密有关事项时，可以约定在劳动合同终止前或该职工提出解除劳动合同后的一定时间内(不超过 6 个月)，调整其工作岗位，变更劳动合同中的相关内容，进行提前脱密。

(2)竞业限制的主体：《劳动合同法》规定，竞业限制的人员，限于用人单位的高级管理人员、高级技术人员和其他负有保密义务的人员。

(3)竞业限制的范围、地域：《劳动合同法》规定，竞业限制的范围、地域，由用人单位与劳动者约定，但约定不得违反法律、法规的规定。

(4)竞业限制的期限及经济补偿：《劳动合同法》规定，竞业限制的期限不得超过两年。也就是说，相关人员在解除劳动合同后的两年内，不得到生产同类产品或经营同类业务且有竞争关系的其他用人单位任职，也不得自己生产与原单位有竞争关系的同类产品或经营同类业务，但用人单位应当给予该职工一定数额的经济补偿。《劳动合同法》规定，在竞业限制期限内，按月给予劳动者经济补偿。劳动者违反竞业限制约定的，应当按照约定向用人单位支付违约金。

3. 补充商业保险和福利待遇条款

补充商业保险，是指法定社会保险之外的其他险种。包括覆盖人生大多数风险(病、残、亡)的意外伤害险、第三者责任险、重大疾病保险、寿险等所有商业保险，都可以成为补充商业保险的条款。用人单位运用行为科学管理理念，把本企业职工的积极性调动起来，发挥出去，将商业保险作为福利待遇提供给劳动者，并在形式上成为劳动合同中"福利待遇"条款的重要组成部分。

值得说明的是，商业保险不同于社会保险，现列表归纳如表 11-2 所示。

表 11-2　商业保险与社会保险的原则区别

项目	商业保险	社会保险
1. 含义	商业保险组织承担合同约定事故、给付保险金责任的一种合同行为	国家通过立法提供经济保障的一种制度
2. 保障对象	自愿参加的社会成员	个体公民或劳动者
3. 目的	获得利润	保障社会利益，维护社会稳定
4. 性质	自愿参加，依保险合同实施的合同行为	依法强制实施的政府行为，体现社会的互济性、补偿性
5. 保费支付	被保险人个人负担	个人、企业、政府三方合理负担
6. 保险金给付原则及标准	强调个人公平原则，即权利义务完全对等，多交费多受益，少交费少受益	强调社会公平原则，即权利义务不对等，不强调交费相等，但强调给付相同
7. 保险功能	满足人们生活、消费各层次需要，保险水平较高（人身或财产）	满足社会成员生、老、病、死、伤、残、失业等较低层次的需要，即生存需要（人身）
8. 经办机构	商业保险公司	行政劳动部门
9. 经营体制	由商业保险公司按企业原则经营管理，国家对其征收税费	由国家专门设立，各级社会保险局统一管理，对资金的营运不征税
10. 采取手段	商业行为，自愿参加	社会行为，国家强制执行
11. 实施的法律基础	属经济立法范畴，受《保险法》约束	属劳动立法范畴，受《劳动法》、《劳动合同法》等法律约束

（六）集体劳动合同

所谓集体劳动合同，又称集体协议、团体协议，是指企业职工一方与用人单位依法通过集体协商，就劳动者的集体劳动条件等事项达成的书面协议。

集体劳动合同是一种特殊的劳动合同类型，具有五个特征：(1)主体特色。劳资双方均以团体的名义出现；(2)合同内容不对称。其核心内容是劳动者的集体劳动条件；(3)双方义务不对等。主要是规定用人单位的义务，以工会的名义、集体的力量抗衡用人单位，保护劳动者个人利益，促使个人劳动合同更加公平合理，有利于在整体上构建和谐稳定的劳动关系；(4)协商形式特殊。劳资双方协商采用集体谈判的形式；(5)劳动保障行政部门对其监管更为严格，即政府对集体劳动合同一律实行鉴证制度。所谓鉴证，是指对合同进行管理的一项行政监督措施，须由劳动保障行政部门依法证明其真实性、合法权。劳动保障行政部门自收到集体劳动合同文本之日起、15 日内未提出异议的，集体劳动合同即行生效。

1.集体劳动合同的订立原则

(1)合法原则。集体合同主体双方必须遵守法律、法规、规章,以及国家规定的有关程序、内容、形式来签订集体合同;否则,该集体合同无效。

(2)相互尊重、平等协商原则。集体合同主体双方彼此尊重,平等协商达成一致协议,任何一方均不得凭借自己的优势胁迫对方签订集体合同。

(3)诚实信用、公平合作原则。集体合同主体双方在缔约过程中不欺诈、恪守诺言、不偏袒一方、相互提携,这是道德规范在法律、法规层面上的体现。

(4)兼顾双方合法权益原则。集体合同主体双方在缔约过程中,应当关注对方利益,通过互谅互让实现双胜双赢。

2.集体劳动合同的内容条款

根据《劳动合同法》(2008 年 1 月 1 日起施行)的规定,《集体合同规定》(2004 年 1 月 20 日颁布)所列 15 项合同条款,不再是集体合同中的必备条款,而成为集体合同主体双方在集体协商中可供选择的协商性条款。15 项选择性协商条款为:

(1)劳动报酬;(2)工作时间;(3)休息休假;(4)劳动安全与卫生;(5)补充保险与福利;(6)女职工和未成年人特殊保护;(7)职业技能培训;(8)劳动合同管理;(9)奖惩;(10)裁员;(11)集体合同期限;(12)变更、解除集体合同的程序;(13)履行集体合同发生争议时的协商处理办法;(14)违反集体合同的责任;(15)双方认为应当协商的其他内容。

3.集体劳动合同的形式规范

签订集体劳动合同形式的规范性要求为:

(1)集体协商人数要对等。为签订集体劳动合同进行集体协商时,企业工会或职工代表,与相应的企业代表,每一方代表为 3～10 人,双方代表人数相等,并各自确定一名首席代表;(2)合同签字人为双方首席代表;(3)合同有效期为 1～3 年;(4)在合同有效期内,经双方协商一致,也可对合同进行修订;(5)必须对合同进行鉴证。

此外,对于个人劳动合同,劳动保障行政部门鼓励并提倡用人单位和劳动者进行劳动合同鉴证。但劳动争议仲裁委员会不能以劳动合同未经鉴证为由,而不受理相关的劳动争议案件。

(七)劳动关系与劳务关系

在实践中,须警惕劳动关系劳务化。例如,本应签订劳动合同的,却签成了劳务合同,一字之差,无壤之别。现将二者的原则区别列表归纳说明如表 11-3 所示。

表 11-3　劳动关系与劳务关系的原则区别

比较	劳动关系	劳务关系	说　明
1. 主体	自然人与用人单位（从属，唯一）	自然人之间或单位之间（非从属，多重性）	
2. 客体	劳动合同	劳务合同	
3. 实体法适用	劳动法	经济法	
4. 程序法适用	一裁二审（＝仲裁＋审判）	二审终审（一、二审均在法院）	仲裁简称“裁”，法院审判简称“审”
5. 争议解决时效	争议日起≤1 年	侵权日起≤2年	
6. 分配原则	按劳分配	等价有偿	
7. 职工社保	强制上保险	无须上保险	

举案说明：钟点工摔伤后责任由谁负？为家庭提供劳务的钟点工，按照约定为用工方提供清洁服务，用工方则按照约定支付报酬，双方所形成的是一种承揽合同关系，双方具有承揽人与定作人的权利义务。依照最高人民法院《关于审理人身损害赔偿案件适用法律若干问题的解释》第十条规定，承揽人在完成工作过程中对第三人造成损害或者造成自身损害的，定作人不承担赔偿责任。但定作人对定作、指示或者选任有过失的，应当承担相应的赔偿责任。因此，“责任由谁负”，关键是看定作人对定作、指示或者选任有无过失来确定责任。此案如果是劳动合同，则劳资关系双方的权利义务就不同了。

第三节　劳动合同解除

所谓劳动合同解除，是指劳动合同订立后，尚未全部履行之前，由劳动合同双方或一方当事人提前消灭劳动关系的法律行为。它又分为约定解除和法定解除两种。劳动合同的解除，只对未履行的部分发生效力，不涉及已经履行的部分。

劳动合同解除分为三种类型，即双方协商解除、劳动者单方解除、用人单位单方解除。现列表归纳说明如表 11-4 所示。

表 11-4　劳动合同解除类型和法定条件

类型＼法定条件	不必事先告知	必须事先告知	说明
Ⅰ劳资双方协商解除	—	—	最好有书面协议
Ⅱ劳动者单方解除（2 种方式）	1. 随时通知用人单位而解除（6 种情形之一） 2. 立即离职而解除（特殊情形）	1. 试用期内预告（提前 3 日） 2. 合同期内预告（提前 30 日）	1. 对辞职者，可免发经济补偿金 2. 尽量不“裸辞”（尚未找到下一份工作就把当前工作辞掉了）
Ⅲ用人单位单方解除（3 种方式）	1. 过失性解聘（6 种情形之一，随时解聘）	2. 非过失性解除（3 种情形之一，提前 30 日预告） 3. 经济性裁员（4 种情形之一，提前 30 日预告）	1. 属于“必须事先告知”的解除，须向劳动者支付经济补偿金；并为劳动者办理档案、社会保险转移，以及出具解除或者终止劳动合同的证明 2. 无固定期限劳动合同不是终身制（发生用人单位单方解除劳动合同三种方式下 13 种情形之一的即可解除）

一、用人单位与劳动者双方协商解除劳动合同

《劳动合同法》规定：“用人单位与劳动者协商一致，可以解除劳动合同。”这是双方当事人意思表示一致的结果，是意志自由原则的体现，且受法律保护。在实践中，多数是用人单位主动向劳动者提出意向，要求解除劳动合同。双方无论谁主动提出，只要结果达到协商一致就可以解除，但最好将协商解除劳动合同的内容形成书面协议，旨在避免事后争议无章可循。

二、劳动者单方解除劳动合同

以劳动者是否需要提前通知用人单位为依据，劳动者单方解除劳动合同分为两种方式：劳动者不必事先告知而解除；劳动者必须事先告知而解除。

（一）劳动者不必事先告知而解除劳动合同

1. 劳动者随时通知用人单位而解除劳动合同

用人单位有下列六种情形之一的，劳动者可以随时通知用人单位而解除劳动合同：

（1）未按照劳动合同约定提供劳动保护或者劳动条件的；

（2）未及时足额支付劳动报酬的；

（3）未依法为劳动者缴纳社会保险费的；

(4)用人单位的规章制度违反法律、法规的规定，损害劳动者权益的；

(5)以欺诈、胁迫的手段或者乘人之危，使劳动者在违背真实意思的情况下订立或者变更劳动合同，致使劳动合同无效或部分无效的；

(6)法律、行政法规规定劳动者可以解除劳动合同的其他情形，这属于兜底条款，为以后出现新情况作出调整而留有法律空间。

2. 劳动者立即离职而解除劳动合同

《劳动合同法》规定："用人单位以暴力、威胁或者非法限制人身自由的手段，强迫劳动者劳动的，或者用人单位违章指挥、强令冒险作业危及劳动者人身安全的，劳动者可以立即解除劳动合同，不需事先告知用人单位。"

(二)劳动者必须事先告知而解除劳动合同

1. 试用期限内预告

《劳动合同法》规定："劳动者在试用期内提前 3 日通知用人单位，可以解除劳动合同。"试用期是劳动者与用人单位双向选择期，为防止劳动者突然离职给用人单位带来困难，规定预告期给用人单位一定的准备时间是合乎情理的。

2. 合同期限内预告

《劳动合同法》规定："劳动者提前 30 日以书面形式通知用人单位，可以解除劳动合同。"在维护劳动者择业权的前提下，为减少劳动者离职给用人单位带来的损失，规定较长时间的预告期是合乎情理的。

(三)劳动者单方解除劳动合同的注意事项

劳动者单方解除劳动合同是劳动者的主动行为，又称劳动者辞职或职工辞职。

职工辞职可通过工会或直接向企业提出辞职申请，企业一般应予同意并办理辞职手续。但应当注意下述问题：

1. 对辞职职工，可免发经济补偿金；

2. 如果企业出资培训过，劳动合同尚未期满，可拒绝辞职，否则辞职职工应赔偿一定的培训费或经济损失；

3. 对违反劳动合同，擅自"跳槽"者，给原用人单位造成损失的，应交纳违约赔偿金，新的用人单位应当承担连带赔偿责任。

4. 劳动争议的解决，可依据《劳动法》的规定，向本单位劳动争议调解委员会申请调解；调解不成，向劳动争议仲裁委员会申请仲裁。也可以自劳动争议发生之日起一年之内直接向劳动争议仲裁委员会申请仲裁。对仲裁裁决不服的，可以自收到仲裁裁决书之日起 15 日内向人民法院提起诉讼。

三、用人单位单方解除劳动合同

以劳动者是否有过错和企业经济情况为依据，用人单位单方解除劳动合同分为三种方式：过失性解聘、非过失性解除、经济性裁员。

（一）过失性解聘

《劳动合同法》规定，劳动者因为过错和失误，符合下列六种情形之一的，用人单位可以随时解除劳动合同：

1.在试用期间被证明不符合录用条件的；

2.严重违反用人单位的规章制度的；

3.严重失职，营私舞弊，给用人单位造成重大损害的；

4.劳动者同时与其他用人单位建立劳动关系，对完成本单位的工作任务造成严重影响，或者经用人单位提出，拒不改正的；

5.以欺诈、胁迫的手段或者乘人之危，使用人单位在违背真实意思的情况下订立或者变更劳动合同，致使劳动合同无效或者部分无效的；

6.被依法追究刑事责任的。

（二）非过失性解除

《劳动合同法》规定，劳动者属于非过失性原因被解除劳动合同的，用人单位须提前30日以书面形式通知劳动者本人，或者额外支付劳动者一个月工资后，可以解除劳动合同。“非过失”是指下列三种情形之一：

1.劳动者患病或者非因工负伤，在规定的医疗期满后不能从事原工作，也不能从事由用人单位另行安排的工作的；

2.劳动者不能胜任工作，经过培训或者调整工作岗位，仍不能胜任工作的；

3.劳动合同订立时所依据的客观情况发生重大变化，致使劳动合同无法履行，经用人单位与劳动者协商，未能就变更劳动合同内容达成协议的。

（三）经济性裁员

《劳动合同法》规定，用人单位属于经济性原因而裁减人员，须提前30日向工会或者全体职工说明情况，听取工会或者职工的意见后，裁减人员方案经向劳动行政部门报告后，可以裁员。

与此同时，《劳动合同法》对经济性裁员作出了限制性规定，主要体现在如下五个方面：

1.裁员人数的法定标准：用人单位需要裁减人员20人以上或者裁减不足20人但占企业职工总数10%以上；否则，用人单位只能通过双方协商解除劳动合同的类型，与劳动者个别地解除劳动合同。

2.裁员理由的法定情形：《劳动合同法》对用人单位实行经济性裁员的情形

作出了规定，符合下列四种情形之一的，可以裁员：

(1)用人单位濒临破产，正在法定整顿期间；

(2)生产经营发生严重困难的；

(3)企业转产、重大技术革新或者经营方式调整，经变更劳动合同后，仍需裁减人员的；

(4)其他因劳动合同订立时所依据的客观经济情况发生重大变化，致使劳动合同无法履行的。

3.优先录用被裁减人员的法律规定：《劳动合同法》规定，如果用人单位在6个月内重新招用人员，应当通知被裁减的人员，并在同等条件下优先录用被裁减的人员。

4.裁员中应当优先留用的三类人员：《劳动合同法》规定，裁减人员时，应当优先留用下列三类人员：

(1)与本单位订立较长固定期限劳动合同的；

(2)与本单位订立无固定期限劳动合同的；

(3)家庭无其他就业人员，有需要抚养的老人或者未成年人的。

5.不得解除劳动合同、不得裁减的六类人员：《劳动合同法》规定，在上述非过失性解除和经济性裁员的人员中，不得解除劳动合同、不得裁减的有下列六类人员：

(1)从事接触职业病危害作业的劳动者，未进行离岗前职业健康检查，或者疑似职业病病人在诊断或者医学观察期间的；

(2)在本单位患职业病，或者因工负伤并被确认丧失或者部分丧失劳动能力的；

(3)患病或者非因工负伤，在规定的医疗期内；

(4)女职工在孕期、产期、哺乳期的；

(5)在本单位连续工作满15年，且距法定退休年龄不足5年的；

(6)法律、行政法规规定的其他情形。

(四)用人单位单方解除劳动合同的注意事项

1.用人单位向劳动者支付经济补偿金

所谓经济补偿，是指对被解除劳动合同职工在该企业所作贡献的一种货币形式的补充报偿行为。

解除劳动合同时(过失性解聘除外)，用人单位应当依照国家有关规定给予被解除职工经济补偿。经济补偿金的计算标准是：按企业正常生产情况下劳动者解除合同前12个月的月平均工资，用人单位根据劳动者在本单位工作年限，每满一年发给相当于一个月工资的经济补偿金；工作时间6个月以上不满一年的，按一年的标准发给一个月工资的经济补偿金；工作时间不满6个月的，向劳动者支付半个月工资的经济补偿金。劳动者月工资高于用人单位所在直辖市、设区的市级人民政府公布的本地区上年度职工月平均工资3倍的，向其支付经济补偿金的标准按职工月平均工资3倍的数额支付，向其支付经济补偿金的年限最高不超过12年。具体发放办法列表归纳说明如表11-5所示。

表11-5　经济补偿金发放办法

解除方式	具　体　情　况	发放数额
1.过失性解聘	…………	不予发放
2.非过失性解除	①对患病或非因工负伤丧失劳动力者 其中： * 对一般病症者增发医疗补助费 * 对重病者增发不低于医疗补助费的50% * 对绝症者增发不低于医疗补助费的100%	无上限限制 * ≥6个月 * ≥9个月 * ≥12个月
	②对不能胜任工作者	≤12个月
	③由于客观原因导致合同无法履行者	无上限限制
3.经济性裁员	…………	无上限限制

值得注意的是，用人单位解除劳动合同后，未按规定给予劳动者经济补偿的，除须全额发给补偿金外，还须按该经济补偿数额的50%以上100%以下的标准，向劳动者加付赔偿金。

2.用人单位为劳动者出具证明、办理档案和社保转移：《劳动合同法》规定，用人单位应当在解除劳动合同的同时，出具解除或者终止劳动合同的证明，并在15日内为劳动者办理档案和社会保险转移手续。

3.劳动者对用人单位的善后义务有三点：(1)结束并移交有关事务，以及移交所保管的物品；(2)按约定保守商业秘密，并履行竞业限制义务；(3)赔偿因违约而给用人单位造成的损失。

第四节　职工工资

一、劳动工时标准

(一)工时标准

《国务院关于职工工作时间的规定》指出：自1995年5月1日起，职工每日工作8小时，每周工作40小时。事业单位最迟应当自1996年1月1日起施行，企业最迟应当自1997年5月1日起施行。

(二)缩短工时标准的意义

由每周5天半工作制改为5天工作制，是深化改革和经济社会发展的需要。其意义在于如下四个方面：

1. 缩短工时是世界工时制度的发展潮流。目前，世界上已有不少国家实行了每周5天工作制。中国实施5天工作制后，将有利于开展国际交流与合作。

2. 缩短工时有利于解决就业问题。据测算，中国实行40小时工作周，大约可以提供2200万个就业岗位。

3. 缩短工时有利于刺激消费、活跃市场、发展旅游，促进第三产业的发展。

4. 缩短工时可使职工获得更多一些的自由支配时间，有利于提高劳动者素质。

(三)职工全年月平均工时和工资折算

根据《全国年节及纪念日放假办法》(国务院令第513号)的规定，全体公民的节日假期由原来的10天增设为11天。据此，职工全年月平均制度工作天数和工资折算办法分别调整如下：

1. 制度工作时间的计算如下：

年工作日：365天－104天(休息日)－11天(法定节假日)＝250天

季工作日：250天÷4季＝62.5天/季

月工作日：250天÷12月＝20.83天/月

工作小时数的计算：以月、季、年的工作日乘以每日的8小时。

2. 日工资、小时工资的折算如下：

按照《劳动法》第五十一条的规定，法定节假日用人单位应当依法支付工资，即折算日工资、小时工资时不剔除国家规定的11天法定节假日。据此，日工资、小时工资的折算为：

日工资：月工资收入÷月计薪天数

小时工资：月工资收入÷(月计薪天数×8小时)。

月计薪天数＝(365天－104天)÷12月＝21.75天

3. 2000年3月17日原劳动保障部发布的《关于职工全年月平均工作时间和工资折算问题的通知》(劳社部发20008号)同时废止。

二、劳动工资标准

所谓劳动工资，是指用人单位依据国家有关规定或劳动合同的约定，以货币形式直接支付给本单位劳动者的劳动报酬，一般包括计时工资、计件工资、奖金、津贴和补贴、延长工作时间的工资报酬，以及特殊情况下支付的工资等。工资是劳动者劳动收入的主要组成部分。

（一）企业最低工资标准

所谓最低工资，是指劳动者在法定工作时间内履行了正常劳动义务的前提下，由其所在单位支付的最低劳动报酬。最低工资不包括下列所得：(1)加班费，即延长工作时间的工资报酬；(2)房补、食补，即以货币形式支付的住房和用人单位支付的伙食补贴；(3)特殊津贴，即特殊工作环境和劳动条件下的津贴（如中班、夜班、高温、低温、井下、有毒、有害等）；(4)社保、福利，即国家法律、法规、规章规定的社会保险福利待遇。

按照平均数法计算，国际上最低工资一般相当于平均工资的40%至60%。

《劳动法》明确规定：国家实行最低工资保障制度。原劳动部要求全国各地必须在1995年6月30日之前实施最低工资标准。国家"十二五"(2011～2015)改善民生行动计划提出，工资改革要"提低、扩中、调高"；提高最低工资标准：最低工资标准年均增长13%以上；北京市要求地方政府设定的最低工资标准为至少要达到地方平均工资的40%。据公布，2011年部分城市最低月工资标准是：广州1300元，上海1280元，北京1160元，天津1160元（2012年提高到1310元），南京1140元，济南1100元，银川900元。

实施最低工资标准的意义：(1)保证社会主义市场经济健康发展，维护社会稳定的需要；(2)保护劳动者合法权益，促进劳动者素质提高的需要；(3)加强劳动法制建设，实现工资法制化的需要。

值得注意的是，实行最低工资标准后，应防止外企老板借口国家公布本地区最低工资标准之机，降低本单位职工原来的工资水平。

（二）国家深化分配制度改革的原则和制度

1. 确立生产要素（劳动、资本、技术和管理等）按贡献参与分配的原则，完善按劳分配为主体、多种分配方式并存的分配制度。①

2. 坚持效率优先、兼顾公平，既要提倡奉献精神，又要落实分配政策，既要反对平均主义，又要防止收入悬殊。②

3. 工资制度改革的方向是"双同步、双提高"："双同步"是指居民收入增长与经济发展同步，劳动报酬增长与劳动生产率提高同步；"双提高"是指提高居民收入在国民收入中比重，提高劳动报酬在初次分配中的比重。

初次分配，即国民收入初次分配，是指与物质生产有直接联系的成员中进行的分配。社会主义国民收入经过初次分配，形成三种基本的原始收入，即：(1)国家集中的纯收入；(2)企业收入；(3)生产劳动者个人收入。调整初次分配的核心

---

① 源自中国共产党第十六次全国代表大会上的报告(2002年11月8日). 北京：人民出版社，2002.28

② 同上。

是:政府减税、资方让利、劳动者所得提高,旨在三方利益分配结构趋向合理。

提高劳动报酬在初次分配中比重的意义表现在两个方面:(1)纠正不合理。目前的国民收入分配格局,仍然存在不合理的现象,如居民收入在国民收入分配中的比重偏低,在初次分配中工资所占比重偏低,城乡居民不同社会群体之间收入分配的差距较大。这不仅造成了投资、消费关系的不平衡,而且也影响了社会的和谐稳定。(2)缩小贫富差距,彰显社会公平正义。提高劳动报酬在初次分配中的比重,可以减轻再分配的调节负担,可以让低收入者得到更好的生活保障,对于控制国民收入分配畸形发展具有政策先导作用,从而减轻再分配政策的调节负担。

4.企业在法律法规规范下,自主决定工资的投入、分配和结构。

(三)企业内部工资分配原则

1.企业应当遵循按劳分配和按生产要素分配相结合、同工同酬的原则。

2.企业职工平均工资水平,应根据本企业的经济效益、劳动生产率,并参照当地城镇居民消费价格指数和工资指导线等,由董事会确定或通过工资集体协商来确定。

(四)其他需要说明的劳动工资问题

1.工资的形式为货币,须按月支付。《劳动法》明确规定:"工资应以货币形式按月支付给劳动者本人。不得克扣或者无故拖延劳动者的工资。"

2.三资企业职工调往其他单位工作时,改用调入单位的工资、津贴、奖金制度和劳保福利,并重新加以确定。

3.三资企业的职务津贴制度,按照每个职工完成岗位任务的情况,由董事会决定。

4.三资企业外籍职工的待遇,以及雇用、解雇、辞职等问题,应在劳动合同中规定。外籍员工的薪金待遇,其一般做法是:三资企业只从国外聘请国内请不到的专家和高级经营管理人才,签订合同,发给高薪。

5.未在企业担任实职的中方正副董事长、董事,不得从该企业领取任何工资性收入。由中方投资单位按国家有关规定对其进行考核、监督、奖惩。

6.企业职工工资收入总额、平均工资,高级管理人员、董事的工资收入,报中方投资单位和当地劳动行政部门备案。其中,外方人员的工资收入部分单列。此外,企业须办理并使用《工资总额使用手册》,如实记录企业工资收入发放情况;还要进行劳动工资统计,并向所在地区劳动行政部门、统计部门报送劳动工资统计报表。劳动行政部门负责对企业执行工资收入管理规定的情况进行监督检查。

7.企业职工的劳动报酬低于当地最低工资标准的,应当支付其差额部分;逾期不支付的，责令用人单位按应付金额50%以上100%以下的标准向劳动者加付赔偿金。

8. 中国加薪不影响吸引外资。2010年由富士康和广州本田加薪开始的中国外企基本工资上涨，不会影响吸引外资。廉价的劳动力，已不是现阶段中国吸引外资的第一位优势。中国吸引外资最重要的优势在于四个方面：(1)中国稳定的政治环境，以及不断完善的法治环境；(2)中国庞大的市场规模和市场潜力，致使外商愿意融入这个迅速增长的巨大市场(注：在华营运的约29万家外企生产的产品中，有63%左右是在中国市场销售的，只有大约37%用于出口)；(3)中国比较完善的产业配套能力；(4)中国劳动力的优势体现在两方面：一方面是人口素质正在普遍提高，受过高等教育的人口数量越来越多；另一方面是中西部拥有庞大的劳动力市场，能够为外商在华投资提供充足的劳动力，并在劳动力价格上具有较强的竞争力。

三、工资集体协商的前提条件、重点内容和参照指标

所谓工资集体协商，是指企业工会或职工代表与相应的企业代表，依法就企业内部工资问题进行协商并签订集体合同的行为，是企业集体劳动合同的重要组成部分。

(一)工资集体协商的前提条件

须同时具备3个前提条件：(1)企业工会或半数以上职工提出开展工资集体协商的要求；(2)企业已正式投产(开业)；(3)企业具备开展工资集体协商所需的基本数据和资料。

(二)工资集体协商的重点内容

包括7个方面的内容：(1)企业职工工资水平的确定和调整；(2)企业内部工资分配制度和工资分配形式；(3)职工奖惩办法；(4)加班、加点工资；(5)职工年休假工资；(6)职工保险福利待遇；(7)其他由企业职工提出要求协商的与工资有关的问题。

(三)工资集体协商的参照指标

政府人力社保部门，每年发布与工资集体协商相关的经济发展指标，如劳动力市场价位、企业人工成本等信息，以及相关政策文件，指导企业依法推进工资集体协商，包括以下10项指标(重点是3、4、7项)：

1. 地区、行业、企业的人工成本。“人工成本”，是指企业雇用职工个人所花费的所有费用，包括：实得收入(含基本工资、奖金、福利、津贴、加班工资等)、各类保险(含养老、失业、医疗、工伤、生育及子女医疗等)、住房储蓄和培训费等。

2. 地区、行业职工平均工资水平。“平均工资”，又称社会平均货币工资，是

指一定时期内平均每人所得的货币工资。它是反映职工工资一般水平的指标。其计算方法是:全年工资总额除以年平均职工人数。

3.政府发布的工资指导线。“工资指导线”,是指政府发布的指导辖区内企业确定职工工资水平的尺度。它是指导性指标,而非指令性指标。企业可以参照该项指标确定本企业职工工资水平(见表11-6)。

表11-6 中国16省份发布工资指导线④

省份	基准线(%)①	上线(%)②	下线(%)③
北京	10.5	15.5	5
上海	13	18	6
天津	16	22	7
辽宁	12	19	5
河北	18	25	8
山西	16	28	4
山东	15	23	6.5
江苏	13～15	不设上线	6～8
福建	10.5	9～12	0
陕西	15	20	5
甘肃	14	18	6
宁夏	14	17	零或负增长
青海	13	20	5
云南	13	20	4
贵州	17	22	3
新疆	16	20	6

注:①基准线,是指企业工资平均增长幅度;

②上线,是指企业工资增长允许达到的最高幅度;

③下线,是指企业工资增长应达到的最低幅度;

④时间为2011年上半年。

资料来源:人力资源和社会保障部。根据《国际商报》2011年8月4日资料,由本书作者编制。

4.地区城镇居民消费价格指数。“消费价格指数”,又称生活费指数,是衡量各个时期居民个人消费的商品和劳务价格变化的指标。它表明通货膨胀的情况,用作工资、津贴调整的依据。因为这一指数的升降,表示居民为保持生活水平不变所需支出生活费用的增减。

5.企业职工工资总额和职工平均工资。

6.企业实现利税。

7. 企业净产值劳动生产率。“劳动生产率”，是指通过产品生产量与劳动消耗量之间的对比，以反映劳动生产效率的指标。单位劳动时间内生产的产品数量增多，亦即生产单位产品所耗费的劳动量减少，都表明劳动生产率提高。

8. 国有资产保值增值率。“保值增值率”，又称“资本保值增值率”，主要反映投资人投入企业的资本完整性和保全性，计算公式是：

$$资本保值增值率=\frac{期末所有者权益总额}{期初所有者权益总额}\times100\%。$$

如果资本保值增值率＝100％，为资本保值；如果＞100％，为资本增值；如果＜100％，为资本降值。

9. 企业工资利税率。

$$企业工资利税率=\frac{利润+税}{工资总额}\times100\%$$

10. 企业资本收益率。“资本收益率”，是反映企业盈利能力的指标，其公式为：

$$资本收益率=\frac{净利润}{实收资本}\times100\%$$

在资本总额一定的条件下，资本收益率越高，说明资本收益越大，企业经济效果越好。反之则相反。

值得说明的是，中华全国总工会从 2011 年起，用 3 年时间全面推进企业建立工资集体协商制度。例如，天津市人力社保局与市总工会联合发出《关于进一步推动工资集体协商工作的通知》（2010 年 4 月），要求各级人力社保部门、工会组织以及企业，全面落实工资集体协商办法，建立企业职工工资协商机制和正常增长机制，切实提高职工收入水平。如 2010 年，天津市 80％以上建立工会组织的企业签订工资集体协议，提高劳动报酬在初次分配中的比重；对于未建立工会组织、未开展工资集体协商的企业和经营者（含外商投资、港澳台资、职工在 25 人以上的独立企业等），不仅不得享受本市税费优惠政策，而且不能参加市级以上荣誉称号的评选，并记入用人单位信用档案，作为劳动保障诚信企业评价的依据。

四、三资企业人工成本和劳动工资标准的实证分析

以天津市 2006 年数据为例。其中显而易见，在企业的全部人工成本中，平均劳动报酬所占权重为 64％，表明从业人员劳动报酬的多少将最大影响企业的人工成本，如表 11-7 所示。

表 11-7　天津市制造业三资企业人工成本人均水平及比重构成情况(2006 年)

(单位:元/人·年、%)

	合计	从业人员劳动报酬	社会保险费用	职工福利	职工教育费用	劳动保护费用	职工住房	其他人工成本费用
合计	47665 (100)	30105 (64)	9480 (20)	2056 (4)	432 (1)	636 (1)	2011 (4)	2945 (6)
食品制造业	40630 (100)	26590 (65)	8866 (22)	1972 (5)	54 (0)	354 (1)	1113 (3)	1681 (4)
饮料制造业	54143 (100)	32406 (60)	8491 (16)	1739 (3)	687 (1)	546 (1)	2614 (5)	7660 (14)
文教体育用品制造业	41360 (100)	27392 (66)	10963 (27)	934 (2)	898 (2)	1173 (3)	0 (0)	0 (0)
化学原料及化学制品制造业	49142 (100)	27779 (56)	11756 (24)	2425 (5)	513 (1)	783 (2)	3809 (8)	2077 (4)
橡胶制品业	39194 (100)	27816 (70)	4257 (11)	3022 (8)	218 (1)	1004 (3)	2815 (7)	62 (0)
塑料制品业	53823 (100)	28933 (54)	12341 (23)	0 (0)	0 (0)	0 (0)	0 (0)	12549 (23)
金属制品业	55924 (100)	38219 (68)	10082 (18)	377 (1)	0 (0)	601 (1)	3219 (6)	3426 (6)
专用设备制造业	72855 (100)	45000 (61)	11490 (16)	9465 (13)	539 (1)	1535 (2)	4826 (7)	0 (0)
仪器仪表及文化、办公用机械制造业	12703 (100)	9794 (77)	2579 (20)	330 (3)	0 (0)	0 (0)	0 (0)	0 (0)
工艺品及其他制造业	62228 (100)	42148 (67)	17880 (29)	2200 (4)	0 (0)	0 (0)	0 (0)	0 (0)

说明:该表格中括号内的数字为制造业三资企业人工成本比重,数值近似保留整数部分。

资料来源:天津市劳动和社会保障局,《天津市劳动力市场工资指导价位企业人工成本情况 2007 年》,2007 年 6 月,第 338、347 页。

五、职工加班劳动时限及其工资支付办法

(一)加班时限(1-3-36 法则)

《劳动法》规定,用人单位由于生产经营需要,经与工会和劳动者协商后可以延长工作时间,一般每日不得超过 1 小时;因特殊原因需要延长工作时间的,在

保障劳动者身体健康的条件下延长工作时间每日不得超过 3 小时，但是每月不得超过 36 小时。

（二）加班工资支付办法（1.5-2-3 法则）

加班，是劳动者在法定的休息时间内从事劳动的行为，理应获得高于正常工作时间的劳动报酬。按照规定，支付职工加班工资的具体办法分为三种情况，现列表归纳说明如表 11-8 所示。

表 11-8　职工加班工资支付办法

类　型	平　时	休　息　日	法定节假日②
计时工资制① （按本人小时工资标准）	≥150%	≥200%	≥300%
计件工资制 （按计件单价标准）	≥150%	≥200%	≥300%
综合计时工资制③	对超过法定工作时间部分，应按规定支付工资报酬		

注：①实行计时工资制的劳动者的日工资，按其本人月工资标准除以平均每月法定工作天数（实行每周 40 小时工作制的为 21.75 天）进行计算。

②法定节假日是指元旦、春节、清明节、国际劳动节、端午节、中秋节、国庆节。

③经批准实行综合计算工作时间的用人单位，分别以周、月、季、年等为周期综合计算工作时间，但其平均日工作时间和平均周工作时间应与法定标准工作时间基本相同；实行综合计算工时工作制的企业职工，工作日正好是周休息日的，属于正常工作，工作日正好是法定节假日时，要依照《劳动法》的规定，支付不低于工资 300% 的工资报酬。

《劳动合同法》规定，用人单位须按期支付加班工资，否则，由劳动行政部门责令限期支付；逾期不支付的，责令用人单位按应付金额 50% 以上 100% 以下的标准向劳动者加付赔偿金。此外，《刑法（修正案）》自 2011 年 5 月 1 日实施，其中有了新罪名“恶意不支付薪酬罪”，对此公安部门可介入解决。

六、国家对社会保险费征缴的原则规定

中国社会保险法制化：《社会保险法》自 2007 年开始审议，历经 3 年 4 审终获通过，于 2011 年 7 月 1 日起施行。这标志着中国社会保险工作走上法制轨道，从法律的层面上保障了公民在年老、生病、工伤、失业、生育等情况下，依法从国家和社会获得物质帮助的权利，给公民的工作和生活带来长效保障和收益。此外，国务院颁布《社会保险费征缴暂行条例》（1999 年 1 月），对社会保险费征缴作出了原则规定，主要内容如下：

(一)养老保险费的征缴

养老保险费按社会统筹和个人账户相结合的原则征缴①。

1. 企业缴费比例≤工资总额的20%。

2. 个人缴费为本人工资的5%左右，最终达到8%。

(二)失业保险费的征缴

1. 单位缴费比例=工资总额的2%。

2. 个人缴费比例=本人工资的1%。

职工失业后按缴费年限可享受12～24个月的失业救济。

(三)医疗保险费的征缴

1. 单位缴费比例=职工工资总额6%左右。

2. 个人缴费比例=本人工资的2%。

(四)工伤保险费的征缴

工伤保险费，用于医疗救治、经济补偿和职业康复。100%由企业缴纳。根据企业安全生产、工伤事故及职业病风险高低等情况，实行“浮动费率”和“差别费率”。

目前，平均缴费率=企业工资总额的1%左右。

(五)生育保险费的征缴

生育保险费，用于女职工合乎计划生育政策的生育、流产费用，产假期间的生育津贴，100%由生育保险基金按企业上年度平均工资额计发。

生育保险费企业缴费率≤工资总额的1%。

第五节　职工合法权益保障

外商投资企业有相当大的劳动用工自主权。但对企业放权不等于放任不管，更不等于企业可以为所欲为。不受约束的权力必然会出乱子。中国改革开放，大量兴办外商投资企业，绝不以牺牲职工群众的物质利益和精神文明作代价。

众所周知，台湾鸿海集团旗下的富士康科技集团(深圳)，2007年～2009年三年共有13起员工自杀事件，2010年至5月26日共有12起“连环跳”楼事件震惊社会(年龄介乎18～23岁之间)，引发中国媒体关切和质疑。舆论认为经济

---

① 2006年1月1日起执行的〔国发(2005)38号〕文件规定：个人账户的规模，统一由本人缴费工资的11%调整为8%，全部由个人缴费形成；单位缴费缴纳的20%不再划入个人账户，全部进入统筹账户。

转轨、社会转型期须增加“关怀成本”，即：除了传统的工资成本外，员工心理需求成本、和谐成本、上下沟通的关怀成本，都应该“计数”，这样才能实现中国政府所说的让劳动者“体面劳动”。在富士康的“N连跳”事件后，一个相当于中小城市人口的“富士康”建立了工会组织，并于2012年2月20日宣布，自2012年2月1日起，全面调升大陆各厂区基层员工的基本薪资，加薪幅度为16%～25%。这已是“富士康”自2010年“连环跳”事件以来的连续第3次大幅加薪。

1979年1月，当时的国家劳动总局成立了《劳动法》起草小组，之后15年，至1994年7月5日通过《劳动法》，并于1995年1月1日起正式实施。此后，2008年1月1日实施《劳动合同法》。这标志中国劳动法制建设进入了一个新阶段。与此同时，劳动者也有了自己的“护身符”，应该学会依法保护自己。

自《劳动法》、《劳动合同法》实施后，国家人力社保部又陆续制定颁布了与其配套的系列规定，以保护劳动者的合法权益。原劳动部发布的《违反〈劳动法〉行政处罚办法》，已经授权县级以上各级政府劳动行政部门依法对本行政区域内的企业和用人单位进行监督检查，对违反《劳动法》的行为进行行政处罚。处罚的办法，明确具体，具有公开性、公正性和可操作性，从而有效地保障了劳动者的合法权益。

现将对企业和用人单位违反《劳动法》的行政处罚办法分述如下：

一、违反劳动工时标准的行为

用人单位每日延长劳动者工作时间超过3小时，或每月延长工作时间超过36小时的，应给予警告，责令改正，并可按每名劳动者每超过工作时间1小时罚款100元以下的标准处罚。

二、侵害职工工资和经济补偿金的行为

克扣或无故拖欠劳动者工资；或拒不支付劳动者延长工作时间的工资报酬；或低于当地最低工资标准支付劳动者工资；或解除劳动合同后，未依照法律、法规规定给予劳动者经济补偿。属于上述侵害行为之一的，应责令用人单位支付劳动者的工资报酬、经济补偿金，并可责令按相当于支付劳动者工资报酬、经济补偿金总和的1～5倍支付劳动者赔偿金。

三、违反劳动保护和安全卫生的行为

用人单位劳动安全设施和劳动卫生条件不符合国家规定的，应责令限期改正。逾期不改的，可处以5万元以下罚款。

用人单位违反规定造成职工急性中毒事故，或伤亡事故的，应责令制定整改

措施，并可按每中毒或重伤或死亡一名劳动者罚款1万元以下的标准处罚。

用人单位未向劳动者提供必要的劳动防护用品和劳动保护设施，或未对从事有职业危害作业的劳动者定期检查身体的，应责令改正，并可处以5 000元以下罚款。

四、侵害女职工权益的行为

用人单位安排女职工在怀孕期间从事国家规定的第三级以上体力劳动强度和孕期禁忌从事的劳动的，应责令改正，并按每侵害一名女职工罚款3 000元以下的标准罚款。

违反女职工保护规定，女职工产假低于90天的，应责令限期改正。逾期不改的，按每侵害一名女职工罚款3 000元以下的标准处罚。

五、拒缴社会保险费的行为

用人单位无故不缴纳社会保险费的，应责令限期缴纳。逾期不缴的，除责令其补缴所欠款额外，每日加收所欠款额2‰的滞纳金，滞纳金收入并入社会保险基金。

第十二章　三资企业税务

第一节　税务概述

一、税收的意义

(一)取得财政收入

税收是财政之母,而财政是数政之母,是帮国之本。税收的根本任务就是为国家取得财政收入,以满足实现国家政治、经济职能的资金需要。世界通行的比例,税收在财政收入中的比重占 85%～95%。这是国家行使职能的财力基础,直接关系到国家机器的运转。

(二)调节经济,促进经济发展

税收对生产关系的每一个环节(生产、分配、交换、消费)均起调节作用。通过调整税收关系,注意运用开征、停征税种,调高、调低税率,减税、免税以及加成、加倍征收等手段,促进经济结构、产业结构和产品的合理化,促进积累和消费的比例协调,促进社会总需求与总供给的基本平衡,促进国民经济健康发展。

(三)保障和监督企业经营管理

企业必须在严格的财务管理、成本核算的基础上，才能依法缴纳税款。因此，税收与企业生产经营、财务管理、成本核算等均有密切联系。

二、税收的特征

税收作为财政收入的主要来源,具有如下特征:

(一)无偿性

国家依法征税不需要向纳税人支付任何报酬。税款一经上缴,就归国家所有,不再直接归还纳税人。

（二）强制性

纳税人必须依法纳税，否则，将会受到处罚以至法律制裁。这是国家无偿取得财政收入的可靠保证。

（三）固定性

国家征税都是依法事先明文规定好的，任何人与单位不得改变。这是国家及时、稳定取得财政收入的可靠保证。

（四）普遍纳税与公平税负

1. 一切社会组织和公民个人，都必须向国家尽纳税义务。凡是发生税法规定应纳税的行为或事实，都应依法履行纳税义务，排除不应有的免除纳税义务的情况。

2. 一切社会组织或者公民，不论其收入来源于本国还是外国，只要在国家税收管辖权范围之内，都要尽纳税义务。

三、征税原则

中国政府已与世界不少国家签订了税收协定。中国向三资企业征税，坚持如下三项原则：

（一）属人原则和属地原则

在所得税领域，中国行使税收管辖权主要依据这两项原则，也符合国际惯例。属人原则，又称属人主义或居民管辖原则，是指本国居民必须就其全球所得向本国政府缴税，尽无限纳税义务，而不管该居民是否在本国境内，也不管其所得源于国内或境外。属地原则，又称属地主义或地域管辖原则，是指对源于本国境内的全部所得均予以征税，而不管该纳税人是否为本国居民。

就三资企业而言，凡是在中国境内之所得，收入来自中国，就应该坚持收入来源地的优先课税原则——向中国政府缴税（属地原则）。同时，根据法律地位和公司总部所在地在中国境内的原则，三资企业属于中国企业，其国（境）外分支机构，也应向中国政府缴税（属人原则）。这样做，由此导致税收管辖权的冲突、重复课税等问题，通常需要通过签订税收协定或在本国法律中作出相应的制度安排加以解决。

（二）条文对等表达原则

条文对等表达原则，即中国政府与外国签订的协定中，有关纳税的条款对双方或多方都有约束力。凡条文惠及一方时，其他各方均有同等权益。

（三）对中国的税收视同已税抵免原则

对中国的税收视同已税抵免原则，即三资企业的外商，把在中国的所得汇回母国时，在中国已实际缴纳的税款，可在母国按所得税税率应缴纳的税额内抵免，以避免国际重复课税。

避免国际重复课税的方法，还有另外两种：一是对国外来源的收入免税；二是将纳税人在收入来源国所缴纳的税款扣除后，再按母国的税率计征。下面把避免国际重复课税的三种方法以及重复课税的情况作一比较，列表归纳如表12-1所示。

表 12-1 避免国际重复课税及重复课税情况比较 单位：元

	免税制	抵免制	扣除制	重复课税
1. 国外所得	100	100	100	100
2. 向收入来源国纳税	30	30	30	30
3. 向母国纳税	—	20	35	50
4. 税后净所得	70	50	35	20

说明：收入来源国的所得税税率为30%，母国（即纳税人居住国）的所得税税率为50%，故按抵免制向母国的纳税应为：(100×50%)－30＝20；按扣除制向母国的纳税应为：(100－30)×50%＝35。

从实践来看，实行免税制的国家并不多（现有法国、比利时、荷兰及部分拉丁美洲国家实行此法）；实行扣除制的国家也很少；而实行外国税收抵免制的国家居多数（如美国、英国、加拿大、日本、菲律宾、智利等国实行此法），中国也实行这种方法。外国税收抵免制，反映了收入来源地的优先课税权，也反映出对母国的税收管辖权并未完全排斥。实行外国税收抵免制，使纳税义务人的实际税负，不超过收入来源国和母国两个征税国中按任何一个较高税率国家计征的纳税额，有效避免了双重课税。

四、税收征管新制度

税收征管新制度的基本内容是：纳税申报、税务代理、税务稽查"三位一体"。其基本特点是：纳税人依法纳税的自觉性与税务机关依法征税的强制性有机地结合起来，保证新税制及时、准确和全面地实施。

（一）纳税申报（纳税人）

纳税申报，是指纳税人自行计算核税，自行填写缴款书，自行向银行缴款，自行向税务机关报送申报表。这样做，会促进纳税人纳税意识的提高，是税收征管改革的主要内容。

（二）税务代理（税务师）

税务代理，是指税务代理人（如税务师）代理纳税人完成申报纳税事宜。税务师须实行全国统一的、公开的税务代理资格认证制度。

（三）税务稽查（税务局）

税务稽查，是指在实行纳税申报、税务代理制之后，大多数纳税人不再经常与税务机关接触，税务机关的主要精力将转到税务稽查。稽查的主要内容：(1)稽核（对税务登记户、发票使用等核对）；(2)稽检（对税务案件的查处）；(3)审计（对一定比例纳税户的检查）。稽查的目的是：确保纳税申报的准确性、真实性。在税务稽查时，要强化执法刚性，有效地防止偷税、骗税等违法行为。

总之，改革税收征管制度的目标是：形成以纳税申报为基础、税务稽查为保证、税务代理为辅助的征管新模式。

五、三资企业适用税类和税种

中国已经形成了与世界大多数国家基本相同的税收框架，包括主要的税种设置、税率设计和税收征管制度。这是中国涉外税收与国际税收一般标准协调和同步的前提条件。

目前，中国已有5大税类，22个税种，其中主要的税种是所得税和增值税。现将适用于三资企业的税类、税种列表归纳如表12-2所示。

表12-2 三资企业适用税类和税种

税类	税种	归属	2011年占比
收益税	企业所得税	中央、地方	19%
	个人所得税	地方	6.7%
流转税（商品税）	增值税	中央	27%
	消费税	中央	7.7%
	营业税	地方	15%
	关税	中央	—
财产税	房产税	地方	—
	车船使用（牌照）税	地方	—
	契税	地方	—
	土地增值税	中央、地方	—
行为税	印花税	地方	—
	屠宰税	地方	—
资源税	资源税	地方	—

需要补充说明的是，国务院行政法规（国发〔2010〕35号文件）规定，自2010年12月1日起，中国统一内外资企业及个人城建税（城市维护建设税）和教育费附加制度。外商投资企业、外国企业、外籍个人均适用于这一法规所确立的制度。这意味着中国内外资企业税费制度的全面统一。城建税和教育费附加，比

照增值税、消费税、营业税实际缴纳的税额为计征依据。其中，城建税根据纳税人所在地为市区、县城(镇)、其他地区，分别按照7%、5%、1%三档税率征收；教育费附加目前统一按3%的比率征收。

回顾过去，1994年以来中国人大、国务院着手逐步统一内外资企业税费制度，如今实现了统一。这有利于公平内外资企业税费负担，为各类企业创造公平竞争的税费环境，并从中国更加成熟的市场经济体制中受益。值得注意的是，开征城市维护建设税后，任何地区和部门，都不得再向纳税人摊派资金或物资。遇到摊派情况，纳税人有权拒绝执行。

从上可见，三资企业适用税费共有15个。这基本上符合国际惯例，表现为：(1)与大多数国家相同的收益税、流转税(又称商品税)、财产税的框架已经形成；(2)目前与众多国家签订了避免双重征税协定，其中一些国家在协定中承认中国的税收优惠，并同意有关企业在本国税收申请时给予抵免；(3)中国税收中的主要内容，对外商在华投资均不存在歧视性待遇问题。

第二节　三资企业所得税

自改革开放以来，中国的企业所得税制度建设进入一个新的发展时期。三资企业所得税制度的沿革列表归纳如表12-3所示。

表12-3　三资企业所得税制度沿革

<table>
<tr><th>企业所得税类别</th><th>适用法律、行政法规</th><th>说明</th></tr>
<tr><td>外企所得税</td><td>1.《中外合资经营企业所得税法》(1980年)
2.《外国企业所得税法》(1981年)
3.两法合并，统一外企所得税法：《外商投资企业和外国企业所得税法》(1991年7月1日起施行)</td><td rowspan="3">· 1981年至1991年，中外合作经营企业中的外商和外资企业，适用《外国企业所得税法》
· 1991年至2007年，三资企业适用两法合并后的《外商投资企业和外国企业所得税法》
· 自2008年起，三资企业适用统一内、外企所得税后的《企业所得税法》
· 老企业实施新税法5年过渡期(2008年1月1日至2013年1月1日)。老企业是指2007年3月16日新税法公布前已经设立的企业</td></tr>
<tr><td>内企所得税</td><td>1.《国营企业所得税条例(草案)》(1984年)
2.《国营企业调节税征收办法》(1984年)
3.《集体企业所得税暂行条例》(1985年)
4.《私营企业所得税暂行条例》(1988年)
5.四法整合，统一内企所得税法：《企业所得税暂行条例》(1994年1月1日起实施)</td></tr>
<tr><td>统一内、外企所得税</td><td>1.《企业所得税法》(2008年1月1日起实施)
2.《企业所得税法实施条例》(2008年1月1日起实施)</td></tr>
</table>

一、统一内、外企所得税制度的必然性

(一)问题:内、外企两套税法(双轨制)存在诸多问题

这些问题主要表现在三个方面:

1."内紧外松"。内、外企所得税制度差异较大,在税收优惠、税前扣除等政策上,存在"内紧外松"(对内企偏紧、外企偏松)的问题,造成企业之间税负不公平,苦乐不均。如内企平均实际税负为25%左右,外企平均实际税负为15%左右,内企多出外企近10个百分点,企业要求统一税收待遇、对各类市场主体一视同仁、平等竞争的呼声较高。

2.假合资、真逃税,导致税款流失。外企所得税优惠政策存在较大漏洞,扭曲了企业经营行为,造成国家税款的流失。如一些内企采取将资金转到境外再投资境内的"返程投资"方式,享受外企所得税优惠。

3.税法级次不同。外企税法为全国人大制定的法律,而内企税法是国务院制定的条例,因而在实际执行中的法律效力也有所差别。与此同时,内、外企所得税法实施十多年来,中国经济社会情况发生了很大变化,需要针对新情况及时完善和修订。

(二)可能性:统一内、外企所得税制度时机已经成熟

时机已经成熟表现在四个方面:

1.环境改善。中国政治形势稳定,市场经济体制改革不断深入,经济持续平稳,增长较快,企业投资和发展环境日臻完善。

2.入世过渡期终结。中国入世过渡期(5年)已经结束(2002年～2006年),外商来华投资在市场准入方面的限制大大放宽或相继取消。

3.财政承受能力增强。近年来中国财政收入保持了较好的增长势头,国家财政有能力承受税制改革的成本。

4.合乎世界潮流。实施"宽税基、低税率"的企业所得税改革,与当前世界上绝大多数国家税制改革趋势相一致,尽快统一内、外企所得税已势在必行。

(三)必要性:统一内、外企所得税制度看好"六个有利于"

"六个有利于"指的是:

1.有利于进一步完善中国社会主义市场经济体制,是适应市场经济发展新阶段的一项制度创新,是中国经济体制改革走向成熟、规范的标识之一。

2.有利于为企业创造公平竞争税收环境。对各类企业实行统一的所得税制度,合理调整企业所得税负担和政策待遇水平,可以促进各类企业在同一税收制度平台上开展公平竞争。

3.有利于促进经济增长方式转变和产业结构升级。施行以产业优惠为主的

税收优惠政策（如鼓励节约资源能源、保护环境、发展高新技术等），将有利于发挥税收的调控作用，有利于引导中国经济增长方式由粗放型向集约型转变，引领中国产业结构优化升级。

4.有利于贯彻“五个统筹”（党的十六届三中全会提出：统筹城乡发展、统筹区域发展、统筹经济社会发展、统筹人与自然和谐发展、统筹国内发展和对外开放），促进区域经济的协调发展。把企业所得税优惠，重点由以区域优惠为主转向以产业优惠为主，同时对西部地区需要重点扶持的产业继续实行税收优惠政策，从而推动西部地区加快发展，逐步缩小东、中、西部地区差距，促进国民经济全面、协调、可持续发展。

5.有利于提升中国利用外资的质量和水平。目前在国内资金比较充足、外贸出口稳步增长的情况下，调整优惠政策，可以积极引导外商投资方向，在更高层次上促进国民经济结构调整和经济增长方式转变，提升利用外资的质量和水平。

6.有利于推动中国税制的现代化建设。对内、外企使用统一的企业所得税制度，降低法定税率，调整税收优惠政策，不仅符合“宽税基、低税率”的国际税制改革潮流，而且使中国企业所得税制度更为现代化，这对于促进中国企业提升自主创新能力，增强企业发展后劲具有重要作用。

二、企业所得税的税率

税率是应纳税额与计税依据的比率。用公式表示为：$税率=\frac{应纳税额}{计税依据}\times 100\%$。计税依据又称计税基数（简称税基），是计算纳税的依据，反映了征税对象在数量上的具体化。

确定税率是制定税法的核心问题，反映了征税的深度，是衡量纳税人税负轻重的最重要指标。税率主要有三种形式：比例税率、累进税率和定额税率。其中，比例税率和累进税率适用于从价计征，定额税率适用于从量计征。新税法的税率是依据以下两点制定的：

（一）税率形式采用比例税率

比例税率的优点：简单明了，透明度高，便于投资者进行可行性分析和测算投资的经济效益，还可避免因价格和外汇比价的变动而引起适用税率档次的提高或降低。同时，这也符合国际惯例。目前国际上对公司征税一般都采用比例税率。

（二）基准税率确定为25%

新税法实施前，内、外企所得税税率均为33%。同时，对于一些特殊区域的外企实行24%(在国税30%的基础上8折)、15%(国税30%减半)的优惠税率,对内企微利企业实行27%、18%的二档照顾税率等。税率档次多,使不同类型企业名义税率和实际税负差距较大,不利于企业的公平竞争,也容易发生税收漏洞,增加征管难度。因此,有必要统一内、外企所得税税率。

新税法将企业所得税基准税率确定为25%,主要原因是:按照党的十六届三中全会提出的税制改革基本原则(即"简税制、宽税基、低税率、严征管"),结合变化中的四种新情况:(1)对内企减轻税负;(2)对外企尽可能少增加税负;(3)对财政减收控制在可以承受的范围内;(4)对国际上尤其是周边国家(或地区)的税率水平有竞争力。全世界159个实行企业所得税的国家(或地区)平均税率为28.6%,大部分发达国家在25%～35%之间;中国周边18个国家(或地区)的平均税率为26.7%,最高的是日本为37.5%,最低是中国香港特别行政区为16.5%,韩国为34%,新加坡为27%。因此,新税法确定为25%的税率,在国际上是适中偏低的水平,有利于提升企业竞争力和吸引外商在华投资。

(三)税率细分

按四种情况划定税率:

1.基准税率为25%。

2.照顾性税率为20%,适用于小型微利企业。为发挥小型微利企业在自主创新、吸纳就业等方面的优势,利用税收政策鼓励其发展,并参照国际通行做法(联合国将中小企业界定为雇员少于500人的企业),新税法对符合规定条件的小型微利企业实行20%的照顾性税率。

3.预提税税率为20%,适用于符合条件的非居民企业,即:在中国境内未设立机构、场所,或者虽设立机构、场所但取得的所得与其所设机构、场所没有实际联系的,应当就其来源于中国境内的所得,尽有限纳税义务。这体现了征税原则中的"属地原则",反映出作为所得来源地税收管辖的优先权。预提所得税并非是一个独立税种,而是涉外企业所得税的重要组成部分。

4.优惠税率为15%,适用于国家需要重点扶持的高新技术企业。科学技术是第一生产力。中国高新技术产业近年来取得较快发展,但与世界发达国家相比,差距仍然明显。据统计,中国科技创新能力在世界49个主要国家中位居第28位,对外技术依存度在50%以上,而发达国家低于30%(美国、日本在5%以下)。不仅中国税法对高新技术企业给予税收优惠,世界各国无一例外,均对高新技术企业给予较高的税收优惠。新税法如此规定,有利于深入实施科教兴国战略和人才强国战略,提升自主创新能力,即原始创新能力、集成创新能力和引进消化吸收再创新能力。

三、企业区分为居民企业和非居民企业

新税法将企业区分为居民企业和非居民企业，旨在有效行使税收管辖权。而税收管辖权是国家主权的重要组成部分。按照国际惯例，中国选择了同时实行地域管辖权（属地原则）和居民管辖权（属人原则）的原则，即有权对来源于中国境内的一切所得征税（属地原则），而不论取得这些所得的是本国居民还是外国居民；同时，有权对本国居民的一切所得征税（属人原则），而不论他们的所得来源于境内还是境外，旨在保证最大限度的获得税收利益。

（一）居民企业

所谓居民企业，是指依法在中国境内成立，或者依照外国（或地区）法律成立但实际管理机构在中国境内的企业。居民企业应当就其来源于中国境内、境外的所得缴纳企业所得税，尽无限纳税义务，适用税率为25%。

（二）非居民企业

所谓非居民企业，是指依照外国（或地区）法律成立且实际管理机构不在中国境内，但在中国境内设立机构、场所的，或者在中国境内未设立机构、场所，但有来源于中国境内所得的企业。

值得注意的是，对非居民企业纳税义务和适用税率要区别两种不同情形，即：(1)非居民企业在中国境内设立机构、场所的，应当就其所设机构、场所取得的源于中国境内的所得，以及发生在境外但与其所设机构、场所有实际联系的所得，缴纳企业所得税，尽无限纳税义务，适用税率为25%；(2)非居民企业在中国境内未设立机构、场所，或者虽设立机构、场所但取得的所得与其所设机构、场所没有实际联系的，应当就其来源于中国境内的所得缴纳企业所得税，尽有限纳税义务，适用于预提税税率为20%。

（三）居民企业和非居民企业比较

居民企业和非居民企业比较列表归纳如表12-4所示。

表 12-4　居民企业和非居民企业比较

类别	界定	纳税义务及征税对象	税率
居民企业	符合下述两种情形之一的企业即： 1.依法在中国境内成立 2.依照外国（或地区）法律成立但实际管理机构在中国境内	应当就其来源于中国境内、境外的所得缴纳企业所得税，尽无限纳税义务 征税对象包括：(1)生产经营所得，是指从事物质生产、交通运输、商品流通、劳务服务，以及经财政、税务部门确认的其他营利事业取得的所得。(2)其他所得，是指股息、利息、租金、转让各类财产、特许权使用费，以及营业外收益等所得	25％
非居民企业	符合下述两种情形之一的企业即： 1.依照外国（或地区）法律成立且实际管理机构不在中国境内，但在中国境内设立机构、场所的 2.在中国境内未设立机构、场所，但有来源于中国境内所得的	区别两种不同情形，纳税义务亦不同： (1)在中国境内设立机构、场所的，应当就其所设机构、场所取得的来源于中国境内的所得，以及发生在境外但与其所设机构、场所有实际联系的所得，缴纳企业所得税，尽无限纳税义务；"实际联系"是指股权联系、债权联系、物权联系 征税对象即上述生产经营所得和其他所得	25％
		(2)在中国境内未设立机构、场所，或者虽设立机构、场所但取得的所得与其所设机构、场所没有实际联系的，应当就其来源于中国境内的所得缴纳企业所得税，尽有限纳税义务。实际管理机构是指对企业的生产经营、人员、账务、财产等，实施实质性全面管理和控制的机构。通常以股东大会和董事会的场所及行使指挥监督权利的场所来综合判断 征税对象即上述"其他所得"	20％

说明：

1.对"居民企业"的判定标准：大多数国家采用多个标准相结合的办法，中国采用了"登记注册地标准"和"实际管理机构地标准"相结合的办法来判定。

2.对非居民企业在中国境内设立"机构、场所"的解释：是指管理机构、营业机构、办事机构和工厂、农场、开采自然资源的场所、提供劳务的场所、承包建筑、安装、装配、勘探等工程作业的场所，以及营业代理人。以机构、场所所在地为纳税地点，设立两个或者两个以上机构、场所的，经税务机关审核批准，由其主要机构、场所汇总缴纳企业所得税。

3.对"外国企业"的判断标准：税法所称"外国企业"，是指依照外国（或地区）法律在中国境外设立的公司、企业和其他经济组织。外国企业与税法中的居民企业、非居民企业是不同的概念。外国企业既可能是中国的居民企业，也可能是中国的非居民企业，区分的标准是：实际管理机构是否在中国境内。

四、企业所得税计算之一：企业应纳税所得额的确定

正确确定应纳税所得额，是正确计算应纳税额的前提条件。

应纳税所得额＝收入总额－不征税收入－免税收入－各项扣除－
　　　　　　　允许弥补的以前年度亏损

"应纳税所得额"即计税依据，是计算应纳税额的基数，简称税基。"不征税收入"是指不课税的收入，非营利活动带来的经济流入，属于非应税收入(如财政

拨款、行政事业性收费、政府性基金)。“免税收入”是指应当课税的收入,对营利活动带来的经济利益给予优惠照顾,属于应税收入(如对国债利息收入免税)。“不征税收入”和“免税收入”虽然都不纳税,但应当计入企业的收入总额。“各项扣除”是指减去合理的成本、费用、损失和税金等。

企业的“收入总额”,是指企业以货币形式和非货币形式从各种来源取得的收入。货币形式是指现金、存款、应收账款、应收票据、准备持有至到期的债券投资以及债务的豁免等。非货币形式是指固定资产、生物资产、无形资产、股权投资、存货、不准备持有至到期的债券投资、劳务以及有关权益等。非货币形式取得的收入,应当按照公允价值确定收入额,即按照市场价格确定的价值来确定收入额。

《企业所得税法》界定了“收入总额”的范围和具体种类。包括八种具体收入和一个兜底条款(即“其他收入”)。八种具体收入指的是:

1.销售货物收入。

2.提供劳务收入。

3.转让财产收入。

4.股息、红利等权益性投资收益。

5.利息收入。

6.租金收入。

7.特许权使用费收入。

8.接受捐赠收入。

9.其他收入,包括企业资产溢余收入、逾期未退包装物押金收入、确实无法偿付的应付款项、已作坏账损失处理后又收回的应收款项、债务重组收入、补贴收入、违约金收入、汇兑收益等。

五、企业所得税计算之二:企业所得税税前扣除

企业所得税是对企业纯所得征收,而不是对毛所得征收。因此,确定和计算税前扣除项目尤为重要,是准确计算应纳税所得额的核心内容。

过去,内、外企所得税在成本、费用、损失等税前扣除方面规定不尽一致,造成内企税负重于外企,不利于内、外企之间开展公平竞争。新税法对企业税前扣除项目的基本条件、一般原则和主要内容,以及禁止税前扣除项目,进行了统一和规范。

(一)企业税前扣除的基本条件

新税法对企业税前扣除项目列出三项基本条件:(1)实际发生,即真实性(纳税人提供凭据);(2)与经营活动有关,即相关性(与取得应税收入相关,具备合理

的利润预期和现实获取经营利润的机会)；(3)合理性(税前列支是正常和必要的，符合经营常规)。

(二)企业税前扣除的一般原则

税前扣除的一般原则，是指权责发生制、合乎税法、配比、确定性等四项原则。它是税前扣除确认时间要求和税前扣除符合条件要求的法定原则。

1.权责发生制原则

所谓权责发生制，又称应计基础，是指以收取现金权利或支付现金责任的发生为标志，来确认收入和支出的一种会计原则。也可以简明理解为：基于经营业务的发生和货币的收支相分离，纳税人应在费用发生时，而不是实际支付时确认扣除。世界大多数国家(或地区)在如何确认、何时确认纳税人的应税收入和费用支出方面，普遍采用权责发生制作为确认原则。中国新税法实施条例规定，企业应纳税所得额的计算，以权责发生制为原则。具体表现为，当期已经实现的收入和已经发生的费用，不论款项是否收付，均作为当期的收入和费用；不属于当期的收入和费用，即使款项已在当期收付，也不作为当期的收入和费用。企业在纳税申报时，税收上强调企业费用的确认时间不提前不滞后，旨在防止纳税人利用不同纳税期间享受不同税收政策进行避税。

2.合乎税法原则

所谓合乎税法，是指允许税前扣除的各项支出，必须符合税法的规定，即使财务会计法规或制度规定可作为费用支出，如果不符合税收法律、行政法规的规定，也不可在税前扣除。

3.配比原则

所谓配比，是指纳税人发生的费用在费用应配比或应分配的当期申报扣除。纳税人某一纳税年度应申报的可扣除费用，不得提前或滞后申报扣除。

4.确定性原则

所谓确定性，是指纳税人可扣除的费用无论何时支付，其金额必须是确定的。列支的不确定性，关系到应纳税所得额的准确计算，进而影响税收征管。一般而言，不能允许按估算的支出额在税前扣除。

(三)企业税前扣除的项目

新税法对企业税前扣除项目进行了统一和规范，即企业实际发生的与取得收入有关的合理的支出，包括五项：成本、费用、税金、损失和其他支出，准予在计算应纳税所得额时扣除。分述如下：

1.成本：是指企业在生产经营活动中发生的销售成本、销货成本、业务支出，以及其他耗费。

2.费用：是指企业在生产经营活动中发生的销售费用、管理费用、财务费用，已经计入成本的有关费用除外。

3.税金:是指企业发生的除企业所得税和允许抵扣的增值税以外的各项税金及其附加。

4.损失:是指企业在生产经营活动中发生的固定资产和存货的盘亏、毁损、报废损失,转让财产损失,呆账损失,坏账损失,自然灾害等不可抗力因素造成的损失,以及其他损失。

5.其他支出:是指除成本、费用、税金、损失外,企业在生产经营活动中发生的与生产经营活动有关的合理的支出。

(四)企业税前扣除项目的方式

新税法规定,税前扣除项目的方式有三种:据实扣除项目、限额扣除项目、不得扣除项目。

1.据实扣除项目,包括九项:

(1)工资薪金支出:包括基本工资、奖金、津贴、补贴、年终加薪、加班工资,以及与员工任职或者受雇有关的其他支出。

(2)基本社会保险费和住房公积金支出:包括基本养老保险费、基本医疗保险费、失业保险费、工伤保险费、生育保险费,企业为投资者或者职工支付的补充养老保险费、补充医疗保险费,为特殊工种职工支付的人身安全保险费。

(3)借款费用支出:是指企业在生产经营活动中发生的合理的不需要资本化的借款费用。

(4)汇兑损失支出:是指企业在货币交易中,以及纳税年度终了时,将人民币以外的货币性资产、负债,按照期末即期人民币汇率中间价折算为人民币时产生的汇兑损失。

(5)环境保护、生态恢复专项基金支出:是指企业按照法律、行政法规有关规定提取的该项基金。

(6)财产保险费支出:是指企业参加财产保险,按照规定缴纳的保险费。

(7)租赁费支出:是指企业根据生产经营活动的需要,租入固定资产支付的租赁费。

(8)劳动保护支出:是指企业发生的合理的劳动保护支出。

(9)非居民企业的有关费用支出:是指非居民企业在中国境内设立的机构、场所,就其中国境外总机构发生的与该机构、场所生产经营有关的合理分摊的费用。

2.限额扣除项目,包括六项:

(1)职工福利费支出:是指企业发生的职工福利费用支出,不超过工资薪金总额14%的部分。

(2)工会经费支出：是指企业拨缴的工会经费，不超过工资薪金总额2%的部分。

(3)职工教育经费支出：是指除国务院财政、税务主管部门另有规定外，企业发生的职工教育经费支出，不超过工资薪金总额2.5%的部分；超过部分，准予在以后纳税年度结转扣除。

(4)业务招待费支出：是指企业发生的与生产经营活动有关的业务招待费支出，按照发生额的60%扣除，但最高不得超过当年销售(营业)收入的5‰。

(5)广告费和业务宣传费支出：是指企业发生的符合条件的广告费和业务宣传费支出，除国务院财政、税务主管部门另有规定外，不超过当年销售(营业)收入15%的部分；超过部分，准予在以后纳税年度结转扣除。

(6)公益性捐赠支出：是指企业发生的公益性捐赠支出，不超过年度利润总额12%的部分。

3.不得扣除项目，包括十项：

在计算应纳税所得额时，下列支出不得扣除：

(1)向投资者支付的股息、红利等权益性投资收益款项。

(2)企业所得税税款。

(3)税收滞纳金。

(4)罚金、罚款和被没收财物的损失。

(5)企业发生的公益性捐赠以外的捐赠支出。

(6)赞助支出。

(7)未经核定的准备金支出。

(8)与取得收入无关的其他支出。

此外，还有：

(9)企业为投资者或者职工支付的商业保险费，不得扣除。

(10)企业之间支付的管理费、企业内营业机构之间支付的租金和特许权使用费，以及非银行企业内营业机构之间支付的利息，不得扣除。

六、企业所得税计算之三：企业应纳所得税税额

依照新税法的相关规定，企业应纳税额的计算公式为：

应纳税额＝应纳税所得额×适用税率－减免税额－允许抵免的税额

＝(收入总额－不征税收入－免税收入－各项扣除

－允许弥补的以前年度亏损)×适用税率－减免税额－允许抵免的税额

原税法对企业应纳税额的计算，仅规定按应纳税所得额乘以税率(33%)，没有将直接“减免税额”和“允许抵免的税额”包括进来，因而并不是企业最终实际

应纳税额。企业在实际缴纳所得税时，需要再从应纳税额中减去“减免税额”和“允许抵免的税额”。

而新税法直接把规定减免和抵免的税额，写入了应纳税额的计算公式中，使得应纳税额能够确切反映企业实际应该缴纳的所得税款。

新税法公式中的“减免税额”，是指根据新税法“税收优惠”计算出的减免税额。

新税法公式中的“允许抵免的税额”，主要有两种方式：(1)对企业来自境外的所得，依法征收所得税时，允许企业将其已在境外缴纳的所得税款，从其应向中国缴纳的所得税税额中限额抵免；(2)针对企业购置用于环境保护、节能节水、安全生产等专用设备的投资抵免，又称投资津贴。税法规定对这类设备投资额的10%可从企业当年的应纳所得税额中抵免，当年不足抵免的，可以在以后5个纳税年度结转抵免。

七、企业所得税优惠政策的规定

税收优惠是政府运用政策手段所进行的宏观经济调控。目前，中国的税收优惠主要集中于企业所得税之中，对涉外企业纳税人直接鼓励和引导，将有利于提升利用外资的质量和水平，促进中国开放经济全面、协调、可持续发展。下述企业所得税优惠政策的规定(八个方面)。

(一)农业项目优惠

中国“十一五”规划把发展农业生产力作为建设社会主义新农村的首要任务，推进农业结构战略性调整，转变农业增长方式，提高农业综合生产能力和增值能力，巩固和加强农业基础地位。

新税法将企业从事农、林、牧、渔业项目的所得，可以免征、减征企业所得税的范围具体规定为：

1.企业从事下列项目的所得，免征企业所得税

(1)蔬菜、谷物、薯类、油料、豆类、棉花、麻类、糖类、水果、坚果的种植；

(2)农作物新品种的选育；

(3)中药材的种植；

(4)林木的培育和种植；

(5)牲畜、家禽的饲养；

(6 林产品的采集；

(7)灌溉、农产品初加工、兽医、农技推广、农机作业和维修等农、林、牧、渔服务业项目；

(8)远洋捕捞。

2.企业从事下列项目的所得,减半征收企业所得税

(1)花卉、茶以及其他饮料作物和香料作物的种植;

(2)海水养殖、内陆养殖。

(二)公共基础设施项目优惠

公共基础设施项目,是指港口码头、机场、铁路、公路、城市公共交通、电力、水利等项目。新税法规定,企业从事国家重点扶持的这类项目,其投资经营的所得,自项目取得第一笔生产经营收入所属纳税年度起,实行"免三减三"优惠,即第一年至第三年免征企业所得税,第四年至第六年减半征收企业所得税。

旧外企所得税法规定以"获利年度"为企业减免税优惠的起始日期,往往给企业留下推迟"获利年度"的避税空间,增加了税收征管难度。而新税法将企业"获利年度"修改为"取得第一笔生产经营收入"为"纳税年度",并从此时起实行税收优惠,这更能鼓励企业尽快取得收入,提高投资效益。

值得注意的是,企业承包经营、承包建设和内部自建自用的这类项目,不得享受上述"免三减三"优惠。

(三)环境保护、节能节水项目优惠

此类项目包括:公共污水处理、公共垃圾处理、沼气综合开发利用、节能减排技术改造、海水淡化等。

新税法规定,企业从事符合条件的环境保护、节能节水项目的所得,自项目取得第一笔生产经营收入所属的纳税年度起,实行"免三减三"优惠。

此外,企业综合利用资源取得的收入可以减计,即企业取得的收入,可减按一定比例计入应税收入,也即只对收入的一部分征税,而不是对收入的全额征税。减计收入的具体比例,新税法规定为减按90%计入收入总额。

与此同时,企业购置并实际使用环境保护、节能节水、安全生产等专用设备,其设备投资额的10%可以从企业当年的应纳税额中抵免;当年不足抵免的,可以在以后5个纳税年度结转抵免。

(四)技术转让项目优惠

对技术转让项目所得给予减免税优惠,将有利于促进科技成果转化及产业化,促进国际技术在华转让。

新税法规定,符合条件的技术转让所得免征、减征企业所得税,是指一个纳税年度内,居民企业技术转让所得不超过500万元的部分,免征企业所得税;超过500万元的部分,减半征收企业所得税。

与此同时,新税法确认对高新技术企业所得实行15%的优惠税率,并从过去仅限于国家高新技术产业开发区内,扩大到全国范围。

（五）企业研究开发费用的优惠

据统计，全国规模以上工业企业研究开发费用占销售额的比重仅为0.78%，拥有技术开发机构的企业仅占25%，大部分企业没有研发活动。其后果就是企业的技术创新能力低下，难以形成核心竞争力，严重影响企业的国际竞争能力和盈利能力。

新税法对各类企业的研发费用均实行加计扣除优惠，取消仅有工业企业且研发费比上年增长10%才能享受优惠的条件限制，鼓励企业增加科研投入。加计扣除的具体规定是：企业为开发新技术、新产品、新工艺发生的研究开发费用，未形成无形资产计入当期损益的，在按照规定实行100%扣除的基础上，按照研究开发费用的50%加计扣除；形成无形资产的，按照无形资产成本的150%摊销。

加计扣除是指对纳税人在按照规定优惠实际发生数额的基础上，再加成一定比例作为鼓励，在计算应纳税所得额时给予一并扣除。例如，为鼓励企业技术创新，假定国家对企业实际发生的研发费用实行50%加计扣除优惠政策，那么如果企业当年开发新产品研发费用实际支出为100元，就可按150元（=100+100×50%）加计税前扣除。

值得补充说明的是，加计扣除的范围，新税法规定还包括：安置残疾人员及国家鼓励安置的其他就业人员所支付的工资。其他就业人员是指下岗人员、军队退伍人员等，具体加计扣除办法，将由国务院另行规定。

（六）创业投资企业优惠

所谓创业投资企业，是指依法在中国境内成立的从事创业投资的企业组织。包括在中国境内注册设立的处丁创建或重建中的成长型企业。它是通过股权转让获得资本增值收益的一种投资方式。

新税法规定，创业投资企业从事国家需要重点扶持和鼓励的创业投资，可以按投资额的一定比例抵扣应纳税所得额。这里说的抵扣应纳税所得额，是指创业投资企业采取股权投资方式，投资于未上市的中小高新技术企业2年以上的，可以按照其投资额的70%，在股权持有满2年的当年抵扣该创业投资企业的应纳税所得额；当年不足抵扣的，可以在以后纳税年度结转抵扣。

（七）固定资产加速折旧税收优惠

所谓加速折旧，又称递减折旧法（先重后轻），是指允许企业对其固定资产采取缩短折旧年限或者提高折旧率等办法，加快资产折旧速度，增加企业成本，减少企业应纳税所得额的一种税收优惠方式。

新税法规定，企业的固定资产由于技术进步等原因，确需加速折旧的，可以缩短折旧年限或者采取提高折旧率的方法。这类固定资产包括：(1)由于技术进步，产品更新换代较快的固定资产；(2)常年处于强震动、高腐蚀状态的固定资产。采取缩短折旧年限方法的，最低折旧年限不得低于规定折旧年限的60%；采取加速折旧方法的，可以采取双倍余额递减法或者年数总和法。

双倍余额递减法和年数总和法，是最普遍使用的两种加速折旧方法。其特征是：固定资产的早期多折旧，后期少折旧，且递减速度逐年加快，相对反映折旧速度加快，目的是要固定资产成本在预计使用寿命内加快补偿。

现将常用的两种加速折旧方法简要说明如下：其一，双倍余额递减法，是指在不考虑固定资产残值的情况下，根据每期期初固定资产账面余额和双倍的直线法折旧率计算固定资产折旧的一种方法。用公式表示为：折旧费＝固定资产账面余额×双倍直线法折旧率。其二，年数总和法，又称年限法合计，是将固定资产净额，乘以年折旧率(即一个逐年递减的分数)，来计算每年的折旧额。用公式表示为：

年折旧费＝固定资产净额×年折旧率

固定资产净额＝固定资产原值－净残值

$$年折旧率=\frac{固定资产尚可使用年限}{固定资产使用年数总和}\times 100\%$$

(八)小型微利企业优惠

新税法规定，符合条件的小型微利企业，减按20%的税率征收企业所得税。这是指从事国家非限制和禁止行业，并符合下列条件的企业列表归纳如表12-5所示。

表12-5 小型微利企业标准

单位：人民币元

类别	年度应纳税所得	从业人数	资产总额
工业企业	≤30万元	≤100人	≤3000万元
其他企业	≤30万元	≤80人	≤1000万元

需要补充说明的是，经国务院批准，财政部和税务总局为进一步支持小型微利企业发展而下发通知指出，自2012年1月1日至2015年12月31日，对年应纳税所得额低于6万元(含6万元)的小型微利企业，其所得减按50%计入应纳税所得额，按20%的税率缴纳企业所得税。

综上所述，现将企业所得税优惠政策的主要规定列表归纳如表12-6所示。

表 12-6　企业所得税优惠政策简明表

方式 产业和项目	直接优惠(减免应纳税)				间接优惠(减少应纳税所得)			
	免税	减免税	低税率	抵扣应纳税	抵扣应税所得	加计扣除	加速折旧	减计收入
(一)农业项目	免税							
a. (1)(2)(3)(4)(5)(6)(7)(8)								
b. (1)(2)		减半						
(二)公共基础设施		免三减三						
(三)环保、节能节水、安全生产		免三减三						
(1)购置并使用专用设备				按设备投资额10%				
(2)综合利用资源取得收入								减按90%计收
(四)高新技术企业			15%					
·技术转让								
(1)转让所得≤500万元	免税							
(2)转让所得>500万元		减半						
(五)企业研发费用						50%		
·安置残疾人员工资						50%		
(六)创业投资企业(投资于中小高新技术企业)					按投资额70%			
(七)固定资产加速折旧							均允许	
(1)缩短折旧年限								
(2)提高折旧率								
(八)小型微利企业			20%					

说明：

1. 上表(一)农业项目免税 a 中的(1)至(8)，减半征税 b 中的(1)和(2)，详情见上文中的文字叙述和规定。

2. 纳税年度，是指“自项目取得第一笔生产经营收入所属纳税年度起”，而非旧税法所指“获利年度”。纳税年度为公历年度，即从每年的 1 月 1 日至 12 月 31 日。

3. “免三减三”，是指从纳税年度起，第一年至第三年免征企业所得税，第四年至第六年减半征收企业所得税。

4.加计扣除，是指对纳税人在按照规定优惠项目实际发生数额基础上，再加成一个比例作为进一步激励，在计算应纳税所得额时给予一并扣除的一种税收优惠方式。

5.减计收入，是指允许企业对其经营活动所取得的应税收入，按一定比例减少计算，从而减少其应纳税所得额的一种税收优惠方式。

6.加速折旧，是指允许企业对其固定资产采取缩短折旧年限、提高折旧率等办法，加快资产折旧速度(折旧费列入经营成本)，从而减少应纳税所得额的一种税收优惠方式。

八、企业所得税征收方法

三资企业所得税的征收，一般采用由纳税人自行申报纳税。也就是说，企业缴纳所得税的办法是：按年计征，分季预缴(季度终了后15日内申报预缴，并报送预缴申报表)，年终汇算清缴(年度终了后5个月内，报送年度所得税申报表和会计决算报表；5个月内汇算清缴)，多退少补。用公式表示为：

$$\text{分季预缴所得税额}=\frac{\text{年计划所得}}{\text{利润总额}}\times\frac{\text{适用}}{\text{税率}}\times\frac{1}{4}$$

$$\text{或}\quad=\frac{\text{上年度所得}}{\text{利润总额}}\times\frac{\text{适用}}{\text{税率}}\times\frac{1}{4}$$

年终汇算清缴应退(补)所得税额＝年应纳税额－全年预缴税额

在上述规定的每次预缴所得税的期限内，由三资企业在中国境内设立的从事生产、经营的机构、场所，向当地税务机关报送预缴所得税申报表，预缴税款；在年度终了后的规定期限内，向当地税务机关报送年度所得税申报表和会计决算报表，进行年终汇算清缴，多退少补。

九、税法对一般反避免条款的原则规定

避税，是指纳税人利用关联企业交易，通过不合理作价转移利润，以达到逃避纳税义务的行为。一般反避免条款，是指为打击避税行为(如转让定价、资本弱化等)所提供的法律依据。其主要目的在于发挥威慑作用，一般不会经常使用。

转让定价，是指关联企业之间在进行交易时，不按照一般市场价格标准，而是根据逃避有关国家税收目的的需要，来确定或安排有关交易的价格。

资本弱化，是指公司采用贷款方式替代募股方式进行的投资或者融资，以减少应纳税额，从而逃避纳税义务。也就是说，企业通过加大借贷款(债权性筹资：借贷款利息可以税前扣除)，而减少股份资本(权益性筹资：为股份资本支付的股息不得税前扣除)，从而减少应税所得，降低企业税负。借鉴国际经验，新税法规定，企业从其关联方接受的债权性投资与权益性投资的比例，超过标准而发生的利息支出，不得在税前扣除。

税法规定一般反避税条款的意义：(1)体现公平税负的精神；(2)保障国家财

政收入的需要;(3)可以增强税法的威慑作用。

十、老企业所得税制度的五年过渡期

新老税法的衔接原则是“从新从优”,即:新税法出台要服从新法律,而新老对比则要执行更为优惠的法律规定;但在规定的过渡期结束后,则完全执行新法律。这样处理新老税法的衔接,符合中国有关法律的精神,也符合国际上的通行做法。因为,法无溯及力(即不溯及以往),后来的法律不追究以往的法律行为,但需要规定一个合适的过渡期。

(一)过渡期优惠原则规定

符合条件的老企业,是指新税法公布前已经批准设立的企业,即 2007 年 3 月 16 日(新税法公布)之前已经设立的企业,国务院对其过渡期优惠原则规定是:

1. 依照当时的税收法律、行政法规规定,享受低税率优惠的,可以在新税法施行后(2008 年 1 月 1 日施行)5 年内,即 2008 年 1 月 1 日至 2013 年 1 月 1 日期间,逐步过渡到新税法规定的税率。

2. 享受定期减免税优惠的,新税法施行后可以继续享受到期满为止,但因未获利而尚未享受优惠的,优惠期限从新税法 2008 年施行年度起计算。

3. 法律设置的发展对外经济合作和技术交流的特定地区内(如开发区、保税区、经济特区、高新区、沿海开放城市、其他开放区等),以及国务院已规定执行上述地区特殊政策的地区内新设立的国家需要重点扶持的高新技术企业,可以享受过渡性优惠。

4. 国家已确定的其他鼓励类企业,可以按照国务院规定享受减免优惠。

(二)过渡期优惠具体规定

国务院对企业所得税优惠政策过渡问题作出具体规定:

1. 自 2008 年 1 月 1 日起,原享受低税率优惠政策的企业,在新税法施行后 5 年内逐步过渡到法定税率。其中:享受企业所得税 15%税率的企业,2008 年按 18%税率执行,2009 年按 20%税率执行,2010 年按 22%税率执行,2011 年按 24%税率执行,2012 年按 25%税率执行;原执行 24%税率的企业,2008 年起按 25%税率执行。

2. 自 2008 年 1 月 1 日起,原享受企业所得税“免二减三”、“免五减五”等定期减免优惠的企业,新税法施行后继续按照原税收法律、行政法规及相关文件规定的优惠办法及年限享受至期满为止,但因未获利而尚未享受税收优惠的,其优惠期限从 2008 年度起计算。

3. 企业所得税过渡优惠政策与新税法及实施条例规定的优惠政策存在交叉

的，由企业选择最优惠的政策执行，不得叠加享受。

4.享受上述过渡优惠政策的企业，是指 2007 年 3 月 16 日以前经工商登记管理机关登记设立的企业。

十一、税收抵免优惠

对境外所得税税款予以扣除，又称税收抵免优惠，是指总机构设在中国境内的外商投资企业，其来源于中国境外的所得，已在境外实际缴纳的所得税税款，在汇总纳税时，根据境外税务机关填发的同一年度纳税凭证原件，准予从其应纳税额中扣除。其境外所得税税款扣除限额的计算，须注意以下问题：

1.境外所得的计算

(1)企业设立全资境外机构的境外所得，是指境外收入总额扣除境外实际发生的成本、费用，以及应分摊总部的管理费用后的金额。而境外实际发生的成本、费用，是指中国财务会计制度允许列支的成本、费用。

(2)企业未设立全资境外机构取得的境外投资所得，是指被投资企业已分配给投资方的利润、股息、红利等。

2.盈亏弥补的计算

企业境外业务之间的盈亏可以互相弥补，但企业境内外之间的盈亏不得相互弥补。

3.应纳税额的计算

(1)境外应纳税所得额＝企业境外业务之间盈亏相抵后的金额

(2)境外所得应纳税额＝境外应纳税所得额×法定税率

这里说的法定税率，是指中国税法规定的税率。

(3)应纳税额＝$\frac{境内所得}{应纳税额}+\frac{境外所得}{应纳税额}-\frac{境外所得税税款}{扣除限额}$

4.境外已缴纳所得税税款的抵扣方法

依照财政部、国家税务总局的规定，纳税人在境外缴纳的所得税，在汇总纳税时，可选择以下一种方法予以抵扣，抵扣方法一经确定，不得任意更改。可供选择的抵扣方法有两种：

(1)分国不分项抵扣。企业能全面提供境外完税凭证的，可采取分国不分项抵扣。

①纳税人在境外已缴纳的所得税税款，应按国别(或地区)进行抵扣。但是，纳税人应提供所在国(或地区)税务机关核发的纳税凭证或纳税证明，以及减免税有关证明，如实申报在境外缴纳的所得税税款，不得瞒报和伪报。

②纳税人在境外已缴纳的所得税税款，应分国(或地区)计算抵扣限额。其

计算公式如下：

$$\frac{\text{境外所得税税款}}{\text{扣除限额}}=\frac{\text{境内、外所得按税法}}{\text{计算的应纳税总额}}\times\frac{\text{来源于某境外的所得额}}{\text{境内外所得总额}}$$

在上述公式中，“境内、外所得按税法计算的应纳税总额”一项，应按中国法定税率25%计算。

外商投资企业在境外已缴纳的所得税税款，低于依上述公式计算出的扣除限额的，应从应纳税总额中按实际扣除；超过扣除限额的，其超过部分，当年不能扣除，但可以在不超过5年的期限内，用以后年度税款扣除限额的余额补扣。

（2）定率抵扣。为便于计算和简化征管，经企业申请，税务机关批准，企业也可以不区分免税或非免税项目，统一按境外应纳税所得额折半法定税率的比率抵扣。

总之，上述（1）、（2）两种抵扣方法，由企业任选一种方法予以抵扣。

5.税收抵免优惠【计算案例】

某外商在华合资经营企业华达电子总公司，它在A国和B国分别设有分公司。2008年，A国分公司全年应纳税所得额为100万元，实际纳税40万元，税率为40%；B国分公司全年应纳税所得额为200万元，实际纳税50万元，税率为25%。该总公司国内全年应纳税所得额为3000万元，以前年度没有未弥补亏损，企业所得税法定税率为25%。试计算华达电子总公司2008年在中国应纳所得税额。

【解法之一】：

按分国不分项抵扣法计算：

（1）境内、外应纳税所得总额为：

3 000万元+100万元+200万元=3 300万元

（2）境内、外应纳税总额为：

3 300万元×25%=825万元

（3）在A国分公司所得税税款扣除限额为：

$$825\text{万元}\times\frac{100}{3\ 300}=25\text{万元}$$

由于在A国实际纳税40万元，超过限额15万元，则不予扣除。

（4）在B国分公司所得税税款扣除限额为：

$$825\text{万元}\times\frac{200}{3\ 300}=50\text{万元}$$

由于在B国实际纳税50万元，正达限额，则按实际扣除。

（5）∴该总公司2008年在中国应纳所得税额为：

825万元-25万元-50万元=750万元

【解法之二】：

按定率抵扣法，即统一按境外应纳税所得额12.5%（即25%折半）的比率抵扣计算：

(1)境内所得应纳税额为：

3 000万元×25%＝750万元

(2)境外所得应纳税额为：

(100万元＋200万元)×25%＝75万元

(3)境外所得税税款扣除额为：

(100万元＋200万元)×12.5%＝37.5万元

(4)∴该总公司2008年在中国应纳所得税额为：

750万元＋75万元－37.5万元＝787.5万元

第三节　涉外个人所得税

所谓个人所得税，是指国家对自然人个人的所得征收的一种税，它是收益税类中的一个重要税种。

中国的个人所得税制度是统一的，对中国公民、外国人和无国籍人均适用。主要的法律是2011年6月30日十一届人大常委会二十一次会议第六次修正的《中华人民共和国个人所得税法》(2011年9月1日起施行)。本法是调整国家与自然人之间所得税征纳关系的法律规范。

一、纳税义务人

纳税义务人包括中国居民和非居民两类。对两类居民的区分适用住所和居住时间的标准。

(一)居民

居民是指在中国境内有住所，或者无住所而在境内居住满1年的个人。居民负无限纳税义务，须就其从中国境内和境外取得的所得纳税。

(二)非居民

非居民是指在中国境内无住所又不居住，或者无住所而在境内居住不满1年的个人。非居民负有限纳税义务，仅就其从中国境内取得的所得纳税。

二、征税范围

从个人所得的性质和形式看，下列各项个人所得应纳个人所得税：

1. 工资、薪金所得。

2. 个体工商户的生产、经营所得。包括个体工商户从事各种行业取得的与生产、经营有关的所得，以及个人经政府有关部门批准，取得执照，从事办学、医疗、咨询以及其他有偿服务活动取得的所得。

3. 对企事业单位的承包经营、承租经营所得。包括个人按月或者按次取得的工资、薪金性质的所得。

4. 劳务报酬所得。包括个人设计、装潢、安装、制图、化验、测试、医疗、法律、会计、咨询、讲学、新闻、广播、翻译、审稿、书画、雕刻、影视、录像、演出、表演、广告、展览、技术服务、介绍服务、经纪服务、代办服务以及其他劳务的所得。

5. 稿酬所得。包括个人的作品以图书、报刊形式出版、发表的所得。

6. 特许权使用费所得。包括个人提供专利权、商标权、著作权、专有技术以及其他特许权的使用权的所得。其中，提供著作权的使用权所得，不包括稿酬所得。

7. 利息、股息、红利所得。包括个人拥有存款、债权、股权而取得的利息、股息、红利等所得。

8. 财产租赁所得。

9. 财产转让所得。

10. 偶然所得。包括个人得奖、中奖、中彩以及其他性质的所得。

11. 经国务院财政部门确定征税的其他所得。

值得注意的是，个人取得的所得，难以界定应税所得项目的，由主管税务机关确定。

三、税率

个人所得税的税率分为两类：一类是超额累进税率，一类是比例税率。其具体适用范围如下：

(一)超额累进税率

1. 工资、薪金所得，适用七级超额累进税率，税率为3%至45%，如表12-7所示。

表 12-7　个人所得税税率表

（工资、薪金所得适用）

级　数	全月应纳税所得额	税　率（%）
1	不超过 1 500 元的	3
2	超过 1 500～4 500 元的部分	10
3	超过 4 500～9 000 元的部分	20
4	超过 9 000～35 000 元的部分	25
5	超过 35 000～55 000 元的部分	30
6	超过 55 000～80 000 元的部分	35
7	超过 80 000 元的部分	45

说明：本表所称全月应纳税所得额是指以每月收入额减除费用 23500 元后的余额或者减除附加减除费用后的余额，自 2011 年 9 月 1 日起施行。

资料来源：《中华人民共和国个人所得税法》（自 2011 年 9 月 1 日起施行）。

2. 个体工商户的生产、经营所得和对企事业单位的承包经营、承租经营所得，适用五级超额累进税率，税率为 5%至 35%（见表 12-8）。

表 12-8　个人所得税税率表

（个体工商户的生产、经营所得和对企事业单位的承包经营、承租经营所得适用）

级　数	全年应纳税所得额	税　率（%）
1	不超过 15 000 元的	5
2	超过 15 000～30 000 元的部分	10
3	超过 30 000～60 000 元的部分	20
4	超过 60 000～100 000 元的部分	30
5	超过 100 000 元的部分	35

说明：本表所称全年应纳税所得额是指依照《中华人民共和国个人所得税法》第六条的规定，以每一纳税年度的收入总额，减除成本、费用以及损失后的余额，自 2011 年 9 月 1 日起施行。

资料来源：《中华人民共和国个人所得税法》（自 2011 年 9 月 1 日起施行）。

（二）比例税率

其他各类个人所得，均适用比例税率，税率为 20%，具体适用范围如下：

1. 稿酬所得，税率为 20%，并按应纳税额减征 30%，其实际税率为 14%［=（1－30）×20%］。

2. 劳务报酬所得，税率为 20%。对劳务报酬所得一次收入畸高的，可以实行加成征收。

3. 特许权使用费所得，利息、股息、红利所得，财产租赁所得，财产转让所得，偶然所得和其他所得，税率为 20%。

四、计税方法

个人所得税的计税依据是应纳税所得额。其计税公式是：

应纳税额＝应纳税所得额×适用税率

在上述公式中，应纳税所得额的准确计算至关重要。其计算方法分列如下：

1. 工资、薪金所得，以每月收入额减除费用3500元后的余额，为应纳税所得额。但对“四类人员”①的工资、薪金所得还要确定附加减除费用。附加减除费用是指每月在减除3500元费用的基础上，再减除1300元的费用，合计减除4800元人民币后作为应纳税所得额。该附加减除费用将随平均收入水平、生活水平或汇率发生变化而浮动，由国务院规定。

2. 个体工商的生产、经营所得，以每一纳税年度的收入总额减除成本、费用以及损失后的余额，为应纳税所得额。

3. 对企事业单位的承包经营、承租经营所得，以每一纳税年度的收入总额，减除必要费用后的余额，为应纳税所得额。这里说的“收入总额”是指纳税义务人按照承包经营、承租经营合同规定分得的利润、工资和薪金性质的所得。“减除必要费用”是指按月减除3500元。

4. 劳务报酬所得、稿酬所得、特许权使用费所得、财产租赁所得，每次收入不超过4 000元的，减除费用800元；4 000元以上的，减除20％的费用，其余额为应纳税所得额。

5. 财产转让所得，以转让财产的收入额减除财产原值和合理费用后的余额，为应纳税所得额。这里所说“财产原值和合理费用”指的是：

(1)机器设备、车船，为购进价格、运输费、安装费以及其他有关费用；

(2)建筑物，为建造费或者购进价格以及其他有关的费用；

(3)土地使用权，为取得土地使用权所支付的金额，开发土地的费用以及其他有关费用；

(4)有价证券，为买入价以及买入时按照规定缴纳的有关费用；

(5)其他财产，参照以上方法确定。纳税义务人未提供完整、准确的财产原值凭证，不能正确计算财产原值的，由主管税务机关核定其财产原值。

6. 利息、股息、红利所得，偶然所得和其他所得，以每次收入额为应纳税所

---

① “四类人员”指的是：(1)在中国境内的外商投资企业和外国企业中工作的外籍人员；(2)应聘在中国境内的企事业单位、社会团体、国家机关中工作的外籍专家；(3)在中国境内有住所而在中国境外任职或者受雇取得工资、薪金所得的纳税义务人；(4)在中国境内无住所而在中国境内取得工资、薪金所得的纳税义务人。

得额。

另外，个人将其所得对教育事业和其他公益事业捐赠的部分，按照规定从应纳税所得中扣除。即捐赠额未超过纳税义务人申报的应纳税所得额30%的部分，可以从其应纳税所得额中扣除。

还有，按照国家规定，单位为个人缴付和个人缴付的“三险一金”(养老保险费、医疗保险费、失业保险费、住房公积金)，从纳税义务人的应纳税所得额中扣除。

五、个人所得税税收优惠

(一)免征

下列各项个人所得，免纳个人所得税：

1.省级人民政府、国务院部委和中国人民解放军军以上单位，以及外国组织、国际组织颁发的科学、教育、技术、文化、卫生、体育、环境保护等方面的奖金；

2.国债和国家发行的金融债券利息；

3.按照国家统一规定发给的补贴、津贴；

4.福利费、抚恤金、救济金；

5.保险赔款；

6.军人的转业费、复员费；

7.按照国家统一规定发给干部、职工的安家费、退职费、退休工资、离休工资、离休生活补助费；

8.依照中国有关法律规定应予免税的各国驻华使馆、领事馆的外交代表、领事官员和其他人员的所得；

9.中国政府参加的国际公约、签订的协议中规定免税的所得；

10.经国务院财政部门批准免税的所得。

(二)减征

有下列情形之一的，经批准可以减征个人所得税：

1.残疾、孤老人员和烈属的所得；

2.因严重自然灾害造成重大损失的；

3.其他经国务院财政部门批准减税的。

(三)税收抵免

纳税义务人从中国境外取得的所得，准予其在应纳税额中扣除已在境外缴纳的个人所得税税额。但扣除额不得超过该纳税义务人境外所得依中国税法计算的应纳税额。

六、个人所得税纳税注意要点

(一)扣缴义务人与自行申报纳税

个人所得税以所得人为纳税义务人,以支付所得的单位或者个人为扣缴义务人。对扣缴义务人按照所扣缴纳税款,付给2%的手续费。

在两处以上取得工资、薪金所得和没有扣缴义务人的,纳税义务人应当自行申报纳税。

(二)纳税期限

扣缴义务人每月所扣的税款、自行申报纳税人每月应纳的税款,都应当在次月15日内缴入国库,并向税务机关报送纳税申报表。

工资、薪金所得应纳的税款按月计征。个体工商户生产、经营所得应纳的税款,按年计算,分月预缴,年终后3个月内汇算清缴,多退少补。

企事业单位的承包经营、承租经营所得应纳的税款,按年计算,由纳税义务人年终后30日内缴入国库。

从中国境外取得所得的纳税义务人,应当在年度终了后30日内将应纳的税款缴入国库。

(三)计税单位

各项所得的计算以人民币为单位。

所得为外国货币的,应当按照填开完税凭证的上一月最后一日中国人民银行公布的外汇牌价,折合成人民币计算应纳税所得额。

在年度汇算清缴时,对应补缴税款的所得部分,按照上一纳税年度最后一日的外汇牌价,折合成人民币计算应纳税所得额。

第四节　新税制税负分述

自1994年1月1日起,中国实行新税制。新税制的基本原则是:统一税法,公平税负,简化税制,合理分权,保障财政收入,加强宏观调控。新税制的全面实施,将重新调整中国经济利益实体的各种关系,统一和规范各种纳税主体的纳税行为。除收益税类(企业所得税和个人所得税)单独设节进行讲解外,新税制下三资企业适用的其他税类和税种包括:增值税、消费税、营业税、关税、资源税、土地增值税、车船使用(牌照)税、房产税、契税、印花税、屠宰税等。重点是流转税(即商品税)类中的增值税、消费税、营业税和关税。现将这些税种分述如下:

一、增值税

所谓增值税,是指以纳税人销售商品(含劳务)的增值额为计税依据而征收的一种流转税,是中国现行流转税制中的核心税种。换言之,增值税是以商品和劳务为课税对象,以增值额为税基的新型商品和劳务税。

(一)纳税义务人

增值税纳税义务人,是指(1)在中国境内销售货物或者(2)提供劳务(加工、修理修配劳务)以及(3)进口货物的单位和个人。

增值税纳税人分为两种:一般纳税人和小规模纳税人。

1.一般纳税人,是指年应征增值税销售额超过小规模纳税人标准的企业和企业性单位。

2.小规模纳税人,是指生产、经营规模较小,会计核算不健全,或者不能准确提供税务资料而难以正确计税的纳税人。其量化标准是:(1)从事货物生产或提供劳务,并兼营批发或零售,年应征增值税销售额在100万元以下的;(2)从事主营货物批发或零售,年应征增值税销售额在180万元以下的。

(二)税率

按四类情况划定税率:

1.基本税率为17%,包括:销售或进口货物、提供加工、修理修配劳务等。

2.低税率为13%,包括销售或进口下列七类货物:(1)农业产品:含种植业、养殖业、林业、牧业和水产业生产的各种植物、动物的初级产品,不含农业生产者自产自销的初级农产品;(2)粮食、食用植物油:"粮食"含切面、饺子皮、米粉等简单加工的粮食复制品,不含速冻制品、熟食制品和副食品,具体征税范围由省级国税机关确定;而"食用植物油"含以食用植物油为原料生产的混合油,以及棕榈油和棉籽油;(3)自来水、暖气、冷气、热水、煤气、石油液化气、天然气、沼气、居民用煤炭制品;(4)图书、报纸、杂志;(5)饲料、化肥、农药、农机、农膜;(6)金属矿、非金属矿采选产品和煤炭;(7)国务院规定的其他货物。

3.小规模纳税人实行两档税率:(1)工业环节小规模纳税人的征收率为6%;(2)商业环节小规模纳税人的征收率为4%。但小规模纳税人进口应税货物,须按税率17%或13%计征增值税。

4.出口货物税率为0。增值税税款抵扣原理决定了增值税的零税率与增值税免税是完全不同的。因为应纳税额=销售额×0%-进项税额。当进项税额>0时,结果是负数,即可以从政府获得一定净退税。

此外,免征增值税包括下列项目:(1)农业生产者销售的自产农业产品;(2)避孕药品和用具;(3)古旧图书;(4)直接用于科学研究、科学试验和教学的进口仪器、设备;(5)外国政府、国际组织无偿援助的进口货物和设备;(6)由残疾人组织直接进口的供残疾人专用的物品;(7)销售的自己使用过的物品。

值得注意的是,除上述规定项目外,增值税的免税、减税项目由国务院规定。任何地区、部门均不得规定免税、减税项目。

(三)计税方法

1. 价外计征:即按不包含增值税税金的商品价格和规定的税率计算征收增值税。

2. 计算公式:

应纳税额=增值额×适用税率

=销项税额-进项税额

=销售额×税率-(1)买价×扣除率或(2)增值税专用发票注明的税额

销项税额,亦即销售方随同货物或者劳务的售价一起向购买方收取的增值税税额。

进项税额,亦即销售方购进货物或应税劳务已缴纳的增值税额,其中:扣除率是购进该种商品时所适用的增值税税率;当期不足抵扣时,不足部分结转到下期抵扣。

(四)注意要点

1. 增值税发票扣税法,要求纳税人向税务机关提供增值税专用发票或者海关完税凭证。根据发票注明的税金进行税款抵扣,且只适用于在中国境内销售货物或提供应税劳务的一般纳税人。

2. 增值税的纳税人要进行专门税务登记,并使用增值税专用发票,才能据此抵扣增值税进项税额。

3. 小规模纳税人不得使用增值税专用发票,不得抵扣进项税额。虚开、伪造和非法出售增值税专用发票进行偷税、骗税活动,构成刑事犯罪,将会依法追究和惩治。

4. 进口货物的计税方法:纳税人进口货物缴纳进口环节增值税的,不得抵扣任何税额,其计算公式为:

应纳税额=组成计税价格×税率

组成计税价格=进口货物完税价格+关税+消费税

公式中的进口货物完税价格,是指以海关审定的到岸价格作为完税价格。

(五)增值税转型改革

为促进经济增长,中国增值税由生产型向消费型转型改革。按照“进项税额”扣除方式,增值税分为两种类型:1. 生产型增值税,即:只允许扣除购入的原材料等所含税金,不允许扣除外购固定资产所含税金;2. 消费型增值税,即所有外购项目所含税金都允许扣除(含原材料、固定资产)。

中国多年来采用生产型增值税。这一规定对保证财政收入比较有利,但也会抑制企业固定资产投资和更新,不利于技术设备改造和资本密集型行业的发展。因此,自2009年1月1日起实施增值税由生产型向消费型转型改革。这一改革对生产制造型企业最为有利,如资料显示,改革当年就减轻企业税负上千亿元人民币。这将为企业提供添置或更新设备,进而增强产品技术创新能力、提高企业竞争力的机会,为更多创新型企业提供发展动力。

二、消费税

所谓消费税,是指以应税消费品的销售额为计税依据而征收的一种流转税,它是增值税的一个辅助税种,具有特殊的财政、经济和社会意义。

(一)纳税义务人

消费税纳税义务人,是指在中国境内生产、委托加工和进口应税消费品的单位和个人。其征税对象是在境内生产、委托加工和进口的应税消费品,包括对14类消费品在征收增值税基础上再征收消费税。

(二)税率

按十四类消费品规定税率(自2009年1月1日起施行):

1.烟类,包括:(1)甲类卷烟(含各类进口卷烟)45%;(2)乙类卷烟30%;(3)雪茄烟25%;(4)烟丝30%。

2.酒及酒精,包括:(1)粮食白酒25%;(2)黄酒240元/吨;(3)甲类啤酒250元/吨;(4)乙类啤酒220元/吨;(5)其他酒10%;(6)酒精5%。

3.化妆品(含成套化妆品)30%。

4.贵重首饰及珠宝玉石,包括(1)金银首饰、铂金首饰和钻石及钻石饰品5%;(2)其他贵重首饰和珠宝玉石10%。

5.鞭炮、焰火15%。

6.成品油,包括:(1)含铅汽油0.28元/升;(2)无铅汽油0.20元/升;(3)柴油0.10元/升;(4)航空煤油0.10元/升;(5)石脑油0.20元/升;(6)溶剂油0.20元/升;(7)润滑油0.20元/升;(8)燃料油0.10元/升。

7.汽车轮胎3%。

8.摩托车,包括:(1)排气量≤250毫升的3%;(2)排气量>250毫升的10%。

9.小汽车,包括乘用车和中型商用客车。(1)乘用车:①排气量≤1.0升的1%;②排气量1.0升以上至1.5升(含1.5升)的3%;③排气量1.5升以上至2.0升(含2.0升)的5%;④排气量2.0升以上至2.5升(含2.5升)的9%;⑤排气量2.5升以上至3.0升(含3.0升)的12%;⑥排气量3.0升以上至4.0升(含4.0升)的25%;⑦排气量在4.0以上的40%。(2)中轻型商用客车5%。

10.高尔夫球及球具10%。

11.高档手表20%。

12.游艇10%。

13.木制一次性筷子5%。

14.实木地板5%。

(三)计税方法

从价定率法:应纳税额=销售额×比例税率

从量定额法:应纳税额=销售数量×单位税额

复合计税法:应纳税额=销售额×比例税率+销售数量×单位税额

(四)注意组成计税价格的应用

1.自产自用应税消费品的计税方法

纳税人自产自用的应税消费品依法应当纳税的,按照纳税人生产的同类消费品的销售价格计算纳税;没有同类消费品消费价格的,按照组成计税价格(即组价)计税,其公式为:

组价=(成本+利润)÷(1-消费税税率)

2.委托加工应税消费品的计税方法

委托加工的应税消费品,按照委托方的同类消费品的销售价格计算纳税;没有同类消费品销售价格的,按照组成计税价格计税,其公式为:

组价=(材料成本+加工费)÷(1-消费税税率)

3.进口应税消费品的计税方法

(1)实行从价定率办法计算纳税的,按照组成计税价格计税,其公式为:

组价=(关税完税价格+关税)÷(1-消费税比例税率)

(2)实行复合计税办法计算纳税的,按照组成计税价格计税,其公式为:

组价=(关税完税价格+关税+进口数量×消费税定额税率)÷(1-消费税比例税率)

(五)免征或不征消费税项目的规定

1.出口应税消费品免征消费税;

2.成品油生产企业生产自用油免征消费税;

3.利用废弃的动植物油生产纯生物柴油免征消费税;

4.变压器油、导热类油等绝缘油类产品不征消费税;

5.农用拖拉机、收割机和手扶拖拉机专用轮胎不征消费税。

三、营业税

所谓营业税，是指以纳税人从事应税行为的营业额为计税依据而征收的一种流转税。

(一)纳税义务人

营业税纳税义务人，是指在中国境内提供应税劳务、转让无形资产或者销售不动产的单位和个人。

(二)税率

按九类情况规定税率：

1.交通运输业(含陆路、水路、航空、管道运输、装卸搬运)3%。

2.建筑业(含建筑、安装、修缮、装饰及其他工程作业)3%。

3.金融保险业5%。

4.邮电通讯业3%。

5.文化体育业3%。

6.娱乐业(含饮厅、舞厅、卡拉OK歌舞厅、音乐茶座、台球、高尔夫球、保龄球、游艺)5%～20%(由省级政府具体规定)。

7.服务业5%。

8.转让无形资产5%。

9.销售不动产(销售建筑物及其他土地附着物)5%。

(三)计税方法

应纳税额＝营业额×税率

(四)免征营业税项目

下列七类项目免征营业税：

1.托儿所、幼儿园、养老院、残疾人福利机构提供的育养服务、婚姻介绍、殡葬服务。

2.残疾人员个人提供的劳务。

3.医院、诊所和其他医疗机构提供的医疗服务。

4.学校和其他教育机构提供的教育劳务，学生勤工俭学提供的劳务。

5.农业机耕、排灌、病虫害防治、植保、农牧保险以及相关技术培训业务，家禽、牲畜、水生动物的配种和疾病防治。

6.纪念馆、博物馆、文化馆、美术馆、展览馆、书画馆、图书馆、文物保护单位举办文化活动的门票收入，宗教场所举办文化、宗教活动的门票收入。

7.境内保险机构为出口货物提供的保险产品。

除上述规定外，营业税的免税、减免项目由国务院规定，任何地区、部门均不得规定免税、减免项目。

（五）营业税起征点的适用范围

财政部、国家税务总局（2008 年第 52 号令）所称营业税起征点，是指纳税人营业额合计达到起征点。而起征点的适用范围限于个人，并对其幅度规定如下：1.按期纳税的，为月营业额 1000～5000 元；2.按次纳税的，为每次（日）营业额 100 元。各省、自治区、直辖市财政厅（局）、税务局应当在规定的幅度内，根据实际情况确定本地区适用的起征点。

（六）“营改增”结构性减税试点

所谓“营改增”，是指营业税改为增值税，把不可抵扣的营业税改为可以进行税项抵扣的增值税，旨在消除重复征税、优化税制，降低交通运输、现代服务业等行业的税负，有助于推动第三产业发展。据国家税务总局测算，“营改增”后可带动 GDP 增长 0.5%，拉动出口增长 0.7%，同时新增就业岗位约 70 万个。在全国实行“营改增”后，全国税收净减少将超过 1000 亿元。目前，“营改增”提速，引领财税改革向纵深发展。

“营改增”试点及其问题

上海市于 2012 年 1 月 1 日实行“营改增”试点。北京市于 2012 年 7 月 1 日试行“营改增”。此外，天津市、重庆市、江苏省和深圳市，都在积极申请试点城市。预计“十二五”期间，“营改增”将逐步推广至全国。但同时带来一些问题需要探讨解决办法。

问题一：理论与实践二者的矛盾如何解决。即：“营改增”，理论上的确有消除重复征税、减轻企业税负、提高服务业竞争能力的作用。但落实到不同行业、不同企业时，结果就会不尽相同。有的税负会减轻，有的则会加重。如咨询服务业，由于难以获得增值税专用发票，不能抵扣进项税，且税改后的增值税税率又高于营业税税率，所以“营改增”后反而增加了税收负担。对此，上海市设立了专项基金，对税负增加的企业予以过渡性财政扶持。这种额外的财政补贴会维持多久？怕是难以在全国普及和推广。

问题二：国税与地税如何分割。增值税和营业税均为中央和地方共享税。而增值税在全国税收总额中占比较大（2011 年占比 27%），由国税局征收，税款的 3/4 归中央，1/4 归地方；营业税在全国税收总额中占比较小（2011 年占比 15%），由地税局征收，税款大部分归入地方，中央占小头。对于“分灶”吃饭的国税与地税来说，“营改增”关乎二者对税款的再分配，国税与地税如何分割？首选上海市试点，一定程度上是由于上海市国税、地税还没有分家，便于“蛋糕”切割操作。

四、关税

所谓关税，是指海关以进出关境的商品流转额为计税依据而征收的一种流转税。它与国家的经济政策关系密切，在外经贸领域具有特殊的作用。

(一)纳税义务人

关税纳税义务人，是指进口货物的收货人、出口货物的发货人、进境物品的所有人。

(二)税率的种类及适用

依据国务院《中华人民共和国进出口关税条例》(自 2004 年 1 月 1 日起施行)规定，进出口货物关税税率及适用列下：

1.进口关税设置：最惠国税率、协定税率、特惠税率、普通税率、关税配额税率。对进口货物在一定期限内可以实行暂定税率。税率的适用分述如下：

(1)最惠国税率：适用原产于共同适用最惠国待遇条款的 WTO 成员的进口货物；适用原产于与中国签订含有相互给予最惠国待遇条款的双边贸易协定的国家(地区)的进口货物；适用原产于中国境内的进口货物。该税率下进口货物有暂定税率的，应当适用暂定税率。

(2)协定税率：适用原产于与中国签订含有关税优惠条款的区域性贸易协定国家(地区)的进口货物。该税率下进口货物有暂定税率的，应当从低适用税率。

(3)特惠税率：适用原产于与中国签订含有特殊关税优惠条款的贸易协定国家(地区)的进口货物。该税率下进口货物有暂定税率的，应当从低适用税率。

(4)普通税率：适用原产于上述(1)(2)(3)所列以外的国家(地区)的进口货物，以及原产地不明的进口货物。适用普通税率的进口货物，不适用暂定税率。

(5)关税配额税率：按照国家规定实行关税配额管理的进口货物，关税配额内的，适用关税配额税率；关税配额外的，其税率的适用按照上述(1)(2)(3)(4)的规定执行。

需要特别说明非常"两类关税"：一是"两反一保"关税；二是报复性关税。

其一，采取"两反一保"进口货物的关税率及适用(反倾销、反补贴、保障措施)：对进口货物采取"两反一保"的，其税率的适用按照中国《反倾销条例》、《反补贴条例》、《保障措施条例》的有关规定执行。

其二，报复性关税税率的适用：任何国家(地区)对中国在贸易方面采取禁止、限制、加征关税或者其他影响正常贸易的措施的，中国则对原产于该国家(地区)的进口货物可以征收报复性关税。征收报复性关税的货物、适用国别、税率、期限和征收办法，由国务院关税税则委员会决定并公布。

2.出口关税设置：出口税率。对出口货物在一定期限内可以实行暂定税率。

总之，对进出口货物税率的具体适用，是依据《海关进出口税则》以《商品名称及编码协调制度》为基础，结合进出口商品的实际情况而确定的。

（三）计税方法

关税的计税依据是完税价格。所谓完税价格，又称计税价格，一般是指海关计征关税时的货物价格。其计算公式是：

应纳税额＝进出口货物完税价格×适用税率

其中：

1. 进口货物完税价格＝以海关审定的正常成交价格为基础的到岸价格

＝货价＋保险费＋运费＋包装费＋其他劳务费

这里所说的到岸价格，是指进口货物价格、货物运抵海关境内输入地点起卸前的保险费、运费、包装费和其他劳务费的总和。

2. 出口货物完税价格＝以海关审定的货物售予境外的离岸价格－出口关税

＝离岸价格÷（1＋出口关税税率）

（四）注意要点

中国政府决定，从2002年10月1日起，新批准的外商投资项目下的进口设备，一律先征收进口关税和进口环节增值税，然后每年退还20%，5年内予以全部退还，即先征后退。但对鼓励类项目下的进口设备则不予征收，即不征不退。

五、资源税

所谓资源税，是指对利用自然资源进行开采和生产作业的单位和个人征收的一种税（自1994年1月1日起施行）。

（一）纳税义务人

资源税纳税义务人，是指在中国境内开采国务院《资源税暂行条例》规定的矿产品或生产盐的单位和个人。目前只对部分资源开采征税，以后要包括所有矿产资源。

（二）计税方法

应纳税额＝应税产品销售或自用数量×单位税额

（三）资源税的减、免情形

有下列情形之一的，减征或者免征资源税：

1. 开采原油过程中用于加热、修井的原油，免税。

2. 纳税人开采或者生产应税产品过程中，因意外事故或者自然灾害等原因遭受重大损失的，由省级人民政府酌情决定减税或者免税。

3. 国务院规定的其他减税、免税项目。

（四）资源税税目、税额幅度（见表 12-9）

表 12-9　资源税税目、税额幅度表

税　目	税 额 幅 度
1. 原油	8～30 元/吨
2. 天然气	2～15 元/立方米
3. 煤炭	0.3～5 元/吨
4. 其他非金属矿原矿	0.5～20 元/吨或者立方米
5. 黑色金属矿原矿	2～30 元/吨
6. 有色金属矿原矿	0.4～30 元/吨
7. 盐	
（1）固体盐	10～60 元/吨
（2）液体盐	2～10 元/吨

资料来源：《中华人民共和国资源税暂行条例》（自 1994 年 1 月 1 日起施行）。

六、土地增值税

所谓土地增值税，是指对转让国有土地使用权、地上建筑物及其附着物（简称转让房地产）的单位和个人征收的一种税（1993 年 12 月国务院令发布，2011 年 1 月修订）。

（一）纳税义务人

土地增值税纳税义务人，是指转让国有土地使用权、地上建筑物及其附着物取得收入的单位和个人。不包括以继承、赠与方式无偿转让房地产的行为。

（二）计税方法

应纳税额＝应纳税增值额×适用税率。

其中，应纳税增值额＝转让房地产所得收入－允许扣除项目金额（＝取得土地使用权所支付的价款＋土地开发成本、费用＋地上建筑物成本及有关费用，或者旧房及建筑物的评估价格＋与转让房地产有关的税金）。

（三）适用税率：四级超率累进税率

土地增值税实行四级超率累进税率：

1. 增值额未超过扣除项目金额 50％的部分，税率为 30％。

2. 增值额超过扣除项目金额 50％、未超过扣除项目金额 100％的部分，税率为 40％。

3. 增值额超过扣除项目金额 100％、未超过扣除项目金额 200％的部分，税率为 50％。

4. 增值额超过扣除项目金额 200％的部分，税率为 60％。

(四)应纳税增值额的计算

计算应纳税增值额,允许从转让房地产所得收入中扣除的项目有五项:

1.取得土地使用权所支付的价款;

2.开发土地的成本、费用;

3.新建房及配套设施的成本、费用,或者旧房及建筑物的评估价格;

4.与转让房地产有关的税金;

5.财政部规定的其他扣除项目。

(五)土地增值额额的简便计算方法

简便方法是指,增值额×适用税率－扣除项目金额×速算扣除系数。具体公式如下:

1.增值额未超过扣除项目金额50%:

应纳土地增值税额＝增值额×30%

2.增值额超过扣除项目金额50%,未超过100%的:

应纳土地增值税额＝增值额×40%－扣除项目金额×5%

3.增值额超过扣除项目金额100%,未超过200%的:

应纳土地增值税额＝增值额×50%－扣除项目金额×15%

4.增值额超过扣除项目金额200%的:

应纳土地增值税额＝增值额×50%－扣除项目金额×35%

公式中的5%、15%、35%为速算扣除系数。

(六)免征土地增值税的情形

有下列情形之一的,免征土地增值税:

1.纳税人建造普通标准住宅出售,增值额未超过扣除项目金额20%的;

2.因国家建设需要依法征收、收回的房地产。

七、车辆购置税

所谓车辆购置税,是指对拥有并且使用车船的单位和个人征收的一种税(2000年10月国务院令公布,自2001年1月1日起施行)。

(一)纳税义务人

车辆购置税纳税义务人,是指在中国境内拥有并且使用车船的单位和个人。

(二)计税方法

船舶税额按净吨位计征,游艇税额按艇身长度(每米)计征,车辆税额按吨位或按辆计征。

(三)车船税税目、税额

根据中国《车船税法》(自2012年1月1日起施行)规定,2006年12月29日国务院公布的《车船税暂行条例》予以废止。现将《车船税法》明示税目、税额列如表 12-10 所示：

表 12-10　车船税税目、税额表

<table>
<tr><th colspan="2">税目</th><th>计税单位</th><th>年基准税额</th><th>备注</th></tr>
<tr><td rowspan="7">乘用车(按排气量)</td><td>1.0 升(含)以下的</td><td rowspan="7">每辆</td><td>60 元至 360 元</td><td rowspan="7">核定载客人数 9 人(含)以下</td></tr>
<tr><td>1.0 升以上至 1.6 升(含)的</td><td>300 元至 540 元</td></tr>
<tr><td>1.6 升以上至 2.0 升(含)的</td><td>360 元至 660 元</td></tr>
<tr><td>2.0 升以上至 2.5 升(含)的</td><td>660 元至 1200 元</td></tr>
<tr><td>2.5 升以上至 3.0 升(含)的</td><td>1200 元至 2400 元</td></tr>
<tr><td>3.0 升以上至 4.0 升(含)的</td><td>2400 元至 3600 元</td></tr>
<tr><td>4.0 升以上的</td><td>3600 元至 5400 元</td></tr>
<tr><td rowspan="2">商用车</td><td>客车</td><td>每辆</td><td>480 元至 1440 元</td><td>核定载客人数 9 人以上，包括电车</td></tr>
<tr><td>货车</td><td>整备质量每吨</td><td>16 元至 120 元</td><td>包括半挂牵引车、三轮汽车和低速载货汽车等</td></tr>
<tr><td colspan="2">挂车</td><td>整备质量每吨</td><td>按照货车税额的 50%计算</td><td></td></tr>
<tr><td rowspan="2">其他车</td><td>专用作业车</td><td rowspan="2">整备质量每吨</td><td>16 元至 120 元</td><td rowspan="2">不包括拖拉机</td></tr>
<tr><td>轮式专用机械车</td><td>16 元至 120 元</td></tr>
<tr><td>摩托车</td><td></td><td>每辆</td><td>36 元至 180 元</td><td></td></tr>
<tr><td rowspan="2">船舶</td><td>机动船舶</td><td>净吨位每吨</td><td>3 元至 6 元</td><td>拖船、非机动驳船分别按机动船舶税额的 50%计算</td></tr>
<tr><td>游艇</td><td>艇身长度每米</td><td>600 元至 2000 元</td><td></td></tr>
</table>

资料来源：《车船税法》(自 2012 年 1 月 1 日起施行)。

补充说明：

1. 捕捞、养殖渔船免征车船税。

2. 车辆购置税的税率为 10%，且实行从价定率的办法计算应纳税额，公式为：应纳税额＝计税价格×税率。车辆购置税实行一次征收制度；购置已征车辆购置税的车辆，不再征收车辆购置税。

3. 纳税人进口自用的应税车辆的计税价格，公式为：计税价格＝关税完税价格＋关税＋消费税。

4. 纳税人购买自用的应税车辆的计税价格，为纳税人购买应税车辆而支付给销售者的全部价款和价外费用，不包括增值税税款。“价外费用”是指销售方价外向购买方收取的违约金(延期付款利息)、手续费、包装费、储存费、优质费、运输装卸费、保管费、代收和代垫款项等。

八、房产税

所谓房产税，是指对房产所有权单位和个人征收的一种税(1986 年 9 月国务院发布，2011 年 1 月修订)。

(一)纳税义务人

房产税纳税义务人，是指房产所有权单位和个人；产权出租的，由承租人缴纳。

(二)计税方法

1.按房价计征：应纳税额＝房产原值×70%×1.2%

2.按房租计征：应纳税额＝租金×12%

九、契税

所谓契税，是指对土地使用权、房屋产权转移登记时的承受人征收的一种税(1997年7月国务院令发布，自1997年10月1日起施行)。

(一)纳税义务人

契税纳税义务人，是指在中国境内进行土地使用权出让、转让、赠与和交换，以及房屋买卖、赠与或交换而发生产权转移登记时，按照订立的契约，由承受人缴纳。

(二)税率

按3%至5%，由省级人民政府确定，并报财政部和国家税务总局备案。

(三)计税方法

按土地使用权、房屋产权转移方式计征，分三种类型：

1.买契税：应纳税额＝土地使用权或房屋买价×适用税率

2.赠与税：应纳税额＝土地使用权或房屋现价×适用税率

3.如果双方交换土地使用权或房屋的价值不相等，就其差价按买契税缴纳。已缴纳契税并由政府加盖印章的契约，俗称“红契”，具有法律效力。第一次购买公有住房，免缴契税(只享受一次)。

十、印花税

所谓印花税，是指对书立、领受凭证的单位和个人征收的一种税(1988年8月国务院令发布，2011年1月修订)。

(一)纳税义务人

印花税纳税义务人，是指在中国境内书立、领受条例列举凭证的单位和个人(如订立合同人、立账簿人、权利许可证照的领受人)。

(二)计税方法

按定额税率或按比例税率计征。

1.按定额税率计征：主要适用于权利许可证照和账簿。

应纳税额＝单件税额×计税件数

2.按比例税率计征：

应纳税额＝计税金额×适用税率

(三)税目、税率

根据中国《印花税暂行条例》(自1988年10月1日起施行)规定，现将印花税税目、税率表列如表12-11所示。

表12-11　印花税税目、税率表

税目	范围	税率	纳税义务人	说明
1.购销合同	包括供应、预购、采购、购销综合及协作、调剂、补偿、易货等合同	按购销金额万分之三贴花	立合同人	
2.加工承担合同	包括加工、定作、修缮、修理、印刷、广告、测绘、测试等合同	按加工或承揽收入万分之五贴花	立合同人	
3.建设工程勘察设计合同	包括勘察、设计合同	按收取费用万分之五贴花	立合同人	
4.建筑安装工程承包合同	包括建筑、安装工程承包合同	按承包金额万分之三贴花	立合同人	
5.财产租赁合同	包括租赁房屋、船舶、飞机、机动车辆、机械、器具、设备等合同	按租赁金额千分之一贴花。税额不足1元的按1元贴花	立合同人	
6.货物运输合同	包括民用航空、铁路运输、海上运输、内河运输、公路运输和联运合同	按运输费用万分之五贴花	立合同人	单据作为合同使用的，按合同贴花
7.仓储保管合同	包括仓储、保管合同	按仓储保管费用千分之一贴花	立合同人	仓单或栈单作为合同使用的，按合同贴花
8.借款合同	银行及其他金额组织和借款人(不包括银行同业拆借)所签订的借款合同	按借款金额万分之零点五贴花	立合同人	单据作为合同使用的，按合同贴花
9.财产保险合同	包括财产、责任、保证、信用等保险合同	按投保金额万分之零点三贴花	立合同人	单据作为合同使用的，按合同贴花
10.技术合同	包括技术开发、转让、咨询、服务等合同	按所载金额万分之三贴花	立合同人	
11.产权转移书据	包括财产所有权和版权、商标专用权、专利权、专有技术使用权等转移书据	按所载金额万分之五贴花	立据人	
12.营业账簿	生产经营用账册	记载资金的账簿，按固定资产原值与自有流动资金总额万分之五贴花。其他账簿按件贴花5元	立账簿人	
13.权利、许可证照	包括政府部门发给的房屋产权证、工商营业执照、商标注册证、专利证、土地使用证	按件贴花5元	领受人	

资料来源：《印花税暂行条例》(自1988年10月1日起施行)。

第十三章　三资企业利润分配与企业清算

第一节　利润的组成与资金运动

一、利润总额的组成

三资企业的利润总额，包括营业利润和营业外收支净额。

营业利润为基本业务收入减去营业成本和营业税金后的毛利，再减去销售费用、管理费用和财务费用(商业企业还应减去进货费用)，加上其他业务利润的净额。其他业务利润为其他业务收入减去其他业务支出的净额。

营业外收支净额为营业外收入减去营业外支出的净额。营业外收入包括投资收益、投资作价收益、固定资产盘盈、处理固定资产收益、罚款收入和以前年度收益等；营业外支出包括投资损失、投资作价损失、固定资产盘亏、处理固定资产损失、罚款支出、捐赠支出、非常损失和以前年度损失等。

综上，利润总额的组成，用公式表示则是：

利润总额＝对外投资净收益＋营业利润＋营业外收支净额

对外投资净收益＝对外投资收益－对外投资损失

营业利润＝主营业务收入－(营业成本＋营业税金)－(销售费用＋管理费用＋财务费用)＋其他业务利润净额

营业外收支净额＝营业外收入－营业外支出

二、利润总额的计算

企业利润一般应当按月计算。不能按月计算利润的，在报经主管财政机关或主管部门同意后，按季或按年计算。

三、资金运动

以中外合资经营企业为例，其资金运动画图如图13-1所示。

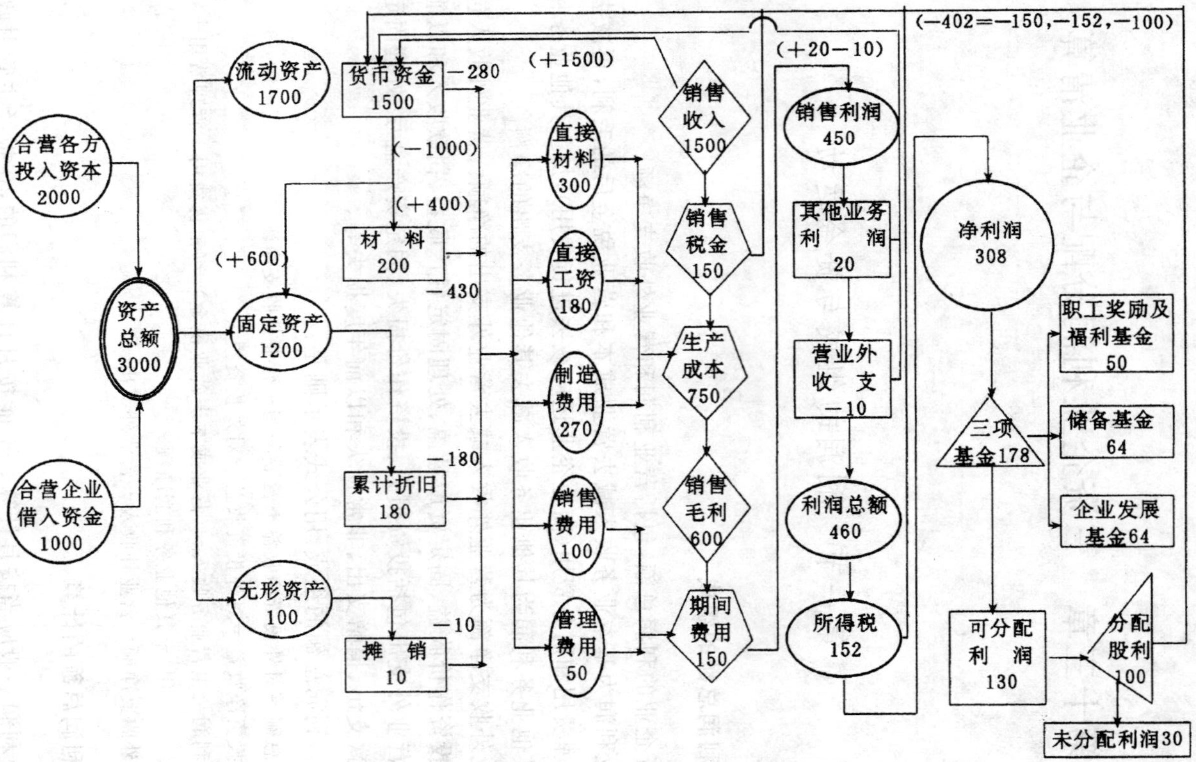

图13-1 中外合资经营企业资金运动图示

第二节 利润分配的原则与方法

一、利润分配原则

三资企业主体法律对利润分配原则的规定如下(三项):

1. 中外合资经营企业,净利润按合营各方注册资本的比例进行分配。

2. 中外合作经营企业,净利润按合同的约定进行分配。

3. 外资企业,净利润按章程的规定进行分配。

二、利润分配方法

1. 毛利润(又称税前利润)

一般企业的毛利润额,可用下列公式计算:

毛利润额=营业总收入-企业开支总成本

毛利润(即税前利润)是不能分配的。企业不纳税就分配利润,是“逃税”行为;企业少纳税或隐瞒营业收入不纳税,是“偷税”、“漏税”行为。如果将毛利润拿来硬行分配,是违法行为,必将受到法律追究和处罚。

2. 净利润(即企业可支配利润,又称税后利润)

净利润额,可用下列公式表示:

净利润额=毛利润额-企业所得税额

净利润归企业支配,但不允许投资者分配。

3. 可分配利润(又称可分红利润)

可分配利润,可用下列公式表示:

可分配利润=税后利润-三项基金

三项基金指的是:企业储备基金、职工奖励及福利基金、企业发展基金。三项基金数额的多少,一般由企业自主提留。只有在企业提留三项基金后,投资者才可以分配利润。

第三节 先行回收投资

中外合作经营企业在收益分配和回收投资方面,有其特殊性,故特辟一节加以说明。这种特殊性表现为:允许外国合作者在合作期限内先行回收投资。而不像中外合资经营企业那样，必须从分取红利中回收投资或在合同期满后，从剩余资产分配中回收投资。

一、外国合作者先行回收投资的前提条件

前提条件是：中外合作者在合作企业合同中约定合作期限届满时，合作企业的全部固定资产无偿归中国合作者所有。这里所说的"全部固定资产"，是指对合作企业的资产和债权、债务进行清算，并偿还企业的债务以后，剩余资产中的固定资产部分。在合作企业合作期满，而企业清算费用未支付、企业债务未清偿以前，中方不得先行分配合作企业的固定资产。

二、外国合作者先行回收投资的主要方式

主要有下列四种方式：

1.从大比例分成中回收

在按照投资或者提供合作条件进行分配的基础上，在合作合同一定期限内，约定扩大外国合作者的收益分配比例。这种灵活的分配方式，实质上是资本的内部转移，由中方先舍弃本应分得的部分利润，吸引和换取外方的投资。

2.从营业收入中回收

即从营业额中拿出一定比例的货币，偿还贷款投资本息或自有资金的投资本金。这种分配方式，实质上是企业缴纳所得税前回收投资，含有税收上的优惠。这种方式多在合作经营饭店、公寓项目中采用，但必须经财政税务机关审查批准。

3.从固定资产折旧中回收

即把折旧费(含加速折旧)按约定的比例进行分配，偿还投资本金。用提取折旧费的方式回收投资，对外方来说最安全可靠。折旧费列入成本，不管企业赔赚，折旧照提不误，投资都能回收。这种方式多在产品制造业项目中采用。

必须注意，外国合作者提取合作企业固定资产折旧费，而使该合作企业资产减少的，外国合作者必须提供银行或金融机构出具的相应金额的担保函，以保证合作企业的偿债能力。如果合作企业需要加速折旧其固定资产，以使外国合作者先行回收投资的，还应事先经国家税务总局批准。

4.从产品分成中回收

即把企业的产品按约定比例进行分配，偿还投资本金。这种方式多在矿产品开发项目中采用。

三、签订先行回收投资合同条款应当注意的事项

应当注意的事项主要包括下列四个方面：

1. 合作企业亏损未弥补前，不得先行回收投资。

2. 必须在企业盈利的年度回收投资。

3. 回收数额必须以保持下年度正常经营所需资金为限。

4. 投资回收完毕，合同期满前，双方必须继续承担后来的债务责任。

第四节　利润分配细则

一、利润分配顺序

所谓利润分配顺序，即利润分配秩序。根据《外商投资企业财务管理规定》和《外商投资企业执行新企业财务制度的补充规定》的规定，三资企业所得税税后利润(即企业可支配利润)或净利润的分配顺序是：

1. 支付被没收财务损失、各项赔偿金、违约金、滞纳金、罚息、罚款。

2. 弥补企业以前年度亏损。

3. 提取储备基金、职工奖励及福利基金和企业发展基金。

4. 向投资者分配利润。企业以前年度未分配的利润，可以并入本年度向投资者分配。

二、利润分配注意要点

1. 三项基金的主要用途

(1)储备基金，主要用于垫补企业的亏损。

(2)职工奖励及福利基金，用于职工非经常性奖励，补贴购建和修缮职工住房等集体福利。

(3)企业发展基金，主要用于扩大生产经营，经原审批机构批准，也可转做投资者增资。

2. 三项基金的提取比例

三项基金提取比例，由企业自行确定。从实践来看，其提取比例约占税后利润(即净利润)的 30%，现列表归纳如表 13-1 所示。

表 13-1　三项基金提取比例

三项基金	国家规定	企业惯例
企业储备基金	外资企业提取比例≥税后利润 10%,当提取金额达到注册资本的 50%时,可不再提取;合资(合作)企业自行确定。	≥税后利润 10%
职工奖励及福利基金	由三资企业自行确定	≈税后利润 6%
企业发展基金	外资企业可以不提取;合资(合作)企业自行确定。	≈税后利润 14%

3. 企业分配利润的币种及汇兑损失处理

(1)分配利润的币种:三资企业以现金分配利润时,除合同、章程中另有规定者外,原则上按企业经营所得的货币进行分配。

(2)汇兑损失处理:投资者分得的人民币利润如需调剂成外币,其汇兑损失企业不予负担。

4. 企业预分利润处理

三资企业一般不得预分利润,但对效益较好,无到期债务,按规定预缴所得税后仍有较多利润的,经主管财政机关批准,可预分一部分利润。

三、利润分配图示

以某中外合资经营企业为例,其利润分配画图如图 13-2 所示。

四、对企业违反财务制度的处罚

财政机关持检查证件或开具的检查公函,有权对三资企业执行国家有关企业财务制度的情况进行检查。但负责对企业提供的资料保密。对违反企业财务制度规定的,除限期纠正外,给予书面警告,或者予以通报。此外,视不同情况,给予经济处罚。国家有关部门作出的经济处罚规定列下:

1. 外商投资企业未按规定期限缴纳土地(海域)使用费的,除限期缴纳外,从滞纳之日起,按日加收滞纳金额 2‰的滞纳金。

2. 企业有下列行为之一的,除限期纠正外,给予 5 000 元人民币的罚款:(1)未按规定提交批准证书、营业执照、合同、章程等文件以及变动注册资本文件复制件的;(2)未按规定办理验资手续的;(3)未按规定报送企业财务报表和财务情况说明书的;(4)违反成本费用开支范围,随意摊提成本费用,弄虚作假的;(5)未按规定缴纳土地(海域)使用费的;(6)未经主管财政机关批准,擅自预分利润的;(7)投资者违约未按国家规定纠正并承担违约责任而分配利润的;(8)其他违反企业财务制度规定的行为,情节比较严重的。

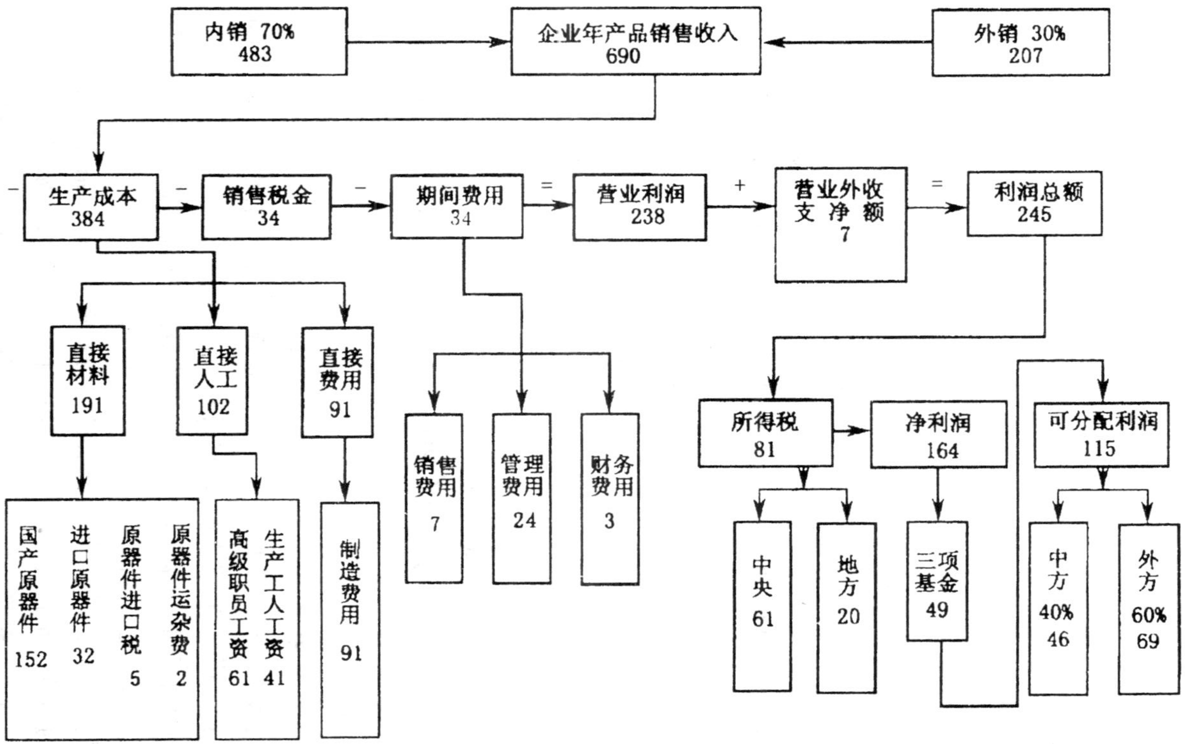

图 13-2 某中外合资经营企业利润分配示意图

外商投资企业对处罚决定不服的，可以在接到处罚通知之日起15日内，向上一级财政机关或中央企业主管部门申请复议；对复议决定不服的，可以在接到复议通知之日起15日内，直接向人民法院起诉。当事人逾期不申请复议或者不向人民法院起诉，又不履行处分决定的，作出处分决定的机关可以申请人民法院强制执行。

第五节　企业清算

当外商投资企业因为各种原因而解散、终止经营时，就需要进行企业清算。为了保障外商投资企业清算工作的顺利进行，中国曾于1996年7月发布了《外商投资企业清算办法》(以下简称《办法》)。随着中国法律制度的逐步完善，特别是《公司法》的修订和新《破产法》的出台，对内外资企业的管理趋于一致，国务院于2008年1月废止了《办法》。目前，外商投资企业的清算工作应按照《公司法》、《破产法》和外商投资法律、行政法规的相关规定办理。

一、企业清算的含义和分类

(一)企业清算的含义

所谓企业清算，是指公司解散后，为最终了结现存的财产和其他法律关系，依照法定程序，对公司的财产和债权、债务关系进行清理、处分和分配，以了结其债权、债务关系，从而消灭公司法人资格的法律行为。公司除因合并或分立而解散外，其余原因引起的解散，均须经过清算程序。

(二)企业清算的分类

1. 按照解散事由，分为自动解散清算和被迫提前解散清算两类：

(1)自动解散清算。是指根据合同、章程规定，合营、合作、经营期限届满，而又未提出延长申请，宣布终止所进行的清算。

(2)被迫提前解散清算。是指合营、合作、经营期限未满，由于某种原因不得不提出终止申请所进行的清算。

2. 按照清算过程不同，分为普通清算、特别清算和破产清算三类：

(1)普通清算。是指公司依法自行组成的清算组，按法定程序进行的清算。

(2)特别清算。是指公司在普通清算过程中，出现了显著的障碍或发现其债务有超过其实有资产的可能时，依法由法院和债权人进行直接干预和监督的清算。

(3)破产清算。是指公司因不能清偿到期债务被宣告破产后，由法院组织清算组对公司财产进行清理、估价、处理和分配，并最终消灭公司法人资格的清算。

二、外商投资企业的清算事由

当外商投资企业发生如下情况时，需要进行解散和清算：

1. 合营企业合营期限届满，合作企业合作期限届满，外资企业经营期限届满。

2. 企业或是经营不善或是严重亏损或是因自然灾害、战争等不可抗力遭受严重损失，造成无法继续经营或外商投资者撤资。

3. 合营企业未达到其经营目的，同时又无发展前途。

4. 合营一方或者中外合作者一方或数方不履行合营或合作企业合同、章程规定的义务，致使企业无法继续经营。

5. 外资企业破产。

6. 企业合同、章程中规定的其他解散原因已经出现。

7. 企业违反中国法律、行政法规，被责令关闭或被依法撤销。

8. 公司经营管理发生严重困难，继续存续会使股东利益受到重大损失，通过其他途径不能解决的，持有公司全部股东表决权 10%以上的股东，请求人民法院解散公司。

三、企业清算的程序和要求

企业清算应成立清算组，确定清算财产，制定清算方案，清理债权债务，处理剩余财产，编制清算报表，提出清算报告，办理停业登记。分述如下：

（一）清算前期工作

中外合资经营企业合营期限届满、中外合作经营企业合作期限届满、外资企业经营期限届满，均不再延长期限，即可进入解散程序。

企业各方约定提前解散的须向审批机关报送提前解散申请书、企业权力机构（董事会、股东会或股东大会）关于提前解散企业的决议以及企业的批准证书和营业执照。

企业某单方提出解散申请的，应当向审批机关报送提前解散申请书，并提供有管辖权的人民法院或仲裁机构作出的生效判决或裁决，判决或裁决中应明确判定或裁定存在因某方违约致使企业无法存续的情形。

审批机关收到解散申请书和相关材料后，于 10 个工作日内作出批准企业解散的批件，并在全国外商投资企业审批管理系统中增加批准企业解散的信息。企业应在批准解散之日起 15 日内成立清算组，依法开始清算。

(二)成立清算组

中国《公司法》规定,有限责任公司的清算组由股东组成,股份有限公司的清算组由董事或者股东大会确定的人员组成。根据具体情况,外商投资企业的清算组可以聘请中国的注册会计师、律师等参加。逾期不成立清算组进行清算的,债权人可以申请人民法院指定有关人员组成清算组进行清算。人民法院应当受理该申请,并及时组织清算组进行清算。

清算组在清算期间行使下列职权:

1.清理公司财产,分别编制资产负债表和财产清单;

2.通知、公告债权人;

3.处理与清算有关的公司未了结的业务;

4.清缴所欠税款以及清算过程中产生的税款;

5.清理债权、债务;

6.处理公司清偿债务后的剩余财产;

7.代表公司参与民事诉讼活动。

(三)确定清算财产

清算企业的财产,包括宣布清算时企业的全部财产,以及清算期间取得的资产。除国家另有规定外,以下三部分不属于清算财产:

1.企业结余的职工奖励和福利基金、中方职工住房周转金,以及用这两项基金购建的各项财产、设施;

2.企业结余的中方职工保险福利费;

3.企业结余的工会经费,以及用工会经费购建的财产。

(四)制定清算方案

清算组成立后,首先要对企业财产及债权、债务进行清查,编制财产目录及债权债务清单,提出财产作价原则和计算依据。编制企业自年初至决定清算日止的资产负债表和其他会计报表。清算费用应从企业现存财产中优先支付。清算方案主要内容包括:

1.确定清算期限。清算期限不宜太长。

2.确定清算方式,即剩余财产分配方式。

3.确定财产作价方法。

对清算财产评估作价,应当按照以下规定办理:

(1)企业合同、章程有规定的,按照企业合同、章程的规定办理。

(2)企业合同、章程没有规定的,由中外投资者协商决定,并报企业审批机关批准。

(3)企业合同、章程没有规定,中外投资者协商不能达成一致意见的,由清算委员会依照国家有关规定及参照资产评估机构的意见确定并报企业审批机关批准。

(4)法院判决或者仲裁裁决终止企业合同,并规定清算财产评估作价办法的,依照判决或者裁决的规定办理。

4.对清算工作中发生的清算费用和清算损益的处理。

5.债权债务的清查及其清理的办法。

6.企业财产的分配方法。

7.企业终止后职工安置等遗留问题的处理方案。

8.清算结束办理停业登记、会计档案及其有关文件保管等具体事宜的处理方案。

(五)清理债权债务

1.收回债权。如债务人无理拒付或拖欠,清算组可向法院起诉。

2.清理债务。清算组应当自成立之日起10日内通知债权人,并于60日内在报纸上公告。债权人应当自接到通知书之日起30日内,未接到通知书的自公告之日起45日内,向清算组申报其债权。债权人申报债权,应当说明债权的有关事项,并提供证明材料。清算组应当对债权进行登记。在申报债权期间,清算组不得对债权人进行清偿。

(六)处置剩余财产

清算组在清理公司财产、编制资产负债表和财产清单后,应当制定清算方案,并报股东会、股东大会或者人民法院确认。公司财产在分别支付清算费用、职工的工资、社会保险费用和法定补偿金,缴纳所欠税款,清偿公司债务后的剩余财产,有限责任公司按照股东的出资比例分配,股份有限公司按照股东持有的股份比例分配。清算期间,公司存续,但不得开展与清算无关的经营活动。公司财产在未依照前款规定清偿前,不得分配给股东。

清算组在清理公司财产、编制资产负债表和财产清单后,发现公司财产不足清偿债务的,应当依法向人民法院申请宣告破产。公司经人民法院裁定宣告破产后,清算组应当将清算事务移交给人民法院。

(七)编制清算报表、提出清算报告、办理停业

清算组应在清算期内缴清企业各项税款。清算结束后,清算组应制作清算报告,经企业权力机构确认后,报送审批机关,同时向审批机关缴销批准证书。审批机关收到清算报告和批准证书后,在全国外商投资企业审批管理系统中完成企业终止相关信息的录入和操作,并由系统自动生成回执,企业凭回执向税务、海关、外汇等部门办理注销手续,并向公司登记机关申请注销登记。

(八)破产清算的说明

外商投资企业如果是企业法人,同样包括在新《破产法》的适用范围之内。外商投资公司被依法宣告破产的,依照《破产法》实施破产清算。

1.破产财产的清偿

破产财产在优先清偿破产费用和共益债务后,依照下列顺序清偿:

(1)破产人所欠职工的工资和医疗、伤残补助、抚恤费用,所欠的应当划入职工个人账户的基本养老保险、基本医疗保险费用,以及法律、行政法规规定应当支付给职工的补偿金。

(2)破产人欠缴的除前项规定以外的社会保险费用和破产人所欠税款。

(3)普通破产债权。

破产财产不足以清偿同一顺序的清偿要求的,按照比例分配。破产企业的董事、监事和高级管理人员的工资按照该企业职工的平均工资计算。

2.破产程序的终结

破产人无财产可供分配的,管理人应当请求人民法院裁定终结破产程序。管理人在最后分配完结后,应当及时向人民法院提交破产财产分配报告,并提请人民法院裁定终结破产程序。

破产人的保证人和其他连带债务人,在破产程序终结后,对债权人依照破产清算程序未受清偿的债权,依法继续承担清偿责任。

第十四章　对外劳务合作企业

第一节　对外劳务合作概述

一、对外劳务合作的含义

对外劳务合作，又称国际劳务合作(International Service Cooperation)，是指一国的企业通过某种形式向另一国企业提供劳动服务，以获取盈利的一种经济合作方式。其内容主要包括两部分：一是国境内部分，如“三来一补”；二是国境外部分，如对外承包工程建设；派人到国外企业去工作或到外国业主或承包商的项目中服务，包括向一些国家的生产部门和管理部门派遣工程师、设计师、经济师、会计师、机械师、农艺师、园艺师、医师、厨师等专家和海员、熟练工人、技术工人，以及多种单项劳务人员等。

二、发展对外劳务合作的意义

发展对外劳务合作，其意义和作用是明显的。在改革开放的30年里，中国对外劳务合作从无到有，从小到大，为中国“走出去”战略的实施做出了重要贡献，并且取得了良好的经济效益和社会效益。主要表现在以下几个方面：

1. 增加外汇收入和财政收入

中国是发展中国家，市场经济正在逐步发展。通过对外劳务合作，获取报酬，可以增加中国的外汇收入，从而改善中国的国际收支状况。据国内专家测算，目前中国外派劳务每年汇回和带回的外汇收入约20亿美元，社会效益日益明显。目前，许多国家和地区都把劳务出口(包括技术劳务和普通劳务)作为平衡国民经济的手段。截至2010年底，中国已累计完成对外承包工程和劳务合作营业额5065.11亿美元，其中，对外承包工程累计完成营业额4329.41亿美元，对外劳务合作累计完成营业额735.7亿美元。

2. 拓宽就业渠道，增加就业机会

中国劳动力资源丰富，就业问题一直是困扰中国经济发展的一个关键问题，开展对外劳务合作是缓和就业压力的途径之一。中国自从实行对外开放政策以来，对外劳务合作迅速发展，增加了大量就业机会，减轻了中国劳动力过剩、失业人员过多的压力。据商务部统计，2011 年中国派出各类劳务人员 45.2 万人。其中，承包工程项下派出劳务 24.3 万人，劳务合作项下派出 20.9 万人。年末在外各类劳务人员 81.2 万人。截至 2011 年底中国已累计派出各类劳务人员 588.2 万人。

3. 带动本国商品出口

广泛开展对外劳务合作，特别是承包全套工程，不仅为外方提供勘探、设计和施工人员，而且还提供厂房设备和建筑材料。据统计，一项对外承包工程，材料和设备费用一般占工程造价的 50%左右，由于承包商可以按照自己的意愿进口所需物资，这就促进了承包商所属国家和地区的产品以及原材料的出口。如中国在伊朗德黑兰的地铁工程，就带动了中国的机车、铁轨、车厢、信号和技术、材料乃至劳务人员的全方位出口。据测算，对外承包工程合同额每增加 1 亿美元，即可拉动中国 GDP 增加 26 亿美元。

4. 学习国外的先进技术和管理经验

通过开展对外劳务合作，实现了资源的国际化配置，促进企业"走出去"融入世界经济，并培养了一大批国际型管理人才。参加对外承包工程和劳务合作，可以使中国员工在与外国工程技术人员合作过程中，广泛接触国外先进技术和管理经验，开阔视野，增长知识，锻炼才干，形成一支经验丰富、技术过硬、富于竞争力的对外合作大军。同时，还可以"洋为中用"，在国内建设中推广外国的先进技术和管理经验。

另外，从更广阔的角度来看，开展对外劳务合作还带动了地区经济和相关服务行业，如国内航空、通讯、金融、保险、邮电等行业的发展。

三、中国对外劳务合作的发展及特点

（一）中国对外劳务合作的发展历程

中国的对外劳务合作事业开始于 20 世纪 70 年代末，是改革开放带来的新生事物，经过 30 多年的不断努力，迅速发展为中国对外经济贸易的重要组成部分。30 多年来，中国对外劳务合作的发展大体经历了四个阶段。

1. 起步阶段（1978～1982）

在起步阶段，中国共批准了 29 家企业从事对外工程承包和劳务合作业务，中国的对外承包劳务队伍第一次走向国际舞台，主要市场集中在西亚、北非。经过创业之初的艰难开拓，中国的对外经济合作有了初步发展，4 年中共与 45 个国家和地区签订了承包劳务合同 755 项，总金额 11.96 亿美元。

2.逐步发展阶段(1983～1989)

在逐步发展阶段，中国的对外合作业务在国际承包劳务市场萎缩、条件苛刻的困难背景下，经过奋力开拓，得到了持续发展。在此期间，中国的对外劳务合作队伍不断壮大，1990 年底达到 113 家，初步形成了一支活跃在国际承包劳务市场上的骨干队伍；业务量不断增加，8 年间共签订承包劳务合同 138.64 亿美元，在国际承包劳务市场上占有了一席之地；市场逐步扩大；为 20 世纪 90 年代对外经济合作的发展奠定了坚实的基础。

3.快速发展阶段(1990～2003 年)

在快速发展阶段，中国对外经济合作迎来了健康、稳定、快速发展的新时期。经营对外经济合作业务的企业，由流通领域的窗口型公司为主逐步转向生产领域的实体公司为主，企业的经营水平不断提高，在外承揽的业务规模不断扩大，档次不断提升，市场多元化战略初见成效，有对外承包工程和劳务合作经营权的公司增加到 1000 余家。在这期间，中国共签订承包劳务合同 311334 份，总金额 1538.81 亿美元。

4.优化调整阶段(2004 年至现在)

2004 年 7 月，商务部、国家工商总局颁布了《对外劳务合作经营资格管理办法》(以下简称《办法》)，将对外劳务合作与对外承包工程分开管理，取消了对企业所有制形式的限制，并允许经批准的外商投资职业介绍机构或中外合资人才中介机构申请经营资格。《办法》的实施优化了经营主体结构，加强了管理，为对外劳务合作的长足发展奠定了基础。“十一五”时期，随着中国开放型经济水平不断提高和“走出去”战略加快推进，对外投资合作取得跨越式发展。规模和速度快速增长，业务遍布全球近 200 个国家(地区)，对外直接投资和对外承包工程营业额年均增长均超过 30%，“十一五”期末在外劳务比初期增加近 30 万人。质量和水平显著提升，由单个项目建设向区域化、集群式模式发展，企业国际竞争力和全球化经营程度不断提高。方式和领域日益拓宽，跨国并购规模快速增长，境外经贸合作区建设取得进展，对外投资合作产业多元化发展。政府部门管理制度不断完善，立法进程加快，便利化程度提高，财税、金融、外汇等政策支持力度加大，规划引导、信息服务、人才培养、安全保障等工作取得显著进展。对外投资合作在促进国内经济增长和社会发展、推动产业结构调整、实现中外互利共赢等方面发挥的积极作用进一步显现。

(二)中国对外劳务合作的特点

改革开放后，中国对外经济合作事业发展迅速，成绩显著。截至 2010 年底，中国对外承包工程累计完成营业额 4329.41 亿美元，签订合同额 6946.69 亿美元；中国对外劳务合作累计完成营业额 735.7 亿美元，签订合同额 760.53 亿美元；对外咨询设计①累计完成营业额 26.71 亿美元，签订合同额 46.61 亿美元。外派劳务人数超过 543 万人次。对外劳务合作的开展，不但促进了中国国民经济的发展，也使中国越来越深地融入世界经济全球化进程中，在国际经济领域发挥的作用日益显著。现将对外劳务合作的特点分述如下：

1. 业务发展迅速，规模不断扩大

改革开放以来，中国对外劳务合作业务发展速度明显加快(如表 14—1 所示)。

表 14-1　中国对外经济合作年度一览表

年　份	合同数(份)		合同金额(亿美元)		完成营业额(亿美元)	
	对外承包工程	对外劳务合作	对外承包工程	对外劳务合作	对外承包工程	对外劳务合作
1976—2010	94587	1203288	6946.69	760.53	4329.41	735.70
1976—1988	3449	4085	89.00	16.95	49.70	11.21
1989	776	2324	17.81	4.31	14.84	2.02
1990	920	4255	21.25	4.78	16.44	2.23
1991	1171	7267	25.24	10.85	19.70	3.93
1992	1164	8241	52.51	13.35	24.03	6.46
1993	1393	10212	51.89	16.11	36.68	8.70
1994	1702	15789	60.28	19.60	48.83	10.95
1995	1558	17397	74.84	20.07	51.08	13.47
1996	1634	22723	77.28	22.80	58.21	17.12
1997	2085	25743	85.16	25.50	60.36	21.65
1998	2322	23191	92.43	23.90	77.69	22.76
1999	2527	18173	101.99	26.32	85.22	26.23
2000	2597	20474	117.19	29.91	83.79	28.13
2001	5836	33358	130.39	33.28	88.99	31.77
2002	4036	30163	150.55	27.52	111.94	30.71
2003	3708	38043	176.67	30.87	138.37	33.09
2004	6694	53271	238.44	35.03	174.68	37.53
2005	9502	63410	296.14	42.45	217.63	47.86
2006	12996	94386	660.05	52.33	299.93	53.73
2007	6282	161457	776.21	66.99	406.43	67.67
2008	5411	157682	1045.62	75.64	566.12	80.57
2009	7280	154801	1262.10	74.73	777.06	89.11
2010	9544	236843	1343.67	87.25	921.70	88.80

资料来源：《中国统计年鉴》2011 年。

① 从 2009 年起，商务部《对外经济合作统计制度》调整，撤销了“对外设计咨询”指标。

“十五”时期累计签订对外承包工程和劳务合作合同额 1161.33 亿美元，完成营业额 912.57 亿美元，“十一五”时期分别为 5444.57 亿美元和 3351.11 亿美元，是“十五”时期的 4.69 倍和 3.67 倍，年均增长速度高于同期国内生产总值的平均增速。其中，2010 年中国对外工程承包完成营业额 921.7 亿美元，是 2001 年的 10.37 倍；新签合同额达到 1343.67 亿美元，是 2001 年的 10.3 倍。除 2000 年外，中国对外承包工程行业完成营业额逐年增长，年均增长率为 22.5%，尤其是“十一五”时期的年均增长率为 33.7%，明显高于其他时期。另外，2010 年中国对外劳务合作完成营业额 88.8 亿美元，是 2001 年的 2.79 倍；新签合同额 87.25亿美元，是 2001 年的 2.62 倍。除 2002 和 2010 年外，中国对外劳务合作完成营业额逐年上升，年均增长率为 21%，相对 90 年代初期，“十一五”期间的年均增长率为 13.5%，呈现下降趋势。最后，在外劳务人数由 2001 年底的 47.5 万人上升到 2010 年底的 543 万人，是 2001 年的 11.43 倍。

在业务总量规模快速增长的同时，中国对外工程承包的单项规模也急剧增大，项目大型化趋势越来越显著。2011 年，中国新签合同金额在 10 亿美元以上的特大型项目有 20 个（如表 14-2 所示），较上年增长 6 个，合计金额 357 亿美元，占新签合同总额的 25.1%，较上年提高了近 5 个百分点。1 亿美元以上的项目 266 个，较上年增加 5 个；合同总额达到 960 亿美元，占比 67.5%。5000 万美元以上的项目 498 个，较 2010 年增加 10 个，合计 1123.7 亿美元，占新签合同总额的 79%。

表 14-2　2011 年全国对外承包工程新签合同额 10 亿美元及以上的大项目(前 10 位)

单位：万美元

序号	国家	项目名称	合同额	承揽单位
1	古巴	古巴西恩富戈斯炼油厂扩建	450000	中国寰球工程公司
2	印度	提莱雅 12X660MW 项目	269000	上海电气集团股份有限公司
3	印度	赤唐吉 12X660MW 项目	267316	上海电气集团股份有限公司
4	印度	印度 Abuijeet 电站项目	229757	东方电气股份有限公司
5	巴哈马	Baha Mar 大型海岛度假村	191897	中国建筑股份有限公司
6	中国香港	港珠澳大桥岛隧工程总承包	191700	中国交通建设股份有限公司
7	巴基斯坦	巴基斯坦 C3/C4 工程项目	188956	中国中原对外工程有限公司
8	马来西亚	Manjung 电站项目	167000	中国机械进出口(集团)有限公司
9	老挝	老挝洪沙 3X600MW 燃煤电站	166700	中国电力工程有限公司
10	埃塞俄比亚	亚的斯亚贝巴—吉布提铁路	163900	中国中铁股份有限公司

资料来源：《2011—2012 中国对外承包工程发展报告》，中国对外承包工程商会，2012 年。

2. 多元化的对外经营格局初步形成

首先，从市场分布看，中国对外承包工程和劳务合作业务遍及全球200多个国家和地区，形成以亚洲为主的多层次、宽领域、全方位的市场多元化格局，2009年中国在亚洲地区对外经济合作完成营业额占中国全部对外经济合作完成营业额的49.84%，其中承包工程占比为51.23%，劳务合作占比为37.74%，2010年上述三个指标分别为45.49%、46.28%和37.22%，略有下降。从中国对外经济合作的地域分布来看，呈现明显的“亚非拉”特色，欧美地区的对外经济合作相对较少，但呈现上升趋势（如表14-3所示）。

表14-3　按国别（地区）分对外经济合作完成营业额

单位：万美元

国别（地区）	2009			2010		
	合　计	承包工程	劳务合作	合　计	承包工程	劳务合作
合　计	8661725	7770611	891114	10105015	9217025	887990
亚洲	4317381	3981117	336264	4596294	4265811	330483
中国香港	206221	179860	26361	189564	159148	30416
日本	177422	18349	159073	186617	25781	160836
新加坡	251954	199893	52061	283156	226734	56422
亚洲占比	49.84%	51.23%	37.74%	45.49%	46.28%	37.22%
非洲	2843602	2809899	33703	3624900	3583027	41873
阿尔及利亚	594439	587726	6713	501942	494736	7206
安哥拉	496109	486189	9920	509691	496407	13284
苏丹	207866	207843	23	233853	233696	157
非洲占比	32.83%	36.16%	3.78%	35.87%	38.87%	4.72%
欧洲	340654	317464	23190	516946	498723	18223
英国	29971	28525	1446	44120	43241	879
德国	52040	45887	6153	41708	34556	7152
俄罗斯	99890	88382	11508	149838	143128	6710
欧洲占比	3.93%	4.09%	2.60%	5.12%	5.41%	2.05%
拉丁美洲	368172	364418	3754	630937	627449	3488
巴西	111290	111156	134	102025	101997	28
委内瑞拉	92855	92847	8	347970	347961	9
拉丁美洲占比	4.25%	4.69%	0.42%	6.24%	6.81%	0.39%
北美洲	97794	93595	4199	92153	88832	3321
美国	86362	83472	2890	86286	83607	2679
北美洲占比	1.13%	1.20%	0.47%	0.91%	0.96%	0.37%
大洋洲及太平洋岛屿	203212	200578	2634	154144	153039	1105
澳大利亚	114512	112396	2116	94032	93323	709
大洋洲及太平洋岛屿占比	2.35%	2.58%	0.30%	1.53%	1.66%	0.12%

资料来源：根据《中国统计年鉴》2011年数据计算得出。

其次，从合作领域看，对外承包工程、对外劳务合作，其业务领域已覆盖建筑、石油化工、电力、交通、通信、水利、冶金、有色金属、铁路、煤炭、林业及航空航天等国民经济的各个领域，形成了投资与合作领域多元化格局；而且行业格局进一步趋于合理，资金技术密集的电力、冶金、石化、轨道交通和电子通讯等领域已占到总营业额的一半，工程总承包（EPC）已成为业务主流形式。商务部“十一五”期间明确规划了对外承包工程业务的发展方向，积极拓展对外承包工程方式和领域，鼓励有条件的企业以EPC（设计—采购—施工）、PMC（项目管理总承包）、BOT（建设—经营—转让）、PPP（公私合营）等国际通行方式开展国际工程承包，努力承揽附加值高、影响力大的交通、能源、通信等基础设施项目，增强工程带动成套设备与大型装备出口的能力。2011年传统的对外承包工程“三驾马车”——电力工业、房屋建筑和交通运输业务新签合同额分别为310.7亿美元、277.9亿美元、270.6亿美元，占新签合同额的21.83%、19.53%和19.01%，电力工业业务贡献度首次超过交通运输和房屋建筑，成为中国对外承包工程最大签约领域。

最后，从经营主体结构看，既有国内大型生产企业，也有高科技企业；既有国有企业，也有民营企业；既有境外上市的股份制企业，也有以行业优势组建的企业集团；既有专营对外承包工程和劳务合作的企业，也有实施海外投资战略并初步形成跨国公司雏形的优势企业，从而形成对外合作的经营主体多元化格局。

3.经营主体结构不断优化、实力不断增强

截止2012年3月上旬，中国具有对外承包工程经营资格的公司达3185家；较2011年同期增加200家。大型专业工程公司所占比重进一步增加，经营主体结构进一步优化，其优势和骨干作用日益显著，2011年，中国中央企业新签合同总额643.52亿美元，较2010年增加4.9%，占新签合同总额的45.21%。

数据显示，2007年中国有51家企业入围“ENR国际承包商225强”，完成营业额226.8亿美元；2011年有50家中国企业入围“ENR国际承包商225强”，入围数量比2007年减少1家，完成营业额569.73亿美元。尽管上榜企业的数量减少了，但是企业完成海外工程营业总额是2007年的2.51倍。[①] 2011年中国交通建设集团有限公司的排名上升至11位，是入围中国企业获得的最佳名次，且中国承包军团连续蝉联上榜企业数量和业务总额双料冠军。这些数据表明，全球大型承包商在遭遇海外市场低迷后奇迹般地保持持续增收的承包商中只有中国的承包商获得如此大幅度的业绩增长，中国企业的实力在不断增强。

另外，2011年中国对外工程承包营业额排名前50位的企业共完成营业额

① 根据《美国工程新闻记录》2010年公布数据整理，https://enr.construction.com/。

638.07亿美元，占全部营业额的61.69%（2010年占65.07%，2009年占65.33%，2008年占66.7%，2007年占67.5%）；新签合同额排名前50位的企业共签订合同额1059.41亿美元，占全部合同额的74.43%（2010年占74.57%，2009年占75.42%，2008年占74.6%，2007年占78.2%）。行业集中度虽然略有下降，但前50位的对外承包工程企业的营业额仍占绝对优势。其中，2011年位居前10位的企业完成营业额都超过了15亿美元，华为技术有限公司完成营业额87.8亿美元，依然名列第一位，是中国最大的对外工程承包商（如表14-4所示）。

表14-4　2011年全国对外承包工程企业10强

单位：万美元

名次	企业名称	完成营业额
1	华为技术有限公司	878,961
2	中国建筑工程总公司	447,612
3	中国水利水电建设股份有限公司	439,863
4	中国港湾工程有限责任公司	272,573
5	中信建设有限责任公司	227,352
6	中国石油工程建设公司	214,116
7	山东电力建设第三工程公司	201,962
8	中国机械设备工程股份有限公司	171,791
9	上海电气集团股份有限公司	154,689
10	山东电力基本建设总公司	153,552

资料来源：根据商务部官方网站的统计数据制作①。

（三）中国对外劳务合作企业发展面临的挑战

1.人民币持续升值

中国外汇交易中心发布的数据显示，2008年～2011年人民币对美元的升值幅度分别达到6.3%、0.1%、3%和4.68%。人民币升值对实体经济尤其对出口加工型企业影响较大，对外承包企业将被迫提高项目成本，导致其利润空间不断被压缩。另外，对于外出劳务人员，其在国外的收入需要首先兑换成美元汇回国内，然后再由美元兑换成人民币，形成现实购买力。由于人民币连续升值，劳务人员实际收入大幅度缩水。因此，不少人感到出国挣钱不划算，已经出国的劳务人员也纷纷要求提前回国。

① 商务部官方网站网址：http://www.mofcom.gov.cn/dgzz/2/dyncolumn.html。

2. 国内工资水平和原材料价格不断提高

近年来，随着中国国民收入的增长，劳动者的工资水平也在迅速提高。据国家统计局统计，2005 年至 2010 年，全国城镇在岗职工平均工资分别增长了 14.6%、14.4%、18.7%、17.2%、12%和 13.5%。国家计划在“十二五”期间，职工工资每年增长 15%左右。同时，农村居民收入也得到了较快增长，平均每年增长 10%以上。一些大中城市，农民工的月收入已经达到 2000 元，建筑工的月工资在 5000 元左右。国内收入水平的提高，导致许多劳动者不愿再背井离乡到国外去工作，不少劳务公司拿着订单，在国内招不到合适的劳动力。中国许多传统的海外劳务市场逐步被其他输出国所取代。

除工资上涨外，2011 年全年居民消费价格同比上涨 5.4%。工业生产品出厂价格同比上涨 6%，工业生产品购进价格同比上涨 9.1%，其中燃料动力类价格上涨 10.8%；黑色金属材料类价格上涨 9.4%；化工原料类价格上涨 10.4%；有色金属材料及电线类价格更是比上年增长了 12.1%。这些原材料价格的上涨也成为对外承包企业经营成本提高的主要原因之一。

3. 国家监管日趋严厉

为了进一步规范对外劳务合作企业的经营管理，自 2005 年起国家连续出台了一系列对外劳务合作管理制度和行业规范，例如 2012 年 5 月 16 日最新出台了《对外劳务合作管理条例》，自 2012 年 8 月 1 日起施行。此外，为加强对对外承包工程企业的监督和管理，国家相继制定并出台了《对外承包工程项目投标（议标）管理办法》，自 2012 年 1 月 15 日起施行；《对外承包工程违法违规行为行政处罚规定》和《关于加强对外承包工程外派人员管理工作的紧急通知》等法规。这些法规一方面规范了对外工程承包和对外劳务合作业务市场主体的行为，保护了劳务人员利益，另一方面也对从事对外劳务合作的企业提出更高的要求和标准，增加企业的运营成本，使得企业利润空间减少。

4. 全球贸易保护主义加强

世界经济持续下行，欧债危机继续深化，使得全球投资者和消费者信心受挫，主要发达国家自主增长动力不强，全球需求疲弱。在欧债危机波澜不断、新兴市场国家通胀风险未减的情况下，贸易融资困难，成为影响全球经济复苏的重要制约因素。由此带来的贸易保护主义抬头，各国纷纷采取保护措施，贸易摩擦政治化的倾向日益突出。这使得中国对外劳务合作企业面临更加严峻的国际环境。

（四）中国对外劳务合作企业的发展对策

自 2007 年美国金融危机爆发以来，世界政治经济格局发生深刻变化，面对国内外形势的新发展、新变化，商务部 2012 年 5 月提出，“十二五”时期，要统筹国内发展与对外开放，坚持“走出去”和“引进来”相结合，通过大力发展对外投资合作，促进中国经济发展方式转变和产业结构调整，推动对外贸易转型升级，为宏观经济发展大局和新时期对外开放战略服务。基于上述指导思想和国民经济和社会发展的总体要求，商务部提出“十二五”期间对外直接投资 2015 年达到 1500 亿美元，年均增长 17%。对外承包工程 2015 年合同额和营业额分别达到 1800 亿美元和 1200 亿美元，年均增长率各为 6%。对外劳务合作 2015 年派出劳务 55 万人，“十二五”期末在外劳务超过 100 万人。为实现上述目标应注意以下几点：

1. 按照国际市场需求，培育稀缺劳动力资源

优势劳动力资源是中国开展对外劳务合作的基础，要加大对优势劳动力资源基地的建设，按照国际市场需求，建立多层次的劳动力资源培育体系。同时，积极引导优势劳务资源基地与经营公司合作，充分发挥经营公司开拓国际市场的优势和基地的资源优势，实现优势互补，优化资源配置，形成外派劳务资源基地一经营公司一国际劳务市场的产业链条。人力资源的培育是一项长期的社会工程，需要社会各部门的协同配合。高等教育培养人的专业知识和文化素质，职业教育注重专业技能和具体应用，这些背景教育都是高端劳务人才所必须的。具有国际比较优势劳动力资源的培育，需要以国际市场需求和配置为目标，以国际通行的执业标准为准则，通过产业化和市场化，积极引导高等教育和职业教育的发展。从院校的专业设置、招生制度、课程安排、培养方法，到劳动部门的职业资格认证，再到商务部门的出国培训等各个环节，力争做到与国际接轨。振兴中国的对外劳务合作事业是一项长期复杂的社会工程，需要全社会的积极努力和全力支持。我们要跟上时代发展的步伐，及时调整发展思路，提升服务水平，壮大市场主体，扩展中国优势劳动力资源与全球资本的配置规模。

2. 加快对外承包工程业务的升级和转型

“十二五”期间对外承包工程行业转变发展方式的重点任务就是向 EPC（设计一采购一施工）、PPP（公私合营）、PMC（项目管理总承包）、BOT（建设一经营一移交）模式等投融资高端业务发展，促进承包工程与投资开发相结合。重点解决影响对外承包工程企业对外投资的各种障碍，包括放宽企业对外投资限制，简化对外投资审批，放松外汇管制要求，改进央企考核规定等。特别是要重点加强对高端市场流行的 PPP 项目模式的金融政策支持，探讨设立促进或担保资金，降低企业和金融机构的风险，协调金融机构加大对 PPP 项目的支持力度等。此外还应加强对 PPP 模式的研究与培训，适度补贴企业前期投入，帮助企业克服开发 PPP 项目的各种障碍。另外，对外承包工程企业应重视发展与对外承包工程相关的其他投资业务，如集群式产业开发、矿产资源开发、房地产开发、

农业开放等业务，发挥对外投资对承包工程的引导作用。在传统市场逐渐饱和的情况下，有条件的企业必须大力开拓新的市场，特别是中高端市场，如中东欧市场、拉美市场，争取进入欧美市场。

3.进一步推动设计咨询业走出去

中国设计咨询业务“走出去”相对滞后是制约对外承包工程业务向高端发展的重要因素。一是加强与相关国家在标准和规范方面的合作，对外宣传和推广中国工程技术标准，特别是通过使用中国资金的项目，提升中国工程技术标准在国际市场的影响力和竞争力。二是采取具体措施，鼓励和推动设计咨询类企业积极走出国门，到境外去拓展市场，提高国际市场的竞争力。三是针对企业面临着较大前期投入的风险问题，从国家战略发展的高度给予扶持，为中国对外承包工程业务长远发展打好基础。

4.加快构建安全风险防范体系

随着“走出去”企业的不断增多和业务规模的扩大，中国企业和人员所面临的安全风险在不断加大，特别是针对中国人的抢劫、袭击等各类事件不断增多。目前这种严峻的形势单靠企业和人员提高安全意识已经难以解决，必须从更高的层面规划建设境外安全风险防范体系。一是为企业和人员提供安全信息；二是与所在国政府合作打击安全犯罪；三是设立境外安全支持资金，加强企业境外安保业务支持等，以切实维护中国企业和人员在海外的权益。

第二节　对外劳务合作的经营活动
——招标、投标和国际工程承包

一、招标

（一）招标的含义

招标，是指业主对拟定发包的工程项目（包括项目的内容、各项要求和交易条件），邀请国内外企业提出报价，由业主从中择优达成交易，并签订合同的行为。招标人，又称发包人或业主，可以是个人、公司、企业或政府机构。投标者投标后经一定时期，由招标人召集全部投标人，现场开标，其中条件最优越、价格最合理者为中标人。之后，由中标人与招标者签订经济合同，确立法定关系。

在国际劳务市场上，不仅是工程项目，就连设备、材料和各种物品的大宗采购，以及设计和规划的服务项目，也大都采用招标形式，来确立项目承受人。因此，进入国际市场，必须懂得投标。一般来说，国际市场上招标者很多，投标者也不少，而中标的机会并不多，中标率为20%左右。

(二)招标的方式

当一项工程采用国际招标时，主要有以下四种方式：一是公开招标；二是邀请招标；三是谈判招标；四是两段招标。其中，前两种称为竞争性招标(Competitive Bidding)，第三种又称为非竞争性招标(Non-competitive Bidding)。

1. 公开招标

公开招标，是指招标人以招标公告的方式邀请不特定的法人或者其他组织投标，选择条件对业主最有利的投标人中标。世界银行对借款国执行土地工程和采购业务，就使用这种方式，将招标公告刊登在世界银行发行的《发展论坛》上，或刊登在借款国国内知名度较高的报纸上，面向世行所有成员国招标。采用这一方法，可以充分体现价格的自由竞争，但也会招来大量的投标书，其中难免有一些施工力量和经营状况欠佳的公司参加进来，增加招标人的麻烦。

2. 邀请招标

邀请招标，又称选择性招标，是指招标人以邀请书的方式邀请特定的法人或者其他组织投标，实质是一种有限竞争投标。业主通过咨询公司、资格审查或其他途径了解承包商的情况，有选择地邀请数家有实力、讲信誉、经验丰富的承包商参加投标，经评标后，选择合适者中标承包。

这种方式一般不刊登招标信息，而是由招标人将有关招标材料直接交给被邀请的承包商。其明显的好处在于，可排除公开投标所带来的不利因素。但也会给一些新生的、条件优越的承包人获得投标机会造成困难。解决这一问题的办法，可以汇编投标承包人名单，特别是对于可邀请为特定工程的投标承包人名单，根据其业绩、能力、声誉等方面的广泛了解，随时给予补充调整。同时，为了避免鱼龙混杂，可增加预审环节，即将投标资格的预审事项以广告形式公布于众，以便投标者提出各自的资料(施工经验、设备情况、技术力量、财务状况等)。工程师在研究他们所提供的资料后，把具有承担能力的承包人，推荐给业主，再实行邀请投标。目前，世界开发和建设银行以及许多国家政府，大都采用这一方法。

3. 谈判招标

谈判招标，又称议标，是指发包人根据项目的具体要求和自己掌握的情况，直接选择一家承包商谈判，若达不成协议，招标人可另找一家继续谈判，直到最后达成协议。这种方式主要适用于军事或其他保密工程、专业技术性较强的工程、紧急工程等。

4. 两段招标

两段招标，是公开招标和邀请招标的综合方式，是指先采用公开招标方式，再邀请其中几家报价低并有资格的公司进行第二阶段报价，最后选择其中最有利的条件成交，签订承包合同。

值得指出的是，业主无论采用哪种招标方式，都应给承包人以必要的时间，即承包人在编制投标书时，需要进行广泛的调查研究，以避免由于对工程缺乏了解而中标，导致财务危机。

（三）招标书

招标书的内容，一般包括：投标须知，工程说明书，工程量表，图纸。

1. 投标须知

投标须知的内容包括：投标人须知，主要投标数据，合同格式与条件等。

（1）投标人须知的主要内容：

①必须出具投标保证书，保证投标后不中途退标。一般规定，投标保证书的金额，即投标保证金，约占投标总价的 5%～10%。保证期限到定标时为止（一般为 3～6 个月），届时如果中标，可将其转换为履约保证金，不中标则予以退还。如果在投标后中途退标，则没收投标保证金。

②投标书的内容不得泄漏，以防止投资商之间竞相抬高或压低投标价格。

③业主申明：有权选择任何价格的投标书，旨在选择价格适宜而资信等条件较为可靠的承包商。

④对支付货币的要求，一般采用中标者国家的货币或美元计价和支付。所在国货币与外国货币的兑换率，一般以投标截止前 30 天、当地国家中央银行使用的兑换率为准，并适用于合同执行的全过程。

（2）主要投标数据所含内容：

①出具履约保证书，缴纳履约保证金。中标者在签订合同以前，须首先缴纳履约保证金，用于确保合同履行（有效期截至完工时为止）。保证金额，一般为合同总价的 10%。如果承包人中途违约，其保证金则作为赔偿损失而被业主没收。

②承认业主“不接受最低标价”的申明，旨在避免对业主选择权的争议。

③承担对第三方的保险金，用于在合同执行过程中，因施工而造成现场周围任何人员（包括过路行人）的财产与人身所造成的损害赔偿的保险费。具体保险费率，由当地保险公司报价并决定。

④其他数据，包括：一是完工期，在招标书中明确规定，以月为单位计算。如果逾期不完工，则要处以罚款，最高罚款率为合同总价的15%～20%。二是维修期，一般规定的维修期限，中小工程为半年，大工程为一年。三是保留金，是指在维修期满以前扣留承包人的一部分承包额，用于确保承包人负责维修所承包的项目，直到维修期满，才予以清算。保留金额一般占合同总价的 5%～10%。

(3)合同格式与条件所含内容，通常是指国际上通用的土建工程合同条件，主要是：

①定义与解释，是指合同条款中所提到的专用名词及其解释；

②工程师的职责和权利；

③转让与分包；

④合同文本；

⑤承包人的一般义务；

⑥对劳务、材料与质量的要求；

⑦开工时间与延期的规定；

⑧维修；

⑨工程变更或增减；

⑩施工机械、临时工程与材料；

⑪工程的量方；

⑫指定分包人；

⑬证书与付款；

⑭对于承包人违约的处理；

⑮特殊风险；

⑯合同中止；

⑰争议解决；

⑱对于业主违约的处理；

⑲工程造价的变更。

2.工程说明书

工程说明书最主要的部分是：

(1)总纲；

(2)工程范围；

(3)地质条件；

(4)场地清理；

(5)承包面积；

(6)工地工程师办公室与设备；

(7)材料送样及试验报告；

(8)技术规范。

3.工程量表

标书的工程量表，是投标工作的核心部分，据此可计算出标价。它与工程说明书是相对应的、一致的。大部分标书中都附有工程量表，但有的也不附，而只有工程细目表。

投标确定单价的计算方法，各国不尽相同。国际上大部分工程项目的划分和计算方法，是采用《建筑工程量计算原则》(国际通用)，或以英国《建筑工程量标准计算方法》为蓝本，结合所在国的国情，进行补充或调整。工程项目十分复杂，细目少则几百项，多则上千项，据此一一确定单价，然后依次算出项目合计价、分部造价、投标总价。

4. 图纸

标书中的图纸，一般只适用于招标阶段，因此比较原则，而且在中小型工程中，用文字说明较多，较少采用详图。也有的规定承包者可自行设计施工图。

二、投标

(一)投标的含义

投标，又称递价，是指具有合法资格和能力的主体，自愿按招标者的要求条件编好投标文件，并递交给招标者的行为。

(二)投标的程序

1. 研究招标书

根据招标启事，取得招标书，然后详细阅读和研究招标书的全部内容，并对现场进行勘察或参加业主组织的现场参观与介绍会。通过这些活动，弄清投标须知、工程说明书、工程量表、图纸，开标时间、完标时间、投标保证书、履约保证金、工期、罚款、维修期、保留金等问题。

2. 计算或核对工程量

凡招标工程无工程量的，应计算工程量；有工程量的，应核对工程量。因为工程量直接影响造价，核对中发现有错的，应提出声明，不能按错误的工程量计价。

3. 分析单价

对大型投标工程，不能套用常用的单价，应作专题研究。一方面要根据初步制定的施工方案，对工资、材料价格、施工机械、管理费、利润、临时设施等，提出原则性意见，供领导研究决定。另一方面，根据工程量表中的项目，逐个进行分析，必要时还要进行询价，从而分别制定出材料、设备等的单价，然后逐个确定各工程项目的单价。

4. 开办费概算

又称准备工作费用估算。其估算内容因国别或因工程而异，一般包括：

(1)施工用水费；

(2)施工用电费；

(3)施工机具费；

(4)脚手架费；

(5)临时设施费；

(6)工程师现场办公室、现场材料实验室及设备费；

(7)工人现场福利费与安全费；

(8)职工交通费；

(9)日常文具、纸张、复印设备及专职人员的工资等费用。

5.价格汇总

价格汇总后，须对全部工程造价再进行一次全面的自校、验证，确定计算有无错误。这样，从总体造价上就可以权衡利弊，以供领导审定。

6.物色代理人

在定标期间，物色代理人是十分必要的。因为，有的外国业主明确规定，凡是参加投标的公司，必须要有所在国家的代理人；同时，也是为适应竞争激烈的投标市场，从开标后到定标前，需由代理人加强与业主或顾问工程师之间的联系，为争取得标进行活动。因此，应当通过多种途径，认真选择在当地有信誉的、社会关系广泛的和有活动能力的代理人。选定代理人后，应签订代理协议，一旦中标，要支付一定的代理费(即佣金)作为报酬(约占投标总价2%～5%)。如果没有代理人活动，即使投标人的条件再好，有时也不一定得标。

7.投标、开标、定标

(1)投标。投标人对工程投标价格签署、加盖公章和密封后，与投标保证书一起，在指定的时间、地点送达业主或招标委员会。

(2)开标。开标有两种方式：秘密开标和公开开标。公开开标，即按收到标书的先后顺序，公开唱出投标商的报价，并申明：各投标商稍安勿躁，大家都有中标希望。然后由业主所指定的技术委员会进行初评，提出评价。这个时期一般称作定标期，时间约3～6个月。至于秘密开标，则是完全由业主所指定的技术委员会进行保密性评价和筛选。

(3)定标。业主定标，要经过多方面的调查研究，必要时还要分别召开答辩会(又称评标)，让投标者之间展开竞争，以收渔翁之利。经过评标，业主确定承包商，即为定标(又称决标)。只有在业主书面通知承包人实施工程后，才算是选定的承包人。在未通知承包人之前，业主有权变更执行招标项目，而承包人不得要求索赔。定标后由业主与承包人办理合同签订手续(又称承包契约)，确定各自的权利和义务。投标书和附函协商所确定的问题，即为合同的内容。通知投标人中标的日期，即为合同签署日期。

附一　对外工程投标程序示意图

熟悉招标文件内容·勘察现场

↓

核对(计算)工程量

↓

研究标价原则与价格情报

↓

确定施工成本、利润等基数

↓

计算分部分项单价·办理分包工程报价

↓

分部价格加总·开办费匡算

↓

标价汇总与分析

↓

向决策者汇报标价情况

↓

调整标价

↓

审定、翻译及复制标价·办理保函、信件及签署

↓

汇集、密封投标文件(标书、图纸、保函等)

↓

投标(递价)

↓

开标

↓

代理人协议·议标

↓

定标(决标)

↓

签订合同

附二　投标信格式(供参考)

致(发标单位或招标委员会):

地址:

诸位先生:

1. 经阅读合同条款、通知书、规范、图纸、计量方法、工程量表及单价表后,并根据上述文件规定的工程施工及维修要求,本签名人兹投价__________美元或可能根据上述文件确定的其他款额。

2. 本投标书如能采纳,我们愿在接到业主的通知后两周内开工,并根据合同

及投标文件的规定完成及交付全部工程。

3. 本投标书如能采纳，我们将交纳在________处开设的银行担保书，其金额相当于上述报价的10%，作为根据合同条款规定的履约保证金。

4. 我们同意从开标日起______天内保留此标。在截止期前任何时期，本投标书均应对我们具有约束力。

5. 在正式合同签订及执行以前，本投标书连同由你们发出的书面采纳通知，将作为我们双方之间的约束合同的组成部分。

6. 我们理解你们并不限于接受最低标和你们可以接受任何投标书。

(投标公司名称)

日期：______年______月______日

地址：______

姓名：______

职务：______

签字或盖章：______

三、国际工程承包

(一)国际工程承包的含义

国际工程承包(International Project Contract)，简称国际承包，是业主，又称发包人(Promoter)和承包商(Contractor)之间的一种涉外工程合作方式。

国际承包区分为总包和分包两种。总包，即总承包或独立承包，又称综合承包，是由一个承包人将一个项目全部承包下来，工、料、工期、数量、质量等统包到底，并能在知识和经验方面对工程项目实施的全过程负责。分包，又称专业承包，是总承包人获得项目后，将其中的一部分转包给第三者，通称二包。两个或两个以上承包人，集团承包一个项目，每个承包人承包的部分也称二包。二包有多种形式，主要有包工包料、包工不包料、包可行性研究、包单项工程、包设计等。二包通过签订分包合同向总包人负责，一般不与业主发生直接关系。但总包人有义务使用业主指令的分包人，或者在选择分包人时，征得业主同意。在有些情况下，二包也可以直接与业主签订合同。

二包的作用在于：一是作为总包的伙伴(有时是不可缺少的伙伴)可以弥补总包本身某些条件不成熟的缺陷，使总包能更广泛地去招揽承包业务；二是可以为总包人垫付一些资金，减轻其资金负担；三是为总包人承担某些高难技术产品或工程，以解决专业分包的高难要求。因为，专业承包人拥有适合某工程的技术熟练人员和专业设备。四是总包与分包，可以发挥各自的长处和优势，从而减少承包业务的风险。

（二）国际工程承包商登记注册程序

国际承包商招揽承包业务，只有首先在该国的工商行政管理部门登记注册，获得合法地位后，才能承包业务。

在申请注册时，应递交申请注册的文件，一般包括下列几种：

1. 公司章程；

2. 公司营业证书；

3. 公司在世界各地办事处（或分公司）清单；

4. 申请注册办事处（或分公司）的地址；

5. 申请注册分公司经理和副经理委托书；

6. 申请注册分公司与所在国有关单位签订的承包工程合同。

中国对外承包公司申请在国外注册前，应先办理以下单位签署的文件：公司的国内主管部门批准书、公证处认证、外交部认证、有关国家驻华使馆认证。上述文件至少一式二份，一份送交，一份存底。

申请注册登记，申请人应按有关国家规定，缴纳一定数额的注册费。

此外，承包公司在注册时，应尽量争取享有招揽各种承包业务的权利，以便在国际承包市场上有较大的活动余地。

（三）国际工程承包合同

1. 国际工程承包合同的类型

国际工程承包合同属于经济合同的范围，是业主和承包商签订的共同遵守的法律文件，是国际工程承包业中最重要的合同。

（1）国际工程承包合同，按承包内容区分，有两种类型：

①统包合同，又称“交钥匙”合同或总体合同，是国际上采用得比较普遍的一种类型。此种合同的特点是，承包人一包到底，承担所有环节的建设，直至工程完全合格，才移交给业主使用。这种做法，多年来已在煤气、化工、石油工业等工程的设计和施工中得到应用，近来又扩展到核动力发电站的设计与施工。

②保产合同，这是“交钥匙”合同的进一步发展。此种合同的特点是，承包人在工程项目移交给业主后，在1～2年内继续负责技术指导，保证生产正常运转和生产出合格产品。

（2）国际工程承包合同，按合同的计价方式区分，有三种类型：

①单价合同，又称单价表合同，即单价不变合同。此种合同的特点是，在合同执行的全过程中，使用同一单价，而不管实际完成的工程量是多还是少。其一般格式是，把施工的各个工程项目（包括已经开工的）综合在一起，列成通览总表，总表中不列工程量，但承包人可按总表的要求，填上他对各个工程项目的报价。由于实际工程量与图纸设计上的差异，承包人可以填上与业主商定的工程

量增减百分比比重，旨在减少承包人在单价方面承担的风险。在工程承包合同中，采用此种合同的比较普遍。

②总价合同，又称一次总算合同或固定总价合同，即工程总价不变合同。此种合同的特点是，在合同执行的全过程中，不管工程量、材料、设备、工资等如何变化，工程总价始终保持不变。也就是说，承包商同意按合同规定的价格承担全部工程的实施，业主亦同意按照合同规定的总价付给承包商款项。这样，双方都承担一定的不可预测的风险。

③成本加酬金合同。此种合同的合同总价，是根据实际成本再加上双方同意的一笔酬金利润和附加费用来确定的。其特点是，它可以有多种形态。但无论何种形态，都要编制工程项目支出综合一览表，包括薪金、工资、保险、材料、工具、成套设备、消耗品等一切项目的支出。这些项目的实际支出总款，即为可接受的工程成本。酬金是指承包人的经营管理费，包括人力与物力的消耗费。

可接受的工程成本与酬金的总和，即为业主支付的全部费用。这种合同，承包商不担风险，但大多数业主不愿采用。

成本加酬金合同，通常有四种形态：

第一，成本加百分比酬金合同。酬金金额按可接受的工程成本的一定百分比计算。

第二，成本加固定酬金合同。酬金金额按双方协议的估算成本计算，酬金金额固定不变。

第三，成本加机动酬金合同。酬金以可接受的工程成本为基础，参照某些机动率而进行调整。合同规定，承包人如能保证质量而又降低成本，可在一定幅度内提高其工程费用，从而增加机动酬金。此种合同，多适用于发展性的事业、试验、原型工作（指用特定方法生产出的第一件物品），在降低成本方面有较大的潜力，通过降低成本增加酬金，来鼓励承包人。

第四，成本加奖金合同。奖金多寡由业主单方面确定，并依据风险大小与事业复杂程度进行调整。

2. 国际工程承包合同的内容

不论上述何种类型的合同，其内容一般包括三部分：一是合同序文；二是合同条款；三是合同结尾。

(1)合同序文。即合同的开端，主要包括：

①合同双方名称，一般称业主为甲方，承包人为乙方；

②合同双方法定地址；

③合同宗旨；

④申明由当事人承受各自的权利和义务。

(2)合同条款。即合同的核心部分，一般由乙方所聘请的法律顾问拟定，关键名词要有定义，主要包括：

①技术条款，如技术规范、图纸等；

②财务条款，如标明价格的工程量表、单价及价目表、管理费用、工程款支付方式（预付款、中间结算、最终结算）等；

③法律条款，如投标书、接受的标函、协议书、双方权利和义务、争议解决、违约处理等。

当今国际招标的建筑工程项目，通常采用国际咨询工程师联合会和国际欧洲建筑工程联合会制定的合同范本。但有些条款应结合工程实际情况和地点，作出必要的改变。

(3)合同结尾。主要包括：

①合同签订日期；

②合同签订地点；

③合同的语言和法律，应当说明的是：其一，用以拟定合同文件的一种或几种语言，这种语言在合同中规定为“标准语言”，具有同等法律效力；其二，适用于合同，并用以对合同进行解释的法律为某国或某地的法律，这种法律在合同中规定为“标准法律”。

④合同生效日期；

⑤合同的监督执行者。通常规定，由工程监理负责监督合同条文的履行。工程监理可以是个人，也可以是公司、商社或团体，一般由业主直接聘用或通过招标来确定，然后书面通知承包人。工程监理，通常由工程师或建筑师担任，因而又称监理工程师。有些项目，业主本人可以兼任监理工程师。

⑥甲乙双方委任的缔约者，必须在合同末尾签字，并在合同文本的每一页底边签字（可以只签姓）。未经签字的合同文本，是没有法律效力的。

(四)国务院《对外承包工程管理条例》新规定

国务院公布的《对外承包工程管理条例》（以下简称《条例》），于 2008 年 9 月 1 日起施行。现对《条例》主要内容简述如下：

1.《条例》出台的必要性

对外承包工程是实施“走出去”战略的主要形式之一。中国对外承包工程的总体水平仍然比较低，在快速发展过程中存在一些亟待解决的问题。主要是：(1)一些对外承包工程的单位在资金、技术、管理能力，以及商业信誉等方面的条件难以适应开展对外承包工程的需要，守法意识和严格履约的意识薄弱。(2)对外承包工程的质量和安全生产管理，以及安全保障有待进一步加强。(3)侵害外派人员合法权益的现象时有发生。这些问题不仅直接影响中国对外承包工程的健康发展，也关系到中国的国际声誉，以及与工程项目所在国家的政治、经贸关系。

2.《条例》在对外承包工程促进机制方面的规定

《条例》从三个方面规定了对外承包工程的促进机制：(1)规定国务院有关部门制定和完善促进对外承包工程的政策措施，建立健全对外承包工程服务体系和风险保障机制。(2)规定国务院商务主管部门应当会同国务院有关部门建立对外承包工程信息收集、通报制度，向对外承包工程的单位无偿提供信息服务。(3)规定有关对外承包工程的协会、商会在促进对外承包工程方面的职责，依法制定行业规范，发挥协调和自律作用，维护公平竞争和成员利益。

3.《条例》规定对外承包工程资格制度

对外承包工程中存在的主要问题，在很大程度上与对外承包工程单位自身的条件和素质有关。《条例》确立了对外承包工程资格制度，并从法人资格、资金、管理人员和专业技术人员、安全防范能力、工程质量和安全生产保障能力，以及商业信誉等方面作了规定，特别是明确规定工程建设类单位，应当依法取得特级或者一级(甲级)资质证书，体现了适度从严的原则。

4.《条例》对工程质量和安全生产方面的规定

开展对外承包工程，必须确保工程质量和安全生产，树立中国的良好形象。为此，《条例》作了三个方面的规定：(1)对外承包工程单位应当加强管理，建立健全并严格执行工程质量和安全生产管理的规章制度。(2)对外承包工程单位应当与分包单位订立专门的工程质量和安全生产管理协议，或者在分包合同中约定各自的工程质量和安全生产管理责任，并对分包单位的工程质量和安全生产统一协调、管理；禁止对外承包工程的单位将工程项目分包给不具备国家规定的相应资质的境内单位，或者将工程项目的建筑施工部分分包给未依法取得安全生产许可证的境内建筑施工企业。(3)明确禁止分包单位将工程项目转包或者再分包，规定对外承包工程的单位应当在分包合同中明确约定分包单位不得将工程项目转包或者再分包，并负责监督。

5.《条例》对安全保障方面的规定

保护外派人员的人身和财产安全，是一件必须做好的大事。《条例》明确规定了对外承包工程的单位在安全保障方面的主体责任，包括：(1)有专门的安全管理机构和人员负责保护外派人员的人身和财产安全，制定保护方案并落实所需经费。(2)根据工程项目属地安全状况，对外派人员进行安全防范教育和应急知识培训，增强自我保护能力。(3)与境外工程项目发包人订立合同后，及时向中国驻该工程项目所在国使馆(领馆)报告，并接受使馆(领馆)在突发事件防范、外派人员保护等方面的指导。(4)制定突发事件应急预案，及时、妥善处理在境外发生的突发事件,并立即向使馆(领馆)报告。

6.《条例》对外派人员合法权益保护方面的规定

《条例》主要规定了以下制度和措施:(1)规定从事对外承包工程外派人员中介服务的机构,应当取得国务院商务主管部门的许可,并按主管部门的规定从事对外承包工程外派人员中介服务。(2)规定对外承包工程的单位应当依法与其招用的外派人员订立劳动合同,按照合同约定向外派人员提供工程条件和支付报酬,并为外派人员购买境外人身意外伤害保险。(3)规定对外承包工程的单位应当按照国务院商务主管部门和财政部门的规定,及时存缴备用金,用于支付单位拒绝承担或者无力承担的外派人员的报酬、因发生突发事件外派人员回国或者接受其他紧急救助所需费用,以及依法对外派人员的损失进行赔偿所需费用。

7.《条例》对保障各项制度措施落实方面的规定

《条例》对未取得对外承包工程资格擅自从事对外承包工程、未建立且/或未严格执行工程质量和安全生产管理的规章制度、将工程项目分包给不具备国家规定的相应资质的单位或者将工程项目的建筑施工部分分包给未依法取得安全生产许可证的境内建筑施工企业、分包单位将工程项目转包或者再分包,以及以不正当的低价承揽工程项目、串通投标或者进行商业贿赂等违法行为,都规定了明确、严格的法律责任。

第三节　对外劳务合作的管理

一、对外劳务合作的原则与基本方针

(一)四项原则

中国发展对外经济技术交流,开拓对外劳务合作,应当遵循下列四项原则:平等互利、讲求实效、形式多样、共同发展。

1.平等互利

所谓平等互利,就是政治上讲平等,经济上讲互利。要尊重对方主权,不干涉内政,不附加任何政治条件;经济上不要求特权,双方都必须有利可图。只有平等互利的合作,才能天长日久,道路越走越宽广。否则,只限于单方面的援助,就难以持久和普遍。

2.讲求实效

所谓讲求实效,就是从双方的实际条件出发,不徒具虚名,不空走过场,发挥各自的优势,扬长避短,趋利避害,力求投资少、工期短、收效快、经济效益和社会

效益双丰收。我国派出的专家、技术人员与当地同类人员享受同等的物质待遇。

3.形式多样

所谓形式多样，就是双方合作的方式不拘一格，根据经济状况和技术条件的差异，因国而异，因地制宜，采取多种多样的合作形式，工程承包和劳务合作的所有形式，都可以尝试和采纳。

4.共同发展

所谓共同发展，就是中国对外开展劳务合作，特别是同发展中国家的经济技术合作，目的在于通过互相学习，互相帮助，增强双方自力更生的能力和促进本民族经济的发展与壮大。

上述四项原则，完全符合合作双方国家的根本利益，得到了各国领导人的赞赏和欢迎。当前，中国正遵循这些原则，积极开拓国际劳务合作领域，发展对外劳务合作事业。

(二)基本方针

中国进行国际经济技术交流，开展对外劳务合作，基本方针是：守约、保质、薄利、重义。

1.守约

所谓守约，就是要信守契约(即合同)。广义地说，还包括遵守所在国的法律、法令和尊重当地人民群众的风俗习惯。合同是当事人双方(或数方)的法律行为，它规定了各自的权利和义务，具有法律约束力。合同一经生效，双方就要严肃认真地履行，谁都不能违约。当一方不履行或不完全履行合同义务时，对方有权请求履行，或请求赔偿推迟履行所造成的损失。

2.保质

所谓保质，就是确保工作质量，对中方派出的人员和供应的材料、设备要把好质量关，对承包的工程项目要一丝不苟，达到设计要求。发生了质量问题，要检查原因，分清责任，凡应由中方负责的，应主动补救和妥善处理。

3.薄利

所谓薄利，就是价格要随行就市，并有一定利益可得。要把价格的确定，建立在科学的经济分析和经济核算的基础上，既不能不计成本，也不能漫天要价，薄利才能多营。中国的社会主义企业，当然要讲求经济效益，但应区别情况，灵活掌握市场价格。有时为了开拓局面，某些工程项目即使无利可图，只要能保本也可以干。待站稳脚根后，再求合理利润。

4.重义

所谓重义，就是要重视同友好国家政府和人民的友谊，关心对方的需要，照顾对方的困难，处事合情合理，不能见利忘义，不能做有损于发展中国家的事。

这是中国社会主义对外经济关系的显著标志,也是我们“不忘老朋友,广交新朋友”的传家宝。

二、发展对外劳务合作的主要管理措施

(一)管理体制

中国对外劳务合作的管理体制是,其业务由对外经济贸易部归口管理,下设国外经济合作司,负责对国际经济合作公司进行业务指导和管理。这些公司根据业务需要,可以独立地对外开展活动,享有对外经营权,不受限制。公司可以在国外设立办事机构,选派投标班子、经营班子和承包劳务人员。但同时应当执行统一的要求,不断向外经贸部通报对外签约和项目执行情况,报送统计报表和调研资料,按时进行合同备案,重要问题及时请示汇报等,以取得领导部门的管理与指导。现画图说明如图 14-1所示。

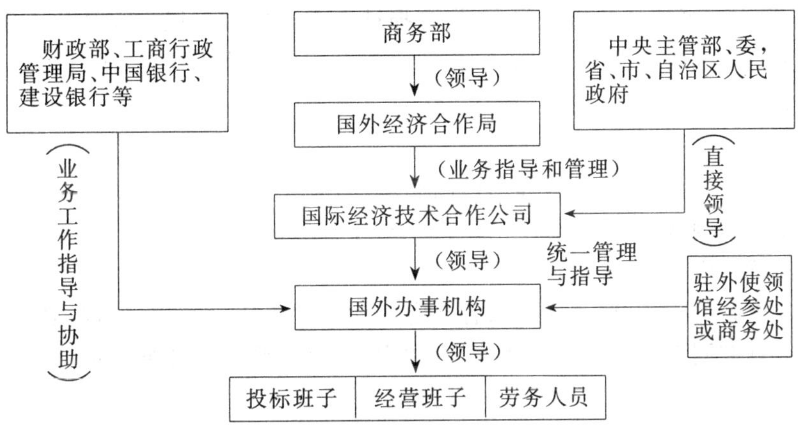

图 14-1 对外劳务合作管理体制示意图

所谓投标班子,又称投标报价班子,负责招揽对外承包工程业务,是集多种人才于一体的智囊团,包括业务、技术、管理、法律、商务、财会、审计、外语等各种人才。

所谓经营班子,就是公司在国外中标后,由组织施工的经营管理人员所组成的班子,负责中方施工人员的思想政治工作和全部业务工作,加强与业主联系,确保合同实施与兑现,按期、保质、保量完成施工项目。

中国的国际经济技术合作公司,按照有关部门批准的组建条例,都制定有各自的营业章程或条例,实行自主经营,独立核算,自负盈亏,经工商行政管理部门注册,具有法人地位。其职责是,通过多种形式和多种渠道,开展国际工程承包,提供劳务人员,兴办生产性和非生产性的合资或合作经营企业。这类公司的最

高权力机构是公司董事会，并实行董事会领导下的总经理负责制，在董事长授权下，总经理主持公司日常全面工作。从实践看，近几年，随着国际合作项目的增多，合作规模的扩大，公司已积累了一定的经验，投标本领在增长，组织施工能力也在增强。

（二）选派人员

发展对外劳务合作，选好人员是关键的因素。当劳务合同签署后，就要选派劳务人员出国，履行合同所规定的义务。人员选派的总的原则，应该是以劳务合同所要求的条件为准绳。具体有下列几点：

1.统一标准

对出国劳务人员，要有明确统一的标准，不能一个地区、一个部门、一个公司一个样。凡有下列情况的人，一律不宜选派：一是组织性纪律性差的人，这样的人到国外如若不听指挥，不能令行禁止，将有损公司的信誉；二是作风不正派的人，这样的人到国外如若胡作非为，将有损社会主义国家公民的人格和国格；三是不能坚持全勤的老、弱、病、残者，有的招工合同中就明确规定，每月缺勤三天就要除名。

2.专业对口

选派人员，政治条件和身体条件固然重要，但专业条件也不能忽视。只有业务上过硬，才能胜任雇主所分配的工作。对于选派的高级劳务人员，如工程师、技师和经营管理人员，要求最好能掌握外语，具备独立交往的能力。对有些技术条件要求更高的劳务，雇主还要求有一定的学历和资历（如项目经理，必须是大学毕业或具有同等学历的人担任）。有的雇主，对招聘来的劳务人员，一般要经过不同形式的考核，并经三个月的试用期才正式录用。

3.合同规定

为了确保承包工程按期竣工，尤其是劳动密集的土建工程，需要大量工程技术人员（包括工程师、技师、技术人员、各类工种的熟练工人、经营管理人员以及有关服务职员），中方承包公司在与外方业主签订承包工程合同时，应对工程技术人员的派遣作出详细规定，起码不少于以下几个方面：

（1）业主保证承包人所选派的工程技术人员按期入境，并获得合法的劳动与居留权利；

（2）承包人选派的工程技术人员，应遵守当地的法律、法令，尊重当地的风俗习惯；

（3）承包人选派的工程技术人员，应按照技术规范实施工程，并通过各种方式加强与所在国人民的友好交往和技术交往；

（4）工程实施完毕后，应及时颁发竣工证书（监理工程师在接到承包人请求后，一般在 21 天内颁发此证，同时给业主一份，作为凭证），如无其他续接工程，承包人选派的工程技术人员按规定可撤销劳动证，到移民局办理离境手续，在限定期限内遣返回国。

4.配备好领导班子，骨干与一般相结合

关键是要配好公司与出国项目组两级班子。根据对干部“德才兼备、以德为先”的要求，把德才兼备、年富力强的中青年干部提到领导岗位上来。只要领导班子得力，事情就好办得多。

5.加强培训

这是人才成长的重要环节。国际劳务市场是一个大学校，从中可学到许多新鲜的东西，单凭现有人员及其原有的知识结构，已不能适应客观现实的要求。因此，加强人才培训，已成为当务之急。培训时应当注意：

(1)培训的目的要具体明确，即以提高业务、技术为重点。对参加培训的人员应提出要求，并考核成绩。

(2)培训的内容要讲究实用，缺什么补什么，急用先学，强化训练，在短期内见效。

(3)培训的方式要灵活多样，如①专门人员要脱产学习（如企业管理、承包、投标、合营企业、翻译、计算机应用等）；②其他人员亦可采用专题讲座、短期外向型人员培训班、派赴高校进修或旁听等形式进行培训；等等。

三、中国对外劳务合作的政策和规章制度

(一)设立对外劳务合作企业的规定

中国公司从事对外承包工程和劳务合作，是在政府的统一指导下进行的。只有经过政府批准，具备对外承包工程和劳务合作经营权的企业才能直接对外开展业务。未经批准的单位一律不得对外签订承包和劳务合同。这样做是为了确保每一个进入国际市场的中国公司，都具有与其经营范围相适应的能力，维护中国公司在国际市场上的信誉。而且能加强对外劳务合作管理，规范对外劳务合作市场经营秩序，维护外派劳务人员合法权益，提高对外劳务合作质量和管理水平，促进对外劳务合作健康发展。

1.申请对外劳务合作经营资格的企业条件

根据 2004 年 7 月商务部和国家工商行政管理总局通过的《对外劳务合作经营资格管理办法》（以下简称《办法》）以及 2012 年 5 月 16 日国务院第 203 次常务会议通过的《对外劳务合作管理条例》（以下简称《条例》），该《条例》自 2012 年 8 月 1 日起施行。《条例》和《办法》中规定从事对外劳务合作，应当按照省、自治区、直辖市人民政府的规定，经省级或者设区的市级人民政府商务主管部门批

准，取得对外劳务合作经营资格。

申请对外劳务合作经营资格的企业须符合以下条件：

(1)依法登记注册的企业法人，注册3年以上，实缴注册资本金不低于600万元人民币，中西部地区企业不低于300万元人民币。

(2)具有相当经营能力，资产负债率不超过50%，无不良行为记录。

(3)拥有固定的经营场所，办公面积不低于300平方米。

(4)具备健全的管理制度，通过ISO9000质量管理体系认证。

(5)具有足额交纳对外劳务合作备用金的能力。

(6)有3名以上熟悉对外劳务合作业务的管理人员；具有大专以上学历或中级以上职称的对外劳务合作专业人员不少于5人，专职培训管理人员和财务人员均不少于2人，法律人员不少于1人。

(7)具有相应市场开拓能力和现场管理能力。

(8)具有一定工作基础，近3年向具有对外劳务合作经营资格的企业提供外派劳务人员不少于300人。

(9)法定代表人没有故意犯罪记录。

2.设立对外劳务合作企业的申报程序

国家对申报对外劳务业务经营权的程序规定是：

(1)企业申请对外劳务合作经营资格，应向注册地省、自治区、直辖市或计划单列市商务主管部门(以下简称地方商务主管部门)提出书面申请。

(2)地方商务主管部门在收到企业的全部申请材料后，应在10个工作日内完成初审，并将初审意见连同企业全部申请材料一并报商务部。

(3)商务部在收到地方商务主管部门的初审意见和企业的全部申请材料后，在15个工作日内，作出是否许可对外劳务合作经营资格的批复，抄送相关部门；不予许可的，应说明理由。

(4)企业自取得对外劳务合作经营资格许可之日起30日内，办理交纳对外劳务合作备用金手续，到地方商务主管部门领取《资格证书》。

(5)企业在领取《资格证书》30日内，向原企业登记主管机关办理变更登记。

(二)对外承包工程企业资格管理法律规定

凡出口型的成套设备生产企业、船舶拆修制造企业、工程材料生产企业(水、电、交通等)、建筑企业、境外资源开发企业和外贸企业，只要符合条件，均可向商务部门申报对外经济合作经营资格，即外经权。

1.大型实体企业资格条件

凡具有国务院有关主管部门核定的一级工程资质的专业实体型企业，均可申请本行业的对外承包工程经营权及与承包工程有关的劳务合作经营权，不再考核其对外业绩；凡具有施工总承包一级资质的实体型企业，均可申请全方位(无行业限制)的对外承包劳务经营权。

2.设计院资格条件

凡具有国务院有关主管部门核定的甲级设计资质的设计院，均可申请对外设计、咨询、勘测和监理经营权；具有一级工程资质、企业法人性质的甲级设计院可申请本行业的对外承包工程经营权；具有施工总承包一级资质、企业法人性质的甲级设计院可申请全方位的对外承包工程经营权。

(三)给予对外劳务合作企业的优惠政策

政府给予有对外经营权的公司以较大程度的经营自主权，并在财政、税收、金融、保险、信贷等方面给予优惠和支持。这样的政策，既能使进入国际承包劳务市场的中国公司符合国家宏观管理的要求，又能调动企业的积极性，适应在国外开展业务的需要。在法律上，2005 年 12 月 9 日，财政部、商务部发布《对外经济技术合作专项资金管理办法》，以加强和规范对外经济技术合作专项资金的管理，提高资金的使用效益。专项资金支持的对外经济技术合作业务范围包括：境外投资，境外农、林和渔业合作，对外承包工程，对外劳务合作，境外高新技术研发平台，对外设计咨询等。

2006 年通过了《财政部　商务部关于 2006 年对外经济技术合作专项资金支持政策有关问题的通知》，2007 年通过了《财政部　商务部关于 2006 年对外承包工程项目贷款贴息有关问题的通知》，在法律上给予支持。

中央财政曾先后设立国外经济合作专项资金、对外工程承包保函风险专项资金等，向对外工程承包企业提供流动资金贷款和保函风险担保。在中国进出口银行以卖方信贷和买方信贷方式，对能够带动国产设备出口的工程承包项目提供优惠贷款。中国出口信用保险公司通过长期贸易保险方式为对外工程承包提供政治风险保险和信贷担保。国家对在境外开展对外工程承包业务的企业所得实施减半征收的鼓励政策。

(四)规范对外劳务合作企业经营行为的规定

为了促进我国对外承包工程和劳务合作事业的发展，加强行业自律，规范对外承包工程和劳务合作行业的经营行为，2000 年 1 月 28 日，依据《中华人民共和国对外贸易法》、对外贸易经济合作部《关于我国对外承包工程和劳务合作的管理规定》以及《中国对外承包工程商会章程》，中国对外承包工程商会制定了《中国对外承包工程和劳务合作行业规范(试行)》用以对所有经国家外经贸主管部门许可，从事对外承包工程和劳务合作业务的企业或其他经济组织及所属单位，包括在国外的分支机构和代表处，加以规范。

1.企业开展对外承包工程和劳务合作业务时，须遵守中国的有关法律、法规,不得危害国家安全、损害社会公共利益和公民的合法权益;同时应遵守项目所在国家、地区的法律、法规,尊重当地的风俗习惯,树立我国对外承包工程和劳务合作行业的良好信誉。

2. 企业须按照经国家外经贸主管部门许可的经营范围合法经营,不得擅自变更经营范围或超范围经营,不得接受其他任何经济组织或个人的挂靠。

3. 在开展对外承包工程和劳务合作时,企业须充分了解所在国家和地区的政治、经济、法律、市场、业主资信等与项目有关的情况,认真、谨慎订立合同,并严格履行。不得以开展对外承包工程和劳务合作经营活动为名进行或协助他人从事非法移民、色情服务等活动

4. 企业在对外承包工程经营活动中应全面贯彻 ISO 9000 系列质量标准,确保工程质量,维护全行业的信誉。为确保外派劳务人员的质量,企业须按照国家有关规定对各类外派劳务人员进行培训。企业的中高级经营管理人员,须按国家有关规定接受承包商会举办的外经贸业务培训,取得国际经济合作企业中高级经营管理人员培训资格证书。

另外,企业应依法与外派劳务人员签订外派合同,并应切实维护外派劳务人员的合法权益。外派劳务人员的合法权益受到侵犯时,企业须负责及时交涉、解决。

第十五章　中国海外企业

第一节　海外企业概述

所谓海外企业，亦即海外投资企业，是指在中国境内登记注册的公司、企业或其他经济组织等市场主体，在境外设立的各类企业或通过购股、参股等方式收购的外国企业的统称。中国是发展中的社会主义国家，在资金、技术、管理和人才等方面严重不足。随着中国经济的不断发展，需要积极参与国际经济合作和竞争，运用国际分工、国际交换和中国经济的比较优势，结合“走出去”战略，大力发展海外企业，充分利用国内外两种资源、两个市场，是中国适应世界经济全球化和区域化发展的必然要求，也是新世纪初期中国经济发展的战略选择。

一、发展海外企业的意义

发展海外企业的意义，可以概括为如下十个方面：

(一)有利于利用国外资金

发展海外企业，是中国更深层次引进和利用外资的重要途径。当一个国家经济发展到一定程度，除了引进外资，还必须输出资本，直接去国外投资，形成资金双向流动的利用外资机制。

对外投资所需的资金，并不完全依靠自有资金，而是要在很大程度上利用外部资金。据调查，许多发达国家的海外企业投资所需资金，50％以上都依赖于国外融通资金，而发展中国家(除石油输出国外)海外投资的资金，几乎全部利用外部资金。所以，中国在海外投资可以直接在国际金融市场上融资或在东道国筹资，扩大利用外资规模。与国内利用外资比较，只是利用外资的地点和场所不同而已。这种方式吸收外资的特点是，输出国握有主动权、主导权，并可以减轻单方面引进外资带来的对外依赖性。亚洲“四小龙”及其他一些发展中国家(或地区)的经济成长，都体现了利用外商直接投资和本国(地区)直接对外投资同时并举这一过程。

从中国开办海外企业的实践来看，许多大型投资项目所需资金大多是在国际金融市场上筹措，用国内资金投资的很少。例如，中信公司就是通过国际融资，于1986年购买了澳大利亚波特兰炼铝厂10％的股份，1987年～1988年盈利即达数千万美元。再如，海尔集团从1995年起，就着手在海外投资建厂。经过洽谈和协商，终于在1996年2月6日，在印尼雅加达建立了海尔在海外的第一家以生产电冰箱为主的合资生产企业——海尔莎保罗（印度尼西亚）有限公司（PT. Haier Sapporo Indonesia），它标志着海尔集团的国际化迈出了重要的一步。之后，1997年6月，菲律宾海尔LKG电器有限公司成立；1997年8月，马来西亚海尔工业（亚细亚）有限公司成立；1997年11月，南斯拉夫海尔空调生产厂成立；1999年2月，海尔中东有限公司成立。而海尔集团企业国际化的真正重心则是在美国。1999年4月30日，海尔在美国南卡州建立了美国海尔工业园，园区占地700亩，年产能力50万台。2000年正式投产生产家电产品，并通过高质量和个性化设计逐渐打开市场。这意味着第一个"三位一体本土化"的海外海尔的成立，即设计中心在洛杉矶、营销中心在纽约、生产中心在南卡州。2002年3月5日，海尔买下纽约中城格林尼治银行大厦作为北美的总部。对海尔来说这是一个质的飞跃。公司成立之初，只有13名员工，在市场上销售的产品只有2个品种，4个型号，当年的销售额只有不到3000万美元。至2010年，海尔已发展成为拥有200多名员工，销售12大类，2000多个型号的产品，年复合增长速度达到35％，年销售额接近6亿美元的本土化品牌。当前的海尔集团正在从国际化的发展战略向着全球化品牌战略转变，国际化的道路为海尔发展积累了大量的资金，提升了海尔的国际竞争力。

（二）有利于合理配置资源和更好地利用国外资源

实施"走出去"战略的一个重要动因，就是要获得绝对和相对的经济利益，通过利用本国和他国的不同资源和要素优势，在国际间实现资源和要素的合理流动与重新组合配置。世界上任何一个国家都不可能拥有经济发展所需要的全部资源，都会遇到资源约束的问题。中国虽然资源总量丰富，但人均占有量却相对较低，资源供求矛盾日益突出。就拿矿产资源来说，在我国已探明的45种矿产中，到2010年可以满足需求的有21种，到2020年则仅为6种，而丰富的世界矿产资源与中国资源互补性很强。为了弥补中国资源的不足，更好地利用国内、国外两种资源，中国应鼓励在国外兴办资源开发型企业，通过开发当地自然资源，将开采的原材料、物资运回国内，这样不仅可以缓和国内资源不足，减少外汇支出，而且就地开发，其成本也比直接购买要便宜得多。例如，中国冶金进出口总公司在澳大利亚合资兴办的恰那铁矿总投资2.8亿元，中方投资占40％。据估计，若在国内开发相同规模的铁矿，需8倍于在澳的投资。该矿已于1988年施工建设，1990年投产，当年即超额完成生产300万吨矿石的计划，所产铁矿石已全部运回中国。预计，在30年的合作期内，将运回高品位铁石砂2亿吨，为中国钢铁业的发展提供稳定的高质量的铁矿资源。另外，中国还通过经济援助方式，援助建设了巴基斯坦山达克铜矿（年产阴极铜3万吨）。山达克铜金矿拥有矿石储量4.13亿吨，铜平均含量0.45%。现有基础设施的设计能力是每年处理矿石450万吨，生产精铜1.58万吨，金1.47吨，银2.76吨。2000年4月，巴政府内阁成立了山达克租凭委员会（SLC），决定将项目出租给中国冶金建设集团公司，经营期10年。为此成立了中冶山达克资源开发公司（MRDL），负责山达克铜金矿的生产经营，2003年已取得4500万美元的营业收入。

（三）有利于引进先进技术设备，加速企业技术改造

在国外兴办企业，能加强与东道国的技术合作，开发利用东道国智力资源，吸收其先进技术和管理经验，弥补本国技术力量的不足，促进企业技术改造和产品升级换代。

例如，首钢购买了美国麦斯塔工程设计公司70%的股份后，从该公司获得了先进的轧钢和炼铸技术，增强了中国冶金设备的设计和制造能力，提高了首钢在国际上的竞争力。再如，海尔中央研究院是海尔集团的核心技术机构，是海尔集团通过技术合作建成的综合性科研基地。截至2010年，研究院联合美国、日本、德国等国家和地区的28家具备一流技术水平的公司，拥有1.2万平方米的研发大楼和1.6万平方米的中试基地，配备了国际先进水平的软、硬件设施，并利用全球科技资源的优势在国内外建立了48个科研开发实体，以保持海尔系列产品的国际领先地位。

（四）有利于调整经济结构和优化产业结构

经过20多年的快速增长，我国的经济进入了一个新的结构调整期。中国部分产业的技术、设备、生产能力过剩，国内有限的市场已不能满足其发展的需要。例如，国内家电、纺织、重化工和轻工等行业的生产能力过剩、产品积压、技术设备闲置等造成了极大的浪费，急需寻找新的市场。

近些年来，世界范围内的经济结构调整规模空前，速度加快，进一步深化了经济全球化。要想在更广阔的空间里促进经济结构调整和产业结构优化配置，拓展新的经济发展空间和新的经济增长点，增强我国经济的发展，就需要实施“走出去”战略，到海外去建立企业。通过对外投资，变商品输出为资本输出，在国外投资建厂，建立销售网络和售后服务网点，带动国产设备、原材料以及半成品出口，可以有效地拓展国际市场。

（五）有利于突破国外以反倾销等形式出现的贸易保护主义

随着关税壁垒和非关税壁垒的逐步减少，尤其是配额、许可证等限制进口措施的禁止使用，反倾销、反补贴和保障措施等三种手段，逐渐成为世界各国普遍采用的限制进口的措施。

需要说明的是，上述三种手段是 WTO 允许成员方采取的唯一有效的维护公平贸易、保护国内产业利益的法律手段。反倾销、反补贴调整和规范的对象是不公平竞争行为，而保障措施则是针对过度竞争行为。反倾销、反补贴的环境前提是正常贸易过程中发生的，分别针对倾销价格行为和具有专向性的补贴行为（如对"国产化率"的补贴），而保障措施则是针对公平贸易条件下的过量进口行为。总之，三种手段的本来宗旨：不是限制进口，更不是不让进口，而是维护公平贸易秩序、促进贸易健康发展、维护国内产业的合法权益。不幸的是，不少国家却以这种合法手段掩盖其非法目的，将三种手段变成谋取一国私利和促退国际贸易健康发展的工具。

而在这三种手段中，反倾销又是使用最多的一种手段，而且有日益扩大的趋势。反倾销措施的实施，主要是用来抵消由于倾销所造成的损害。但当前许多发达国家提出的所谓反倾销，却多数滥用了反倾销规则。由于目前一方面中国仍被多数国家视为"非市场经济国家"，且另一方面中国商品价格低廉，所以中国常常成了反倾销的对象。近年来，欧美等发达国家与我国的贸易逆差不断上升，中国的很多产品由于劳动力和原材料成本的优势，在竞争中往往处于明显的有利地位。因此，从 1979 年 8 月欧盟的前身欧共体对中国出口的糖精钠提起首例反倾销案以来，全球针对中国出口产品的反倾销愈演愈烈。WTO 成立以来的 1995 年～2010 年间，中国更成为全球遭受反倾销最多的国家。从遭受反倾销的案件数量看，根据 WTO 统计数据[①]，1995 年～2010 年，中国出口产品共遭受了国外 804 起反倾销调查，占同期全球反倾销调查案件总数 3853 起的 20.87%；同时遭受了 590 起包括价格承诺与最终反倾销税在内的反倾销措施，占同期全球全部反倾销措施案件 2495 起的 23.65%。在这一时期全球遭受反倾销调查的 102 个国家（地区）以及遭受反倾销措施的 93 个国家（地区）中，中国均名列首位，对付反倾销调查的方法，除了有关企业联合起来应诉或借助世贸组织的争端解决机制求得解决以外，还有一个更为有效的方法，就是变国内生产国外销售为国外生产国外销售，也就是设立海外企业，实施"走出去"战略。

（六）有利于促进我国出口，为国家积累外汇

中国在发展中国家开办的生产性合营企业，一般由中方提供设备、物资作为

---

① 根据 WTO 网站（http://www.wto.org）2011 年 9 月 1 日的数据资料整理计算而得。

投资，扩大了成套设备和物资的出口。在经营过程中，设备更新以及所需的零部件和原辅材料也可以由国内供应，增加出口创汇。有些海外企业，中方以技术入股，从而带动了专利、专有技术、商标权和软件技术的出口。

另外，在海外办企业，还可以避开一些国家的进口限制和高额关税，降低出口成本。例如，上海针织有限公司在《洛美协议》成员国毛里求斯投资设厂，产品不受高额关税和进口配额的影响，全部销往欧洲共同体国家，投产一年即收回全部投资，为国家积累了大量外汇。

（七）有利于发展我国的跨国公司

要增强中国经济的国际竞争力，就需要建立自己的跨国公司。

截至2010年底，中国13000多家境内投资者在国（境）外设立对外直接投资企业1.6万家，分布在全球178个国家（地区），投资覆盖率为72.7%，对外直接投资累计净额3172.1亿美元。其中：股本投资597.3亿美元，占18.8%；利润再投资1207亿美元，占38.1%；其他投资1367.8亿美元，占43.1%。年末境外企业资产总额达到1.5万亿美元。2010当年中国对外直接投资创下688.1亿美元的历史最高值，这个数字相当于“十五”期间中国对外直接投资总额的2.3倍。2010年中国对外直接投资分别占全球当年流量、存量的5.2%和1.6%；2010年中国对外直接投资流量位于全球国家（地区）排名的第5位，存量位居第17位[①]，中国海外投资企业发展迅速，但与发达国家相比还存在一定差距，例如美国2010年对外直接投资累计净额48433亿美元、英国16893亿美元、法国15230亿美元，中国只有3172亿美元[②]。因此，坚持实施“走出去”战略，加快发展海外企业来培育发展自己的跨国公司是提升中国企业国际竞争力的有效途径。目前中国的跨国经营主体大体上分为四种类型：一是专业外贸公司；二是具有一定实力的生产性企业；三是从事海外投资的金融性企业；四是从事国际工程承包的建筑安装企业。

（八）有利于推动中国金融业走向国际化

金融业国际化是中国金融体制改革的目标之一，也是中国参与国际经济循环的重要一环。中国目前金融业基本上是内向型的，尽管引进和创办了中外（合）资银行，但总的说来金融业的外向化、国际化程度比较弱。发展海外企业，扩大海外企业，可以推动金融业的国际化。因为，海外企业必须依赖金融力量的支持，外国的金融机构因限于风俗、习惯、国情等影响，不一定能为中国的海外企

---

① 资料来源：《2010年度中国对外直接投资统计公报》，中华人民共和国商务部、中华人民共和国国家统计局、国家外汇管理局编制。

② 资料来源：同上。

业提供满意的服务。这就推动和要求中国金融业在企业进行海外投资时，辅之以各种形式的资金融通和服务，使中国金融业逐步走向国际化。

例如，在首钢的海外融资战略中，要求首钢华夏银行在国内业务建立健全的基础上，随着首钢海外事业的拓展，逐步向海外延伸，为首钢的海外工程项目和投资企业进行担保、贷款、咨询等金融服务，这必然会加速华夏银行的国际化经营。可见，海外企业的发展促进了金融国际化，而金融业的国际化反过来又推动海外投资企业向更广阔的领域拓展。

（九）有利于培养中国海外经营管理人才

十几年来，中国派往海外企业的大量工作人员，涉及经营管理、生产技术、贸易、法律和财会等专业。通过参与生产和经营管理，直接在国际市场上学习和实践，他们积累了丰富的业务知识和国际意识，为进一步拓展国际经济合作准备了条件。

（十）有利于密切同各国的交往

在国际事务中，中国不仅要在政治上与世界上绝大多数的国家和地区保持密切而又广泛的联系，同时也要在互惠互利、共同发展的基础上，广泛进行各种有益的交往，尤其是经济技术交流。

中国在海外开办合营（独资）企业，对于东道国来说，也能获得综合的经济效益和社会效益：除合营一方分享利润外，还能够扩大劳动就业、增加税收和外汇收入，促进东道国经济技术的发展。这种互惠互利的经济技术交流，能够扩大我国的影响、密切同东道国的关系，对于增强同各国人民的友好交往，特别是在发展中国家举办合营企业，对于发展南南合作有重要意义。

另外，海外企业在境外的经营活动，也可以促进与各国的文化技术交流。例如，中国与日本合资开办的京和股份有限公司，在日本开办北京风味餐馆，提供厨师，发行中餐菜谱等，为中日文化技术交流作出了贡献。

二、发展海外企业的有利条件

在国外开办企业，不仅要拥有与在东道国经营的其他国家海外企业相抗衡的能力，而且要拥有相对于东道国当地企业的优势。企业在海外经营，会遇到许多困难和不利条件，如人地生疏、不了解当地商业惯例、语言障碍、运输和管理费用增加等。目前，中国在发展海外企业领域尚不具备发达国家大企业的实力，但从某种意义上说，中国也具有某些相对的竞争优势。

（一）技术上的相对优势

中国企业的技术水平在总体上落后于发达国家，但相对于发展中国家企业，在一些传统工艺和适用技术上仍具有优势。目前，中国在世界经济技术发展层次中，居于发达国家和发展中国家之间。一方面，中国从高技术国家大力引进资金和技术，经过消化吸收加以改进和完善；另一方面，再通过海外投资转移，并应用到低技术国家。广大发展中国家资金和技术短缺，但资源丰富，劳动力便宜，因而更需要资本节约型生产技术，我国正可以利用在劳动密集行业的传统，扩大在发展中国家的投资，加速海外企业的发展。

（二）规模上的优势

中国海外企业以中小项目居多。这一方面反映中国在规模经济上的劣势，另一方面也反映了中国企业在适应小规模市场方面的优势。发展中国家大多经济落后，市场狭小，发达国家在那儿设立海外企业难以发挥其规模优势，而中国却可以利用自身的灵活性，变不利条件为有利条件，扩大在发展中国家的海外企业发展。

（三）专有技术及其产品优势

中国的一些技术和产品不仅在发展中国家，而且在发达国家也具有优势。例如，某些应用中国传统秘诀研制的产品，像"章光 101 生发灵"已在美国开设生产和销售企业；又如运用中国传统独特的烹饪技术在海外企业经营的餐馆业，已取得了较好的效益；另外，我国在计算机中文处理方面的技术，使我国的计算机开发企业在国外，尤其在华人社区具有独到的优势。

（四）成本和价格低廉优势

中国许多海外企业的产品，成本和价格较低。这有利于提高产品竞争力，占领东道国或其他国家市场。低成本和低价格的原因是多方面的，例如中国海外企业大多使用资本节约型生产技术或使用本国较便宜的机器设备。这大大降低了产品成本和价格。另外，管理费用和销售费用较低也是一个重要原因。

（五）与海外华人密切联系的优势

海外华人人口众多、分布较广。他们与中国有着深厚的渊源关系。我们可以利用这些关系在其所在国，尤其是华人社区开办海外企业。事实上，目前中国的海外企业相当一部分是利用这种渠道或者直接与海外华人合资兴办的，尤其是广东、福建两省的海外企业，有近 2/3 集中在港澳及海外华人聚居区。

（六）社会主义市场经济体制的优越性

社会主义市场经济体制，对于开办海外企业也显示出其特有的优越性，其中最主要的就是人、财、物的可聚集性。目前，中国海外企业投资主体规模较小且较分散，为了在竞争中同其他国家企业抗衡，就必须将企业的分散实力聚集起来。这种聚集，一方面可以通过组建企业集团来实现，另一方面可以通过国家的力量，必要时在全国范围内调集人、财、物力给予海外企业以充分支持。

例如，在首钢对秘铁出资 3.12 亿美元的兼并中，正是发挥了社会主义经济体制的优越性，在国家的全力支持下，首钢才得以迅速筹集如此巨额的资金，击败智利、墨西哥和日本财团等强劲竞争对手而获胜。

以上只是中国海外企业，在现今起步阶段所具有的某些有利条件。随着经济技术水平的提高和中国海外企业的发展，一些传统的有利条件将会逐渐消失，其他方面的竞争优势又将会出现。

三、海外企业发展的实践与特点

早在新中国成立初期，中国就有在海外投资建厂的活动。从 20 世纪 50 年代到 1978 年，中国在海外举办了一些海洋运输、金融、贸易等合营或独资企业，特别是国内一些外贸专业公司，以公司代表处的名义在海外投资设点，其职能主要是了解市场和客户，沟通信息，为总公司对外贸易成交创造条件及提供方便。

改革开放以来，中国十分重视发展对外经济关系。中央明确指出，中国的社会主义现代化建设要利用两种资源——国内资源和国外资源，开拓两个市场——国内市场和国外市场，学会两套本领——组织国内建设的本领和发展对外经济关系的本领。作为对外经济合作的一种重要形式，中国的海外企业逐渐发展起来。原外贸公司代表处逐步转为具有法人地位、经营进出口贸易业务的当地企业，经营方式逐渐多样化，经营范围不断扩大。同时，中国对外经济合作组织和大型工业企业也逐渐走向国际市场，以独资、合资和合作经营的形式，举办非贸易性企业。

在改革开放以来的 30 多年间，特别是党的十五大以来，中国的海外企业有了较快的发展，投资领域不断拓展，通过发展规模经营，整体实力和经营管理水平有了较大提高，促进了中国对外经济贸易的发展和市场多元化战略的实施。

中国海外企业投资的领域，已从改革开放初期的建筑、工程承包、餐饮、旅游、交通运输及一般咨询服务，扩大到资源开发、加工装配、制造业及高科技领域，涉及轻工、化工、纺织、冶金、机械、电子等产业。特别是海外渔业、林业、矿产和石油勘探等资源开发项目的实施，对于弥补国内资源的短缺，促进国民经济发展发挥了积极作用。

以 2010 年为例，说明中国企业对外直接投资呈现下述特点①：

首先，投资流量首超日本、英国等传统对外投资大国，创历史最高值。2010 年，中国对外直接投资在继 2009 年历史最高位的基础上实现 21.7％的快速增长，达到 688.1 亿美元，年度流量首次超过日本(562.6 亿美元)、英国(110.2 亿美元)等传统对外投资大国。2002 年～2010 年，中国对外直接投资年均增长速度为 49.9％。

---

① 根据《2010 年度中国对外直接投资统计公报》相关资料汇总而成。

其次，并购占四成，领域主要涉及采矿业、制造业等。2010年以并购方式实现的对外直接投资297亿美元，同比增长54.7%，占流量总额的43.2%。并购领域涉及采矿业、制造业、电力生产和供应业、专业技术服务业、金融业等。

再次，对主要经济体的投资增幅较大。2010年，中国对欧盟的直接投资59.63亿美元，同比增长101%；东盟44.05亿美元，同比增长63.2%；美国13.08亿美元，同比增长44%；俄罗斯5.68亿美元，同比增长63%；日本3.38亿美元，同比增长302%。另外，对外直接投资流向前几位的国家（地区）主要有，中国香港（385.05亿美元），英属维京群岛（61.2亿美元），开曼群岛（34.96亿美元），卢森堡（32.07亿美元），澳大利亚（17.02亿美元），瑞典（13.67亿美元），美国（13.08亿美元），中国香港依然是对外直接投资的主要地区。

最后，对外投资的行业分布广。2010年末中国对外直接投资覆盖了国民经济的所有行业，其中投资存量在100亿美元以上的行业有：商务服务业、金融业、采矿业、批发零售业、交通运输业、制造业，六个行业累计对外投资存量2801.6亿美元，占中国对外直接投资存量总额的88.3%，其中，2010年中国对外直接投资流向租赁和商务服务业302.8亿美元，同比增长47.9%，占全部流量的44%。截至2010年中国海外企业投资行业的具体分布情况如表15-1所示。

表15-1 截至2010年中国海外企业投资行业的具体分布情况

行业	投资金额（亿美元）	所占份额
租赁和商务服务业	972.5	30.7%
批发和零售业	420.1	13.2%
采矿业	446.6	14.1%
金融业	552.5	17.4%
交通运输、仓储和邮政业	231.9	7.3%
制造业	178	5.6%
房地产业	72.7	2.3%
信息传输、计算机服务和软件业	84.1	2.7%
居民服务和其他服务业	32.3	1%
建筑业	61.7	1.9%
水利、环境和公共设施管理业	11.3	0.4%
科学研究、技术服务和地质勘查业	39.7	1.3%
农林牧渔业	26.1	0.8%
其他	4	0.1%

资料来源：根据《2010年度中国对外直接投资统计公报》计算而得。

综合来看，现阶段中国海外企业发展具有如下四个特点：一是发展速度较快；二是投资领域多数集中于商务服务、批发零售、资源开发、金融和制造行业；三是投资地区主要集中于北美和亚太地区；四是以国有企业对外投资为主（占2010年投资存量的66.2%）。

第二节　海外企业设立

一、设立海外企业的基本条件和要求

申请举办海外企业的单位，必须是经各级政府主管部门批准、在国家工商行政管理部门登记注册的具有法人资格的公司、企业或其他经济组织（不包括外商独资企业）。申请在海外举办贸易性企业的单位，必须是经批准具有进出口经营权的公司或企业。目前，中国支持和鼓励有比较优势的各种所有制企业赴境外投资开办企业，主要有境外加工贸易、贸易与生产性企业、境外并购、资源开发等类型。

（一）基本条件

开办海外企业必须具备以下基本条件：

1. 能够筹集到资金，有对外投资能力；

2. 有一定的技术水平和业务专长；

3. 能配备国际经营管理人员；

4. 熟悉和了解投资所在国（或地区）的投资政策、投资环境、法律规定、市场商情、资源状况、劳动制度、外汇管理等情况。

（二）基本要求

具备以上基本条件的法人开办海外企业，必须符合下列基本要求之一，方能批准：

1. 能为国家提供长期稳定、质量符合要求、价格有竞争力、国内较长时期需要进口的原材料或产品；

2. 能引进先进技术和管理经验；

3. 能为国家增加外汇收入；

4. 能扩大设备、材料和其他产品的出口；

5. 能扩大对外承包工程与劳务合作业务；

6. 能为所在国或国际市场提供所需产品并且我方确有收益。

二、海外企业的战略选择

（一）目标选择

1. 中国在发达国家建立海外企业的目标是：

(1)避开贸易保护主义，确保与拓展市场；

(2)充实售前与售后服务；

(3)获取先进技术和国际市场信息；

(4)积累经营管理经验，培养人才。

2. 中国在发展中国家设立海外企业的目标是：

(1)开发和渗透市场；

(2)利用当地的原材料和自然资源；

(3)发展所在国民族工业，以增强其自力更生能力；

(4)在港澳地区主要为保持其经济的繁荣与稳定。

(二)项目选择

选择投资项目时，中方应考虑以下7个方面：(1)项目能利用当地资源或引进先进技术；(2)符合项目所在地经济发展的优先领域，可享受优惠待遇；(3)现阶段以投资少、见效快、易管理的中小项目为主；(4)可以发挥中国的技术经济优势；(5)可以机械设备、原材料、产品或技术、工业产权、劳务等出资，减少现汇出资；(6)控制高、精、尖技术和实验室技术输出；(7)禁止开办冲击中国外贸出口市场以及损害当地华侨利益的项目。

(三)区位选择

开办海外企业，要选择愿意同中国进行合作并鼓励外来投资的国家和地区。一般需要考虑如下因素并加以综合比较：政治形势比较稳定，有法律保障，具备必需的基础设施，赋税比较宽惠，所得利润及其他合法权益可以自由汇出，并有足够的市场容量等。目前，中国海外企业的区位战略重点，应放在发展中国家和地区，因为中国的产品结构和技术层次比较适合发展中国家和地区，设备、技术在这些国家和地区易被接受和吸收，同时，这些国家和地区为发展本国经济，纷纷制定优惠政策，欢迎各国投资，其市场潜力也较大。当然，在发展中国家和地区投资也有许多不利之处，如基础设施不发达、劳动力素质低等。这就要求我们确定投资区域时慎重考虑，全面分析，选择最佳区域。

(四)合营对象选择

举办海外合营企业是与外国合营者共同投资、共同经营管理、共享利润和共担风险。因此，合营对象的选择是关系企业成败的决定性因素。要慎重地选择合作伙伴，作好合作对象的资信调查。一般来说，要选择那些信誉高、资信好、有合作诚意并在当地有一定经济实力、经营能力和销售渠道的经济实体及企业作为合营对象。合营对象的资信包括三方面：

(1)合法资格。必须证明是某国某地依法成立的法人组织、团体，并有确实的名称和法定地址。

(2)履约能力。必须证明其经济状况具有履约的能力。经济状况包括资产负债情况、收支情况、主要活动经历及范围等。

(3)商业信誉。它除了与经济活动有关外，主要是指其经营历史、经营作风、经营渠道以及享有的声誉。以上资信情况，可以通过我国驻外机构或与该公司有业务往来的机构、银行进行调查，也可以要求对方提供具体情况，再加以核实。实践证明，在选择合营对象时，最好多联系几个合营者，通过分析比较以及他们之间的竞争，最后确定一个合适的合营对象。

(五)投资方式和出资比例的选择

1. 投资方式的选择

中国开办海外企业，有以下几种方式：

(1)独资企业

独资企业即依据所在国的法律，独立投资建立和独立经营的企业。这种方式可以保持绝对的经营控制权，使自己的技术绝对保密，可以获得全部的利益，但需要的资金较多，且风险较大。中国在国外开办的独资经营企业为数不多，一般采取有限责任公司的形式。

(2)合资经营企业

合资经营企业是按所在国的公司法或有关法律成立的作为经济实体的公司形式。一般都在所在国登记注册，成为独立的法人实体。公司的资本由合营各方按商定比例投入或认股，或部分由公司向银行贷款等方式筹集。一切资产和产品属公司所有，债务也全部由公司承担，公司按所在国规定纳税后，利润由股东按股份分红。

(3)合作经营企业

合作经营企业是按所在国的合同法或有关法律法规组织的并非独立法人实体的合作形式，一般不在所在国单独登记注册，而由合营各方分别以法人身份在所在国登记注册。合作经营是合作各方按所签订的协议确定其权利和义务的一种经济合作关系。所需资金由合营各方分别筹措，资产归各方所有，债务也由各方自行负担，合作经营企业本身不单独纳税，而由合营各方自行纳税。合营各方按协议规定分享利益或直接分得产品，其产品由各方自行销售或各自委托代理商销售。合作经营企业虽不是独立的法人实体，但可以合营体的名义对外进行经济活动。

目前中国在国外开办的合营企业，除了极少数资源开发项目采取合作经营外，绝大多数项目都采取合资经营。合资经营的优点是：可以利用当地的资本、销售渠道和技术，有助于获得政府批准，及获得当地货币贷款和税收优惠，并能分散经营和研究开发中的风险。缺点是在经营管理中易产生意见分歧，要与合营伙伴分享技术、经验和利润。在合资经营企业中，主要采取有限责任公司的形式。这种形式的特点是：责任有限，风险较小；股东稳定，关系密切；机构精干，易于决策；公司的设立、经营、解散、结业也都比较容易。

2. 出资比例的选择

合营各方在合营企业中所占投资比例大小，不仅涉及投资者对合营企业所负责任和所得利润的多少，还涉及在合营企业中的领导权和控制权等问题。国际上多数国家规定外国投资者的投资比例不得超过49%，有的国家规定某些行业外国投资者的投资比例不得超过40%，也有的国家规定外国合营者的投资不得少于30%。国际上合营企业的投资比例大体上有五种形式：外国所有权占少数（51%对49%）；外国所有权占多数（49%对51%）；50%对50%的所有权；49%对49%的所有权，而由独立的第三方相对掌握控制性股份；100%的所有权归一方（即独资企业）。中国对海外企业投资比例的方针是：

（1）尊重所在国的法律规定。

（2）根据不同的合营项目区别对待。

（3）与外方合营者协商一致。

至于对合营企业的领导权和控制权问题，可以在合营企业合同和章程中，按照平等互利、协商一致的原则，加以明确规定。在确定我方在合营企业中的投资比例时，必须弄清所在国法律规定，同时对合营项目认真进行可行性研究分析，以便确定一个双方都能接受的而且经济上可行的投资比例。另外，要根据具体情况采取灵活多样的形式。例如，加拿大投资与税收法规定，来加注册的外国公司，如与加方合资的份额各占总投资的50%，则按加拿大企业对待，税率标准为20%～25%；如外国投资份额超过50%，则视为外国公司，税率高达50%。根据加拿大这一法律规定，中国许多企业采取了合资方式，且合资比例基本控制在50%或低于50%。即便是以中方投资为主的企业，也以某种方法表明应享受加拿大公司的待遇，以免被课高税。

三、申请程序

（一）项目建议书（立项报告）

申请设立海外企业，首先要编制、呈报项目建议书，向国家立项。项目建议书是中方投资者向审批机关上报的文件，主要从宏观上论述项目设立的必要性和可能性，是立项的依据。其内容包括：对拟建项目的目的、投资方式、生产条件与规模、中方投资金额及投入方式、资金来源、市场前景和经济效益等方面作出的初步测算和建议。具体地说，项目建议书的主要内容和要求如下：

1. 中方单位名称、生产经营情况、主管单位名称、合作对象名称、注册国家和法定地址、法定代表人姓名、职务等。

2. 拟建项目的背景，投资的必要性和可能性。

3. 产品的销售地区(是否返销到国内)及市场分析。

4. 项目投资总额估算，中方投入资金额及投入方式(以技术设备和工业产权投入的，应说明技术和设备作价的外汇金额)。

5. 资金来源、构成以及借贷资金的条件。

6. 拟采用的生产技术和主要设备。

7. 其他建设和生产条件。

8. 经济效益的初步分析。

9. 主要附件，包括：

(1)合营对象的资信情况；

(2)中方驻在国(或地区)使领馆对拟建项目的审查意见；

(3)国内有关部门对投入资金的意向函件；

(4)产品销售市场情况的初步调研和预测报告。

(二)可行性研究报告

项目建议书经审批机关批准后，则进行可行性研究，编写可行性研究报告。可行性研究报告是合作各方对拟建项目的经济、技术、财务以及生产设施、管理机构、合作条件等方面达成一致意见的文件。可行性研究报告要由合作各方共同编制(投标购股或其他竞争性投标项目可由中方投资者单独编制)，或者委托国内外有权威的工程咨询机构编制或咨询，并为有关各方所确认。

可行性研究报告是在项目建议书的基础上编制的。它是合作各方投资决策的依据，即决定投资或取消该项目的依据，是下阶段工程设计的基础，是合作各方草签和正式签订合同文件的依据。编制可行性研究报告时，要对项目的各有关要素进行认真的全面的调查研究和综合论证，具体论述项目在经济上、财务上的合理性和盈利性，技术上的先进性、适用性和可靠性。报告内容必须实事求是，对各种不同的方案进行比较论证，提供的数据资料要准确可靠，符合投资所在国(地区)的有关法律、法规，对项目的建设和企业的生产经营要进行风险性分析并留有余地。

可行性研究报告的主要内容和要求如下：

1. 基本情况。包括：

(1)拟办企业名称、法定地址，合作各方名称、注册国家(地区)、法定地址和法定代表人姓名、职务、国籍。

(2)拟建项目总投资、注册资本、合营各方出资比例，中方股本额及自有资金额、出资方式、资金来源构成。

(3)合作期限、合作各方利润分配和亏损应承担的责任。

(4)项目可行性研究的概况、结论、问题和建议。

2. 产品方案及市场需求情况。包括销售预测、销售方向、产品竞争能力(如产品返销国内,要有国内市场情况分析)、产品方案、建设规模和发展方向等。

3. 资源、原材料、能源、交通等配套情况。

4. 建厂条件及厂址选择方案。

5. 技术设备和工艺过程的选择及其依据。包括:技术来源、生产方法、主要工艺技术和设备选型方案的比较,引进技术、设备的来源等。

6. 生产组织结构及经营管理方式。

7. 建设方式、建设进度及其依据。

8. 投资估算及资金筹措。包括资金总额(含固定资产投资、流动资金和建设期利息)、资金来源与筹措方式及贷款的偿还能力、方式及担保方等。

9. 项目经济分析与投资环境评价。包括财务分析、国民经济分析、不确定性分析及政治、法律环境评估。主要采用动态法、敏感性分析法进行项目效益和收支情况的分析。

10. 主要附件。包括:

(1)合作各方资产负债表、损益表。

(2)外汇管理部门对投资外汇风险审查和外汇资金来源审查的意见。

(3)投资所在国(地区)有关投资的主要法律、法规等。

(4)国内有关部门对资金安排的意见(动用国拨资金的,须附财政部门的批准文件)。

(5)有关金融机构对境外贷款的承诺文件。

(6)产品返销国内的,要有国内有关部门对返销产品的安排意见。

(7)有关部门在以专有技术(含设备)投资的项目中,对专有技术出口的审查意见。

(8)项目建议书的审批文件。

(三)合同与章程

项目建议书和可行性研究报告经企业主管部门审查同意并转报审批机关批准后,即可在此基础上商签合资、合作经营合同和企业章程(中方独资企业只签订企业章程)。所签订的合同和章程如与批准的可行性研究报告的原则不相符合,应报经原审批机关同意;合同、章程(草案)需预先送审批机关审核,同意后方可与外方合营者正式签署。正式签署的合同和章程,经申报审批后即具有法律效力。

1. 海外合营企业合同

所谓海外合营企业合同,是合营各方为设立海外合营企业就相互权利、义务关系达成一致意见而订立的文件。它是合营企业设立和经营的基础，是合营各方合作共事的保证，也是调解、仲裁或诉讼的基本依据。

(1)签订合营企业合同时应注意的问题：

①要有长期观点。即合同的内容要经得起长时间的各种情况变化的考验。

②要有全面观点，要周密考虑，妥善制定好合同的各项条款。

③对土地使用权的取得，设备、原材料、燃料、动力供应，产品销售，各种许可的取得，劳动力来源，工厂、基础设施的建设等要逐一落实。

④既要充分体现平等互利的原则，又要符合所在国的有关法律和政策。

⑤合同草案力争由中方提出，以争取主动。

⑥合同中对中外合资者各自的权利和义务要作出明确的规定，内容要完备，要求要具体，责任要明确。

⑦签订合同前，不仅要对合资对象的资信进行审查，而且要对签约人的法定代表资格进行审查。

⑧制定合同时要有律师和会计师参与，逐一审核、核对合同。

⑨合同文字要清楚明确，凡属法律用语和会计用语，都要符合国际惯例和通用习惯，以免产生难以解释和难以执行的麻烦。

⑩合同的正式签订必须经过有关领导机关批准后才能进行。

(2)海外合营企业合同的主要内容：

①合营各方的名称、注册国家、法定地址和法定代表人的姓名、职务、国籍。

②合营企业名称、法定地址、经营范围和规模。

③合营企业的投资总额，注册资本，合营各方的出资额，出资比例，出资方式，出资的缴付期限以及出资额欠缴、转让的规定。

④合营各方利润分配和亏损分担的比例。

⑤合营企业董事会的组成、董事名额的分配以及总经理、副总经理及其他高级管理人员的职责、权限和聘用办法。

⑥采用的主要生产设备、技术及其来源。

⑦原材料购买和产品销售方式和比例。

⑧外汇资金收支的安排。

⑨财务、会计、审计的处理原则。

⑩有关劳动管理、工资和福利、劳动保险等事项的规定。

⑪合营企业期限、解散及清算程序。

⑫违约责任。

⑬解决合营各方之间争议的方式和程序。

⑭合同文本采用的文字和合同生效的条件。

2.海外合营企业章程

所谓海外合营企业章程，是指企业的组织机构、经营管理和业务活动的根本准则。章程必须反映合作各方的根本利益和要求，它以合同为基础，其格式要符合对方国家的规定。章程是在当地注册的必备文件，一经注册，即受到法律保护。

海外合营企业的章程包括以下内容：

(1)合营企业名称、法定地址。

(2)合营企业的宗旨、经营范围和合营期限。

(3)合营各方的名称、注册国家、法定地址、法定代表的姓名、职务和国籍。

(4)合营企业的投资总额、注册资本，合营各方的出资额、出资比例、出资额转让的规定，以及利润分配和亏损负担的比例。

(5)董事会的组成、职权和议事规则，董事的任期、董事长、副董事长的职责。

(6)管理机构的设置、办事规则，总经理、副总经理及其他高级管理人员的职责和任免办法。

(7)财务、会计、审计制度的原则。

(8)解散与清算。

(9)章程修改的程序。

(四)申领批准证书和办理营业执照

申请举办海外投资企业，其可行性研究报告、合同和章程经批准后，由承办单位提出申请，逐级上报申领批准证书。非贸易性海外投资企业的批准证书，申请经贸部颁发；贸易性海外投资企业的批准证书，申请省级经贸委(厅)颁发。中方合营者将中国政府批准合同和章程生效的日期通报外方合营者，由外方合营者负责办理在当地注册登记的一切手续。有的国家规定，合营企业的合同和章程，还需经所在国政府部门审查批准后才能办理注册登记手续。一旦获得注册登记，合营企业即告成立。

(五)中国有关部门需办理的手续

海外企业获得批准后，中国有关部门，如中国银行、海关总署、外交部等，将根据正式批准的文件和海外企业的合同，办理投资的汇出，外汇支付，设备物资的进出口，人员的派出等手续。

四、审批程序

(一)审批权限

中国的公司、企业和其他经济组织在国外开办合营或独资企业，须经省级以上商务主管部门核准，其中经商务部批准的外商投资企业赴境外投资开办企业由商务部核准，其他外商投资企业赴境外投资开办企业由省级商务主管部门核准。省级商务主管部门不得向下级地方商务主管部门委托境外投资开办企业的核准事宜及增加核准环节、申报材料和核准内容。根据商务部制定的审批程序和管理办法，具体的审批权限如下：

1. 中方投资额在100万美元以下且不涉及国家综合平衡的项目，由有关省、自治区、直辖市和计划单列市人民政府或国务院有关部门审批。

2. 中方投资额在100万美元以上（含100万美元）的项目，以及虽在100万美元以下，但需向国家申请资金，或其境外贷款需国内担保，或产品返销国内等需国家综合平衡的项目建议书，先由国家计委审批项目，再由商务部审批协议和合同。

3. 中方投资额在3 000万美元以上（含3 000万美元）的项目，由国家计委会同有关部门初审后报国务院审批。

4. 已批准开业的企业，在企业所在国或其他国家、地区设立其经营范围以内的分支机构或子公司，由省、自治区、直辖市和计划单列市人民政府或国务院有关部门审批。

5. 前往未建交国家、港澳地区及其他敏感地区投资的项目，由商务部审批。

6. 国务院管理的公司和国家计划单列的企业集团投资的非贸易性项目，一律报国家计委审批。经批准的企业如调整生产经营方向、规模、增资、变更股本或撤销项目等，均应按原审批程序报批。若增资额超过规定限额，应报国家计委审批或由国家计委初审后报国务院审批。

（二）审批程序

项目的审批一般分两步进行：第一步，审批项目建议书；第二步，根据项目的进展情况，审批可行性研究报告和合营合同、企业章程等。对投资额较小、业务比较简单的非生产性项目，也可两步合并为一次审批。凡属商务部审批的项目，由主办单位向其上级主管部门或省、自治区、直辖市和计划单列市人民政府提出申请，并呈报项目建议书、可行性研究报告、合营合同和公司章程等文件，经审核同意后转报商务部审批，经批准后颁发批准证书。需先由国家计委审批的项目，其项目建议书和可行性研究报告，要按项目的隶属关系，分别由省、自治区、直辖市、计划单列市的计划部门或国务院主管部门提出初审意见，报送国家计委，由国家计委会同有关部门审批，再由商务部审批协议和合同。

凡属省、自治区、直辖市和计划单列市人民政府或国务院有关部门审批的项目，由主办单位直接报批。经批准的项目，由审批机关将申报和批准的文件送交商务部备案，并由商务部颁发批准证书。

第三节　海外企业的宏观管理

一、海外企业的指导原则和战略重点

(一)指导原则

中国发展海外企业,应当遵循下列四项原则:平等互利、讲究实效、形式多样、共同发展。平等互利是合作各方能够持久合作的关键。中国在国外开办的企业,要尊重所在国主权,不干涉他国内政,不附带任何政治条件,除了双方政府协议规定的和企业所在国有关鼓励外国投资法规中所赋予的权益之外,不要求其他任何特权。中方派往海外企业的人员要遵守所在国的有关法规,尊重当地的风俗习惯。在海外企业内部,合作各方依法具有平等、协商、参与企业决策和管理的权利,按投资比例或协议规定共享利益,共担风险。

在国外设立海外企业时,中方要充分注意从合作各方的实际需要和可能条件出发,发挥各自的优势,力求取得良好的经济效益和社会效益。在商定合营项目过程中,注意选择两国互有需要和优先发展的领域与行业。项目规模以中小型为主,力求投资少、筹建期短、收效快,以后再根据需要逐步发展。少数规模大的资源开发项目,采取统一规划,分阶段实施,逐步扩大规模,使双方都能得到良好的收益。开办海外企业时,中方要充分考虑所在国和合作对象的具体情况,做到因时因人制宜。采取何种组织形式,主要根据企业的经营范围、业务性质和所在国的有关法规决定。在投资方式上,中方可用设备、材料、工业产权、专有技术等作为投资,也可用现金投资。投资比例按所在国法律由各方商定。合营的对象可以是所在国的国有企业或私人企业,法人或自然人,也可有第三国方面参加。

(二)战略重点

根据商务部、外交部2007年1月31日发布的《对外投资国别产业导向目录(三)》,中国开办海外企业的战略重点,主要放在以下方面:

1.合作开发资源。主要是解决中国某些重要资源的短缺。

2.发展工农业生产企业。包括重工业、轻纺工业、交通运输业、木材加工业、农业、渔业、牧业、建筑业、加工装配与维修业、地质勘探和采矿业、水利电力、建筑材料、石油化工等。设立合营企业则主要由我方提供设备、技术、物资、技术指导和经营管理。

3.对外承包工程和劳务合作的海外企业。可以为完成一项承包工程而组建

企业，也可组建综合性承包工程公司。我国除可投入资金，还可以提供施工机械、工具、材料，承担设计、施工，派出各种专业技术人员和工人。

4.工贸、技贸结合的海外企业。主要是引进先进技术和新产品、新工艺，为老厂改造服务，提高产品质量，创造新产品，使之进入国际市场。

5.为扩大产品和设备出口的加工装配企业。由中国提供加工装配的设备、技术和产品的散装件、零部件，在企业所在国加工装配成整机销售。

6.咨询服务和技术服务合作的企业。可利用外商的资信和渠道，开展市场调研，掌握商业、经济、科技动态和信息，引进技术和设备，吸引外资，以及在国外招揽承包工程和劳务合作。

7.经营风味餐馆。

二、中国政府对海外企业的管理与扶持

(一)对海外企业的管理

所谓对海外企业的管理，是指对海外独资企业或合营企业的中方投资人的管理，其内容包括：一是促进、扶持、保护、奖励；二是限制、监督、检查、惩罚。中国政府对海外企业的管理，主要由国务院主管部门（如国家计划委员会、商务部、海关总署、中国人民银行等）根据国家法律，运用行政和经济手段来进行。其中，商务部的归口管理是海外企业管理的一个重要方面。其主要职能是：制定审批和管理办法；对投资的方向、领域和重点进行规划和安排；对投资的国别、项目、规模进行协调；研究解决具有普遍性的问题；制定有关海外企业中方人员奖惩、考核等方面带有共性的规定和制度等。

省、自治区、直辖市和计划单列市人民政府或国务院有关部门对其所属企业在国外投资举办的企业的管理，其主要职能与上述商务部的职能基本相同，也属于行政性管理，只是范围和深度不同。海外企业在海外依法登记注册后，中方常驻人员要向中方驻当地使（领）馆或港澳工委报到。在外期间，要接受中方使（领）馆或港澳工委在方针、政策和政治思想工作、党团组织生活等方面的领导，并定期汇报工作、学习和政治思想的情况，凡重大问题必须随时请示报告。海外企业对外正式开业后，要严格遵守所在国家或地区的法律、法令，严格按照批准的和注册的业务范围开展活动，建立健全各项规章制度，并报国内有关部门备案。海外企业对外正式开业一周内，要将登记注册证书（影印本）、中外文名称、法定名称、邮政编码、电话、电传、传真、中方常驻人员姓名及职务、开户银行名称及账号等，分别报我驻当地使（领）馆或港澳工委以及商务部和省、市有关部门备案。每年要向国内有关部门报送财务报表，年终要将全年工作情况写出书面总结报告，通过国内投资单位及其主管部门上报国内管理部门。海外企业国内原

隶属关系不变，要接受国内投资单位及其主管部门的领导。例如，在生产经营管理方面，国内主管部门及投资单位，要对其所属的海外企业实行岗位目标责任制管理，每年核定切实可行的任务指标，并制定相应的奖惩办法；在人员选派和管理上，主管部门任命总经理并推荐其他人员等。

（二）对海外企业的主要扶持措施

中国的公司、企业和其他经济组织到国外投资，开办合营或独资企业，受中国政府的鼓励和法律的保护。中国已经制定的一系列涉外经济法律、法规、条例和规定，同样适用于海外企业的中方。海外企业的中方作为中国的法人，派往海外企业工作的中方人员作为中国公民，都受中国法律的保护。另外，中国同其他国家签订的双边投资保护协定及避免双重征税和防止偷漏税的协定，为海外企业的正常运行提供了重要保证。投资者不仅在许多重大和具体问题上有法可依、有章可循，而且在资金、税收和利润等方面可以得到一些优惠。

为促进海外企业的发展，中国政府采取了以下鼓励和扶持措施：

1.资金筹措

中国对外投资开办企业的法人大多是国营企业。它们开办海外企业所需资金主要靠自筹解决；开办资源开发或投资较多的生产性企业，主办单位除自筹部分外，可向国家银行申请贷款，各金融部门应优先安排。以现汇出资的允许使用调剂外汇，外汇管理部门优先给予安排。

2.税收减免

国内投资单位从海外企业分得的利润或其他外汇收益（不论中国与海外企业所在国是否签有避免双重征税协定），自正式投产或开业之日起，五年内免征所得税。资源开发项目的产品，凡纳入国家进口计划的，享受同等关税和待遇。海外企业中方作为投资带出的设备、器材和原料，海关凭批准证书和合同副本放行，免征出口税。

3.产品返销和返回

海外企业的产品，凡属中国需要进口的，在同质同价的条件下可申请列入国家计划，优先安排进口。对于不能纳入国家进口计划或不属于外贸专业公司经营范围的产品，允许海外企业的主办单位在自负盈亏的原则下自行经营；但属于国家限制进口的产品，须经有关部门批准并取得进口许可证后，方可自行经营。对中方以利润形式分得的产品，允许运回并自行经销。

4.设备材料供应

中国政府鼓励用国产设备、材料等作为合营企业的中方投资。凡属统配、部管产品的订货生产，可申请纳入国家计划。

三、海外企业的外部环境

所谓海外企业的外部环境，是指所有能影响海外企业生存和发展的外部因素总和。研究影响海外企业活动的环境因素和结构，了解其基本规律，对于有效地进行海外企业的经营管理具有重要意义。

海外企业的外部环境，主要包括：经济、政治、社会文化、法律、技术、竞争、自然地理、劳动力等方面。以下概述几个重要的环境因素。

(一)经济环境

所谓经济环境，是指与海外企业有关的各种经济因素的总和。在企业所必须面对的不可控的外部因素中，经济因素是最直接、最有影响的因素。企业经营者必须随时掌握经济环境的最新发展和变化，才能制定出科学的决策和计划。经济环境的内涵主要包括：

1.所在国收入水平。收入水平是用不同指标表示的各类收入的高低，通过它可对市场规模、市场潜力及市场购买力有大致的认识。收入水平一般可用所在国国民生产总值(GNP)和人均GNP表示。另外，还应了解个人可支配收入、家庭收入水平以及所在国收入分配状况。

2.人口。包括人口数量、人口增长率、人口的年龄结构和人口的地理分布。

3.经济发展阶段。海外企业的经营者必须了解所在国及相关市场所在国的经济发展阶段。

美国经济学家罗斯托将经济发展划分为六个阶段：传统社会，起飞准备阶段，起飞阶段，趋向成熟阶段，高度消费阶段，追求生活质量阶段。处于前三个阶段的国家是发展中国家，后三个阶段的国家是发达国家。处于不同发展阶段的国家，其经济发展水平、基础设施、融资环境、人民购买力及对商品的需求等都是不同的，在制定海外企业经营策略时要区别对待。

(二)政治环境

1.政治环境的内涵

海外企业的生产经营都是在当地政府的许可下进行的，东道国的政治环境对企业的生存、发展有较大的影响。政治环境包括：国家的国体和政体、所在国政治稳定性及所在国的政治措施等。

2.政治风险的内容

海外企业所在国，或其市场所在地的政治变革和经济政策的变化，会导致企业经营活动的中断或不连续，即遭受政治风险。一般情况下，政治风险主要来自东道国政府的干涉与限制，包括以下几方面：

(1)资金、货物、人员的所有权不得自由转移；

(2)违约或单方面修改合约及协议；

(3)改变租税、强制性转包；

(4)法律上歧视等差别待遇；

(5)因暴动、骚乱、革命及战争所带来的财产损毁乃至人员生命危险；

(6)国有化政策的实行。

3. 政治风险的防范

为尽量减少政治风险，海外企业应注意做到以下几点：

(1)在东道国以客人身份妥善行事；

(2)坚持互惠互利，同当地雇员及东道国共同分享利润；

(3)尽量使用东道国语言；

(4)兴办有益的公共事业，建立良好的公共关系；

(5)适当任用一些有能力的当地人。

(三)社会文化环境

所谓社会文化环境，是指社会意识、价值观念、风俗习惯、宗教信仰等因素的总和。海外企业的所有职能活动，包括生产、营销、财务、研究开发、人事管理等都要受文化环境因素的影响和制约。社会文化环境的内涵，主要包括：

1. 语言。语言是沟通的工具。海外企业管理人员在工作中会遇到同外方员工及当地政府、消费者之间沟通的问题，除了努力提高当地通用的商业语言水平外，应尽量学会使用当地语言。

2. 宗教。宗教影响人们的生活态度、价值观念、消费倾向和企业的经营作风，这对于海外企业的经营会产生直接影响。海外企业经营管理人员应了解企业及市场所在地的宗教节日和宗教禁忌，尊重当地的宗教信仰并适度加以利用。

3. 教育水平。教育水平是指一个国家(地区)人民的教育普及程度和人民的文化水平。它反映了一国人民的精神面貌、价值观念、消费者的购买倾向及雇员的素质等，影响到海外企业市场营销、人事管理等职能活动的开展。

4. 风俗习惯。海外企业在东道国生产经营，要尊重当地的风俗习惯，包括衣、食、住、行、婚丧嫁娶等方面。

(四)法律环境

法律是由国家制定并以国家强制力保证实施的各种行为规则的总和，其适用范围是以其主权所及的领土为限。现行的法律体系，大致可分为两个系统：一是普通法系，一是大陆法系。普通法系重视习惯及判例，起源于英国法律系统。除了英国，美国、加拿大及其他曾处于英国影响之下的国家也属普通法系。大陆法系起源于罗马法律体系，其判决基础大致都有可供遵循的法律条文，世界各国大多数采用这一法系。不同的法系差别较大，采用相同法系的国家的具体法律条款也不尽相同。因此,海外企业管理人员要深入了解东道国和市场所在国的法律规定,同时,要熟悉有关的国际公约和惯例,依法经营,保护自身正当权利。

第四节　海外企业的微观管理

海外企业的经营目标,是在不损害国内利益的前提下,根据所在国家或地区的法律规定,按照国际惯例进行生产和经营管理,实行自主经营,独立核算,自负盈亏,为国内提供需要的资源、技术并力争多创外汇。由于海外企业面临的经营环境较国内复杂得多,其经营管理与国内企业有很大的差别。

一、计划管理

(一)计划管理的内涵

计划管理,是海外企业管理的基本职能和首要职能,主要包括:确定目标以及为实现目标而制定行动方案。概括地说,计划就是对市场需求和社会需要进行预测,并据此确定经营目标和方针政策,设计、选择经营方案的过程,其目的是为了充分利用资源,实现海外企业的经营目标。

(二)计划的步骤

海外企业计划工作可以分为如下六个步骤:

1.对海外企业的经营活动和使命加以明确的界定。

2.规定海外企业目标。海外企业的目标应是一个完整的目标体系,它涉及利润、竞争实力、生产、财务、市场营销、社会责任、与东道国及合作伙伴关系、环境保护等各方面内容。

3.论证目标。

4.分析企业的外部环境和内部资源,对企业目标进行修订。

5.制定战略计划。管理者以海外企业目标、外部和内部环境的分析为基础,制定企业战略,以最大限度地发挥企业优势,实现企业目标。

6.制定战术计划。即制定战略计划的具体实施方案。

(三)计划管理应注意的问题

海外合营或独资企业在进行计划管理时,要在不影响我国国内利益的基础上,发挥自主权,制定切实可行的目标和战略、战术计划。对于独资企业或我方占有多数股权的合资经营企业,要遵循国内投资主体的总体战略和统筹规划,制定企业目标和计划;对于合作经营企业或我方占有少数股权的合资经营企业,也要依据合同规定,积极参与企业的计划工作,尽量维护中方利益,并保证海外企业的长期顺利发展。

二、组织管理

（一）组织管理的内涵

所谓组织管理，是指对从事各项活动的人们的协作体系或系统的管理。组织作为一种重要的管理职能，就是按计划要求和权责关系原则，将企业人员编排组合成一个分工协作的工作系统或管理机构体系，以实现人员、工作、物质条件和外部环境的优化组合，圆满达到企业的既定目标。

（二）组织管理的原则

建立和完善合理的组织，必须遵循以下原则：

1. 目标一致性原则。组织管理是一个追求目标的有机体，组织的目标能否顺利实现，是评价其组织结构是否合理的最终尺度。因此，组织内部各要素及其关系的配置，都要以有利于组织总体目标的顺利实现为客观依据。

2. 有效性原则。有效性原则是指组织结构和每项组织活动，都能够有效地实现企业的目标。为此，一方面要求组织结构能及时调整，以适应外部环境的变化及企业战略和目标的变化，并能在变化中有效地完成任务，实现目标；另一方面要求组织结构内部各层次、各单位都能有效地执行其职能，即组织结构内的每个人的活动都是有效的。

3. 责权相对称的原则。职责和权力既涉及组织的权力结构，又关系到组织的角色结构。合理的组织结构必须使组织中的每一个职能结构及其每个工作岗位，既要明确其职责范围和期望行为，又要赋予其完成该职责和实现该期望行为的权力，使责权对称，协调统一。

4. 纵向管理和横向管理相协调的原则。纵向管理就是进行合理分工，建立合理的垂直组织结构，划清职责范围。横向管理则是在分工的基础上，加强协作，相互配合。只有二者相协调，形成一个有机整体，才能实现组织的目标。

（三）海外企业的组织机构

海外企业组织机构的形式，与企业规模的大小、生产技术特点、市场需求变化等因素相适应。合资经营企业实行董事会领导下的总经理负责制。董事会作为企业的最高权力机构，凡是企业决策性、全局性、长期性和战略性的重大问题，都属于董事会职责范围。董事会人数的多少，应根据企业的规模、投资方的多寡和企业的业务量来决定。由于表决制的需要，董事人数大多是奇数。合营一方担任董事长，则由他方担任副董事长。总经理是企业经营管理的最高执行者，处于企业日常管理的中心位置。总经理可由一方委任或双方轮流担任或聘请非合资方的人员担任。合营一方担任总经理，则由他方任第一副总经理。由于正副董事长和正副总经理分别由中外各方担任，各自代表不同的利益，在企业经营管理中会产生分歧，这就要求合作各方从企业的整体利益出发，不能偏袒某一股东方的利益。合作经营企业通常没有统一的组织管理机构，管理方式也较灵活。合作双方可以成立联合管理委员会，各自委派代表，定期讨论管理问题；也可以成立对等代表机构，履行项目合同中的权利和义务；还可以由合作经营企业委托其中的一方或第三方进行管理。

规模较大的海外合资企业，可以采取如图 15-1 所示的组织机构形式。

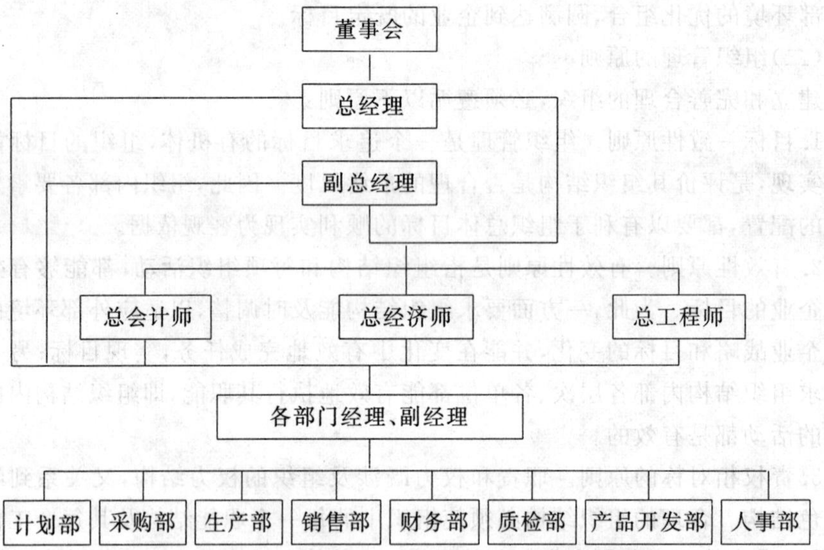

图 15-1　海外合资经营企业组织机构示意图(规模大)

规模较小的海外合资企业可采取如图 15-2 所示的形式。

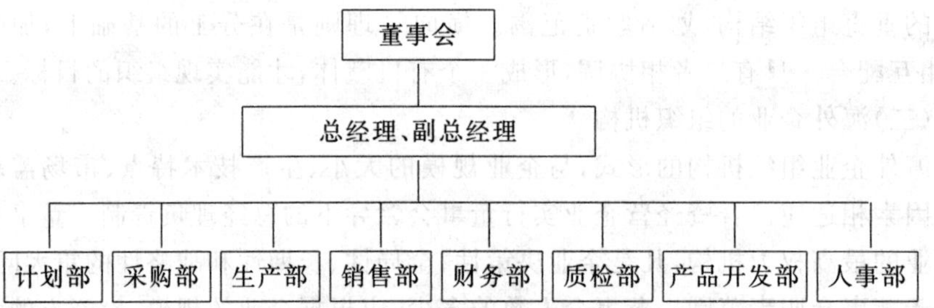

图 15-2　海外合资经营企业组织机构示意图(规模小)

在发达国家和地区设立的海外企业，其采购部门一般不很发达，因为它们所面临的原料市场是买方市场，企业需要的原材料可以很方便地由卖方推销部门提供；而设立在不发达国家和地区的海外企业，则需设有较庞大的采购部门。海外企业一般较重视营销部门，因为作为生产经营型企业，其经营方针是以销定产，企业经营状况的好坏，取决于其销售收入和成本。企业的其他职能部门，要根据销售部门接受的定单相应安排自己的作业计划。海外企业实行自主经营、独立核算、自负盈亏，所以较重视财务部门。

三、生产管理

(一)生产管理的内涵和任务

1.生产管理的内涵

生产管理是企业对生产活动进行的计划、组织和控制。它是企业管理的重要组成部分，有狭义和广义之分。

(1)狭义的生产管理，是指以生产过程为对象的管理，即对生产技术、设备、原材料投入、工艺加工直至产品或劳务完工的具体活动过程所进行的管理，主要包括：生产过程组织、生产技术准备工作、生产作业计划的编制和生产控制等。

(2)广义的生产管理，是指对企业的全部生产活动进行综合性、系统性的管理。其内容包括：生产过程组织，劳动组织和劳动定额管理，生产技术准备，生产计划和生产作业计划的编制，生产控制，物资管理，设备和工具管理，能源管理，安全生产，环境保护，质量管理等，它是以企业的生产系统为对象的管理。企业的生产系统包括：输入、转换(生产制造)、输出和反馈四个环节。生产系统的输入，是指把生产诸要素和信息投入生产过程，这是生产系统运行的第一个环节。生产系统的转换，是指生产制造过程。生产系统的输出，是指转换的必然结果，包括产品和信息两方面内容。生产系统的反馈，是指将输出的信息如产量、质量、进度、消耗、成本等回送到输入端或生产制造过程，以发现问题、采取措施。

2.生产管理的任务

生产管理的任务是：按照规定的产品品种、质量、产品计划成本和产品交货期限完成生产任务，满足企业之外的市场需要，并提高企业的生产效率。

(二)生产系统的设计和运行

一个生产系统本质上就是以创造价值为目的的一系列相互联系的职能活动。设计一个生产系统必须考虑以下四个方面的问题：

1.工厂选址。工厂选址影响生产成本和分销成本，二者是此消彼长、互相矛盾的，所以要使二者之和最小。通常选择交通便利、资源丰富、人员稠密的地区，还要根据市场的需求、竞争对手厂址的影响、员工的爱好和当地政府规定的优惠条件等加以修订。

2.工厂布置。设计人员要力求使建筑面积发挥最大效用，同时还要为每个部门的发展留有余地。

3. 原材料处置。对原材料处置进行周密计划会大大节约生产成本。可采取的措施有尽量缩短运输距离、避免空载或实现双向运输、尽量缩短机器间距离等。

4. 与人相关的因素。如工作环境的墙壁颜色，标志、标语所用的文字以及是否有专门的餐厅等等。

生产系统投入运行后，管理人员的活动包括两类：生产性活动和支持性活动。生产性活动的职责就是安排好生产力、原材料和机器设备，按质按量按预算费用生产产品，及时发现阻碍正常生产的问题并加以改进。每个生产系统又都需要保证其生产正常运转的支持性活动，其中包括质量控制、存货控制、采购和维修等。

(三)生产的标准化和专业化

中国一些实力雄厚的公司或企业在设立海外企业时，一般根据生产专业化分工安排国外投资，以充分利用各地资源，达到成本最小。同时，为了加强管理，增强竞争能力，一些大公司都愿意在全世界范围内把生产过程和生产程序加以标准化，这样可以简化人员、降低成本，便于质量控制和生产维修，且有利于计划工作。这些大公司的海外企业在设计生产系统时，应考虑国内投资主体的生产专业化策略和生产标准化策略，当然，也要兼顾企业的总体利益和合作伙伴及东道国的利益。

四、市场营销管理

海外企业的市场营销活动是整个经济活动的核心。所谓市场营销，是指企业一切与市场有关的活动，包括产品、价格、销售渠道和促销四个因素的组合。海外企业面临的市场复杂多样，实行适当的市场营销策略是加强其经营管理的重要方面。

(一)海外企业产品的销售方向

海外企业产品的销售方向，一般包括四个方面：

1. 在东道国销售；

2. 在国内总公司统一调拨下销往其他海外企业；

3. 销往其他国外市场；

4. 返销本国。

海外企业的市场可能是以上的一种或者几种，其各自所占比例取决于双方的投资目的、力量对比以及协商的结果。

(二)双方投资目的及对营销活动的控制

中方开办海外合营企业，除了资源开发性项目，主要为开拓当地市场和国际市场，换取外汇。而东道国吸引外资建立合资企业是为了充分利用本国资源，引进技术和资金，出口创汇，并打入国际市场。双方的目的有共同之处，但也有很大差别。所以制定海外企业的市场营销策略时，要正确处理合作各方利益的关系，力求使各方利益统一起来，保证海外企业的长久顺利发展。对营销活动的控制，是指海外合营企业中哪一方控制物资采购权和产品销售权。一般分为四种情况：

1. 外方单独控制供销两头。这类企业生产项目的引进、原辅材料的供应和产品的销售渠道均被外方垄断，整个企业基本上是外方控制。

2. 供、销分别由中外双方控制。这是根据中方和外方各自的优势，分别掌握营销权利。

3. 中外双方均部分控制供、销权利。即中外双方在物资采购和产品销售上，都部分具有控制能力。

4. 中方全部控制供销权利，这种情况对我方最为有利。

对营销活动的控制情况取决于双方在资金、技术、销售渠道等方面的力量对比情况。我们要在平等互利的基础上，争取较多的营销控制权，以获取较多利益。

(三)海外企业的市场营销组合策略

海外企业通常采取市场营销组合策略。市场营销组合策略是指各种市场营销手段和方法的有机配合，综合应用，有效地引导消费者的欲望，影响消费者行为，以最少的费用获得最大的销售效果。它包括产品策略、价格策略、销售渠道策略和促销策略。海外企业应根据不同的销售方向，在对各个市场进行调查分析的基础上，制定切实可行的营销组合策略。

1. 产品策略

产品策略是市场营销组合策略的核心内容。主要包括产品生命周期策略、产品组合策略和产品开发策略等。

(1)产品生命周期策略

产品生命周期，是指产品在完成试制后，从投放市场开始到被淘汰、停止生产为止的全部时间，一般包括四个时期：投入期、成长期、成熟期与衰退期。海外企业在生产与经营中，要调查了解产品在不同国家和地区所处的生命周期的不同阶段，抓准时机打入不同的市场，及时淘汰老产品、推出新产品，利用产品在各个市场所处的不同阶段，将在甲市场处于下降阶段的产品转向尚处于上升阶段的乙市场，以延长产品的生命周期。

(2)产品组合策略

国际市场上，由于政治、经济、文化等方面的差异，消费者相同的需要未必能用相同的产品来满足。为适应需求的多样化，海外企业应选择多品种生产。产品组合策略就是企业如何确定不同产品之间的合理结构即组合问题。具有相同功能但型号规格不同的一组类似产品称为产品系列。产品组合,包括:产品系列的宽度、同系列产品的深度以及各种产品之间的关联性。产品系列的宽度,是指企业产品系列的个数;同系列产品的深度,是指同一系列内的产品品种数;各个产品系列之间的关联程度即为产品间的关联性。海外企业应根据市场需求情况和自身的条件,选择适当的产品组合,以获取较大利润。

(3)产品开发策略

国际市场上竞争激烈,不断推出新产品是海外企业生存的必由途径。开发新产品具有以下作用:一是满足消费者的多样化需求;二是避免因现有产品衰退而导致经济效益降低;三是充分利用海外企业现有的人力、物力、财力;四是增强在国际市场上的竞争实力。海外企业开发新产品,首先要研究国际市场的需求,进行产品设想和构思,然后经过筛选和成本、利润的分析即开始研制开发,经过市场测试和试销后正式上市。海外企业制定产品开发策略时,要注意以下问题:

①树立产品的整体观念,即消费者购买的商品不仅仅是个实物产品,而是一个整体产品,除了产品实体外,还包括质量、品牌、款式、特色、附件、售后服务及使用说明等。

②提高产品质量,以优质取胜。

③大力发展名牌拳头产品。

④遵循国内投资主体的研究开发策略,服从整体规划。

2.定价策略

价格的高低不仅关系到产品销售收入的多少,也影响需求量的变化。海外企业制定定价策略时,要确定定价目标,分析影响定价的有关因素,包括市场供求状况、国别政策、成本条件、金融市场动态、运费、保险费以及竞争因素等,采取不同的定价方法,制定灵活的定价策略。海外企业的定价目标有:获得一定的投资报酬率,保持价格稳定,保持或增加市场占有率,应付或避免竞争以及获得最高利润等。在定价政策方面,有三种不同的方法:

(1)竞争导向定价

一般适用于大宗商品市场的定价,如小麦、咖啡的定价问题。这些商品的价格是大量买主和卖主通过多次交易达成的,公司实际上没有定价政策,仅是价格的接受者。

(2)成本导向定价

定价时,将单位总成本加上一定比例的利润作为价格,需求因素对价格的影响不大。

(3)需求导向定价

需求导向定价要求对需求的大小进行估计,需求大时定高价,需求小时定低价，不管成本是否相同。海外企业在制定价格策略时，在遵守当地法律法规的基础上，可采取一些符合国际惯例的或国际通用的技术性措施，减少纳税，提高企业经济效益。例如，转移定价，减少所得税和关税，逃避外汇管制和击败竞争对手。但要注意各国对转移价格的管制，例如美国在 1954 年的国内税收法的第 482 节和财政部 1968 年颁布的国际定价管理办法中，对公司内部的转移价格实行了管制。

3. 分销策略

分销策略就是选择一定的销售渠道来分配和销售产品。不同产品在不同市场上，从生产者到消费者，可以通过不同类型和不同数量的中间环节或销售渠道。渠道的长短取决于产品的性质、种类，各市场的销售习惯以及购买者的需求状况。海外企业销售渠道的选择还受合营各方对营销活动的控制程度的影响，一般可以由中方或外方负责经销，也可由海外企业自身或外国经销商销售。制定合理的分销策略，要考虑如下因素的影响：

(1)产品的种类和特性

对于有保鲜要求和装运、储存有特殊要求的商品，时令性商品以及技术性强的工业品，宜选择短渠道。而对于标准化的商品和大宗的商品，渠道则不可能太短。

(2)日标市场的条件

它包括各地习用的渠道结构、市场的销售习惯、销售量和潜在销售量及当地的法律或行政规定等。例如，凡顾客数量多、购买频率高的市场，在选择渠道体制时要考虑到商品销售面铺得广，便利顾客购买，因而需要较长的渠道；凡顾客数量少、地理上较集中、购买数量大的市场，应采用较短的渠道。海外企业选择销售渠道时要尊重当地的习惯，运用当地现有的或传统的渠道模式，并考虑到各国各地区对销售渠道的特殊法令或行政规定。

(3)海外企业自身的条件

它包括企业的规模、经营成本、企业经营目标和营销人员素质等因素。如果企业在策略上需要控制销售渠道和市场，就要加强销售力量、选择较短的渠道，当然，这也取决于企业的声誉、财力和经营管理能力等。采用间接渠道不需要在销售渠道上多投资，如果采用直接渠道则需一定的投资和费用。各种可供选择的渠道对业务人员的要求有很大不同。如果缺乏合格的人才，在选择销售渠道时要受到一定的限制。

4. 促销策略

促销是通过传递商品或劳务的信息，帮助顾客认识商品或劳务的存在、性能和特征，引起顾客的注意，提高顾客的兴趣，激发顾客的购买欲望，促进商品的销售和劳务的转移。促销方式很多，有广告、人员销售、展销、赠送礼品、分期付款和售后服务等等。海外企业的促销不仅要考虑商品的性质、所处的市场条件，以及主观上希望通过促销达到的目的要求，而且要意识到客观上受不同市场上的社会、文化、风俗习惯、法律乃至伦理道德规范等方面因素的制约和影响，因而要采取适应于具体市场的不同促销方式和内容。切不可不经市场调查，就在不同的国家推行自以为有效的促销手段。

五、财务管理

(一)财务管理的定义和任务

财务管理是企业提高其获利能力的关键因素之一，它是利用价值形式对企业生产资料的取得和占用、物力和人力的消耗、生产经营成果的实现和分配进行管理，即利用价值形式，通过资金运动，对企业的生产经营活动进行综合性管理。财务管理包括：资金筹措、资金结构和资金调度、设备投资、目标利润和目标成本、财务计划、预算结算和财务收支平衡、利润分配等方面。海外企业财务管理的主要任务是：

1. 组织资金供应，落实资金来源及筹措方式，保证生产经营的需要，减少融资成本

2. 制定和执行财务计划，这是企业计划管理原则的要求，是组织企业财务活动的需要。3. 搞好成本费用管理，降低产品成本。

4. 严格计算销售收入和利润，维护各方利益。

(二)海外企业的融资策略

1. 融资目标

海外企业融资活动的宏观目标是促进企业的长期发展。其微观目标有两个：一是有效融资成本最低化，即要使企业为一项融资活动所最终付出的全部代价最小；二是通过积极有效的风险管理，将各种风险控制在可接受的水平，就是要尽量避免并积极利用各种风险，从而使各种风险所带来的不利影响不超过所期望的程度。

2. 融资原则

海外企业的融资活动应掌握如下原则：

(1)资金来源的多样化和分散化。这是企业降低有效融资成本和保证资金可得性的前提。实行多样化原则可减少企业对特定金融市场的依赖，扩大资金的来源途径，增加各种信息渠道，并提高企业在金融界的知名度。

(2)企业当前的融资活动不应减少企业未来的融资可选择范围，即企业对未来的融资选择应具有尽可能充分的灵活性。灵活性原则要求企业对自身的融资

活动进行长远整体规划。

(3)注意融资时机的选择和不同期债务的比例结构,通过优化选择,降低有效融资成本。

(4)资金需要量以满足企业投资项目的最低限度为准。

3.海外企业的资金来源

海外企业有如下的资金来源:

(1)中外双方总公司向海外企业提供的资金。其形式有:①从双方总公司获得贷款,贷款可以是货币形态,也可以采用实物形态;②由总公司购买海外企业的有价证券,以保证其所有权和控制权。

(2)来自东道国的资金。包括从东道国的银行或金融机构取得贷款以及在东道国资本市场上发行债券和股票等。

(3)来自中方的资金。包括从中方银行和金融机构取得贷款以及在中国资本市场上发行债券和股票等。由于我们举办海外企业的目的之一是更好地利用外资,所以,这部分资金来源不应占较大比重。

(4)国际资金来源,包括:

①向第三国银行借款或在第三国资本市场发行股票和债券。向第三国银行借款往往仅限于海外企业向第三国购买商品时获取出口信贷;向第三国资本市场融资要采取出售外国债券的方法,但这种方法需承担外汇风险。

②从国际资本市场借款。主要是发行多种形式的债券。

③从国际金融机构获取贷款。尤其对于在发展中国家设立的海外企业,国际金融公司贷款是另一个重要的资金来源。国际金融公司的宗旨,是向会员国、尤其是经济落后国家或地区重点建设项目投资的私人公司,提供无需政府担保的贷款和投资,以促进国际和私人资本流向发展中国家。

(三)海外企业营运资本的管理

1.营运资本的概念

营运资本是流动资金减去流动负债的差额。流动资金是指在一个生产周期中发生作用,价值一次全部转移,并在产品销售后一次性全部得到补偿的资金。就其要素内容而言,是垫支于生产过程的劳动对象、劳动工资和其他费用的价值量;就其资金形态而言,是处于生产过程中不同周转阶段的现金、银行存款、材料、自制半成品和成品等。流动负债包括应付票据、应付账款、应付费用、预收顾客货款和应付未付股息等。影响营运资本量的因素有:资本的增加量,负债的增加量,长期资产的出售,净利润的增加量和非现金费用的增加量。对营运资本的管理就是使其保持适当的额度,既保证海外企业的安全性和流动性,又要保持其获利性和效率。

2. 海外企业的现金管理

对现金的管理是营运资本管理的一个重要方面。这里的现金，不仅包括通常意义上的现金，还包括活期银行存款、定期存单及可兑换的市场证券。海外企业现金持有量的大小，除了取决于企业经营规模、经营状况及经营成果外，还取决于企业对利率风险及外汇风险的态度、企业和银行的信贷关系及融资能力等。海外企业现金持有量过少，会影响企业经营中的清偿力；持有量过多，会减少利息收入，增加融资成本，所以要确定最佳的现金持有量。企业持有现金有三个动机：一是交易动机，即持有现金应付日常支付的需要；二是谨慎动机，即持有现金以防止预算中的现金流动发生偏差；三是投机动机，即持有现金以便及时抓住有利可图的盈利机会。根据米勒—欧的现金控制公式，企业现金的最佳持有量(下限)为：

$$Z=3\sqrt{\frac{3b\lambda^2}{4i}}$$

其中，i 表示市场利率，b 表示每次变换生息资产(如债券、商业票据等)的成本，λ 表示根据统计计算出的每天现金流量的差异数。最佳现金持有量的上限为下限 Z 的三倍。

(四)海外企业财务管理应注意的问题

1. 汇率的损益。海外企业在筹资、还款、采购和销售时，都会涉及外汇问题。为避免外汇风险，应尽量做到以下几点：

(1)加强对国际金融市场的调查研究，及时了解汇率变化动向。

(2)遇重大问题时向有关咨询公司咨询。

(3)正确选择交易货币。例如在出口贸易中尽量使用硬货币，而在进口贸易和借外债时，尽量使用软货币。

2. 重视利用海外金融市场和商业惯例筹集资金。要加强对市场经济运作的理解和应用能力，特别注意利用银行和金融机构，学会用钱和还钱的本领。例如采用投资款作抵押款，在当地使用和倒换不同期限的货币、借新债还旧债等方法，努力改善海外企业的资金使用情况。

3. 可采取符合国际惯例的一些技术性措施，以减少纳税，提高企业的经济效益。例如，在一些国家的我方合资企业，经营资本逐步扩大后，最好再注册一个新公司，将部分资本转入新公司或进行再投资，可暂享减免税收的优惠政策。海外企业的一部分收入可以支付货款等形式记入新公司账户，以避免因累进税所造成的实际收入的减少。还可以利用贸易方式，将部分收入汇回国内总公司，或者转移到税率较低的国家。当然，所有这些措施都要以遵守东道国法律和国际惯例为前提。

六、人事管理

(一)人事管理的定义和内容

人事管理,是指企业有关劳动和人事方面的领导、计划、组织、控制、协调等一系列管理工作的总称,包括劳动力管理、劳动报酬和劳动福利管理、劳动保护管理、劳动计划和统计管理等。要提高海外企业的经营效益,关键之一是要依靠员工,发展员工的才能,调动他们的积极性。这就要求管理者把各种力量有效地组织起来,以保证海外经营中各项工作的顺利展开。人事管理的内容包括三方面:一是提高员工技术素质和工作能力;二是解决员工工作态度和调动员工积极性;三是合理有效地利用员工的能力。海外企业的员工可能来自不同的国家,他们的文化背景、风俗习惯等各不相同。这就增加了人事管理的难度。

(二)人事管理的原则

海外企业的人事管理应遵循以下原则:

1.德才兼备、任人唯贤的原则。要任命合格的人员做管理工作,在坚持对海外企业控制权的基础上,也可以聘用一些有能力的外籍人员作为管理人员。

2.人事合理配备的原则。要做好职务分析,撇开当前各职务占有人的个性和特点,根据企业的目标和功能而制定一套能力要求和标准。它向每一位员工规定了组织层次中各级职务应具备的要求。

3.激励开发原则。针对不同背景的员工,要采取不同的激励手段,调动他们的积极性。

(三)人事管理应注意的问题

在海外企业的人事管理中,要注意以下几点:

1.遵循人事管理的国际惯例。要使海外企业的人事管理既适合东道国的国情又兼顾我国传统的人事管理方法,要按国际惯例行事。人事管理的国际惯例,就是世界各国(地区)普遍采用的企业人事管理的方法,这些方法逐步成为习惯而被沿用下来。具体内容包括:企业体制、雇佣与解雇、工作时间与假期、工资与福利、奖励与处罚、工会及纠纷仲裁等。

2.用新的观念和方法处理劳资关系。中国在海外投资设厂,是为了国内投资需要和创汇需要,中方为资方,企业的工人是劳方,中方应处处从资方利益来考虑、处理问题。因此,不能把国内的一些办法搬到国外。例如,工会问题,明明当地国法律允许小型企业不设立工会,我们却照搬国内的惯例设立了工会,结果给自己造成了一个制约因素,在对工人以及工资管理方面,增加了困难。又如医疗保险、人寿保险、养老金等工人福利问题,都按最好的标准选择,结果过分增加了劳务成本,影响了企业的效益。

3.采取灵活性原则。对待不同国家的员工分别采取不同的管理方法。

4.做好协调工作。要协调合作各方管理人员的关系，既要坚持原则，又要善于和外方合作共事。在思想上，正确看待外方合作者，相互依赖、真诚相处；在工作上，充分尊重外方人员职权，支持其放手工作；在处理矛盾时，坚持以合同、章程为依据，维护自身利益。

（四）海外工作人员的选派

海外企业在人地生疏、竞争激烈的国际环境中生产和经营，直接受到国际政治、经济变化的影响。这就要求中方的外派人员具备较高的政治素质和业务素质，以及健康的体魄和较好的外事工作知识，否则就会力不从心，难以胜任。

海外经营管理人员，一般应具备以下素质：

1.一般性要求，主要指一般性的礼仪、语言修养，身体素质等方面的要求，包括以下具体内容：

（1）国际知识。不仅要对国际政治和世界经济有所研究，还要对外国文化、历史、生活习惯等有所了解。

（2）语言能力。原则上应精通东道国语言，至少英语要十分熟练。否则，在工作中不仅会因聘请翻译而增加企业支出，而且在时间和效率方面也不符合节约的原则。

（3）身体素质。海外企业工作十分辛苦，海外生活习惯与国内有一定差别，只有具有优良的体质，才能保质保量完成海外繁重的任务。

（4）良好的修养和广博的知识。海外经营人员作为中方公司或企业的代表，必须有良好的修养和广博的知识，在与外方打交道时才能博得好感，且容易与当地人有较深的往来。

（5）适应性。要尽快习惯当地的生活并熟悉周围的环境，以便高效率地从事海外企业的经营管理工作。

2.业务知识要求，主要包括：

（1）有关海外经营的基本知识，包括贸易、金融、保险、市场营销等内容。

（2）对本企业产品、技术等方面的了解。

（3）决策能力。

海外企业的驻外人员中，国内企业主管部门只任命总经理，其他人员由国内推荐，总经理有权解聘不称职雇员。为保证工作的连续性，中方常驻人员一般工作期以四年为宜，不宜少于两年。

七、海外企业争议的解决

海外企业的争议，主要指海外合营企业的合营各方因彼此间责任和权利问题引起的争议，及由此而导致索赔、理赔、仲裁以及诉讼等情况的发生。国际上解决合营企业的争议，通常采用下列方法和程序：

（一）协商

在平等互利的原则下，合营各方互相作出一定的让步，达成和解，使问题得到解决，从而消除争议。这是最好的解决办法。

（二）调解

如果合营各方通过协商无法解决，较为有效的办法即是进行调解。通常的调解做法是组成一个调解小组或调解委员会，成员应是双方推举的经济贸易或法律方面的专家。调解小组或委员会的任务是寻求友好解决争议的方案。调解组织听取双方代表的“证词”后，在一定的期限内（一般不超过3个月）作出裁定。裁定必须由调解组织全体一致同意，以使其具有约束力。

（三）仲裁

经一定时间的协商和调解，争议仍不能解决，可以提交仲裁。仲裁是国际上解决争议较为普遍采用的方法。仲裁是按仲裁程序进行，对双方争议作出裁决。裁决是终局的，对双方都有约束力。

（四）诉讼

当争议涉及重大问题且产生了极为严重的后果，合同中又没有签订仲裁条款时，双方当事人的任何一方都可以向有管辖权的法院起诉，申请判决。解决由合营企业合同而产生的一切争议所用的适宜法律可以有以下几种：所在国（东道国）的法律，中国的法律，为双方接受的第三国的法律，国际法的某些规定。

第五节　海外企业展望

一、中国海外企业的主要问题

目前，中国海外企业存在的主要问题，可以概括为如下八个方面：

（一）管理制度不健全

当前，中国已制定了海外投资企业审批管理制度，采取了一定的扶持措施，但立法还不够健全，缺乏行之有效的后期管理办法；涉及海外经营的财务、税收、信贷、外汇、统计等制度不完善，尚没有形成正式法律；国家缺乏发展海外企业的总体规划，海外投资企业大都各自为政，缺乏统一的步调和相互间的协调；国别、政策、行业投资等导向的引导不够；对于带动设备、技术、材料出口及创汇的鼓励政策不配套；另外，项目建议书、可行性报告以及合同、章程等均需层层审批，管理办法基本偏严，报批手续较为繁琐。

(二)经营机制不完善

中国一些海外企业，往往沿袭国内企业的某些经营方式，行政干预过多，缺乏内在的动力机制和自我约束、自我发展的机制，不能根据国际市场变化承担风险、自主经营；有的国内投资主体单位，仍沿用国内管理企业的一套办法对海外企业进行管理，遥控指挥，束缚了海外企业的手脚，使海外企业缺乏必要的经营自主权，它们虽身处市场经济不断变化和激烈竞争的环境中，但不能迅速决策，失去了不少良好的商业机会，难以达到应有的效益；对发展海外企业缺乏必要的约束机制，不少投资单位没有明确的经营战略，有的海外贸易性企业仅靠赚国内企业的进出口手续费、佣金来维持生计；一些海外企业实际上成了国内主办单位的招待所、接待站，不能发挥应有作用；海外企业的效益考核和评价体系不健全，资产损益情况和经营成果的考核、监督不力，缺乏必要的约束手段。

(三)投资主体多元化、分散化

中国的海外企业虽已具有一定规模，但大多是孤军奋战，势单力薄，难以形成一种综合优势，削弱了作用于国际市场的整体力量。即使是现有的从事海外经营的企业集团，大部分也是在横向经济联合的基础上，由同行业企业组建起来的，其中不少是在行政力量的推动下形成的，其内部凝聚力不强，相互间在生产经营和经济效益上保持很大的独立性。这也削弱了整体的效益。

(四)投资规模小型化

从规模结构上看，中国的海外企业以中小型为主，资本实力比较弱。目前，中国海外企业平均投资额不足110亿美元，大大低于发达国家平均600亿美元的投资水平，同时也低于发展中国家平均450亿美元的水平，低于能产生规模效益的标准。

从总体规模上看，中国的海外投资企业，无论在数量上还是在质量上，与中国的经济实力和潜在的可能性及需要相比，都存在相当距离，尚需要更大的发展。截至2010年底，中国累计实际利用外资11078.58亿美元，同期，中国在海外的投资只有3172.1亿美元，两者之比为1∶0.29。而世界各国引进国外直接投资与对国外直接投资之比平均约为1∶1.01，其中发达国家为1∶1.33，发展中国家为1∶0.32。可见，中国海外投资企业的规模有待于进一步扩大。

(五)企业的地区分布和行业结构不够合理

从地区分布来看，中国海外投资的地区分布不合理，表现为投资过度集中于港澳地区和发达国家，资料显示，2010年末在香港的直接投资总额占中方全部对外直接投资存量的62.8%，投资发达国家占9.4%。这种区域投资结构造成一些企业设点交叉重复，自相竞争的不利局面，加上对发展中国家和地区的投资明显偏少，影响对外直接投资市场的进一步拓展，与国际经贸环境的变化和市场多元战略的实施要求不相适应。目前，大多数资本在发达国家之间对流，一些新兴工业化国家和其他发展中国家也把相应资本调往发达国家，使发达国家的投资处于饱和状态，投资者之间的竞争加剧。中国由于受投资资金、技术和经验的限制，在发达国家的投资压力很大，总体利益也受到影响；而另一方面，在发展中国家由于投资面较小，也未能很好地发挥中国对发展中国家的适应性优势和比较优势。从行业结构看，投资项目多集中于资源开发和一般加工业，这些行业多为低附加值、低技术含量的劳动密集型行业，国际市场容量有限，市场趋于饱和，而技术水平高的项目较少，中国的一部分经济技术和产业优势未能充分发挥，从而制约了中国海外企业国际竞争力的提高，不利于其持续发展。

（六）经营管理人才短缺

人才匮乏制约了中国海外企业的发展。目前，从整体上看，派往境外企业工作人员的综合素质还不够高，从事海外经营所必需的既具有专门的生产技术和管理技能，又通晓国际商务惯例、国际营销知识和外语的复合型人才匮乏，使海外企业的经营管理受到直接影响。投资主体单位缺乏长远眼光，对人才的使用、培养和储备重视不够。

（七）可行性研究报告的论证不够充分

不少企业在海外投资设点，在对东道国的政治、法律政策、经济运行机制、经贸情况、合作伙伴资信等未作深入了解的情况下，盲目抓项目，有的单位尽管派人到国外考察，但不细致、不深入、缺乏全面了解，偏听偏信合作伙伴，可行性论证不充分，结果吃亏上当，出现许多问题。

（八）项目的金融辅助手段比较薄弱

金融是经济润滑剂。外商来中国投资必然需要一些外资金融机构为其提供融资和其他服务。同样，中国发展海外投资企业也离不开金融的辅助手段。这种金融辅助包括两层含义：一是中国的金融机构（包括海外分支机构）给海外投资企业予以贷款和其他信用方式的支持；二是直接组建银企集团，在集团内金融机构直接发挥核心的作用。目前，中国海外企业虽然得到了金融业一定程度的支持，但中国金融业的国际化还远未实现，大型的银企集团也很少见。这在很大程度上降低了金融业对海外企业的融资和服务作用，限制了海外企业的迅速发展。

二、对策与建议

中国的海外企业还处于起步阶段，在强手如林的国际竞争中，遇到困难和问题是难免的。这就要求我们从当前的实际情况出发，认真分析形势，总结经验教训，扬长避短，制定出符合中国国情的发展海外企业的战略和措施。为此，针对当前的问题，提出以下八个方面的建议和对策：

（一）确定管理协调机构，制定宏观发展战略

目前，许多大型企业和企业集团，都在大力发展海外企业。为了避免海外投资的盲目性，应建立专门的管理协调和服务机构，制定宏观发展战略、方针和措施，统一领导和协调海外企业的发展事宜，审批和监督大型投资项目，加强海外投资环境研究，为海外企业提供咨询和指导服务等工作，从宏观上统一对海外企业进行指导、控制和协调。宏观发展战略应包括：行业战略、地区战略、技术战略和经营战略等内容。

（二）健全法制，制定必要的保护措施

要抓紧制定"海外投资法"、"海外企业法"等一系列涉及海外投资企业的法律法规，为海外企业的发展提供依据并给予法律保护，促使我国的海外企业向法律化、规范化发展。同时积极与东道国谈判，签订双边投资保护协定和双边税收协定，为中国的海外企业争取国际通行的公平合理的待遇。此外，逐步建立一系列保障制度，如建立海外投资储备金和风险基金，建立海外投资专业风险机构等，为海外企业提供风险保障。

（三）简化手续，实施倾斜政策，给予企业充分的经营自主权

简化外派人员、外汇使用、境外融资等审批程序，减少审批环节，政策上为企业提供便利条件，提高效率。对海外企业的发展实行倾斜政策，在资金、税收、外汇留成、出口信贷等经济政策方面给予支持，加快海外企业的发展。一方面，要给予国内企业从事海外投资经营的自主权，包括独立的海外开发项目签约权、充分的海外资金筹措权和自有外汇使用权等，以抓住有利时机，提高企业效率。另一方面，国内投资主体也要给予海外企业一定的自主权。做到既不遥控，也不失控。此外，随着全球化进程的不断加快，海外企业应尽快实现经营管理当地化，因地因时制宜地采用当地企业已形成的一套适应市场经济环境需要的经营方式和手段，改进现有的经营管理，促进其健康发展。

（四）重视经营管理人才的培养和选派

国际间经济技术竞争，从根本上说是人才的竞争。改革开放以来，我国造就了一批国际经营型人才，但仍不能满足大力发展海外企业的需要。所以我们要有长远眼光，多渠道多形式地培养人才，充分调动人才的积极性，制定具体的激励和约束措施，健全人才的使用、考核、晋级、储备等制度，对派往国外的经营管理人员要重素质、严把关。海外投资企业所需要的人才也可以在国外招聘，这也是一条重要途径。

（五）加强横向联合，走集团化道路

目前中国海外企业数量还不多，规模也不大，为了能在国际投资市场上站稳脚跟，中国企业必须走联合之路，走集团化之路，组建紧密的集团公司，实行跨地区、跨部门、跨行业的工、贸、农、技各业横向的联合，充分发挥各地区和行业的优势。实行集团化的措施主要有两个：一是把分散的企业资本联合起来形成企业集团；二是把企业资本融合起来组建银企集团。目前国际资金短缺，融资证券化的趋势有增无减，这对借款者的资信提出了较高要求。因此，建立银企集团更具深远意义。

（六）发展跨国金融和目标融资

中国金融业国际化的步伐比较慢，尽管中国银行、中国人民保险银行和交通银行等已开展跨国金融经营，但仍不能满足海外企业的多方面要求。到目前为止，中国的海外投资企业，大部分是通过外国银行获得包括贷款在内的金融服务，这无疑使中国的海外企业对外国银行产生依赖性，在行为上受制于人。因此，必须发展跨国金融，推动金融国际化，为海外企业提供全方位的金融服务。另外，海外企业要通过各种渠道吸收资金，学会国际融资。由于资金能力有限，发展海外企业在很大程度上受制于融资能力和融资规模。解决这一问题就要善于向国际金融市场筹措资金，向第三国政府、商业银行或东道国借款，企业自身要不断拓宽融资渠道，合理使用、妥善经营，政府也要在对外融资方面给予企业一定的政策扶持。

（七）加强投资风险管理

在海外投资办企业，风险远远大于国内，因此，必须加强对投资风险的管理。其主要措施是：

1.对项目的可行性研究要全面细致，从经济、财务、技术、法律等方面进行可行性论证，克服重二手材料、轻一手材料，重静态分析、轻动态分析，重速度、轻效益等偏差。

2.增强法律意识，保护合法权益。在哪一个国家（或地区）建厂，首先必须按照东道国的有关法律法规、健全法律手续；其次要认真签订合同和章程，以及建立符合当地规定的财务制度等。

3.重视对合作伙伴的资信调查，如合伙人是否具有法人资格、是否有可靠的销售渠道网络、是否有雄厚的资本和良好的经营作风等，均应进行细致的调查。

4.重视信息收集。在海外企业的建立和经营过程中，要通过各种渠道收集信息，加强对东道国政治、经济及法规的研究，以便预见可能的风险，增强风险承受能力。

(八)积极培育高新技术领域的海外投资企业

中国虽然在总体产业技术水平上落后于经济发达国家,但在某些高科技研究和开发领域具有一定比较优势,具有一批处于世界领先地位的尖端技术,如航天、生物遗传等。由于有些科技成果国内产业化条件比较缺乏,产业化比例较低,可以先发展对外直接投资或与外国合作进行产业化,促进高新技术成果商品化,提高中国在这些行业的国际竞争能力,从而促进海外投资企业产业结构的优化。

总而言之,中国的海外企业尚处于初级阶段,有优势也有不足,但前景是十分广阔的。我们要抓住机遇,从实际出发,不断总结经验,博采众长,发挥优势,大力培养人才,坚定不移地加快中国海外企业的发展。

附　件

附件一：涉外企业主体法律法规

（一）中华人民共和国中外合资经营企业法

（2001年3月15日修正案）

（1979年7月1日第五届全国人民代表大会第二次会议通过，根据1990年4月4日第七届全国人民代表大会第三次会议《关于修改〈中华人民共和国中外合资经营企业法〉的决定》修正，根据2001年3月15日第九届全国人民代表大会第四次会议《关于修改〈中华人民共和国中外合资经营企业法〉的决定》第二次修正。）

第一条　中华人民共和国为了扩大国际经济合作和技术交流，允许外国公司、企业和其他经济组织或个人（以下简称外国合营者），按照平等互利的原则，经中国政府批准，在中华人民共和国境内，同中国的公司、企业或其他经济组织（以下简称中国合营者）共同举办合营企业。

第二条　中国政府依法保护外国合营者按照经中国政府批准的协议、合同、章程在合营企业的投资、应分得的利润和其他合法权益。

合营企业的一切活动应遵守中华人民共和国法律、法规的规定。

国家对合营企业不实行国有化和征收；在特殊情况下，根据社会公共利益的需要，对合营企业可以依照法律程序实行征收，并给予相应的补偿。

第三条　合营各方签订的合营协议、合同、章程，应报国家对外经济贸易主管部门（以下称审查批准机关）审查批准。审查批准机关应在3个月内决定批准或不批准。合营企业经批准后，向国家工商行政管理主管部门登记，领取营业执照，开始营业。

第四条　合营企业的形式为有限责任公司。

在合营企业的注册资本中，外国合营者的投资比例一般不低于25％。

合营各方按注册资本比例分享利润和分担风险及亏损。

合营者的注册资本如果转让必须经合营各方同意。

第五条　合营企业各方可以现金、实物、工业产权等进行投资。

外国合营者作为投资的技术和设备，必须确实是适合我国需要的先进技术和设备。如果有意以落后的技术和设备进行欺骗，造成损失的，应赔偿损失。

中国合营者的投资可包括为合营企业经营期间提供的场地使用权。如果场地使用权未作为中国合营者投资的一部分，合营企业应向中国政府缴纳使用费。

上述各项投资应在合营企业的合同和章程中加以规定，其价格（场地除外）由合营各方评议商定。

第六条 合营企业设董事会，其人数组成由合营各方协商，在合同、章程中确定，并由合营各方委派和撤换。董事长和副董事长由合营各方协商确定或由董事会选举产生。中外合营者的一方担任董事长的，由他方担任副董事长。董事会根据平等互利的原则，决定合营企业的重大问题。

董事会的职权是按合营企业章程规定，讨论决定合营企业的一切重大问题：企业发展规划、生产经营活动方案、收支预算、利润分配、劳动工资计划、停业，以及总经理、副总经理、总工程师、总会计师、审计师的任命或聘请及其职权和待遇等。

正副总经理（或正副厂长）由合营各方分别担任。

合营企业职工的录用、辞退、报酬、福利、劳动保护、劳动保险等事项，应当依法通过订立合同加以规定。

第七条 合营企业的职工依法建立工会组织，开展工会活动，维护职工的合法权益。

合营企业应当为本企业工会提供必要的活动条件。

第八条 合营企业获得的毛利润，按中华人民共和国税法规定缴纳合营企业所得税后，扣除合营企业章程规定的储备基金、职工奖励及福利基金、企业发展基金，净利润根据合营各方注册资本的比例进行分配。

合营企业依照国家有关税收的法律和行政法规的规定，可以享受减税、免税的优惠待遇。

外国合营者将分得的净利润用于在中国境内再投资时，可申请退还已缴纳的部分所得税。

第九条 合营企业应凭营业执照在国家外汇管理机关允许经营外汇业务的银行或其他金融机构开立外汇账户。

合营企业的有关外汇事宜，应遵照中华人民共和国外汇管理条例办理。

合营企业在其经营活动中，可直接向外国银行筹措资金。

合营企业的各项保险应向中国境内的保险公司投保。

第十条 合营企业在批准的经营范围内所需的原材料、燃料等物资，按照公平、合理的原则，可以在国内市场或者在国际市场上购买。

鼓励合营企业向中国境外销售产品。出口产品可由合营企业直接或与其有关的委托机构向国外市场出售，也可通过中国的外贸机构出售。合营企业产品也可在中国市场销售。

合营企业需要时可在中国境外设立分支机构。

第十一条 外国合营者在履行法律和协议、合同规定的义务后分得的净利润，在合营企业期满或者中止时所分得的资金以及其他资金，可按合营企业合同规定的货币，按外汇管理条例汇往国外。

鼓励外国合营者将可汇出的外汇存入中国银行。

第十二条 合营企业的外籍职工的工资收入和其他正当收入，按中华人民共和国税法缴纳个人所得税后，可按外汇管理条例汇往国外。

第十三条 合营企业的合营期限，按不同行业、不同情况，作不同的约定。有的行业的合营企业，应当约定合营期限；有的行业的合营企业，可以约定合营期限，也可以不约定合营期限。约定合营期限的合营企业，合营各方同意延长合营期限的，应在距合营期满 6 个月前向审查批准机关提出申请。审查批准机关应自接到申请之日起 1 个月内决定批准或不批准。

第十四条 合营企业如发生严重亏损、一方不履行合同和章程规定的义务、不可抗力等，经合营各方协商同意，报请审查批准机关批准，并向国家工商行政管理主管部门登记，可终止合同。如果因违反合同而造成损失的，应由违反合同的一方承担经济责任。

第十五条 合营各方发生纠纷，董事会不能协商解决时，由中国仲裁机构进行调解或仲裁，也可由合营各方协议在其他仲裁机构仲裁。

合营各方没有在合同中订有仲裁条款的或者事后没有达成书面仲裁协议的，可以向人民法院起诉。

第十六条 本法自公布之日起生效。

(二)中华人民共和国中外合作经营企业法

(2000 年 10 月 31 日修正案)

(1988 年 4 月 13 日第七届全国人民代表大会第一次会议通过，根据 2000 年 10 月 31 日第九届全国人民代表大会常务委员会第十八次会议《关于修改〈中华人民共和国中外合作经营企业法〉的决定》修正。)

第一条 为了扩大对外经济合作和技术交流，促进外国的企业和其他经济组织或者个人(以下简称外国合作者)按照平等互利的原则，同中华人民共和国的企业或者其他经济组织(以下简称中国合作者)在中国境内共同举办中外合作经营企业(以下简称合作企业)，特制定本法。

第二条 中外合作者举办合作企业，应当依照本法的规定，在合作企业合同中约定投资或者合作条件、收益或者产品的分配、风险和亏损的分担、经营管理的方式和合作企业终止时财产的归属等事项。

合作企业符合中国法律关于法人条件的规定的，依法取得中国法人资格。

第三条 国家依法保护合作企业和中外合作者的合法权益。

合作企业必须遵守中国的法律、法规，不得损害中国的社会公共利益。

国家有关机关依法对合作企业实行监督。

第四条 国家鼓励举办产品出口的或者技术先进的生产型合作企业。

第五条 申请设立合作企业，应当将中外合作者签订的协议、合同、章程等文件报国务院对外经济贸易主管部门或者国务院授权的部门和地方政府(以下简称审查批准机关)审查批准。审查批准机关应当自接到申请之日起四十五天内决定批准或者不批准。

第六条 设立合作企业的申请经批准后，应当自接到批准证书之日起三十天内向工商行政管理机关申请登记，领取营业执照。合作企业的营业执照签发日期，为该企业的成立日期。

合作企业应当自成立之日起三十天内向税务机关办理税务登记。

第七条 中外合作者在合作期限内协商同意对合作企业合同作重大变更的，应当报审查批准机关批准；变更内容涉及法定工商登记项目、税务登记项目的，应当向工商行政管理机关、税务机关办理变更登记手续。

第八条 中外合作者的投资或者提供的合作条件可以是现金、实物、土地使用权、工业产权、非专利技术和其他财产权利。

第九条 中外合作者应当依照法律、法规的规定和合作企业合同的约定，如期履行缴足投资、提供合作条件的义务。逾期不履行的，由工商行政管理机关限期履行；限期届满仍未履行的，由审查批准机关和工商行政管理机关依照国家有关规定处理。

中外合作者的投资或者提供的合作条件，由中国注册会计师或者有关机构验证并出具证明。

第十条 中外合作者的一方转让其在合作企业合同中的全部或者部分权利、义务的，必须经他方同意，并报审查批准机关批准。

第十一条 合作企业依照经批准的合作企业合同、章程进行经营管理活动，合作企业的经营管理自主权不受干涉。

第十二条 合作企业应当设立董事会或者联合管理机构，依照合作企业合同或者章程的规定，决定合作企业的重大问题。中外合作者的一方担任董事会的董事长、联合管理机构的主任的，由他方担任副董事长、副主任。董事会或者联合管理机构可以决定任命或者聘请总经理负责合作企业的日常经营管理工作。总经理对董事会或者联合管理机构负责。

合作企业成立后改为委托中外合作者以外的他人经营管理的，必须经董事会或者联合管理机构一致同意，报审查批准机关批准，并向工商行政管理机关办理变更登记手续。

第十三条 合作企业职工的录用、辞退、报酬、福利、劳动保护、劳动保险等事项，应当依法通过订立合同加以规定。

第十四条 合作企业的职工依法建立工会组织，开展工会活动，维护职工的合法权益。

合作企业应当为本企业工会提供必要的活动条件。

第十五条 合作企业必须在中国境内设置会计账簿，依照规定报送会计报表，并接受财政税务机关的监督。

合作企业违反前款规定，不在中国境内设置会计账簿的，财政税务机关可以处以罚款，工商行政管理机关可以责令停止营业或者吊销其营业执照。

第十六条 合作企业应当凭营业执照在国家外汇管理机关允许经营外汇业务的银行或者其他金融机构开立外汇账户。

合作企业的外汇事宜，依照国家有关外汇管理的规定办理。

第十七条 合作企业可以向中国境内的金融机构借款，也可以在中国境外借款。

中外合作者用作投资或者合作条件的借款及其担保，由各方自行解决。

第十八条 合作企业的各项保险应当向中国境内的保险机构投保。

第十九条 合作企业可以在经批准的经营范围内，进口本企业需要的物资，出口本企业生产的产品。合作企业在经批准的经营范围内所需的原材料、燃料等物资，按照公平、合理的原则，可以在国内市场或者在国际市场购买。

第二十条 合作企业依照国家有关税收的规定缴纳税款并可以享受减税、免税的优惠待遇。

第二十一条 中外合作者依照合作企业合同的约定，分配收益或者产品，承担风险和亏损。

中外合作者在合作企业合同中约定合作期满时合作企业的全部固定资产归中国合作者所有的，可以在合作企业合同中约定外国合作者在合作期限内先行回收投资的办法。合作企业合同约定外国合作者在缴纳所得税前回收投资的，必须向财政税务机关提出申请，由财政税务机关依照国家有关税收的规定审查批准。

依照前款规定外国合作者在合作期限内先行回收投资的，中外合作者应当依照有关法律的规定和合作企业合同的约定对合作企业的债务承担责任。

第二十二条 外国合作者在履行法律规定和合作企业合同约定的义务后分

得的利润、其他合法收入和合作企业终止时分得的资金，可以依法汇往国外。

合作企业的外籍职工的工资收入和其他合法收入，依法缴纳个人所得税后，可以汇往国外。

第二十三条 合作企业期满或者提前终止时，应当依照法定程序对资产和债权、债务进行清算。中外合作者应当依照合作企业合同的约定确定合作企业财产的归属。

合作企业期满或者提前终止，应当向工商行政管理机关和税务机关办理注销登记手续。

第二十四条 合作企业的合作期限由中外合作者协商并在合作企业合同中订明。中外合作者同意延长合作期限的，应当在距合作期满一百八十天前向审查批准机关提出申请。审查批准机关应当自接到申请之日起三十天内决定批准或者不批准。

第二十五条 中外合作者履行合作企业合同、章程发生争议时，应当通过协商或者调解解决。中外合作者不愿通过协商、调解解决的，或者协商、调解不成的，可以依照合作企业合同中的仲裁条款或者事后达成的书面仲裁协议，提交中国仲裁机构或者其他仲裁机构仲裁。

中外合作者没有在合作企业合同中订立仲裁条款，事后又没有达成书面仲裁协议的，可以向中国法院起诉。

第二十六条 国务院对外经济贸易主管部门根据本法制定实施细则，报国务院批准后施行。

第二十七条 本法自公布之日起施行。

(三)中华人民共和国外资企业法

(2000年10月31日修正案)

(1986年4月12日第六届全国人民代表大会第四次会议通过，根据2000年10月31日第九届全国人民代表大会常务委员会第十八次会议《关于修改〈中华人民共和国外资企业法〉的决定》修正。)

第一条 为了扩大对外经济合作和技术交流，促进中国国民经济的发展，中华人民共和国允许外国的企业和其他经济组织或者个人(以下简称外国投资者)在中国境内举办外资企业，保护外资企业的合法权益。

第二条 本法所称的外资企业是指依照中国有关法律在中国境内设立的全部资本由外国投资者投资的企业，不包括外国的企业和其他经济组织在中国境内的分支机构。

第三条 设立外资企业，必须有利于中国国民经济的发展。国家鼓励举办产品出口或者技术先进的外资企业。

国家禁止或者限制设立外资企业的行业由国务院规定。

第四条 外国投资者在中国境内的投资、获得的利润和其他合法权益，受中国法律保护。外资企业必须遵守中国的法律、法规，不得损害中国的社会公共利益。

第五条 国家对外资企业不实行国有化和征收；在特殊情况下，根据社会公共利益的需要，对外资企业可以依照法律程序实行征收，并给予相应的补偿。

第六条 设立外资企业的申请，由国务院对外经济贸易主管部门或者国务院授权的机关审查批准。审查批准机关应当在接到申请之日起九十天内决定批准或者不批准。

第七条 设立外资企业的申请经批准后，外国投资者应当在接到批准证书之日起三十天内向工商行政管理机关申请登记，领取营业执照。外资企业的营业执照签发日期，为该企业成立日期。

第八条 外资企业符合中国法律关于法人条件的规定的，依法取得中国法人资格。

第九条 外资企业应当在审查批准机关核准的期限内在中国境内投资；逾期不投资的，工商行政管理机关有权吊销营业执照。

工商行政管理机关对外资企业的投资情况进行检查和监督。

第十条 外资企业分立、合并或者其他重要事项变更，应当报审查批准机关批准，并向工商行政管理机关办理变更登记手续。

第十一条 外资企业依照经批准的章程进行经营管理活动，不受干涉。

第十二条 外资企业雇用中国职工应当依法签订合同，并在合同中订明雇用、解雇、报酬、福利、劳动保护、劳动保险等事项。

第十三条 外资企业的职工依法建立工会组织，开展工会活动，维护职工的合法权益。

外资企业应当为本企业工会提供必要的活动条件。

第十四条 外资企业必须在中国境内设置会计账簿，进行独立核算，按照规定报送会计报表，并接受财政税务机关的监督。

外资企业拒绝在中国境内设置会计账簿的，财政税务机关可以处以罚款，工商行政管理机关可以责令停止营业或者吊销营业执照。

第十五条 外资企业在批准的经营范围内所需的原材料、燃料等物资，按照公平、合理的原则，可以在国内市场或者在国际市场购买。

第十六条 外资企业的各项保险应当向中国境内的保险公司投资。

第十七条 外资企业依照国家有关税收的规定纳税并可以享受减税、免税的优惠待遇。

外资企业将缴纳所得税后的利润在中国境内再投资的，可以依照国家规定申请退还再投资部分已缴纳的部分所得税税款。

第十八条 外资企业的外汇事宜，依照国家外汇管理规定办理。

外资企业应当在中国银行或者国家外汇管理机关指定的银行开户。

第十九条 外国投资者从外资企业获得的合法利润、其他合法收入和清算后的资金，可以汇往国外。

外资企业的外籍职工的工资收入和其他正当收入，依法缴纳个人所得税后，可以汇往国外。

第二十条 外资企业的经营期限由外国投资者申报，由审查批准机关批准。期满需要延长的，应当在期满一百八十天以前向审查批准机关提出申请。审查批准机关应当在接到申请之日起三十天内决定批准或者不批准。

第二十一条 外资企业终止，应当及时公告，按照法定程序进行清算。

在清算完结前，除为了执行清算外，外国投资者对企业财产不得处理。

第二十二条 外资企业终止，应当向工商行政管理机关办理注销登记手续，缴销营业执照。

第二十三条 国务院对外经济贸易主管部门根据本法制定实施细则，报国务院批准后施行。

第二十四条 本法自公布之日起施行。

(四)国务院指导外商投资方向规定

(2002年2月11日)

中华人民共和国国务院令第346号

现公布《指导外商投资方向规定》，自2002年4月1日起施行。

总理　朱镕基

二〇〇二年二月十一日

第一条 为了指导外商投资方向，使外商投资方向与我国国民经济和社会发展规划相适应，并有利于保护投资者的合法权益，根据国家有关外商投资的法律规定和产业政策要求，制定本规定。

第二条 本规定适用于在我国境内投资举办中外合资经营企业、中外合作经营企业和外资企业（以下简称外商投资企业）的项目以及其他形式的外商投资项目（以下简称外商投资项目）。

第三条 《外商投资产业指导目录》和《中西部地区外商投资优势产业目录》由国家发展计划委员会、国家经济贸易委员会、对外贸易经济合作部会同国务院有关部门制定，经国务院批准后公布；根据实际情况，需要对《外商投资产业指导目录》和《中西部地区外商投资优势产业目录》进行部分调整时，由国家经济贸易委员会、国家发展计划委员会、对外贸易经济合作部会同国务院有关部门适时修订并公布。

《外商投资产业指导目录》和《中西部地区外商投资优势产业目录》是指导审批外商投资项目和外商投资企业适用有关政策的依据。

第四条 外商投资项目分为鼓励、允许、限制和禁止四类。

鼓励类、限制类和禁止类的外商投资项目，列入《外商投资产业指导目录》。不属于鼓励类、限制类和禁止类的外商投资项目，为允许类外商投资项目。允许类外商投资项目不列入《外商投资产业指导目录》。

第五条 属于下列情形之一的，列为鼓励类外商投资项目：

（一）属于农业新技术、农业综合开发和能源、交通、重要原材料工业的；

（二）属于高新技术、先进适用技术，能够改进产品性能、提高企业技术经济效益或者生产国内生产能力不足的新设备、新材料的；

（三）适应市场需求，能够提高产品档次、开拓新兴市场或者增加产品国际竞争能力的；

（四）属于新技术、新设备，能够节约能源和原材料、综合利用资源和再生资源以及防治环境污染的；

（五）能够发挥中西部地区的人力和资源优势，并符合国家产业政策的；

（六）法律、行政法规规定的其他情形。

第六条 属于下列情形之一的，列为限制类外商投资项目：

（一）技术水平落后的；

（二）不利于节约资源和改善生态环境的；

（三）从事国家规定实行保护性开采的特定矿种勘探、开采的；

（四）属于国家逐步开放的产业的；

（五）法律、行政法规规定的其他情形。

第七条 属于下列情形之一的，列为禁止类外商投资项目：

（一）危害国家安全或者损害社会公共利益的；

（二）对环境造成污染损害，破坏自然资源或者损害人体健康的；

（三）占用大量耕地，不利于保护、开发土地资源的；

（四）危害军事设施安全和使用效能的；

（五）运用我国特有工艺或者技术生产产品的；

(六)法律、行政法规规定的其他情形。

第八条 《外商投资产业指导目录》可以对外商投资项目规定"限于合资、合作"、"中方控股"或者"中方相对控股"。

限于合资、合作,是指仅允许中外合资经营、中外合作经营;中方控股,是指中方投资者在外商投资项目中的投资比例之和为51%及以上;中方相对控股,是指中方投资者在外商投资项目中的投资比例之和大于任何一方外国投资者的投资比例。

第九条 鼓励类外商投资项目,除依照有关法律、行政法规的规定享受优惠待遇外,从事投资额大、回收期长的能源、交通、城市基础设施(煤炭、石油、天然气、电力、铁路、公路、港口、机场、城市道路、污水处理、垃圾处理等)建设、经营的,经批准,可以扩大与其相关的经营范围。

第十条 产品全部直接出口的允许类外商投资项目,视为鼓励类外商投资项目;产品出口销售额占其产品销售总额70%以上的限制类外商投资项目,经省、自治区、直辖市及计划单列市人民政府或者国务院主管部门批准,可以视为允许类外商投资项目。

第十一条 对于确能发挥中西部地区优势的允许类和限制类外商投资项目,可以适当放宽条件;其中,列入《中西部地区外商投资优势产业目录》的,可以享受鼓励类外商投资项目优惠政策。

第十二条 根据现行审批权限,外商投资项目按照项目性质分别由发展计划部门和经贸部门审批、备案;外商投资企业的合同、章程由外经贸部门审批、备案。其中,限制类限额以下的外商投资项目由省、自治区、直辖市及计划单列市人民政府的相应主管部门审批,同时报上级主管部门和行业主管部门备案,此类项目的审批权不得下放。属于服务贸易领域逐步开放的外商投资项目,按照国家有关规定审批。

涉及配额、许可证的外商投资项目,须先向外经贸部门申请配额、许可证。法律、行政法规对外商投资项目的审批程序和办法另有规定的,依照其规定。

第十三条 对违反本规定审批的外商投资项目,上级审批机关应当自收到该项目的备案文件之日起30个工作日内予以撤销,其合同、章程无效,企业登记机关不予注册登记,海关不予办理进出口手续。

第十四条 外商投资项目申请人以欺骗等不正当手段,骗取项目批准的,根据情节轻重,依法追究法律责任;审批机关应当撤销对该项目的批准,并由有关主管机关依法作出相应的处理。

第十五条 审批机关工作人员滥用职权、玩忽职守的,依照刑法关于滥用职权罪、玩忽职守罪的规定,依法追究刑事责任;尚不够刑事处罚的,依法给予记大过以上的行政处分。

第十六条 华侨和香港特别行政区、澳门特别行政区、台湾地区的投资者举办的投资项目，比照本规定执行。

第十七条 本规定自2002年4月1日起施行。1995年6月7日国务院批准，1995年6月20日国家计划委员会、国家经济贸易委员会、对外贸易经济合作部发布的《指导外商投资方向暂行规定》同时废止。

(五)商务部现行有效规范性外商投资文件

(截至2011年12月13日·95件)

1.对外经济贸易部关于合资企业或合资企业的中外方投资者能否用租赁来的设备作为注册资本投入合资企业问题的通知(外经贸法字[1986]第12号)

发布单位:对外经济贸易部

2.对外经济贸易部关于实施《中外合资经营企业合营期限暂行规定》有关问题的通知(外经贸资发[1991]第454号)

发布单位:对外经济贸易部

3.对外贸易经济合作部关于以BOT方式吸收外商投资有关问题的通知(外经贸法函[1994]第89号)

发布单位:对外贸易经济合作部

4.对外贸易经济合作部、国家工商行政管理局关于外商投资企业调整投资总额和注册资本有关规定及程序的通知(外经贸法发[1995]第366号)

发布单位:对外贸易经济合作部、工商总局

5.关于出国(境)举办招商和办展等经贸活动的管理办法(外经贸政发[1995]481号)

发布单位:对外贸易经济合作部

6.关于发布《关于执行〈中华人民共和国中外合作经营企业法实施细则〉若干条款的说明》的通知(外经贸法发[1996]658号)

发布单位:对外贸易经济合作部

7.对外贸易经济合作部关于对外资企业将其财产或者权益对外抵押问题的答复(外经贸法函字[1996]第66号)

发布单位:对外贸易经济合作部

8.对外贸易经济合作部关于经贸部门对外商投资企业进行联合年检、换发批准证书和实施进出口企业代码有关问题的通知(外经贸资综函字[1997]第640号)

发布单位:对外贸易经济合作部

9. 对外经济贸易合作部、国家技术监督局关于外商投资企业和台港澳侨资企业领取全国组织机构代码和进出口企业代码有关事宜的通知(外经贸资发[1997]第 813 号)

发布单位:对外贸易经济合作部、国家技术监督局

10. 对外贸易经济合作部关于印发《关于解决外商投资企业董事不出席企业董事会会议问题的指导意见》的通知(外经贸法发[1998]第 302 号)

发布单位:对外贸易经济合作部

11. 对外贸易经济合作部关于加强项目确认书出具工作的通知(外经贸资综函字[1998]第 254 号)

发布单位:对外贸易经济合作部

12. 对外贸易经济合作部关于加强外商投资企业审批管理工作的通知(外经贸资综函字[1998]第 260 号)

发布单位:对外贸易经济合作部

13. 关于外商投资设立研发中心有关问题的通知(外经贸资发[2000]第 218 号)

发布单位:对外贸易经济合作部

14. 对外贸易经济合作部关于外商投资企业批准证书发放权有关事宜的通知(外经贸资综函[2001]第 287 号)

发布单位:对外贸易经济合作部

15. 关于印发《关于上市公司涉及外商投资有关问题的若干意见》的通知(外经贸资发[2001]538 号)

发布单位:对外贸易经济合作部、证监会

16. 对外经济贸易合作部关于开展试点设立外商投资物流企业有关问题的通知(外经贸资一函[2002]615 号)

发布单位:对外经济贸易合作部

17. 对外经济贸易合作部、国家税务总局、国家工商行政管理总局、国家外汇管理局关于加强外商投资企业审批、登记、外汇及税收管理有关问题的通知(外经贸法发[2002]575 号)

发布单位:对外贸易经济合作部、税务总局、工商总局、外汇局

18. 商务部、财政部、国务院国有资产监督管理委员会、中国证券监督管理委员会公告[2003]第 25 号

发布单位:商务部、财政部、国资委、证监会

19. 关于上市公司国有股向外国投资者及外商投资企业转让申报程序有关

问题的通知(商资字[2004]1号)

发布单位:商务部办公厅、国资委

20. 商务部关于外国(地区)企业受托经营管理内资企业有关问题的复函(商资函[2004]第19号)

发布单位:商务部

21. 商务部关于外商投资企业在清算过程中终止清算、恢复经营问题答复的函(商法函[2004]第45号)

发布单位:商务部

22. 商务部关于外商投资企业外贸权备案登记有关问题的通知(商资函[2004]第46号)

发布单位:商务部

23. 商务部关于外商投资企业申请延期有关问题的意见(商法函[2004]第71号)

发布单位:商务部

24. 商务部关于依法行政做好外商投资企业审批工作的通知(商资函[2005]第3号)

发布单位:商务部

25. 商务部办公厅关于转发国务院法制办公室对于外商投资企业投资者出资及清算具体应用问题的复函的通知(商法字[2005]第32号)

发布单位:商务部办公厅

26. 商务部关于外商投资非商业企业增加分销经营范围有关问题的通知(商资函[2005]第9号)

发布单位:商务部

27. 商务部办公厅关于加强外商投资处置不良资产审批管理的通知(商资字[2005]第37号)

发布单位:商务部办公厅

28. 商务部、海关总署办公厅关于保税区及保税物流园区贸易管理有关问题的通知(商资字[2005]第76号)

发布单位:商务部、海关总署办公厅

29. 商务部、证监会关于上市公司股权分置改革涉及外资管理有关问题的通知(商资发[2005]第565号)

发布单位:商务部、证监会

30. 关于直销产品范围的公告(商务部　工商总局[2005]第72号公告)

发布单位:商务部、工商总局

31. 下放外商投资企业备案和批准证书发放管理权限、进一步简化审批程序等有关问题(商务部公告[2005]第59号)

发布单位:商务部

32. 商务部关于答复涉及直销业有关问题的函(商资函[2005]第98号)

发布单位:商务部

33. 商务部办公厅关于扩大开放、提高吸收外资水平、促进中部崛起的指导意见(商资字[2005]第130号)

发布单位:商务部办公厅

34. 关于2006年12月1日起废止外商投资传销转型企业有关规定的公告(商务部　工商总局[2005]第100号公告)

发布单位:商务部、工商总局

35. 商务部关于申报直销企业服务网点认可函和确认函格式的通知(商资函[2006]第5号)

发布单位:商务部

36. 商务部、财政部、海关总署、国家税务总局关于印发《产品全部直接出口的允许类外商投资企业产品出口情况检查暂行办法》的通知(商资发[2006]第1号)

发布单位:商务部、财政部、海关总署、国家税务总局

37. 商务部办公厅关于对外商投资企业股权变更有关问题的答复(商办法函[2006]第32号)

发布单位:商务部办公厅

38. 商务部关于办理鼓励类外商投资企业免税确认书有关问题的复函(商资函[2006]第41号)

发布单位:商务部

39. 商务部关于进一步做好物流领域吸引外资工作的通知(商资函[2006]第38号)

发布单位:商务部

40. 商务部关于办理外商投资企业《国家鼓励发展的内外资项目确认书》有关问题的通知(商资发[2006]第201号)

发布单位:商务部

41. 商务部　工商总局　外汇管理局关于直销企业缴纳保证金的通知(商资发[2006]第194号)

发布单位:商务部、工商总局、外汇管理局

42. 商务部办公厅关于贯彻落实《关于规范房地产市场外资准入和管理的意

见》有关问题的通知(商资字[2006]第192号)

发布单位:商务部办公厅

43.商务部关于实施“万商西进工程”的通知(商资发[2006]530号)

发布单位:商务部

44.商务部关于实施服务外包“千百十工程”的通知(商资发[2006]556号)

发布单位:商务部

45.商务部办公厅关于制止层层分解并考核招商引资指标的通知(商资字[2007]第5号)

发布单位:商务部办公厅

46.商务部关于明确直销企业服务网点核查工作有关问题的通知(商资函[2007]第35号)

发布单位:商务部

47.商务部办公厅关于在招商引资工作中严格执行国家有关土地政策的通知(商资字[2007]32号)

发布单位:商务部

48.商务部办公厅关于直销企业服务网点、核查及直销分支机构变更等有关问题的答复(商办资函[2007]第44号)

发布单位:商务部

49.商务部、国家外汇管理局关于进一步加强、规范外商直接投资房地产业审批和监管的通知(商资函[2007]第50号)

发布单位:商务部、外汇局

50.商务部、国家发展和改革委员会、国上资源部关丁进一步扩大煤层气开采对外合作有关事项的通知(商资函[2007]第94号)

发布单位:商务部、发改委、国土资源部

51.商务部关于促进国家级经济技术开发区发展服务外包产业的指导意见(商资发[2007]451号)

发布单位:商务部

52.商务部关于国家级经济技术开发区加强社会责任建设的若干意见(商资发[2007]462号)

发布单位:商务部

53.商务部关于落实科学发展观构建和谐开发区的指导意见(商资发[2007]500号)

发布单位:商务部

54.商务部关于印发《国家级经济技术开发区投资环境综合评价办法》(修订

稿)的通知(商资函[2008]11 号)

发布单位:商务部

55.关于依法做好外商投资企业解散和清算工作的指导意见(商法字[2008]31 号)

发布单位:商务部

56.关于做好外商投资企业房地产业备案工作的通知(商资函[2008]第 23 号)

发布单位:商务部

57.关于下放外商投资股份有限公司非上市外资股转 B 股流通有关问题的通知(商资函[2008]59 号)

发布单位:商务部

58.关于进一步加强外商投资涉及宏观调控审核和备案工作的通知(商资函[2008]54 号)

发布单位:商务部

59.关于下放外商投资商业企业审批事项的通知(商资函[2008]第 51 号)

发布单位:商务部

60.关于推动外商投资企业开展节能减排工作的若干意见(商资发[2008]416 号)

发布单位:商务部

61.商务部关于省级商务主管部门和国家级经济技术开发区负责审核管理部分服务业外商投资企业审批事项的通知(商资函[2008]第 64 号)

发布单位:商务部

62.关于印发《外资非正常撤离中国相关利益方跨国追究与诉讼工作指引》的通知(商资字[2008]323 号)

发布单位:商务部

63.关于建立招商选资综合评价体系的指导意见(商资发[2008]510 号)

发布单位:商务部

64.关于进一步发挥外商投资促进我国自主创新积极作用的指导意见(商资发[2008]519 号)

发布单位:商务部

65.商务部关于做好外商投资商业企业审批和备案工作的通知(商资函[2008]第 94 号)

发布单位:商务部

66.关于加强外商投资土地利用统计工作的通知(商资函[2008]89 号)

发布单位:商务部

67.关于加强外商投资节能环保统计工作的通知(商资函[2008]88号)

发布单位:商务部、环境保护部

68.商务部关于由省级商务主管部门和国家经济技术开发区负责审核管理部分服务业外商投资企业审批事项的通知(商资函[2009]第2号)

发布单位:商务部

69.商务部办公厅关于建立外商投资企业突发事件预防及应急机制的通知(商资函[2009]35号)

发布单位:商务部办公厅

70.关于进一步改进外商投资审批工作的通知(商资函[2009]7号)

发布单位:商务部

71.关于外商投资创业投资企业、创业投资管理企业审批事项的通知(商资函[2009]第9号)

发布单位:商务部

72.关于下放外商投资举办投资性公司审批权限的通知(商资函[2009]8号)

发布单位:商务部

73.关于确定外商投资企业自动进口许可证发证平台调整时间的通知(商办资函[2009]56号)

发布单位:商务部办公厅

74.关于调整外商投资企业易制毒化学品进出口管理工作有关事项的通知(商办资函[2009]77号)

发布单位:商务部办公厅

75.商务部关于省级商务主管部门和国家经济技术开发区审核管理部分服务业外商投资企业相关事项的通知(商资函[2009]第6号)

发布单位:商务部

76.商务部、工业和信息化部关于境外直接上市的境内企业申请经营电信业务适用程序有关问题的通知(商资函[2009]71号)

发布单位:商务部、工业和信息化部

77.关于调整外商投资企业加工贸易业务管理工作有关事项的通知(商办资函[2009]247号)

发布单位:商务部办公厅

78.商务部关于加强外商投资管理引导产业健康发展的通知(商资发[2009]573号)

发布单位:商务部

79.商务部办公厅关于规范外商投资举办投资性公司审批工作的通知(商办资函[2010]109号)

发布单位:商务部

80.关于外商投资企业进出口配额、许可证商品管理工作调整有关事项的通知(商办资函[2010]188号)

发布单位:商务部办公厅

81.关于开展2010年外商投资企业联合年检工作的通知(商资函[2010]101号)

发布单位:商务部、财政部、税务总局、工商总局、统计局、外汇局

82.商务部关于印发《国家级经济技术开发区综合统计制度》(修订稿)的通知(商资函[2010]128号)

发布单位:商务部

83.商务部关于加强淘汰落后产能做好利用外资工作的通知(商资函[2010]323号)

发布单位:商务部

84.商务部关于加强直销企业变更直销产品说明和直销培训员备案审核监管有关工作的通知(商资函[2010]392号)

发布单位:商务部

85.商务部关于下放外商投资审批权限有关问题的通知(商资发[2010]209号)

发布单位:商务部

86.商务部办公厅关于外商投资互联网、自动售货机方式销售项目审批管理有关问题的通知(商资字[2010]272号)

发布单位:商务部办公厅

87.商务部办公厅关于加强外商投资房地产业审批备案管理的通知(商办资函[2010]1542号)

发布单位:商务部办公厅

88.商务部关于印发《外商投资统计制度》(2011年)的通知(商资函[2010]1083号)

发布单位:商务部

89.商务部关于外商投资管理工作有关问题的通知(商资函[2011]72号)

发布单位:商务部

90.商务部关于直销企业设立分支机构审核工作有关问题的通知(商资函

[2011]97 号）

发布单位:商务部

91.关于建立外资统计联络员制度的通知(商办资函[2011]542 号）

发布单位:商务部办公厅

92.商务部公告 2011 年第 53 号　商务部实施外国投资者并购境内企业安全审查制度的规定

发布单位:商务部

93.商务部关于跨境人民币直接投资有关问题的通知（商资函[2011]889 号）

发布单位:商务部

94.关于商务系统实施跨境人民币直接投资管理相关问题的通知(商办资函[2011]1171 号）

发布单位:商务部办公厅

95.商务部　外汇局关于进一步完善外商投资性公司有关管理措施的通知（商资函[2011]1078 号）

发布单位:商务部

附件二:涉外企业基本文件参考格式

(一)中外合营项目可行性研究报告参考格式

1. 总论

1.1 项目名称:

项目性质:

项目主办单位:

项目主管部门:

项目负责人:姓名 职务

可行性研究主要技术负责人:姓名 职务

可行性研究主要经济负责人:姓名 职务

项目建议书的审批机关:

审批文号:

审批日期:

1.2 项目背景,研究工作的依据和范围。

1.3 项目的社会效益说明。

1.4 产品在国内、外的生产和发展概况。

1.5 项目主办单位的基本情况和具备的现有条件(现有厂房、设备,生产经营情况)

1.6 外国合营公司的基本情况(包括资信与经营情况)和具备的合营条件。

2. 项目设想

2.1 合营的模式(选定合资经营还是合作经营?确定利用外资举办该项目的原因及采用合营模式的说明,合营年限)。

2.2 企业资本。

2.2.1 经双方谈判确定,本合营企业的总投资额为×××万美元;注册资本×××万美元。其中:中方投资(以厂房、设备、场地、现金……构成)××万美元,占注册资本的××%(还要说明投资是否有贷款部分,资金的落实情况如何);外方投资(以设备、资金、工业产权……构成)××万美元,占注册资本的××%(如有工业产权作为投资的要进一步说明工业产权性质,转让费等有关情况)。

2.2.2 以合营企业向银行的信贷资本为××万美元(说明进展及落实程度,是否有担保要求?拟实施的计划设想和可能存在的问题)。

2.2.3 合营双方确定，从领取营业执照后×个月内，中方应缴付出资额××万美元；外方应缴付出资额××万美元。至一九××年×月××日，双方按认缴的出资额全部付足，并汇入中国银行××分行的合营企业账户内。逾期欠缴者，应……（按出资额欠缴责任规定）。

2.3 项目的布局和范围。

2.3.1 产品的名称、规格、技术性能与用途（按具体情况写）。

2.3.2 市场与销售（包括产品市场的需求与预测；对当前国内、外有效需求的规模和构成情况作出估计，项目投产期间的需求预测，对产品市场开拓的估计。产品销售预测：产品在国内、外价格的调查，国内、外销售渠道、方式的选择，产品内外销比例的可供选择的方案及产品外销可能存在的问题，拟定销售计划，并说明产品销售期间市场的发展情况，如新产品进入国内、外市场可能性的估计等。评述销售战略，并列举产品定价、投产前和生产期间应作的销售努力，设置什么销售机构，如何进行销售后服务，销售费用估算，并根据销售计划和销售战略估算合营企业的年销售收益，及因市场变化而调整产品价格，可能带来的影响）。

2.3.3 生产规模（生产规模的方案比较和确定，包括分年产量，逐年增加量，生产方案，实施进度安排，可能发展的设想等。如属技改项目，应说明其改造步骤如何，原有生产能力如何发挥，对新的生产能力如何扩大，以达到生产方案规定的目标、产量和质量）。

2.3.4 横向配套（横向配套的内容，横向配套资金的解决及计划的实施方案）。

2.3.5 产品国产化（产品国产化的可能性，具有条件，国产化计划、措施及其实施步骤）。

2.4 技术及工艺流程的选定。

2.4.1 引进技术的内容及其来源。

2.4.2 几种可供选择方案的比较与论证（最佳方案选定的理由，包括技术先进水平，技术的成熟程度，技术转让费的高低，承办单位目前吸收、消化和掌握技术的水平，采用该技术、工艺生产的产品与国内、外同类型产品的对比分析，确定产品的竞争能力等）。

2.5 设备的选用。

2.5.1 按技术方案确定生产所需的生产设备、辅助设施与仪器、工具（名称、型号、规格、数量、性能特征均应明确）。

2.5.2 进口设备（说明哪些设备需要进口，有关设备设计的数据、性能特征和可供选择的方案，进口设备来源和采购方案，设备费用的估计和国际市场同类型设备的价格调查)。

2.6 土建工程。

2.6.1 建厂条件(包括气候、水文、地质、地形等自然条件,经济、社会、交通运输等方面所具备条件的概述;占用土地面积,征用情况及所需市政配套问题)。

2.6.2 厂址选定(从几个可供选择的方案中说明厂址选择的理由。厂址选择的任务,是在既定的生产规模、产品方案和工艺流程的前提下,选择一块地段,其自然和地理特征,运输条件,供电,给水,布置生产、生活福利区的条件等,都能最大限度地满足所办合营企业经营方面的要求。要使拟建合营企业的建设,在技术上是可行的,在经济上是合理的)。

2.6.3 工程建设(包括设计工作分工,资料提供,设计方案的决定;厂区总图和平面布置;建筑材料规划;建筑工程费用估算、支付方法及投标方式,占用场地、厂房改建、扩建费用的估算与支付方式,环境污染防治费用;整个土建工程进度和施工力量的安排;设备安装工程进度计划)。

3. 生产所需资源、原材料、燃料、动力

3.1 资源条件(根据资源勘探资料对资源储量、品位、成分及开采、利用条件作出评述)。

3.2 原材料的需要量与供应(包括作为主要原材料的原料、原器件、零部件、配套件、半成品等的需要量,供应渠道,供应来源的可靠性说明;分析原材料的单位成本及其在成品中所占数量和总成本的比重)。

3.3 辅助材料的需要量与供应(包括辅助材料的种类、数量及其来源和供应条件的说明)。

3.4 燃料(使用何种燃料,年需要量,供应渠道及其落实程度,燃料运输的方式和涉及有关问题的考虑)。

3.5 电、水、汽(需要数量,本地区能解决的程度和自行解决的措施,可能存在的问题和要求等)。

4. 环境保护

4.1 环境保护治理的内容及具体的防治方案(包括废水处理、废渣处理、废气处理和环境美化的方案和说明)。

4.2 环境保护资金的预算及其实施。

5. 企业组织与人员培训

5.1 职工的定员、雇用和培训(编制可供选择的人员配备表,确定定员人数和雇用办法,包括本国和外国各级技术和管理职员的人数,一般工人人数,对职工的技能要求,招聘或培训的实施计划;所需工资、福利、培训费用估算)。

5.2 机构设置(包括企业行政管理,各车间和车间附设机构,销售、服务机构的设置数目、定员和体制的确定）。

5.3　管理费用估算（管理费用常按材料和人力总投入的一个附加百分比计算。企业管理费用包括工厂管理费用和行政管理费用两大项。财务费用诸如定期贷款的利息，可作行政管理费用的一部分）。

6. 投资总额概算

6.1　投资总额估算。

6.1.1　设备投资（设备总金额，所需外汇及其支付，所需人民币配套资金及其来源）。

6.1.2　基建投资（基建总金额，所需外汇及其投放计划，所需人民币配套资金及其来源和投放计划）。

6.1.3　流动资金（确定流动资产和短期负债最少所需天数，以及确定流动资产和短期负债各组成部分的周转系数，计算得出流动资金需要量；说明流动资金来源）。

6.1.4　总投资额（包括投资前资本支出，固定资产总额及流动资金；资金投放进度计划）。

7. 生产成本测算

7.1　生产总成本（包括制造成本、行政管理费用、销售与分销费用、财务费用及折旧）。

7.2　单位成本（包括固定成本和可变单位成本的计算）。

（对生产成本进行可行性研究的目的，在于测算目前和将来具有可比性的产品成本，分析构成产品成本的各项因素，以及分析降低成本的可能性，从而估计产品的竞争能力。进行可行性研究时，要求准确计算每一项费用，分析各项费用在成本中所占比重，了解产品成本的结构特点，以测定成本在今后可能有的变动趋向，这对合营企业是至关重要的。）

8. 财务指标分析

8.1　编制必要的基本情况表。

8.1.1　项目实施计划进度表（包括基建计划进度表，生产设备安装投产计划进度表）。

8.1.2　项目总投资构成表（包括总投资分类表、资金构成比例表、资金投放计划进度表、流动资金计算表）。

8.2　编制基础的财务分析表。

8.2.1　成本构成与成本分析预算表（包括成本构成、单位成本和工厂成本表）。

8.2.2　产品销售及利润分析表。

8.2.3　现金流量表。

8.2.4　企业损益表。

8.2.5　资产负债表。

8.3　财务指标分析。

9. 外汇平衡分析

9.1　外汇总支出。

9.2　外汇总收入。

9.3　外汇平衡分析或实现平衡的措施。

10. 敏感性分析

10.1　平衡点的计算。

10.2　敏感因素对投资收益的影响分析。

11. 综合评价结论

11.1　技术方面的评价结论。

11.2　经济方面的评价结论。

11.3　需要探讨的问题。

(二)中外合资经营企业合同参考格式

第一章　总　则

中国__________公司和__________国__________公司，根据《中华人民共和国中外合资经营企业法》和中国的其他有关法规，本着平等互利的原则，通过友好协商，同意在中华人民共和国__________省__________市，共同投资举办合资经营企业，特订立本合同。

第二章　合营各方

第一条　本合同的各方为：

中国__________公司(以下简称甲方)，在中国__________地登记注册，其法定地址在中国__________市__________区__________街__________号。

法定代表：姓名__________职务__________国籍__________。

__________国__________公司(以下简称乙方)，在__________国__________地登记注册，其法定地址在__________。

法定代表：姓名__________职务__________国籍__________。

(注：若有两个以上合营者，依次称丙、丁……方。)

第三章　成立合资经营公司

第二条　甲、乙方根据《中华人民共和国中外合资经营企业法》和中国的其他有关法规，同意在中国境内建立合资经营__________有限责任公司(以下简称合营公司)。

第三条　合营公司的名称为__________有限责任公司。

外文名称为____

合营公司的法定地址为：__________省__________市__________路__________号。

第四条　合营公司的一切活动，必须遵守中华人民共和国的法律、法令和有关条例规定。

第五条　合营公司的组织形式为有限责任公司。甲、乙方以各自认缴的出资额对合营公司承担责任。各方按其出资额在注册资本中的比例分享利润和分担风险及亏损。

第四章　生产经营目的、范围和规模

第六条　甲、乙方合资经营的目的是：本着加强经济合作和技术交流的愿望，采用先进而适用的技术和科学的经营管理方法，提高产品质量，发展新产品，并在质量、价格等方面具有国际市场上的竞争能力，提高经济效益，使投资各方获得满意的经济利益。

(注：在具体合同中要根据具体情况写。)

第七条　合营公司生产经营范围是：

生产__________产品；

对销售后的产品进行维修服务；

研究和发展新产品。(注：要根据具体情况写。)

第八条　合营公司的生产规模如下：

1. 合营公司投产后的生产能力为__________。

2. 随着生产经营的发展，生产规模可增加到__________。产品品种将发展__________。(注：要根据具体情况写。)

第五章　投资总额与注册资本

第九条　合营公司的投资总额为人民币__________元(或双方商定的一种外币)。

第十条　甲、乙方的出资额共为人民币__________元，以此为合营公司的注册资本。

其中：甲方 ________ 元，占 ________%；乙方 ________ 元，占 ________%。

第十一条 甲、乙双方将以下列作为出资：

甲方：现金________元

机械设备________元

厂房________元

土地使用费________元

工业产权________元

其他________元 共________元。

乙方：现金________元

机械设备________元

工业产权________元

其他________元 共________元。

（注：以实物、工业产权作为出资时，甲、乙双方应另行订立合同，作为本合同的组成部分。）

第十二条 合营公司注册资本由甲、乙方按其出资比例分________期缴付，每期缴付数额如下：（注：根据具体情况写。）

第十三条 甲、乙任何一方如向第三者转让其全部或部分出资额，须经另一方同意，并报审批机构批准。

一方转让其全部或部分出资额时，另一方有优先购买权。

第六章 合营各方的责任

第十四条 甲、乙应各自负责完成以下各项事宜：

甲方责任：

办理为设立合营公司向中国有关主管部门申请批准、登记注册、领取营业执照等事宜；

向土地主管部门办理申请取得土地使用权的手续；

组织合营公司厂房和其他工程设施的设计、施工；

按第十一条和第十二条的规定提供现金、机械设备、厂房……；

协助办理乙方作为出资而提供的机械设备的进口报关手续和在中国境内的运输；

协助合营公司在中国境内购置或租赁设备、材料、原料、办公用具、交通工具、通讯设施等；

协助合营公司联系落实水、电、交通等基础设施；

协助合营公司招聘当地的中国籍的经营管理人员、技术人员、工人和所需的其他人员；

协助外籍工作人员办理所需的入境签证、工作许可证和旅行手续等；

负责办理合营公司委托的其他事宜。

乙方责任：

按第十一条和第十二条的规定提供现金、机械设备、工业产权……并负责将作为出资的机械设备等实物运至中国港口；

办理合营公司委托在中国境外选购机械设备、材料等有关事宜；

提供需要的设备安装、调试以及试生产技术人员、生产和检验技术人员；

培训合营公司的技术人员和工人；

如乙方同时又是技术转让方，则应负责合营公司在规定的期限内按设计能力稳定地生产合格产品；

负责办理合营公司委托的其他事宜。

（注：要根据具体情况写。）

第七章　技术转让

第十五条　甲、乙双方同意，由合营公司与乙方（或第三者）签订技术转让协议，以取得为达到本合同第四章规定的生产经营目的、规模所需的先进生产技术，包括产品设计、制造工艺、测试方法、材料配方、质量标准、培训人员等。（注：要在合同中具体写明。）

第十六条　乙方对技术转让提供如下保证：（注：在乙方负责向合营公司转让技术的合营合同中才有此条款。）

1. 乙方保证为合营公司提供的__________（注：要写明产品名称）的设计、制造技术、工艺流程、测试和检验等全部技术是完整的、准确的、可靠的，是符合合营公司经营目的要求的，保证能达到本合同要求的产品质量和生产能力；

2. 乙方保证本合同和技术转让协议规定的技术全部转让给合营公司，保证提供的技术是乙方同类技术中最先进的技术，设备的选型及性能质量是优良的，并符合工艺操作和实际使用的要求；

3. 乙方对技术转让协议中规定的各阶段提供的技术和技术服务，应开列详细清单作为协议的附件，并保证实施；

4. 图纸、技术条件和其他详细资料是所转让的技术的组成部分，保证如期提交；

5. 在技术转让协议有效期内，乙方对该项技术的改进，以及改进的情报和技术资料，应及时提供给合营公司，不另收费用；

6. 乙方保证在技术转让协议规定的期限内使合营公司技术人员和工人掌握所转让的技术。

第十七条 如乙方未按本合同及技术转让协议的规定提供设备和技术，或发现有欺骗或隐瞒之行为，乙方应负责赔偿合营公司的直接损失。

第十八条 技术转让费采取提成方式支付，提成率为产品出厂净销售额的__________%。

提成支付期限按照本合同第十九条规定的技术转让协议期限为期限。

第十九条 合营公司与乙方签订的技术转让协议期限为__________年，技术转让协议期满后，合营公司有权继续使用和研究发展该引进技术。

（注：技术转让协议期限一般不超过十年，协议须经对外经济贸易部或其委托的审批机构批准。）

第八章 产品的销售

第二十条 合营公司的产品，在中国境内外市场上销售，外销部分占__________%，内销部分占__________%。

（注：可根据实际情况写明各个年度内外销的比例和数额。一般情况下，外销量至少应能满足合资公司外汇支出的需要。）

第二十一条 产品可由下述渠道向国外销售：

由合营公司直接向中国境外销售的占__________%。

由合营公司与中国外贸公司订立销售合同，委托其代销，或由中国外贸公司包销的占__________%。

由合营公司委托乙方销售的占__________%。

第二十二条 合营公司内销产品可由中国物资部门、商业部门包销或代销，或由合营公司直接销售。

第二十三条 为了在中国境内外销售产品和进行销售后的产品维修服务，经中国有关部门批准，合营公司可在中国境内外设立销售维修服务的分支机构。

第二十四条 合营公司的产品使用商标为__________。

第九章 董事会

第二十五条 合营公司注册登记之日，为合营公司董事会成立之日。

第二十六条 董事会由__________名董事组成，其中甲方委派__________名，乙方委派__________名。董事长由甲方委派，副董事长由乙方委派。董事、董事长和副董事长任期四年，经委派方继续委派可以连任。

第二十七条　董事会是合营公司的最高权力机构，决定合营公司的一切重大事宜。对于重大问题(注：按中外合资经营企业法实施条例第三十六条列举主要内容)，应一致通过，方可作出决定。对其他事宜，可采取多数通过或简单多数通过决定(注：在具体合同中要明确规定)。

第二十八条　董事长是合营公司法定代表。董事长因故不能履行其职责时，可临时授权副董事长或其他董事为代表。

第二十九条　董事会会议每年至少召开一次，由董事长召集并主持会议。经三分之一以上的董事提议，董事长召开董事会临时会议。会议记录应归档保存。

第十章　经营管理机构

第三十条　合营公司设经营管理机构，负责公司的日常经营管理工作。经营管理机构设总经理一人，由__________方推荐；副总经理__________人，由甲方推荐__________人，乙方推荐__________人。总经理、副总经理由董事会聘请，任期__________年。

第三十一条　总经理的职责是执行董事会会议的各项决议，组织领导合营公司的日常经营管理工作。副总经理协助总经理工作。

经营管理机构可设若干部门经理，分别负责企业各部门的工作，办理总经理和副总经理交办的事项，并对总经理和副总经理负责。

第三十二条　总经理、副总经理有营私舞弊或严重失职的，经董事会会议可随时撤换。

第十一章　设备购买

第三十三条　合营公司所需原材料、燃料、配套件、运输工具和办公用品等，在条件相同情况下，尽量先在中国购买。

第三十四条　合营公司委托乙方在国外市场选购设备时，应邀请甲方派人参加。

第十二章　筹备和建设

第三十五条　合营公司在筹备、建设期间，在董事会下设立筹建处。筹建处由__________人组成，其中甲方__________人，乙方__________人。筹建处主任一人，由__________方推荐，副主任一人，由__________方推荐。筹建处主任、副主任由董事会任命。

第三十六条　筹建处具体负责审查工程设计，签订工程施工承包合同，组织有关设备、材料等物资的采购和验收，制定工程施工总进度，编制用款计划，掌握工程财务支付和工程决算，制定有关的管理办法，做好工程施工过程中文件、图纸、档案、资料的保管和整理工作。

第三十七条 甲乙双方指派若干技术人员组成技术小组，在筹建处领导下，负责对设计、工程质量、设备材料和引进技术的审查、监督检查、验收和性能考核等工作。

第三十八条 筹建处工作人员的编制、报酬及费用，经甲乙双方同意后，列入工程预算。

第三十九条 筹建处在工程建设完成并办理完毕移交手续后，经董事会批准撤销。

第十三章 劳动管理

第四十条 合营公司职工的招收、招聘、辞退、工资、劳动保险、生活福利和奖惩等事项，按照《中华人民共和国中外合资经营企业劳动管理规定》及其实施办法，经董事会研究制定方案，由合营公司和合营公司的工会组织集体或个别地订立劳动合同加以规定。

劳动合同订立后，报当地劳动管理部门备案。

第四十一条 甲、乙推荐的高级管理人员的聘请和工资待遇、社会保险、福利、差旅费标准等，由董事会会议讨论决定。

第十四章 税务、财务、审计

第四十二条 合营公司按照中国的有关法律和条例规定缴纳各项税金。

第四十三条 合营公司职工按照《中华人民共和国个人所得税法》缴纳个人所得税。

第四十四条 合营公司按照《中华人民共和国中外合资经营企业法》的规定提取储备基金、企业发展基金及职工福利奖励基金，每年提取的比例由董事会根据公司经营情况讨论决定。

第四十五条 合营公司的会计年度从每年 1 月 1 日起至 12 月 31 日止，一切记账凭证、单据、报表、账簿，用中文书写。（注：也可同时用甲乙方同意的一种外文书写。）

第四十六条 合营公司的财务审计聘请在中国注册的会计师审查、稽核，并将结果报告董事会和总经理。

如乙方认为需要聘请其他国家的审计师对年度财务进行审查，甲方应予以同意。其所需要的一切费用由乙方负担。

第四十七条 每一营业年度的头三个月，由总经理组织编制上一年度的资产负债表、损益计算书和利润分配方案，提交董事会会议审查。

第十五章 合营期限

第四十八条 合营公司的期限为＿＿＿＿＿年。合营公司的成立日期为合营公司营业执照签发之日。

经一方提议，董事会会议一致通过，可以在合营期满六个月前向对外经济贸易部（或其委托的审批机构）申请延长合营期限。

第十六章 合营期满财产处理

第四十九条 合营期满或提前终止合营，合营公司应依法进行清算，清算后的财产，根据甲、乙各方投资比例进行分配。

第十七章 保险

第五十条 合营公司的各项保险均在中国人民保险公司投保，投保险别、保险价值、保期等按照中国人民保险公司的规定由合营公司董事会会议讨论决定。

第十八章 合同的修改、变更与解除

第五十一条 对本合同及其附件的修改，必须经甲、乙双方签署书面协议，并报原审批机构批准，才能生效。

第五十二条 由于不可抗力，致使合同无法履行，或是由于合营公司连年亏损、无力继续经营，经董事会一致通过，并报原审批机构批准，可以提前终止合营期限和解除合同。

第五十三条 由于一方不履行合同、章程规定的义务，或严重违反合同、章程规定，造成合营公司无法经营或无法达到合同规定的经营目的，视作违约方片面终止合同，对方除有权向违约一方索赔外，并有权按合同规定报原审批机构批准终止合同，如甲、乙双方同意继续经营，违约方应赔偿合营公司的经济损失。

第十九章 违约责任

第五十四条 甲、乙任何一方未按本合同第五章的规定依期按数提缴出资额时，从逾期第一个月算起，每逾期一个月，违约一方应交付应缴出资额的百分之＿＿＿＿＿的违约金给守约的一方。如逾期三个月仍未提缴，除累计交付应缴出资的百分之＿＿＿＿＿的违约金外，守约一方有权按本合同第五十三条规定终止合同，并要求违约方赔偿损失。

第五十五条 由于一方违约，造成本合同及其附件不能履行或不能完全履行时，由违约一方承担违约责任；如属双方违约，根据实际情况，由双方分别承担各自应负的违约责任。

第五十六条 为保证本合同及其附件的履行，甲、乙各方应相互提供履约的银行担保书。

第二十章 不可抗力

第五十七条 由于地震、台风、水灾、火灾、战争以及其他不能预见并且对其发生和后果不能防止或避免的不可抗力，致使直接影响合同的履行或者不能按约定的条件履行时，遇有上述不可抗力的一方，应立即电报通知对方，并应在十五天内，提供不可抗力详情及合同不能履行、或者部分不能履行、或者需要延期履行的理由的有效证明文件，此项证明文件应由不可抗力发生地区的公证机构出具。按其对履行合同影响的程度，由双方协商决定是否解除合同，或者部分免除履行合同的责任，或者延期履行合同。

第二十一章 适用法律

第五十八条 本合同的订立、效力、解释、履行和争议的解决均受中华人民共和国法律的管辖。

第二十二章 争议的解决

第五十九条 凡因执行本合同所发生的或与本合同有关的一切争议，双方应通过友好协商解决；如果协商不能解决，由当事人在合同中约定从下列两种方式中选择一种：

(一)凡因执行本合同所发生的或与本合同有关的一切争议，双方应通过友好协商解决；如果协商不能解决，应提交×国×地×仲裁机构根据该仲裁机构的仲裁程序进行仲裁。仲裁裁决是终局的，对双方都有约束力。

(二)凡因执行本合同所发生的或与本合同有关的一切争议，双方应通过友好协商解决；如果协商不能解决，依法向人民法院起诉。

(注：在订立合同时，上述两种方式仅能选择一种。)

第六十条 在仲裁过程中，除双方有争议正在进行仲裁的部分外，本合同应继续履行。

第二十三章 文字

第六十一条 本合同用中文和__________文写成，两种文字具有同等效力。

上述两种文本如有不符，以中文本为准。

第二十四章　合同生效及其他

第六十二条　按照本合同规定的各项原则订立如下的附属协议文件，包括：工程协议、技术转让协议、销售协议……，均为本合同的组成部分。

第六十三条　本合同及其附件，均须经中华人民共和国对外经济贸易部（或者委托的审批机构）批准，自批准之日起生效。

第六十四条　甲、乙双方发送通知的方法，如用电报、电传通知时，凡涉及各方权利、义务的，应随之以书面信件通知。合同中所列甲、乙双方的法定地址即为甲、乙双方的收件地址。

第六十五条　本合同于二〇××年××月×日由甲、乙双方的授权代表在中国＿＿＿＿＿签字。

中国＿＿＿＿＿公司代表　　　　×国＿＿＿＿＿公司代表

（签字）　　　　（签字）

（对外经济贸易部条约法律局编，本书根据国务院有关规定对第二十二章进行了修正。）

（三）中外合作经营企业合同参考格式

根据中国有关法律、法规规定，本着平等互利原则，经友好协商，同意在＿＿＿＿＿市＿＿＿＿＿县共同举办合作经营企业。于＿＿＿＿＿年＿＿＿＿＿月＿＿＿＿＿日在＿＿＿＿＿签订本合同。

第一条　合作各方

中国＿＿＿＿＿公司（以下简称甲方），在中国登记注册，其法定地址是：＿＿＿＿＿

法定代表：姓名＿＿＿＿＿

职务＿＿＿＿＿

国籍＿＿＿＿＿

＿＿＿＿＿国＿＿＿＿＿公司（以下简称乙方）在＿＿＿＿＿国＿＿＿＿＿地登记注册，其法定地址是：＿＿＿＿＿

法定代表：姓名＿＿＿＿＿

职务＿＿＿＿＿

国籍＿＿＿＿＿

（注：若有两个以上合作者，可依次称丙方、丁方……）

第二条　合作经营公司

2.1　甲、乙双方根据中国有关法律、规定，决定在中国境内建立合作经营的__________有限责任公司(下称合作公司)。

2.2　经商定，合作公司名称为：__________

其外文名称为：__________

合作公司的法定地址：__________

合作公司的法定代表：姓名__________

职务__________

国籍__________

2.3　合作公司的一切活动，必须遵守中华人民共和国的有关法律、法令和条例、规定。

2.4　合作公司的总投资额为__________币__________万元；注册资本为__________币__________万元。

(注：1.合作双方的合作条件不折合为货币时，投资总额＝注册资本＝甲方现金出资＋乙方出资额(包括现金、设备、工业产权)；2.合作双方的合作条件折合为货币时，投资总额与注册资本的规定与合资经营企业同。)

2.5　合作公司的组织形式为有限责任公司，合作公司以其注册资本承担债务责任。合作期内，不得减少注册资本。注册资本的增加或经营范围的改变，均须经原审批机关批准，并向原注册登记机关办理变更登记手续。

第三条　合作目的和条件

3.1　合作公司的目的是：本着加强经济合作和技术交流的愿望，引进先进而适用的技术和科学的经营管理方法，生产在质量、价格等方面具有国内外市场竞争能力的产品，不断提高企业的经济效益，使合作各方获得满意的经济效益。

3.2　合作各方的合作条件是：

(注：如折算为货币时，应明确各项的折算金额。)

甲方提供厂房面积__________平方米，场地__________平方米，现有可利用设备__________及人民币流动资金__________万元等为合作条件；

乙方无息投资__________币__________万元，其中流动资金__________币__________万元。

3.3　人民币流动资金可由合作公司向银行申请贷款，其贷款利息由合作公司负责，可纳入经营费用内列支。

3.4　合作各方提供的条件，须在领取合作公司营业执照的__________个月内完成，否则，应承担违约的责任。

第四条　经营范围

4.1　合作公司生产＿＿＿＿＿产品。初定年产量＿＿＿＿＿；最终年生产能力为＿＿＿＿＿。

4.2　研究和发展本系列新产品的计划。

4.3　视经营情况，经原审批机关批准后，在＿＿＿＿＿设立分支机构或设点维修，对销售后产品进行维修服务或其他业务。

第五条　合作期限

5.1　合作期限商定为＿＿＿＿＿年。合作公司的成立，从营业执照的签发日期起算。

5.2　合作合同期满，如需延长，需经合作各方同意，并于合作期满前半年向原审批机关提出申请。

5.3　合作公司提出延期申请时，应提出合作公司的经营情况总结，延期补充合同，且乙方必须重新投资（注：如按投资比例进行合作的除外）。

第六条　利润分配

6.1　合作各方商定采用＿＿＿＿＿方式还本，还本期＿＿＿＿＿年，每年金额为＿＿＿＿＿币＿＿＿＿＿万元。

6.2　营业总收入扣除一切成本费用开支后，再按第六条6.1款摊销还本后分配利润，分成比例：甲方占＿＿＿＿＿%；乙方占＿＿＿＿＿%。

（注：如不采用还本方式，6.1和6.2两条款应合写为：

合作企业的营业总收入扣除一切成本费用开支后，按如下分成比例分配利润：甲方占＿＿＿＿＿%；乙方占＿＿＿＿＿%。）

6.3　合作各方所分得的利润，须按中国有关所得税的规定，分别缴纳所得税。

6.4　合作企业按章程的规定，提取"三项基金"，经商定：储备基金为净利润的＿＿＿＿＿%；福利奖励基金＿＿＿＿＿%；企业发展基金＿＿＿＿＿%。

6.5　乙方所得的合法利润，可按中国有关规定汇往国外乙方指定的银行账户。

6.6　合作公司以前年度的亏损未弥补前，不得分配利润；以前年度未分配利润，可并入本年度进行利润分配或经原审批机关批准后用于扩大再生产。

6.7　合作公司如发生亏损，以合作公司的注册资本承担其有限责任。

第七条　各方责任

7.1　合作各方应尽力以最有效和最经济的办法实现合作公司的经营宗旨和目标。

7.2　甲方有如下责任和义务：

7.2.1　办理为设立合作公司而向中国有关主管部门申请批准、登记注册、领取营业执照等事宜。

7.2.2　按本合同第三条3.2条款规定，如期提供合作条件，交付使用。

7.2.3　负责合作公司的各项筹建工作（包括场地使用，厂房建设，辅助设施等）。

（注：该条款应根据项目的具体情况，详加补充。）

7.2.4　协助办理乙方作为出资而提供的设备、材料等的进口报关手续和在中国境内的运输工作。

7.2.5　协助合作公司招聘经营管理人员、技术人员、工人和其他人员。

7.2.6　协助外籍工作人员办理所需的入境签证、工作许可证和旅行手续等。

7.2.7　负责产品的内销责任

7.2.8　负责办理合作公司在经营活动中的其他事宜。

7.3　乙方有如下责任和义务：

7.3.1　按本合同第三条3.2条款规定，如期提供合作条件。

7.3.2　办理合作公司委托在中国境外选购机械设备、材料等有关事项。

7.3.3　负责联系并落实有关生产设备的安装、调试及试验生产的各项工作。

7.3.4　负责对引进技术（或专利）的培训工作，费用由________负责。

7.3.5　负责产品的外销责任。

7.3.6　负责提供国际市场的产品信息。

7.3.7　负责办理合作公司在经营活动中的其他事宜。

第八条　技术、设备及原材料

8.1　合作公司所采用的生产技术（包括产品设计、生产工艺、测试方法、材料配方、质量标准等），由________方负责提供，为合作公司的技术责任方。

（注：如为技术转让，就改写为：

合作公司同意采用________国________公司的生产技术，详见技术转让合同。技术转让合同属本合同的组成部分。）

8.2　技术责任方承担如下技术责任：

8.2.1　保证为合作公司提供________产品的设计、制造技术、工艺流程、测试和检验等，全部技术是完整的、准确可靠的适用技术，保证能按设计能力、产品质量标准而稳定地生产合作公司的合格产品。

8.2.2　保证在技术培训期内、按培训合同的要求使合作公司的有关人员掌握技术。技术培训费由________负责（技术培训合同为本合同的组成部分）。

8.2.3　如因提供技术的不可靠、不完善而导致合作公司产品质量、生产能力达不到要求的，应限期在________个月内解决。否则，承担合作公司因此而造成经济损失额的70％。

8.2.4　如发现提供技术有欺骗或有隐瞒的，技术责任方须负责赔偿合作公司的全部直接损失。

8.3　合作公司采用的主要生产设备须由合作双方共同确定，并由合作公司（委托乙方）与__________国__________公司签订购买合同。价格必须经合作公司双方认可。

8.4　合作公司产品采用__________质量检验标准，内销产品须同时满足中国的检验要求。

8.5　合作公司使用的设备、原材料等，在同等条件下，应优先在中国购买（附进口设备清单）。

第九条　管理机构

（注：如成立董事会的，与中外合资经营合同一样；如不成立董事会的，按合作各方商定的管理机构书写。）

第十条　产品销售

10.1　合作公司产品经甲、乙双方商定，产品外销占实际产量的__________％，由乙方负责；内销__________％，由甲方负责。

10.2　产品内外销售价格，原则上采用统一作价原则，即外销产品出厂价以合作公司的生产成本，加__________％至__________％利润，并参考国际市场同类产品价格，由合作公司不定期予以调整确定；内销产品出厂价则以外销出厂价为基础、加关税和各有关手续费，并参考国内市场价格和物价管理部门的有关规定，由合作公司确定。

10.3　甲、乙双方必须按第十条10.1和10.2各款的要求销售合作公司的产品；否则，未完成产品销售的一方须向合作公司缴付未完成产品销售额部分__________％的违约罚款。

10.4　合作公司的产品，使用__________商标，并在中国进行商标注册。

（注：如采用外国公司商标，应签订商标使用合同，作为本合同的组成部分；如需要使用中性商标，亦需在本合同中明确。）

第十一条　劳动管理

（与中外合资经营企业合同条款同。）

第十二条　税务、财务和审计

（与中外合资经营企业合同条款同。）

第十三条　外汇管理

（与中外合资经营企业合同条款同。）

第十四条　保险

14.1　合作公司的各项保险均在中国人民保险公司支公司投保。

14.2　投保险别、保险价值、保期等按中国人民保险公司的条例，由合作公司确定。

第十五条　工会

（与中外合资经营企业合同条款同。）

第十六条　违约责任

（与中外合资经营企业合同条款同。）

第十七条　合同的修改与解除

17.1　对本合同及其附件的修改，必须经合作各方签署修改合同，并报原审批机关批准，方能生效。

17.2　由于地震、台风、水灾、火灾、战争以及其他不能预见，且对发生和后果不能防止或避免的不可抗力事故，致使直接影响合同的履行或者不能按约定的条款履行时，遇有上述不可抗力事故的一方，应立即将事故情况通知对方，并应在十五天内，提供事故详情及合同不能履行、或者部分不能履行、或者需要延期履行的理由的有效证明文件（此项文件应由事故发生地区的公证机构出具）；最后由董事会提出修改或解除合同的申请书，经原审批机关批准后生效。

17.3　由于一方不履行合同、章程规定的义务，或严重违反合同、章程规定，致使合作公司无法经营或无法达到合同规定的经营目的，视作违约方片面中止合同，对方除有权向违约方索赔外，并有权报原审批机关批准终止合同，上述情况发生后，如甲、乙双方同意继续经营，违约方首先须赔偿合作公司因之而遭受的经济损失。

17.4　合作期满，经甲、乙双方商定，一切固定资产不作价归甲方所有。

17.5　合作企业在下列情况下解除合同。

17.5.1　合作期限届满；

17.5.2　企业发生严重亏损，无力继续经营；

17.5.3　合作一方违约，致使企业无法继续经营；

17.5.4　因自然灾害、战争等不可抗力的原因，无法继续经营；

17.5.5　合作企业未达到其经营目的，同时又无发展前途；

17.5.6　其他原因。

除上述第一种情况外，其余情况之一出现而提出解除合同的，必须报原审批机关批准。

因上述第三种情况而解除合同的，应追究违约责任，违约方须对合作企业由此而造成的经济损失负赔偿责任。

第十八条　争议的解决

（与中外合资经营企业合同条款同。）

第十九条　适用法律

（与中外合资经营企业合同条款同。）

第二十条　文字

（与中外合资经营企业合同条款同。）

第二十一条　合同生效及其他

（与中外合资经营企业合同条款同。）

甲方：__________　　　　乙方：__________

中国__________公司　　　　__________国__________公司

（印鉴）　　　　（印鉴）

授权代表：__________　　　　授权代表：__________

（签字）　　　　（签字）

（四）中外合资经营企业章程参考格式

第一章　总　则

第一条　根据《中华人民共和国中外合资经营企业法》和中国__________公司（以下简称甲方）与__________国__________公司（以下简称乙方）于__________年__________月__________日在中国__________签订的建立合资经营__________有限责任公司合同（以下简称合营公司），制定本公司章程。

第二条　合营公司名称为：__________有限责任公司。

外文名称为：__________。

合营公司的法定地址为：__________省__________市__________路__________号。

第三条　甲、乙双方的名称、法定地址为：

甲方：中国__________公司

__________省__________市__________路__________号。

乙方：__________国__________公司

__________国__________。

第四条　合营公司为有限责任公司。

第五条　合营公司为中国法人，受中国法律管辖和保护。其一切活动必须遵守中国的法律、法规和有关条例规定。

第二章 宗旨、经营范围

第六条 合营公司宗旨为：使用__________先进技术，生产和销售__________产品，达到__________水平，获取甲乙双方满意的经济利益。（注：每个合营企业都可以根据自己的特点写。）

第七条 合营公司经营范围为：设计、制造和销售，产品以及对销售后的产品进行维修服务。

第八条 合营公司生产规模为：

__________年__________（表示量的单位）

__________年__________

__________年__________

第九条 合营公司向国内、外市场销售其产品，其销售比例如下：

__________年：出口占百分之__________，

在国内销售占百分之__________。

__________年：出口占百分之__________，

在国内销售占百分之__________。

（注：销售渠道、方法、责任可根据各自情况而定。）

第三章 投资总额和注册资本

第十条 合营公司的投资总额为人民币__________元。

合营公司注册资本为人民币__________元。

第十一条 甲、乙方出资如下：

甲方：认缴出资额为人民币__________元，占注册资本百分之__________。

其中：现金__________元

机械设备__________元

厂房__________元

土地使用权__________元

工业产权__________元

其他__________元

乙方：认缴出资额为人民币__________元，占注册资本百分之__________。

其中：现金__________元

机械设备__________元

工业产权__________元

其他__________元

第十二条 甲、乙方应按合同规定的期限缴清各自出资额。

第十三条 甲、乙方缴付出资额后，经合营公司聘请在中国注册的会计师验资，出具验资报告后，由合营公司据以发给出资证明书。出资证明书主要内容是：合营公司名称、成立日期、合营者名称及出资额、出资日期，发给出资证明书日期等。

第十四条 合营期内，合营公司不得减少注册资本数额。

第十五条 合营公司注册资本增加须经甲、乙方一致同意，并经审批机构批准。

第十六条 任何一方转让其出资额，不论全部或部分，都须经另一方同意。一方转让时，另一方有优先购买权。

第十七条 合营公司注册资本的增加、转让，应由董事会一致通过后报对外经济贸易部（或其委托的审批机构，以下同）批准，并向国家工商行政管理局办理变更登记手续。

第四章 董事会

第十八条 合营公司设董事会。董事会是合营公司的最高权力机构。

第十九条 董事会决定合营公司的一切重大事宜，其职权主要如下：

——决定和批准总经理提出的重要报告；

（如生产规划、年度营业报告、资金、借款等）

——批准年度财务报表、收支预算、年度利润分配方案；

——通过公司的重要规章制度；

——决定设立分支机构；

——修改公司规章；

——讨论决定合营公司停产、终止或与另一个经济组织合并；

——决定聘用总经理、副总经理、总工程师、总会计师、审计师等高级职员；

——负责合营公司终止和期满时的清算工作；

——其他应由董事会决定的重大事宜。

第二十条 董事会由__________名董事组成，其中甲方委派__________名，乙方委派__________名。董事任期为四年，可以连任。

第二十一条 董事会董事长由甲方委派，副董事长一名，由乙方委派。

第二十二条 甲、乙方在委派和更换董事人选时，应书面通知董事会。

第二十三条 董事会例会每年召开__________次。经三分之一以上的董事提议，可以召开董事会临时会议。

第二十四条 董事会会议原则上在公司所在地举行。

第二十五条 董事会会议由董事长召集并主持，董事长缺席时由副董事长召集并主持。

第二十六条 董事长应在董事会开会前三十天书面通知各董事，写明会议内容、时间和地点。

第二十七条 董事因故不能出席董事会会议，可以书面委托代理人出席董事会。如届时未出席也未委托他人出席，则作为弃权。

第二十八条 出席董事会会议的法定人数为全体董事的三分之二，不够三分之二人数时，其通过的决议无效。

第二十九条 董事会每次会议，须作详细的书面记录，并由全体出席董事签字，代理人出席时，由代理人签字。记录文字使用中文和__________文。该记录由公司存档。

第三十条 下列事项须董事会一致通过。

（注：每个合营企业可根据各自情况而定。）

第三十一条 下列事项须董事会三分之二以上董事或过半数董事通过。

（注：每个合营企业可根据各自情况而定。）

第五章 经营管理机构

第三十二条 合营公司设经营管理机构，下设生产、技术、销售、财务、行政等部门（注：根据具体情况写）。

第三十三条 合营公司设总经理一人，副总经理__________人，正、副总经理由董事会聘请。首届总经理由__________方推荐，副总经理由__________方推荐。

第三十四条 总经理直接对董事会负责，执行董事会的各项决定，组织领导合营公司的日常生产、技术和经营管理工作。副总经理协助总经理工作，当总经理不在时，代理行使总经理的职责。

第三十五条 合营公司日常工作中重要问题的决定，应由总经理和副总经理联合签署方能生效。需要联合签署的事项，由董事会具体规定。

第三十六条 总经理、副总经理的任期为__________年，经董事会聘请，可以连任。

第三十七条 董事长或副董事长、董事经董事会聘请，可兼任合营公司总经理、副总经理及其他高级职员。

第三十八条 总经理、副总经理不得兼任其他经济组织的总经理或副总经理，不得参与其他经济组织对本合营公司的商业竞争行为。

第三十九条 合营公司设总工程师、总会计师和审计师各一人，由董事会聘请。

第四十条 总工程师、总会计师、审计师由总经理领导。

总会计师负责领导合营公司的财务会计工作，组织合营公司开展全面经济核算，实施经济责任制。

审计师负责合营公司的财务审计工作，审查稽核合营公司的财务收支和会计账目，向总经理并向董事会提出报告。

第四十一条 总经理、副总经理、总工程师、总会计师、审计师和其他高级职员请求辞职时，应提前向董事会提出书面报告。

以上人员如有营私舞弊或严重失职行为的，经董事会决议，可随时解聘。如触犯刑律的，要依法追究刑事责任。

第六章 财务会计

第四十二条 合营公司的财务会计按照中华人民共和国财政部制定的中外合资经营企业财务会计制度规定办理。

第四十三条 合营公司会计年度采用日历年制，自 1 月 1 日起至 12 月 31 日止为一个会计年度。

第四十四条 合营公司的一切凭证、账簿、报表，用中文书写。

第四十五条 合营公司采用人民币为记账本位币。人民币同其他货币折算，按实际发生之日中华人民共和国国家外汇管理局公布的汇价计算。

第四十六条 合营公司在中国银行或中国银行同意的其他银行开立人民币及外币账户。

第四十七条 合营公司采用国际通用的权责发生制和借贷记账法记账。

第四十八条 合营公司财务会计账册上应记载如下内容：

一、合营公司所有的现金收入、支出数量；

二、合营公司所有的物资出售及购入情况；

三、合营公司注册资本及负债情况；

四、合营公司注册资本的缴纳时间、增加及转让情况。

第四十九条 合营公司财务部门应在每一个会计年度头三个月编制上一个会计年度的资产负债表和损益计算书，经审计师审核签字后，提交董事会会议通过。

第五十条 合营各方有权自费聘请审计师查阅合营公司账簿。查阅时，合营公司应提供方便。

第五十一条 合营公司按照《中华人民共和国中外合资经营企业所得税法施行细则》的规定，由董事会决定其固定资产的折旧年限。

第五十二条　合营公司的一切外汇事宜，按照《中华人民共和国外汇管理暂行条例》和有关规定以及合营合同的规定办理。

第七章　利润分配

第五十三条　合营公司从缴纳所得税后的利润中提取储备基金、企业发展基金和职工奖励及福利基金。提取的比例由董事会确定。

第五十四条　合营公司依法缴纳所得税和提取各项基金后的利润，按照甲、乙方在注册资本中的出资比例进行分配。

第五十五条　合营公司每年分配利润一次，每个会计年度后三个月内公布利润分配方案及各方应分的利润额。

第五十六条　合营公司上一个会计年度亏损未弥补前不得分配利润。上一个会计年度未分配的利润，可并入本会计年度利润分配。

第八章　职工

第五十七条　合营公司职工的招收、招聘、辞退、辞职、工资、福利、劳动保险、劳动保护、劳动纪律等事宜，按照《中华人民共和国中外合资经营企业劳动管理规定》及其实施办法办理。

第五十八条　合营公司所需要的职工，可以由当地劳动部门推荐，或者经劳动部门同意后，由合营公司公开招收，但一律通过考试，择优录用。

第五十九条　合营公司有权对违反合营公司的规章制度和劳动纪律的职工，给予警告、记过、降薪的处分，情节严重的，可予以开除。开除职工须报当地劳动人事部门备案。

第六十条　职工的工资待遇，参照中国有关规定，根据合营公司具体情况，由董事会确定，并在劳动合同中具体规定。

合营公司随着生产的发展，职工业务能力和技术水平的提高，适当提高职工的工资。

第六十一条　职工的福利、奖金、劳动保护和劳动保险等事宜，合营公司将分别在各项制度中加以规定，确保职工在正常条件下从事生产和工作。

第九章　工会组织

第六十二条　合营公司职工有权按照《中华人民共和国工会法》的规定，建立工会组织，开展工会活动。

第六十三条　合营公司工会是职工利益的代表，它的任务是：依法维护职工的民主权利和物质利益；协助合营公司安排和合理使用福利、奖励基金；组织职工学习政治、业务、科学、技术知识，开展文艺、体育活动；教育职工遵守劳动纪律，努力完成合营公司的各项经济任务。

第六十四条 合营公司工会代表职工和合营公司签订劳动全同，并监督合同的履行。

第六十五条 合营公司工会负责人有权列席有关讨论合营公司的发展规划、生产经营活动等问题的董事会会议，反映职工的意见和要求。

第六十六条 合营公司工会参加调解职工和合营公司之间发生的争议。

第六十七条 合营公司每月按合营公司职工实际工资总额的百分之二拨交工会经费。合营公司工会按照中华全国总工会制定的《工会经费管理办法》使用工会经费。

第十章 期限、终止、清算

第六十八条 合营期限为__________年，自营业执照签发之日起计算。

第六十九条 甲、乙方如一致同意延长合营期限，经董事会会议作出决议，应在合营期满前六个月向原审批机构提交书面申请，经批准后方能延长，并向原登记机构办理变更登记手续。

第七十条 甲、乙方如一致认为终止合营符合各方最大利益时，可提前终止合营。

合营公司提前终止合营，须董事会召开全体会议作出决定，并报原审批机构批准。

第七十一条 发生下列情况之一时，甲、乙任何一方有权依法终止合营。

（注：每个合资企业可根据自己的情况而定。）

第七十二条 合营期满或提前终止合营时，董事会应提出清算程序、原则和清算委员会人选，组成清算委员会，对合营公司财产进行清算。

第七十三条 清算委员会任务是对合营公司的财产、债权、债务进行全面清查，编制资产负债表和财产目录，制定清算方案，提请董事会通过后执行。

第七十四条 清算期间，清算委员会代表公司起诉或应诉。

第七十五条 清算费用和清算委员会成员的酬劳应从合营公司现有财产中优先支付。

第七十六条 清算委员会对合营公司的债务全部清偿后，其剩余的财产按甲、乙方在注册资本中的出资比例进行分配。

第七十七条 清算结束后，合营公司应向审批机构提出报告，并向原登记机构办理注销登记手续，缴回营业执照，同时对外公告。

第七十八条 合营公司结业后，其各种账册，由甲方保存。

第十一章　规章制定

第七十九条　合营公司董事会制定的规章制度有：

1.经营管理制度，包括所属各个管理部门的职权与工作程序；

2.职工守则；

3.劳动工资制度；

4.职工考勤、升级与奖惩制度；

5.职工福利制度；

6.财务制度；

7.公司解散时的清算程序；

8.其他必要的规章制度。

第十二章　附则

第八十条　本章程的修改，必须经董事会会议一致通过决议，并报原审批机构批准。

第八十一条　本章程用中文和__________文书写，两种文本具有同等效力。上述两种文本如有不符，以中文为准。

第八十二条　本章程须经中华人民共和国对外经济贸易部（或其委托的审批机构）批准才能生效。修改时同。

中国__________公司代表　　　×国__________公司代表

（签字）　　　　　　　　　　（签字）

__________年__________月__________日　于__________（地点）

（对外经济贸易部条约法律局编）

（五）　设立外资企业暨港、澳、台、侨胞独资企业申请表参考格式

APPLICATION FORM FOR THE ESTABLISHMENT OF A FOREIGN－INVESTED OR WHOLLY FOREIGN OR HONGKONG, MACAO, TAIWAN, OVERSEAS CHINESE－OWNED ENTERPRISE.

一、投资者公司或个人的情况（用中、英两种文字填写）

INFORMATION CONCERNING THE COMPANY OR INDIVIDUAL INVESTER(IN CHINESE AND ENGLISH)

1.公司名称或个人姓名：__________

Name of the company or individual：__________

2. 公司注册地或个人住所：__________

Legal address of the company or individual：__________

其他地址：__________

Other addresses(if any)：__________

3. 公司成立的国家(或地区)或个人国籍：__________

Country(or area)where the company is based,or the nationa-lity of the individual：__________

4. 公司成立日期或个人出生日：__________

Date of establishment of the company or date of brith of the individual：

____

5. 法定代表人姓名(如果投资者是公司)__________

Name of the legal representative(if invester is a company)：__________

国籍：__________ Nationality：__________

职务：__________ Position：__________

二、拟设立的企业(用中文填写)

THE ENTERPRISE TO BE ESTABLISHED(IN CHINESE)

1. 企业名称：__________

Name of the enterprise：__________

2. 住所：__________

Address：__________

分支机构：__________

Branches：__________

3. 经营范围：__________

Scope：__________

4. 产品品种和生产规模：__________

Sorts of products and production scale：__________

5. 产品用途：__________

Product uses：__________

6. 投资总额：__________

Total amount of investment：__________

7. 注册资本：__________

Amount of registered capital：__________

8. 资金来源__________

Source of capital：__________

9. 出资方式：__________

Form of investment：__________

a. 外汇：__________

Foreign currency：__________

b. 设备__________

Equipment(if any)：__________

c. 其他：__________

Others(if any)：__________

10. 出资期限：__________

Time of contribution：__________

自营业执照签发之日起__________个月内缴清注册资本。

The contribution of capital shall be made within __________ months upon the issuance of the enterprise business license.

11. 组织形式：__________

Form taken by the enterprise：__________

12. 是否组成董事会：__________

The board of directors to be composited or not：__________

13. 法定代表人：__________

Name of the legal representative：__________

14. 该项目内将使用的主要机器设备及其新旧程度：__________

Key machineries and equipments to be used for the project and their status(old or new)：__________

15. 该项目内将使用的生产技术、工艺水平及其来源：__________

Production technology, its level of advancement and sources to be adopted by the project：__________

16. 销售市场：__________

Sales market：__________

17. 销售渠道及方式：__________

Sales channel and form：__________

18. 出口比例：__________

Export ratio：__________

19. 外汇收支平衡计划(请附在后面)：__________

Plan for balancing foreign exchange expenditures and receipts (please attach)：__________

20. 机构设置：__________

Structure of organization：__________

21. 职工总数：__________

Total staff and workers：__________

其中，include：__________

管理人员：__________

Management personnel：__________

技术人员：__________

Technical personnel：__________

工人：__________

Workers：__________

22. 中国职工培训计划：__________

Plan for the training of Chinese staff and workers：__________

23. 工资、福利、保险、劳动保护等事项的安排：__________

Plan or wages，welfare，insurance and occupational safety：__________

24. 可能造成环境污染的程度和解决措施：__________

Potential environmental pollution caused by the project and measures to be taken：__________

25. 场地选择和用地面积：__________

Site location and area occupancy：__________

场地选择：__________

Site location：__________

用地面积：__________

Area occupancy：__________

26. 基本建设和生产经营所需资金及其解决办法：__________

Total capital needed for fixed assets and operating funds and its solution：__________

27. 基本建设和生产经营所需能源及其解决办法：__________

Energy required by capital construction and operation as well as its solution：__________

28. 在中国购买的主要原材料及其数量：__________

Main raw materials and quantity to be purchased in china：__________

进口原材料及其数量：__________

Raw materials and quantity to be imported：__________

29. 项目实施的进度计划：__________

Progressive plan for the project：__________

30. 经营期限：__________

Term-of operation of the enterprise：__________

公司或个人：__________

Company or Individual：__________

签字：__________

By：(signature)__________

(六)外资企业公司章程参考格式

__________有限公司章程

一、总则

1.1 根据《中华人民共和国外资企业法》,《中华人民共和国外资企业法实施细则》及其他有关法规,投资者__________在××市投资举办拥有全部资本的企业,特订立本公司章程。

1.2 本公司名称为__________(以下称公司),英文名称为：__________,法定地址为：__________,法定代表人为：__________。

1.3 公司的组织形式为有限责任公司。

1.4 公司经工商行政管理机关核准登记,领取"中华人民共和国企业法人营业执照"取得中国法人资格。公司受中国法律管辖和保护,其一切活动必须遵守中国的法律、法令和有关条例规定。

二、宗旨、经营范围

2.1 公司宗旨为采用先进技术、设备和科学的管理方法,使产品质量达到国际水平,使投资者获得满意的经济利益。

2.2 公司的经营范围为__________,产品品种和生产规模分别为：__________。

2.3 公司的产品__________%以上在中国境外销售。

2.4 视生产经营需要,公司在中国境内设立分支机构、变更经营范围或增资扩大规模以及其他有关依《中华人民共和国外资企业法实施细则》中规定经批准的事项发生时，须向原审批机关提出申请并向原登记、管理机关办理变更登记手续，经批准后方可实施。

三、投资总额、注册资本

3.1 公司投资总额为__________美元，注册资本为__________美元。

3.2 投资者自公司营业执照签发之日起__________个月内缴清全部注册资本。缴清注册资本后，公司聘请××市会计师事务所验证，并出具验资报告后，由公司发给投资者出资证明书。

3.3 经营期内，公司不得减少注册资本数额。

3.4 有关公司占用土地事宜经××市土地管理部门核准后，按规定缴纳有关费用。

3.5 公司按××市城市规划、土地管理、环境卫生和劳动保护的要求进行建设和管理。

3.6 公司的三废治理按有关环境保护的法规达到××市规定的排放标准。

四、内部组织机构

4.1 由投资者委派总经理作为公司法定代表人。

4.2 总经理的主要职权如下：

(一)决定和批准管理部门提出的重要报告、批准年度财务报告、收支预算、年度利润使用方案；

(二)决定和批准公司的重要规章制度；

(三)订立劳动合同；

(四)决定并报请审批机关批准注册资本的增加或转让；

(五)决定并报请审批机关批准公司章程的修改；

(六)决定并报请审批机关批准公司延长期限、提前终止或与其他经济组织合并；

(七)决定并报请审批机关批准财产或权益对外抵押、转让；

(八)决定聘用副总经理、总会计师、总工程师等高级职员；

(九)负责公司终止时的清算工作；

(十)其他由投资者授权决定的事宜。

上述第(四)、(五)、(六)、(七)、__________项，总经理的书面决定须经投资者签署同意后方为有效。

或：

4.1 由投资者组成董事会，董事会是公司的最高权力机构，董事长为公司的法定代表人。

4.2 董事会决定公司的一切重大事宜。其职权主要如下：

(一)决定和批准管理部门提出的重要报告(如生产规划、年度营业报告、资金、贷款等)批准年度财务报告、收支预算、年度利润分配方案；

(二)通过公司的重要规章制度；

(三)订立劳动合同；

(四)讨论决定并报请审批机关批准注册资本的增加或转让；

(五)讨论通过并报请审批机关批准本公司的章程的修改；

(六)讨论决定并报请审批机关批准公司延长期限、提前终止或与另一个经济组织合并；

(七)讨论决定并报请审批机关批准财产或权益对外抵押、转让；

(八)决定聘用总经理、总会计师、总工程师等高级职员；

(九)负责公司终止时的清算工作；

(十)其他应由董事会决定的重大事宜。

上述第__________项，须经出席董事会会议的董事一致通过方为有效。其他事项经出席董事会议的董事多数通过即可。但出席董事会会议的法定人数为全体董事人数的三分之二，不足三分之二人数时，其通过的决议无效。

4.3 董事会由__________名董事组成；设董事长__________名，副董事长__________名。

4.4 董事会例会每年召开__________次。

4.5 董事会每次会议须作详细的书面记录，并由全体出席董事签字，代理人出席时，由代理人签字。记录文字使用中文。该记录由公司存档。

五、经营管理机构

5.1 公司设总经理一人，副总经理__________人。

5.2 总经理直接向投资者/董事会负责，在投资者/董事会的授权范围内组织领导公司的日常经营管理工作。副总经理协助总经理工作。

5.3 总经理的任期为__________年，经投资者/董事会聘请，可以连任。

5.4 公司如设总会计师、总工程师等高级管理人员，应归总经理领导。

总会计师负责公司财务会计工作，组织公司开展全面经济核算，实施经济责任制。

总工程师负责______________________________。

5.5 公司设____________、____________、____________、____________、____________、____________等部门。

5.6　总经理、副总经理和其他高级管理人员请求辞职的，应提前向聘请方提出书面报告。

以上人员如有营私舞弊或严重失职行为，经核实后，聘请方可随时解聘，触犯刑律的，由司法机关依法追究其刑事责任。

六、法定代表人的授权范围

法定代理人可授权＿＿＿＿＿＿、＿＿＿＿＿＿代表公司对外进行谈判，签署文件。

七、财务、会计、审计、外汇管理

7.1　公司的财务会计按照中华人民共和国财政部制定的有关财务会计制度规定办理。公司的会计账簿设在公司所在地，进行独立核算并接受××市工商、财政、税务部门的财务监督检查。

7.2　公司会计年度采用日历年制，自公历每年1月1日起至12月31日止为一个会计年度。

7.3　公司的一切凭证、账簿、报表用中文书写。

7.4　公司采用＿＿＿＿＿＿为记账本位币，人民币同其他外币的折算按实际发生之日国家外汇管理局公布的外汇牌价计算。

7.5　公司在国家外汇管理机关允许经营外汇业务的银行开立人民币及外币账户。

7.6　公司采用国际通用的权责发生制和借贷记账法记账。

7.7　公司的固定资产折旧，按照《中华人民共和国外商投资企业和外国企业所得税法施行细则》的规定，决定其使用年限。

7.8　外资企业的年度会计报表和清算会计报表，按照中国财政、税务机关的规定编制。以外币编报的会计报表，同时编报外币折合人民币的会计报表。

7.9　外资企业的年度会计报表和结算会计报表，聘请中国的注册会计师验证并出具报告。

7.10　公司的一切外汇事宜均按照《中华人民共和国外汇管理暂行条例》和有关规定办理。

7.11　公司的外汇收支平衡由公司自身承担。

八、利益分配与使用

8.1　公司在依法缴纳所得税后的利润中提取储备基金（提取的比例不得低于税后利润的10％）和职工奖励及福利基金（提取的比例由企业自行确定）。

8.2 公司依法缴纳所得税和提取各项基金后的利润由投资者/董事会决定使用。

8.3 公司上一个会计年度亏损未弥补前不得动用本年度利润,上一个会计年度未动用的利润,可并入本会计年度利润使用。

九、劳动管理

9.1 公司职工的雇用、解雇、辞职、工资、福利、劳动保险、劳动保护、劳动纪律等事宜,按中华人民共和国和××市有关劳动管理规定办理。

9.2 中方职工的工资、生活福利、劳动保险、社会保险、待遇应在劳动合同中订明,向××市劳动管理部门备案。

9.3 公司招聘职工由公司按规定考核后,择优录用。

9.4 公司职工的奖金、劳动保护等事宜,将分别在各项制度中加以规定,确保职工在正常条件下从事生产和工作。

十、工会组织

10.1 公司职工有权按照《中华人民共和国工会法》的规定建立工会组织,开展工会活动。

10.2 公司工会是职工的代表,它的任务是维护职工的切身利益,与公司商谈有关事项,团结教育职工,搞好生产,遵守纪律,履行劳动合同。

10.3 公司工会代表职工与公司签定劳动合同并监督合同的履行。

10.4 公司工会负责人有权列席有关讨论职工工资、奖惩、福利、劳动保护、劳动保险、劳动纪律等项问题的会议,反映职工的意见和要求。

10.5 公司工会参加调解职工和公司之间发生的争议。

10.6 公司每月按职工实际工资总额的百分之二拨交工会经费,公司工会按中华全国总工会制定的《工会经费管理办法》使用。

十一、期限、终止、清算

11.1 公司经营期限为________年,自领取营业执照之日起计算。

11.2 如需延长期限,应在期满前六个月,向原审批机关提交书面申请,经批准后方能延长,并向原登记管理部门办理变更登记手续。

11.3 如自行提前终止公司营业,应提交终止申请书,报请原审批机关批准。审批机关作出核准的日期为企业的终止日期。

11.4 外资企业在终止之日起十五天内对外公告并通知债权人,并在终止公告发出之日起十五天内提出清算程序、清算原则和清算委员会人选,组成清算委员会报审批机关审核后进行清算。

11.5　清算委员会由外资企业的法定代表人、债权人代表以及有关主管机关的代表组成，并聘请中国的注册会计师、律师等参加。

清算费用从外资企业现有财产中优先支付。

11.6　清算委员会行使下列职权：

(一)召集债权人会议；

(二)接管并清理企业财产，编制资产负债表和财产目录；

(三)提出财产作价和计算依据；

(四)制定清算方案；

(五)收回债权和清偿债务；

(六)追回股东应缴而未缴的款项；

(七)分配剩余财产；

(八)代表外资企业起诉和应诉。

11.7　清算委员会对公司债务全部清偿后的剩余财产依法纳税后归投资者所有。

11.8　清算结束后，向国家工商行政管理机关办理注销登记手续，缴销营业执照。

十二、规章制度

12.1　公司制定的规章制度有：

(一)经营管理制度，包括管理部门的职权与工作程序；

(二)职工守则；

(三)劳动工资制度；

(四)职工考勤、升级与奖惩制度；

(五)职工福利制度；

(六)财务制度；

(七)公司解散时的清算程序；

(八)其他必要规章制度。

十三、附则

13.1　本章程须经__________规定的审批机构批准才能生效。

13.2　本章程的修改须经总经理签字同意/董事会通过方可作出修改决议，并报原审批机关批准。

13.3　本章程用中文书写。

13.4 本章程于__________年__________月__________日由法定代表人或其授权代表(须公证)签字。

(七)劳动合同参考格式

甲方(用人单位)名称:____________________

住所:____________________

法定代表人(委托代理人):____________________

主要负责人(委托代理人):____________________

乙方(劳动者)姓名:____________________

性别:____________________

出生年月:____________________

家庭住址:____________________

居民身份证号码(或其他有效身份证件号码):________________

甲乙双方根据《中华人民共和国劳动法》、《中华人民共和国劳动合同法》等法律、法规、规章的规定,在平等自愿、协商一致的基础上,同意订立本劳动合同,共同遵守本合同所列条款。

一、合同类型和期限

第一条 甲、乙双方选择以下第______种形式确定本合同期限:

(一)固定期限:自______年______月______日起至______年______月______日止。

(二)无固定期限:自______年______月______日起至法定的或本合同所约定的终止条件出现时止。

(三)以完成一定的工作任务为期限。自______年______月______日至______工作任务完成时即行终止。

其中试用期自______年______月______日至______年______月______日止,期限为______天。

二、工作内容和工作地点

第二条 根据甲方工作需要,乙方同意从事__________岗位(工种)工作。经甲、乙双方协商同意,可以变更工作岗位(工种)。

第三条 乙方应按照甲方的要求,按时完成规定的工作数量,达到规定的质量标准。

第四条 乙方同意在甲方安排的工作地点______________从事工作。根据甲方的工作需要，经甲乙双方协商同意，可以变更工作地点。

三、工作时间和休息休假

第五条　乙方实行______________工时制。

（一）实行标准工时工作制的，甲方安排乙方每日工作时间不超过 8 小时，每周不超过 40 小时。甲方由于工作需要，经与工会和乙方协商后可以延长工作时间，一般每日不得超过 1 小时，因特殊原因需要延长工作时间的，在保障乙方身体健康的条件下延长工作时间每日不得超过 3 小时，每月不得超过 36 小时。

（二）实行综合计算工时工作制的，平均每日工作时间不得超过 8 小时，平均每周工作时间不得超过 40 小时。

（三）实行不定时工作制的，工作时间和休息休假乙方自行安排。

第六条　甲方延长乙方工作时间的，应依法安排乙方同等时间补休或支付加班加点工资。

第七条　乙方在合同期内享受国家规定的各项休息、休假的权利，甲方应保证乙方每周至少休息一天。

四、劳动保护和劳动条件

第八条　甲方应严格执行国家和地方有关劳动保护的法律、法规和规章，为乙方提供必要的劳动条件和劳动工具，建立健全生产工艺流程，制定操作规程、工作规范和劳动安全卫生制度及其标准。

第九条　对乙方从事接触职业病危害的作业的，甲方应按国家有关规定组织上岗前和离岗时的职业健康检查，在合同期内应定期对乙方进行职业健康检查。

第十条　甲方有义务负责对乙方进行政治思想、职业道德、业务技术、劳动安全卫生及有关规章制度的教育和培训。

第十一条　乙方有权拒绝甲方的违章指挥，对甲方及其管理人员漠视乙方安全健康的行为，有权提出批评并向有关部门检举控告。

五、劳动报酬

第十二条　乙方试用期的工资标准为______元/月。（试用期的工资不得低于本单位相同岗位最低档工资或者本合同第十三条约定工资的 80%，并不得低于用人单位所在地的最低工资标准）。

第十三条　乙方试用期满后，甲方应根据本单位的工资制度，确定乙方实行以下第______种工资形式：

（一）计时工资。乙方的工资由以下几部分组成：______、______、______、______；其标准分别为______元/月、______元/月、______元/月、______元/月。如甲方的工资制度发生变化或乙方的工作岗位变动，按新的工资标准确定。

（二）计件工资。甲方应制定科学合理的劳动定额标准，计件单价约定为______元。

（三）其他工资形式。具体约定可在本合同第四十四条中明确。

第十四条　甲方应以法定货币形式按月支付乙方工资，发薪日为每月______日，不得克扣或无故拖欠。甲方支付乙方的工资，应不违反国家有关最低工资的规定。

第十五条　甲方安排乙方延长日工作时间，应支付不低于乙方工资150%的工资报酬；安排乙方在休息日工作又不能安排补休的，应支付不低于乙方工资200%的工资报酬；安排乙方在法定休假日工作的，应支付不低于乙方工资300%的工资报酬。

第十六条　非因乙方原因造成甲方停工、停产、歇业，未超过一个月的，甲方应按本合同约定的工资标准支付乙方工资；超过一个月，未安排乙方工作的，甲方应按不低于当地失业保险标准支付乙方停工生活费。

第十七条　甲方安排乙方每日22时到次日6时期间工作的，每个工作日夜班补贴为______元。

第十八条　乙方依法享受年休假、探亲假、丧假等假期间，甲方应按国家和地方有关规定的标准，或劳动合同约定的标准，支付乙方工资。

六、社会保险和福利待遇

第十九条　甲方应按国家和地方有关社会保险的法律、法规和政策规定为乙方缴纳基本养老、基本医疗、失业、工伤、生育保险费用；社会保险费个人缴纳部分，甲方可从乙方工资中代扣代缴。

甲乙双方解除、终止劳动合同时，甲方应按有关规定为乙方办理社会保险相关手续。

第二十条　乙方患病或非因工负伤的医疗待遇按照国家和地方有关政策规定执行。

第二十一条　乙方工伤待遇按国家和地方有关政策法规执行。

第二十二条　乙方在孕期、产期、哺乳期等各项待遇，按国家和地方有关生育保险政策规定执行。

第二十三条　甲方为乙方提供以下福利待遇：

1. ______________________________

2. ______________________________

3. ______________________________

七、劳动纪律和规章制度

第二十四条　甲方依法制定的各项规章制度应向乙方公示。

第二十五条　乙方应严格遵守甲方制定的规章制度，完成劳动任务，提高职业技能，执行劳动安全卫生规程，遵守劳动纪律和职业道德。

第二十六条　乙方违反劳动纪律，甲方可依据本单位规章制度，给予相应的行政处理、行政处分、经济处罚等，直到解除本合同。

八、劳动合同的变更、解除、终止、续订

第二十七条　订立本合同所依据的客观情况发生重大变化，致使本合同无法履行的，经甲乙双方协商同意，可以变更本合同相关内容。

第二十八条　经甲乙双方协商一致，本合同可以解除。

第二十九条　乙方有下列情形之一，甲方可以解除本合同。

1.在试用期间，被证明不符合录用条件；

录用条件为：①______________________________

②______________________________

③______________________________

2.严重违反劳动纪律或甲方规章制度的；

3.严重失职、营私舞弊，对甲方利益造成重大损害的；

4.同时与其他用人单位建立劳动关系，对完成甲方工作任务造成严重影响，或者经甲方提出，拒不改正的；

5.以欺诈、胁迫的手段或乘人之危，使甲方在违背真实意思的情况下订立或者变更劳动合同的；

6.被依法追究刑事责任的。

第三十条　下列情形之一，甲方可以解除本合同，但应提前三十日以书面形式通知乙方；

1.乙方患病或非因工负伤，医疗期满后，不能从事原工作也不能从事甲方另行安排的工作的；

2.乙方不能胜任工作，经过培训或者调整工作岗位，仍不能胜任工作的；

3.双方不能依据本同合第二十七条规定就变更合同达成协议的。

第三十一条　甲方濒临破产进行法定整顿期间或者生产经营发生严重困难（地方政府规定的困难企业标准），经向工会或者全体职工说明情况，听取工会或者职工的意见，并向劳动保障行政部门报告后，可以解除本合同。

第三十二条　乙方有下列情形之一，甲方不得依据本合同第三十条、第三十一条终止、解除本合同；

1.从事接触职业病危害作业未进行离岗前职业健康检查或者疑似职业病人在诊断或者医学观察期的；

2.患者职业病或因工负伤达到国家规定不得终止、解除劳动合同等级的；

3.患病或非因工负伤,在规定的医疗期内的;

4.女职工在孕期、产期、哺乳期内的;

5.复员退伍义务兵和建设征地农转工人员初次参加工作未满三年的;

6.义务服兵役期间的;

7.在甲方连续工作满十五年,且距法定退休年龄不足五年的;

8.担任集体协商代表在履行代表职责的;

9.符合法律法规、规定其他情况的。

第三十三条　有下列情形之一,乙方可以随时通知甲方解除本合同,甲方应当支付乙方相应的劳动报酬并依法缴纳社会保险。

1.用人单位未按照劳动合同约定提供劳动保护或者劳动条件的;

2.用人单位未及时足额支付劳动报酬的;

3.用人单位未依法为劳动者缴纳社会保险费的;

4.用人单位的规章制度违反法律、法规的规定,损害劳动者权益的;

5.用人单位因《中华人民共和国劳动合同法》第二十六条规定的情形致使劳动合同无效的;

6.法律、行政法规规定劳动者可以解除劳动合同的其他情形。

第三十四条　乙方解除劳动合同,应当提前三十日以书面形式通知甲方。

第三十五条　本合同到期,劳动合同即行终止。甲乙双方经协商同意,可以续订劳动合同。

第三十六条　本合同期满后,双方仍存在劳动关系的,甲方应与乙方及时补签或续订劳动合同,双方就合同期限协商不一致时,补签或续订的合同期限应从签字之日起不得少于______月,乙方符合续订无固定期限劳动合同条件的,甲方应与其签订无固定期限劳动合同。

第三十七条　订立无固定期限劳动合同的,出现法定终止条件或甲乙双方约定的下列终止条件出现,本合同终止。

____

____

____

九、经济补偿与赔偿

第三十八条　甲方违反劳动合同的,应按下列标准支付乙方经济补偿金;

1.甲方未按照劳动合同的约定或者国家规定及时足额支付劳动报酬的,以及安排加班不支付加班费的,除在规定的时间内全额支付乙方工资报酬外,还需按照应付金额的百分之五十以上百分之百以下的标准加付赔偿金。

2.甲方支付乙方的工资报酬低于当地最低工资标准的,要在补足低于标准部分的同时，还需按照应付金额的百分之五十以上百分之百以下的标准加付赔偿金。

第三十九条　甲方解除乙方劳动合同，除本合同第二十九条规定情形外，甲方应按《中华人民共和国劳动合同法》第四十七条的规定和地方有关规定支付乙方经济补偿金。

第四十条　乙方患病或者非因工负伤，经劳动能力鉴定委员会确认不能从事原工作，也不能从事甲方另行安排的工作而解除本合同的，甲方除按本合同第三十九条执行外，还应发给乙方不低于六个月工资的医疗补助费。患重病和绝症的还应增加医疗补助费，患重病的增加部分不低于医疗补助费的百分之五十，患绝症的增加部分不低于医疗补助费的百分之一百。

第四十一条　甲方发生故意拖延不与乙方续订劳动合同、与乙方订立无效劳动合同、违反规定或本合同约定侵害乙方合法权益以及解除劳动合同等情形之一的，给乙方造成损害，甲方应按下列规定赔偿乙方损失：

1. 造成乙方工资收入损失的，按乙方应得工资收入支付给乙方，并加付应得工资收入百分之五十以上百分之百以下的赔偿金；

2. 造成乙方劳动保护待遇损失的，应按国家规定补足乙方的劳动保护津贴和用品。

3. 造成乙方工伤、医疗待遇损失的，除按国家规定为乙方提供工伤、医疗待遇外，还应支付乙方相当于医疗费用百分之二十五的赔偿费用；

4. 乙方为女职工或未成年工，造成其身体健康损害的，除按国家规定提供治疗期间的医疗待遇外，还应支付相当于其医疗费用百分之二十五的赔偿费用；

第四十二条　乙方违反规定或本合同的约定解除劳动合同，对甲方造成损失的，乙方应赔偿甲方下列损失：

1. 甲方为其支付的培训费和招收录用费；

2. 对生产、经营和工作造成的直接经济损失；

3. 本合同约定的其他赔偿费用。

十、违反劳动合同的责任

第四十三条　当事人一方违反本合同时，应承担的违约责任______

____

十一、双方约定的其他事项

第四十四条　______________________________

____

____

____

十二、劳动争议处理

第四十五条　因履行本合同发生的劳动争议，当事人可以向本单位劳动争议调解委员会申请调解；不愿调解或调解不成，当事人一方要求仲裁的，应当自劳动争议发生之日起一年内向______劳动争议仲裁委员会申请仲裁。当事人一方也可以直接向劳动争议仲裁委员会申请仲裁，对仲裁裁决不服的，可以向人民法院提起诉讼。

十三、其他

第四十六条　以下专项协议和规章制度作为本合同的附件，与本合同具有同等法律效力。

(一)____

(二)____

(三)____

第四十七条　本合同未尽事宜，双方可另协商解决；与今后国家法律、行政法规等有关规定相悖的，按有关规定执行。

第四十八条　本合同一式两份，甲乙双方各执一份。

第四十九条　乙方确定下列地址为劳动关系管理相关文件、文书的送达地址。如以下地址发生变化，乙方应书面告知甲方。

____

甲方：(盖章)

法定代表人(委托代理人)：(签名)

主要负责人(委托代理人)：(签名)

______年______月______日

乙方：(签名)

______年______月______日

鉴证机关：(盖章)　　　　　　鉴证人：(签章)

______年______月______日

附件三:外商直接投资统计表

(一)中国历年吸收外商直接投资情况

金额单位:亿美元　　项目单位:个

年份	协议利用外资金额	实际利用外资金额	项目数
1979～1982	60.10	11.66	922
1983	17.32	6.36	470
1984	26.51	12.58	1 856
1985	59.32	16.61	3 073
1986	28.34	18.74	1 498
1987	37.09	23.14	2 233
1988	52.97	31.94	5 945
1989	56.00	33.92	5 779
1990	65.96	34.87	7 273
1991	119.77	43.66	12 978
1992	581.24	110.07	48 764
1993	1 114.36	275.15	83 437
1994	826.80	337.67	47 549
1995	912.82	375.21	37 011
1996	732.76	417.26	24 556
1997	510.04	452.57	21 001
1998	521.02	454.63	19 799
1999	412.23	403.19	16 918
2000	623.80	407.15	22 347
2001	691.95	468.78	26140
2002	827.7	527.40	34171
2003	1150.7	535.05	41081
2004	1534.8	606.30	43664
2005	1890.65	603.25	44001
2006	2001.74	630.20	41485
2007	2287.69	747.70	37871
2008	—	923.95	27514
2009	—	900.33	23435
2010	—	1057.35	27406
2011	—	1160.11	27712

(二)外商直接投资形式分类发展情况

项目单位:个　金额单位:亿美元

年　份	中外合资企业		中外合作企业		外资企业		合作开发		外商投资股份制	
	项目数	实际利用外资金额	项目数	实际利用外资金额	项目数	实际利用外资金额	项目数	实际利用外资金额	项目数	实际利用外资金额
1979～1983	190	1.73	1 123	7.58	48	0.83	31	7.88	1392	18.02
1984	741	2.55	1 089	4.56	26	0.15	—	5.23	—	—
1985	1 412	5.80	1 611	5.85	46	0.13	4	4.81	—	—
1986	892	8.04	582	7.94	18	0.16	6	2.60	—	—
1987	1 395	14.86	789	6.20	46	0.25	3	1.83	—	—
1988	3 509	19.75	1 621	7.80	410	2.26	5	2.13	—	—
1989	3 659	20.37	1 179	7.52	931	3.71	10	2.32	—	—
1990	4 091	18.86	1 317	6.74	1 860	6.83	5	2.44	—	—
1991	8 395	22.99	1 778	7.63	2 795	11.35	10	1.69	—	—
1992	34 354	61.15	5 711	21.22	8 692	25.20	7	2.50	—	—
1993	54 003	153.48	10 445	52.37	18 975	65.06	14	4.24	—	—
1994	27 890	179.33	6 634	71.20	13 007	80.36	1 818	6.78	—	—
1995	20 455	190.78	4 787	75.36	11 761	103.17	88	5.90	—	—
1996	12 628	207.55	2 849	81.09	9 062	126.06	17	2.56	—	—
1997	9 001	194.95	2 373	89.30	9 602	161.88	19	3.56	—	2.88
1998	8 107	183.88	2 003	97.19	9 673	164.69	7	1.79	9	7.07
1999	7 050	158.27	1 656	82.34	8 201	155.45	5	3.84	3	2.92
2000	8 378	143.43	1 757	65.96	12 196	192.64	8	3.82	8	1.30
2001	8893	157.39	1589	62.12	15643	238.73	3	5.11	11	5.28
2002	10380	149.92	1595	50.58	22173	317.25	4	2.72	19	6.97
2003	12521	153.92	1547	38.36	26943	333.84	8	0.32	37	3.28
2004	11570	163.86	1343	31.12	30708	402.22	—	1.09	43	7.77
2005	10480	146.14	1166	18.31	32308	429.61	—	—	47	9.18
2006	10223	143.78	1036	19.40	30164	462.81	—	—	50	4.22
2007	7649	155.96	641	14.16	29547	572.64	—	—	38	4.92
2008	4612	173.18	468	19.03	22396	723.15	—	—	38	8.59
2009	4283	172.73	390	20.34	18741	686.82	—	—	21	20.44
2010	4970	224.98	300	16.16	22085	809.75	—	—	51	6.46
2011	5005	214.15	284	17.57	22388	912.05	—	—	35	16.34

(三)外商投资企业在中国的地域分布

金额单位:亿美元

年　份	实际利用外资金额		
	东　部	中　部	西　部
1986	12.42	0.60	0.71
1987	12.94	0.39	1.17
1988	22.98	1.67	1.53
1989	28.17	1.18	1.22
1990	30.46	1.22	0.75
1991	38.06	1.79	0.72
1992	101.39	7.26	1.95
1993	226.52	23.81	10.14
1994	290.87	25.99	14.02
1995	324.64	33.24	11.43
1996	365.38	39.24	10.08
1997	385.59	47.88	15.54
1998	396.68	44.20	13.72
1999	364.93	38.21	11.40
2000	370.28	37.92	12.21
2001	407.28	42.09	19.41
2002	457.29	50.09	20.05
2003	459.51	58.31	17.23
2004	522.07	66.80	17.44
2005	535.58	48.26	19.41
2006	569.22	39.22	21.77
2007	656.37	54.5	36.81
2008	783.40	74.36	66.19
2009	775.89	53.35	71.09
2010	898.55	68.58	90.22

注:东部地区:北京、天津、河北、辽宁、上海、江苏、浙江、福建、山东、广东、海南。

中部地区:山西、吉林、黑龙江、安徽、江西、河南、湖北、湖南。

西部地区:内蒙古、广西、四川、重庆、贵州、云南、陕西、甘肃、青海、宁夏、新疆、西藏。

(四)外商在华直接投资前5位省、自治区、直辖市分布

年份	第一	第二	第三	第四	第五
1986	广东	上海	北京	福建	辽宁
1987	广东	上海	天津	北京	陕西
1988	广东	北京	上海	福建	辽宁
1989	广东	上海	福建	北京	山东
1990	广东	福建	北京	辽宁	上海
1991	广东	福建	辽宁	北京	江苏
1992	广东	江苏	福建	山东	辽宁
1993	广东	上海	福建	江苏	山东
1994	广东	江苏	福建	山东	上海
1995	广东	江苏	福建	上海	山东
1996	广东	江苏	福建	上海	山东
1997	广东	江苏	上海	福建	天津
1998	广东	江苏	福建	上海	山东
1999	广东	江苏	福建	上海	山东
2000	广东	江苏	福建	上海	山东
2001	广东	江苏	福建	上海	山东
2002	广东	上海	江苏	辽宁	福建
2003	广东	上海	江苏	辽宁	福建
2004	广东	江苏	上海	浙江	山东
2005	广东	江苏	上海	浙江	辽宁
2006	江苏	广东	上海	浙江	辽宁
2007	江苏	广东	上海	浙江	辽宁
2008	江苏	广东	上海	浙江	辽宁
2009	江苏	广东	上海	浙江	辽宁
2010	江苏	广东	上海	浙江	辽宁

（五）对华投资前15位的国家/地区情况

国家/地区	项目数(个)	比重(%)	实际使用外资金额(亿美元)	比重(%)
总计	710747	100	11078.58	100
中国香港	322391	45.36	4562.12	41.18
英属维尔京群岛	20943	2.95	1118.46	10.1
日本	44163	6.21	735.65	6.64
美国	59642	8.39	652.23	5.89
中国台湾	83133	11.7	520.16	4.7
韩国	52172	7.34	473.03	4.27
新加坡	18793	2.64	468.59	4.23
开曼群岛	2613	0.37	215.88	1.95
德国	6943	0.98	171.82	1.55
英国	6749	0.95	170.84	1.54
萨摩亚	6121	0.86	161.08	1.45
荷兰	2508	0.35	109.17	0.99
法国	4121	0.58	107.5	0.97
澳门	12556	1.77	97.03	0.88
毛里求斯	2203	0.31	93.69	0.85
其他	65696	9.24	1421.33	12.83

（六）外商直接投资行业结构

行　业	项目数(个)	比重(%)	合同外资金额(亿美元)	比重(%)
总　计	710747	100	24016.12	100
农、林、牧、渔业	20262	2.85	492.7	2.05
采矿业	1837	0.26	123.97	0.52
制造业	474631	66.78	14001.41	58.3
电力、燃气及水的生产和供应业	2994	0.42	339.84	1.42
建筑业	12326	1.73	443.22	1.85
交通运输、仓储及邮政业	9244	1.3	622.61	2.59
信息传输、计算机服务和软件业	9298	1.31	341.81	1.42
批发和零售业	56609	7.96	919.13	3.83
住宿和餐饮业	6093	0.86	169.52	0.71
金融业	502	0.07	657.43	2.74
房地产业	50380	7.09	3702.03	15.41
租赁和商务服务业	36924	5.2	1192.08	4.96
科学研究、技术服务和地质勘查业	12038	1.69	401.37	1.67
水利、环境和公共设施管理业	1053	0.15	118.85	0.49
居民服务和其他服务业	12048	1.7	312.38	1.3
教育	1690	0.24	32.91	0.14
卫生、社会保障和社会福利业	1320	0.19	64.41	0.27
文化、体育和娱乐业	1488	0.21	80.1	0.33

(七)外商投资企业自营进出口情况

金额单位:亿美元　　比重单位:%

年份	外商投资企业出口额	全国出口额	占全国出口额的比重	外商投资企业进出口额	全国进出口额	占全国进出口额的比重
1981	0.32	220.1	0.15	1.4	337.7	0.50
1982	0.53	223.2	0.24	3.3	345.9	1.43
1983	3.3	222.3	1.49	6.2	348.3	1.35
1984	0.7	261.4	0.26	4.7	403.4	1.46
1985	2.8	273.5	1.08	23.6	696.0	4.89
1986	5.8	309.4	1.88	30.1	738.5	5.66
1987	12.1	394.4	3.06	43.3	826.5	7.22
1988	24.6	475.2	5.17	82.3	331.1	10.40
1989	49.1	525.4	9.35	137.1	374.6	14.87
1990	78.1	620.9	12.58	201.2	462.1	23.07
1991	120.5	718.4	16.75	289.6	557.0	26.50
1992	173.8	849.4	20.42	437.5	679.4	32.73
1993	252.4	917.4	27.50	670.7	750.8	40.24
1994	347.1	1 210.1	28.68	876.5	1 013.0	45.75
1995	468.8	1 487.8	31.51	1 098.2	1 273.0	47.66
1996	615.1	1 510.5	40.72	1 371.1	2 808.6	48.82
1997	749.0	1 827.0	41.00	1 526.2	3 250.6	46.95
1998	809.62	1 837.65	44.06	1 576.79	3 239.31	48.68
1999	886.28	1 949.3	45.47	1 745.11	3 606.3	48.39
2000	1 194.41	2 492.0	47.93	2 367.14	4 742.9	49.91
2001	1332.35	2661.0	50.07	2590.98	5096.5	50.84
2002	1699.85	3256.0	52.21	3302.39	6207.7	53.20
2003	2403.06	4382.3	54.84	4721.70	8509.9	55.48
2004	3385.92	5933.2	57.07	6630.40	11545.5	57.43
2005	4441.83	7619.5	58.30	8316.39	14219.1	58.49
2006	5637.79	9689.4	58.19	10362.69	17604	58.87
2007	6958.98	12181.5	57.13	12568.52	21744.4	57.80
2008	7906.20	14285.5	55.35	14105.76	25616.3	55.08
2009	6722.30	12016.6	55.94	12174.37	22072.7	55.16
2010	8623.06	15779.3	54.65	16003.07	29727.6	53.83
2011	9953.30	18987.6	52.42	18601.56	36423.7	51.07

(八)涉外税收占全国工商税收的比重

金额单位:亿元　　　比重单位:%

年　份	涉外税收金额	全国工商税收金额	涉外税收所占比重
1992	122.26	2 876.10	4.25
1993	225.56	3 970.52	5.70
1994	402.64	4 728.74	8.52
1995	604.46	5 515.51	10.96
1996	764.06	6 434.02	11.88
1997	976.55	7 548.00	12.94
1998	1 232.53	8 551.91	14.41
1999	*1 522.90	8 885.44	17.14
2000	*1 728.10	10 366.09	16.67
2002	3487.1	17636.45	19.77
2003	4268.61	20017.31	21.32
2004	5355.30	24165.68	22.16
2005	6083.78	28778.54	21.14
2006	7536.30	34809.72	21.65
2007	9972.6	49451.8	20.17
2008	12118.93	57861.8	20.94
2009	13615.22	63103.6	21.58
2010	16389.91	77394.44	21.18

注:1992 年～2010 年外商投资税收为主的涉外税收统计(不包括关税和土地费)。

(九)外商投资企业工业总产值占全国工业总产值的比重

金额单位:亿元　　　比重单位:%

年　份	全国工业总产值(A)	外商投资企业工业总产值(B)	比重(B/A)
1994	70 176	6 522	9.29
1995	91 894	10 714	11.66
1996	99 595	11 973	12.02
1997	113 733	14 243	12.52
1998	70 092	15 532	22.16
1999	72 707	18 954.23	26.07
2000	85 674	23 464.55	27.39
2001	95448.98	27220.91	28.52
2002	110776.48	32459.28	29.30
2003	142271.22	44357.81	31.18
2004	201722.19	65995.21	32.72
2005	251619.5	79860.23	31.74
2006	316588.96	100076.51	31.61
2007	405177.13	127629.31	31.50
2008	507284.89	149794.17	29.53
2009	548311.42	152686.62	27.85
2010	698590.54	189917.11	27.19

(十)外商投资企业年末注册登记从业职工情况

企业数单位:家　　　从业人员单位:万人

年份	外商投资企业年末登记企业家数	外商投资企业从业人员	全国从业人员
1985	4 912	6	49 873
1986	6 524	13	51 282
1987	8 546	21	52 783
1988	13 747	31	54 334
1989	18 968	47	55 329
1990	25 389	66	63 909
1991	37 215	165	64 799
1992	84 371	221	65 554
1993	167 507	288	66 373
1994	206 096	406	67 199
1995	233 564	513	67 947
1996	240 447	540	68 850
1997	235 681	581	69 600
1998	324 620	587	69 957
1999	212 436	612	70 586
2000	203 208	642	71 150
2001	202306	671	73025
2002	208056	758	73740
2003	226373	863	74432
2004	242284	1033	75200
2005	260000	1245	75825
2006	274863	1407	76400
2007	286232	—	76531
2008	434937	—	77046
2009	434248	—	77510
2010	445244	—	78388

(十一)外商直接投资、国内生产总值、储蓄存款和固定资产投资的情况

单位:亿元人民币

年　份	实际利用外商直接投资金额（亿美元）	国内生产总值	全国城乡储蓄存款年末余额	固定资产投资
1983	6.36	5 934.5	892.5	1 430.1
1984	12.58	7 171.0	1 214.7	1 832.9
1985	16.61	8 964.4	1 622.6	2 543.2
1986	18.74	10 202.2	22 376	3 120.6
1987	23.14	11 962.5	3 073.3	3 791.7
1988	31.94	14 928.3	3 801.5	4 753.8
1989	33.92	16 909.2	5 146.9	4 410.4
1990	34.87	18 547.9	7 034.2	4 517.0
1991	43.66	21 617.8	9 110.3	5 594.5
1992	110.07	26 638.1	11 545.4	8 080.1
1993	275.15	34 634.4	15 203.5	13 072.3
1994	337.67	46 759.4	21 518.8	17 042.1
1995	375.21	58 478.1	29 662.3	20 019.3
1996	417.26	67 884.6	38 520.8	22 974.0
1997	452.57	74 772.4	46 279.8	24 941.1
1998	454.63	79 748	53 407	28 680.0
1999	403.19	82 067.5	59 621.8	29 854.71
2000	407.15	89 403.6	64 332.4	32 917.73
2001	468.78	109655.17	73762.4	37213.5
2002	527.40	120332.69	86910.65	43499.9
2003	535.05	135822.76	103617.31	55566.6
2004	606.30	159878.34	119555.39	70477.4
2005	603.25	183867.88	141050.99	88773.6
2006	630.20	210870.99	161587.3	109998.2
2007	747.70	249530.00	172534.19	137239
2008	923.95	314045.4	217885.4	172828.4
2009	900.33	340902.8	260767.3	224598.8
2010	1057.35	401202.00	303302.2	278121.9

后　记

南开执教40余载，以人为本，以德修身，爱岗敬业，自树树人，连年累月讲授不止，笔耕不辍，且讲授与笔耕互为因果，交相提升，自信能创建一套教育教学用书，让自己志得意满，也让同行不感失望。

本书(第五版)各章节修订的分工是：杨灿英(第一至第十三章、附件一、附件二)、王文治(第十四、十五章、附件三)。全书由杨灿英总编纂和定稿。

还要说明的是，本书此前版本章节中的初稿作者有：王志红、李华(第六章)，李菁(第十一章第四节)，杨绍纯(第十三章第一节)，郭勇峰(第十三章第五节)，杨越、刘毅、刘琳(第十四章)，梁晓黎、刘平平、王文治(第十五章)，牛蕊、郭华、阎荣兴等曾为本书书稿作过校对。

在本书(第五版)编写过程中，得到南开大学滨海学院校、系领导的大力支持，国务院振兴东北办相关产业组组长武士国博士和山东省经济学会副会长兼秘书长、山东财政学院继续教育学院院长韩庆华教授，对本书部分内容的修订提出过宝贵意见，并承蒙南开大学出版社及时协助出版，谨此一并深表感谢！

本书(第五版)出版，仍感时间局促，故书中难免有不妥之处，恳切希望批评指正，以待补订。

杨灿英

2012年7月于南开大学滨海学院